国家出版基金项目
NATIONAL PUBLICATION FOUNDATION
"十四五"国家重点图书
出 版 规 划 项 目

中国语言资源保护工程

中国濒危语言志　编委会

总主编

曹志耘

主　编

王莉宁

委　员（音序）

沈　明　邢向东　赵日新　庄初升

本书执行编委　赵日新

中国濒危语言志

汉语方言系列

总主编 曹志耘

主 编 王莉宁

安徽南陵湘语

李姣雷 著

创于1897

The Commercial Press

商务印书馆

图书在版编目（CIP）数据

安徽南陵湘语/李姣雷著. --北京：商务印书馆，
2024. --（中国濒危语言志）. -- ISBN 978-7-100
-24240-0

Ⅰ. H174

中国国家版本馆CIP数据核字第2024R3F622号

安徽南陵湘语

李姣雷　著

出版发行：商务印书馆
地　　址：北京王府井大街36号
邮政编码：100710

印　　刷：北京雅昌艺术印刷有限公司

开　　本：787×1092　1/16　　　　印　　张：19¼
版　　次：2024年11月第1版　　　　印　　次：2024年11月北京第1次印刷
书　　号：ISBN 978-7-100-24240-0

定　　价：228.00元

调查点地形地貌　南陵县三里镇澄桥村 /2018.7.8/ 李姣雷 摄

澄桥村湖南街　南陵县三里镇澄桥村 /2018.7.8/ 李姣雷 摄

旧式房子　南陵县三里镇澄桥村 /2017.8.28/ 李姣雷　摄

摄录现场　南陵县籍山镇中心小学 /2016.8.4/ 张建　摄

2022年2月16日，智利火地岛上最后一位会说Yagán语的老人，93岁的Cristina Calderón去世了。她的女儿Lidia González Calderón说："随着她的离去，我们民族文化记忆的重要组成部分也消失了。"近几十年来，在全球范围内，语言濒危现象正日趋普遍和严重，语言保护也已成为世界性的课题。

中国是一个语言资源大国，在现代化的进程中，也同样面临少数民族语言和汉语方言逐渐衰亡、传统语言文化快速流失的问题。根据我们对《中国的语言》（孙宏开、胡增益、黄行主编，商务印书馆，2007年）一书的统计，在该书收录的129种语言当中，有64种使用人口在10000人以下，有24种使用人口在1000人以下，有11种使用人口不足百人。而根据"语保工程"的调查，近几年中至少又有3种语言降入使用人口不足百人语言之列。汉语方言尽管使用人数众多，但许多小方言、方言岛也在迅速衰亡。即使是那些还在使用的大方言，其语言结构和表达功能也已大大萎缩，或多或少都变成"残缺"的语言了。

冥冥之中，我们成了见证历史的人。

然而，作为语言学工作者，绝不应该坐观潮起潮落。事实上，联合国教科文组织早在1993年就确定当年为"抢救濒危语言年"，同时启动"世界濒危语言计划"，连续发布"全球濒危语言地图"。联合国则把2019年定为"国际土著语言年"，接着又把2022—2032年确定为"国际土著语言十年"，持续倡导开展语言保护全球行动。三十多年来，国际上先后成立了上百个抢救濒危语言的机构和基金会，各种规模和形式的濒危语言抢救保护项目在世界各地以及网络上展开。我国学者在20世纪90年代已开始关注濒危语言问题，自21世纪初以来，开展了多项濒危语言方言调查研究课题，出版了一系列重要成果，例如孙宏开先生主持的"中国新发现语言研究丛书"、张振兴先生等主持的"汉语濒危方言调查研究丛书"、鲍厚星先生主持的"濒危汉语方言研究丛书（湖南卷）"等。

自2011年以来，党和政府在多个重要文件中先后做出了"科学保护各民族语言文字"、

"保护传承方言文化"、"加强少数民族语言文字和经典文献的保护和传播"、"科学保护方言和少数民族语言文字"等指示。为了全面、及时抢救保存中国语言方言资源，教育部、国家语委于2015年启动了规模宏大的"中国语言资源保护工程"，专门设立了濒危语言方言调查项目，迄今已调查106个濒危语言点和138个濒危汉语方言点。对于濒危语言方言点，除了一般调查点的基本调查内容以外，还要求对该语言或方言进行全面系统的调查，并编写濒危语言志书稿。随着工程的实施，语保工作者奔赴全国各地，帕米尔高原、喜马拉雅山区、藏彝走廊、滇缅边境、黑龙江畔、海南丛林等地都留下了他们的足迹和身影。一批批鲜活的田野调查语料、音视频数据和口头文化资源汇聚到中国语言资源库，一些从未被记录过的语言、方言在即将消亡前留下了它们的声音。

为了更好地利用这些珍贵的语言文化遗产，在教育部语言文字信息管理司的领导下，商务印书馆和中国语言资源保护研究中心组织申报了国家出版基金项目"中国濒危语言志"，并有幸获得批准。该项目计划按统一规格、以EP同步的方式编写出版50卷志书，其中少数民族语言30卷，汉语方言20卷（第一批30卷已于2019年出版，并荣获第五届中国出版政府奖图书奖提名奖）。自项目启动以来，教育部语言文字信息管理司领导高度重视，亲自指导志书的编写出版工作，各位主编、执行编委以及北京语言大学、中国传媒大学的工作人员认真负责，严格把关，付出了大量心血，商务印书馆则配备了精兵强将以确保出版水准。这套丛书可以说是政府、学术界和出版社三方紧密合作的结果。在投入这么多资源、付出这么大努力之后，我们有理由期待一套传世精品的出现。

当然，艰辛和困难一言难尽，不足和遗憾也在所难免。让我们感到欣慰的是，在这些语言方言即将隐入历史深处的时候，我们赶到了它们身边，倾听它们的声音，记录它们的风采。我们已经尽了最大的努力，让时间去检验吧。

曹志耘

2024年3月11日

目录

第一章　导论

第一节

调查点概况 ①

一　地理

南陵县位于东经117°57′～118°30′，北纬30°38′～31°10′，地处安徽省东南部，长江下游南岸，地处芜湖市南端，地势为西南高、东北低，西部边缘以低山、丘陵地貌组合为主，中部以丘陵、台地和平原地貌结构为主，东北部则以圩区平原和洼地平原为主。县域东邻芜湖市湾沚区、宣城市宣州区，南接泾县，西南与青阳县毗邻，西与铜陵市义安区、芜湖市繁昌区接壤，北连芜湖市弋江区、镜湖区，总面积1260平方公里。县城籍山镇。205国道、318国道，460省道、457省道交汇于县城，合福高铁、铜南宣高速穿境而过，设有高铁南陵站。

根据《南陵县志》（1994：68）的介绍，南陵属亚热带湿润性季风气候区，东亚季风盛行，冷暖空气频繁交替。气候温暖湿润，雨水充沛；四季分明，季风明显；光照充足，雨热同季；气象灾害，特别是水、旱灾害较为频繁。多年平均气温15.8℃。1月份最冷平均气温为2.8℃，7月份最热平均气温为28.3℃，气温年较差25.5℃。春、秋两季的月际气温升降幅度大。春季气温由3月的9.2℃升至5月的20.9℃，气温上升11.7℃；秋季气温由9月的22.7℃降至11月的10.9℃，气温下降11.8℃；而冬、春两季的月际气温变化幅度均较小，都在3.5℃以下。

---

① 本节内容来源于南陵县人民政府网https://www.nlx.gov.cn/和《南陵县志》（1994），本节中没有说明出处的内容来源于南陵县人民政府网。

二 历史行政区划

根据《南陵县志》(1994：41)，南陵县名的由来、含义，其说有三：贺次君辑校《括地志辑校》记载："南陵故县，在雍州万年县东南二十四里。汉南陵县，本薄太后陵邑，陵在东北，去县六里。"以侨置县而得名。汉为京兆尹属县，亦谓"南霸陵"，因置县而奉寝陵，即汉文帝之母薄太后葬所。故治在今陕西省西安市东南。北宋乐史编著的《太平寰宇记》记载："南陵县，缘山为名。"取地处江南陵阜间为名，系增置县。民国二十年（1931年）5月版《中国古今地名大辞典》记载："晋置南陵戍。南朝梁置县。"由东晋于沿江南岸赭圻屯所置南陵戍而来。民国一说较为有据。

南陵历史悠久，夏商属扬州，春秋战国为吴、越、楚之地，秦属鄣郡。汉时，南陵称陵阳、春谷县，汉武帝元封二年（公元前109年）改鄣郡为丹阳郡，统领陵阳、春谷等十七县。三国时，春谷属东吴，吴主孙权先后命重臣周瑜、周泰、黄盖为春谷长。东晋，成帝咸康末，改春谷县为阳谷县并于湖县（今当涂县），此后又属繁昌县，先后隶宣城郡、襄城郡、庐江郡、淮南郡。南北朝，梁武帝普通六年（525年）以赭圻城（今繁昌芦南）始置南陵县，兼置南陵郡。隋文帝开皇九年（589年），撤南陵郡并宣城郡。唐武德四年（621年）南陵县改属池州，贞观元年（627年）归宣州属江南道，天宝元年（742年）南陵县属江南西道宣城郡，乾元元年（758年）属宣歙观察使宣州，大顺元年（890年）属宁国军宣州。五代南唐升元元年（937年），南陵属宁国军宣州，隶江宁府。宋太祖开宝八年（975年），改宁国军，南陵属宣州，隶江南路；天圣八年（1030年），南陵属江南东路宣州；南宋乾道二年（1166年），南陵属江南东路（亦称江东路）宁国府。元至元十四年（1277年），南陵属江浙行中书省宁国路；至正十七年（1357年），属江浙行省宁国府。明洪武元年（1368年）八月，南陵属中书省宁国府；洪武十三年（1380年）正月，属六部直隶宁国府；永乐元年（1403年），属南京直隶宁国府。清行省下沿明制（宁国府），直至宣统，南陵所属府如故。顺治二年（1645年）南陵属江南省徽宁道，康熙六年（1667年）属安徽省徽宁道，太平天国期间由浙江巡抚兼辖，同治四年（1865年）由安徽省徽宁池太广道分辖。民国时期，南陵县先后隶属安徽省、安徽省芜湖道，安徽省第二、九、六行政督察区。1949年4月22日，南陵县解放，同年5月属皖南行署芜当专区，1950年5月划属皖南行署宣城专区，1952年2月划属皖南行署芜湖专区，1952年8月改属安徽省芜湖专区，1971年3月属安徽省芜湖地区，1980年1月属安徽省宣城地区，1983年6月改属芜湖市管辖。现辖籍山、弋江、许镇、三里、工山、何湾、家发、烟墩8个镇和1个省级经济开发区，下设25个社区、147个行政村。

南陵湘语主要分布在三里镇。三里镇旧称"三里店"，因明末清初时期商铺繁华，延绵三华里而得名。镇域面积172平方公里，人口约4.7万人，辖16个村1个居委会。全镇耕地面积7.1万亩,山场面积12.63万亩,水域面积1.57万亩,小型水库16座,漳河、孤峰河、峨岭河穿境而过。

笔者走访询问当地村镇工作人员了解得知,三里镇管辖的行政村有:澄桥、西峰、孔村、辋峰、吕山、山泉、西岭、水闸、牌楼、新义、双河、热爱、峨岭、漳溪、上马、凤凰。其中有湖南话分布的村庄主要是澄桥、峨岭、热爱。

三　人口

根据《南陵县志》(1994:94—96)提供的信息,南陵县有详细人口记录的是明洪武十年(1377年),75 607人;永乐十年(1412年)有1816户,71 312人;嘉靖十一年(1532年)有9127户,93 890人;万历十九年(1591年)有8237户,90 953人。清乾隆三十三年(1768年),已发展到33.946 3万人。民国八年(1919年)全县19.884 6万人;民国十七年(1928年)为45 482户,25.397 4万人;民国二十八年(1939年),共45 979户,25.215 2万人;1950年南陵县人口28.42万人;1970年南陵县人口39.1万人;1990年南陵县人口51.52万人。

近五年的人口情况是:2018年,公安户籍人口550 726人,比上年减少721人;2019年,公安户籍人口549 971人,比上年减少755人;2020年,公安户籍人口546 188人,比上年减少3783人;2021年,公安户籍人口542 991人,比上年减少3197人;2022年,公安户籍人口539 929人,比上年减少3023人。

第二节

南陵方言概况

　　根据《南陵县志》（1994：708）记载，南陵县境内的方言分为两大类：一是当地话，它是世代祖居本地的人所说的话，这种话是皖南宣州吴语的分支，说这种话的人占全县人口的绝大多数。二是客籍话，有三个分支：第一支是通行县城及附近区乡的江淮官话，说这种话的人，大都是新中国成立前后从无为、巢县等地迁来的江北移民，俗称江北话；第二支是清末由湖北东北部迁移至本县的湖北人，他们说的是中原官话，今较集中地聚居在城关北门画眉嘴、葛林乡的千峰汉口王、何湾乡的何湾村及椿树园等地；第三支是散居在三里、峨岭（今三里、峨岭两乡合并为三里镇）等乡的湖南籍移民们所说的湘语。他们中的多数人是在清末随湘军来的，也有一些人是逃荒谋生来此的（根据发音人秦春华提供的族谱材料，秦氏一族是1867年从湖南益阳迁至南陵的）。由于他们大都以村集中居住，至今他们不仅仍保持着祖籍地传统的生活习惯，而且老辈人仍说家乡话，但青年人大多已改说县城的江淮官话。

　　根据《南陵县志》（1994：708）记载，南陵县的当地话在县内分布面积最大，内部一致性较强，人们相互交谈基本上没有障碍。只有丫山话与奚滩、仙坊话在语音上有一些差异，如丫山话是四个声调：平声、上声、去声和入声（只包括古清入和古次浊入，古浊入归入了平声）；而奚滩话和仙坊话有五个声调，分别是阴平、阳平、上声、去声、入声（包括所有古入声字）。当地话在中老年人的社交活动中，仍起着主要交际工具的作用。但青年人的当地话在较多场合已经被江淮官话所代替。他们即使还能说一些本县土话，但语音特征已不那么鲜明。

　　江淮官话虽然在南陵县的分布范围比较窄，主要分布在县城，进入南陵县的时间也最短，但是县内影响最大的一种方言，吴语、湘语、中原官话都深受其影响，这些方言的使用者基本都既会说本方言，也会说江淮官话，青年人有些甚至已经改说江淮官话了。

《南陵县志·异地志》（2007：74—75）记录了一些方言材料，如下：

俗呼父亲曰亚伯（谓次于伯也。《史记·项羽本纪》"亚父"注：亚，次也，尊敬之如次父）。小儿呼父曰八八（韩文公《祭女挐女文》：阿爹，阿八。廖百子云：夷语称老者为八八或爸爸），呼母曰妈妈（庄绰《鸡肋编》：今人呼父为爹，母为妈。洪迈《夷坚志》：邻里素谙我家事，须妈妈起来）。乡人称母曰艾姐（孔鲋《小尔雅》：叟，艾，老也。扬子《方言》：凡尊老谓之艾。《说文》：蜀谓母曰姐。张揖《广雅》：姐，母也。是艾姐犹言老母也）。俗呼曾祖母曰太太（胡应麟《甲乙剩言》：中丞以上之眷属得称太太，然则太太，妇之尊称也）。呼祖父曰老老，祖母曰奶奶（按：佣仆呼主妇曰奶奶。柳耆卿词：愿奶奶兰心惠性。今以之称祖母，不知系何沿讹）。小儿称母之父曰家公（《后汉书·侯霸传》注：子孙称其祖父曰家公，俗殆视外祖如祖也）。乡人称年老者曰老爹。谓婢曰丫头。讥人不识物情曰各宝儿。物不坚牢曰流休。见物盛多而信口出声曰夥颐。物不真实谓之镰。憎恶之声谓之哀怡。剪裁布帛所余曰帵子。瓦（去声），苫盖工谓之瓦匠。不洁曰邋遢。

这曰格，那曰贵，小儿曰昂呢，又曰乖乖。小儿性情乖张谓之拐嘬，问其事之成败曰然疑，嫁人不知嫌忌曰沿答煞，末了曰煞格。如何曰罗格，聪明曰停当，花朝后五日邻右设膳请客谓之杀猫。以酒食犒工匠谓之送神福，你老人家呼为你南格，稀来敝舍呼为稀里八叉。人读若邻，菜读若臭等皆是。

《南陵县志》中没有说明这记录的是南陵县何地何种方言，从县志中所记录的词汇推测应该是南陵县分布最广的吴语。

对于南陵湘语的情况，没有其他更多的详细介绍。因此，本书是第一次全面系统地调查研究南陵县湘语。

第三节

南陵湘语的使用现状

　　南陵湘语主要分布在三里和峨岭两个乡镇的部分村（现这两个乡镇合并成了一个镇——三里镇），我们对其中一个行政村澄桥村的湘语使用情况做了详细调查。澄桥村有18个村民小组，共3096人，湖南移民的分布情况是：吴桥组，共有133人，少有湖南人；吊梁组，共有117人，湖南人占一半；瓦屋组，共有182人，一半是湖南人；杨涝组，共有164人，少有湖南人；范村组，共有169人，一半是湖南人；南街组，共有236人，一半是湖南人；基点组，共有107人，有三分之二是湖南人；五房组，共有243人，湖南人很少；澄桥组，共有275人，湖南人较少；松板组，共有108人，少有湖南人；七村组，共有156人，湖南人很少；方村组，共有166人，湖南人很少；观山组，共有219人，一半多是湖南人；四房组，共有155人，湖南人不到一半；施冲组，共有112人，湖南人不到一半；汪村组，共有161人，湖南人很少；仓房组，共有181人，湖南人较多，占到三分之二；许柏组，共有212人，没有湖南。从澄桥村的情况可以看到，有7个村民小组有一半左右是湖南移民，其他10个村民小组湖南人占少数，1个村民小组没有湖南人。也就是澄桥村大概一千多人说湘语。澄桥村是三里镇湖南移民较集中的村，另外，热爱村和峨岭村的湖南移民也较多，与澄桥村差不多。也就是在三里镇大概有四千左右的湖南人，但使用湘语的人口少于这个数字。

　　由于说湘语的湖南人分布不是很集中（在澄桥村有一个地名叫"湖南街"，这是澄桥村早前"湖南人"最集中分布的区域，但后来此地的"湖南人"陆陆续续往周围搬迁，造成"湖南人"分散的局面），在当地又属于弱势方言，因此，南陵县的湘语深受吴语和江北话——江淮官话的影响，吴语对南陵湘语的影响是吴语对湘语形成包围之势、人口数量上又占优势，一些吴语的词汇和语法成分进入到湘语中。江淮官话虽然主要分布在县城，使用人口比较少，但属于南陵的强势方言，年轻的"湖南人"甚至只会说江淮官话，不会说或者只会说一点儿南陵湘语。即使是老"湖南人"使用的湘语，很多事物、现象、动作等都有两种说法，甚至已经分不清哪种是湘语的说法，哪种是来源于周边方言的说法。如：南陵江淮官话的一个显著特征是[i]元音舌尖化，这个特征也对湘语产生了影响，老一辈的"湖南人"发[i]元音时带有较明显的舌尖色彩，而这个特征到年轻一代则更明显。南陵的吴语和江淮官话都有的疑问句式之一是"可"字句，如"你平时可抽烟？"（相当于普通话的"你平时抽烟吗？"）南陵湘语受其影响，也出现了这样的句式，目前在南陵湘语中的情况大致是能接受这样的说法但不太说。不同年龄段的"湖南人"受当地吴语和江淮官话的影响程度不一，老年人口中的南陵湘语是湘语与当地话的用法并存，而在年轻人群体中，湘语的成分越来越少，江淮官话的成分越来越多，这些年轻的"湖南人"绝大部分都外出工作，或在县城，或远离家乡去了大城市，使用南陵湘语的机会越来越少，他们的后代即使作为留守儿童生活在三里镇的，也不会说南陵湘语了。随着老一辈的"湖南人"去世，湘语很可能就从南陵县消失了。

第四节

调查说明

　　本书根据笔者的田野调查材料和相关文献写成。本课题的调查始于2016年6月，此后多次赴安徽南陵调查。第一次调查主要是了解南陵湘语的分布情况、使用人口、历史来源以及老派的音系。第二次，也就是2016年7月至8月期间赴南陵调查，这次的调查内容是《中国语言资源调查手册·汉语方言》和《方言调查字表》（修订本）以及《汉语方言词语调查条目表》。第三次是2017年8月赴南陵调查湘语的语法和词汇等，并核对了同音字表和部分词汇条目。第四次是2018年7月赴南陵县调查补充词汇材料，并核对了部分词汇条目和语法例句以及一些比较复杂的语法现象。第五次是2019年元旦赴南陵县查漏补缺，核对有疑问的材料。

　　主要发音人情况简介：

　　秦春华，男，南陵县三里镇澄桥村观山组人，1953年4月生，小学文化，农民，没有去过外地，会说南陵湘语和地方普通话。

　　张飞，男，南陵县三里镇澄桥村杨涝组人，1985年12月生，高中文化，外出务工人员，除了会说南陵湘语、南陵江淮官话外，会说不标准的普通话。

　　朱本荣，男，南陵县三里镇热爱村朱湾组人，1944年生，文盲，农民，没有去过外地，只会说南陵湘语。

　　秦慈美，女，南陵县三里镇澄桥村人，1958年12月生，初中文化，农民，会说江淮官话和南陵湘语。

　　文翠琴，女，南陵县三里镇牌楼村人，1983年11月生，高中文化，在本地务工，会说江淮官话、南陵湘语和普通话。

　　李启明，男，南陵县三里镇澄桥村范村组人，1953年12月生，小学文化，一直在本地务农，会说江淮官话和南陵湘语。

第二章　语音

音系

一 声母

共有声母19个，包括零声母在内。

p 布步盘拔	pʰ 破怕撇捧	m 门梅梦蜜	f 湖福罚慌	
t 多抬淡敌	tʰ 拖透贴秃	n 来闹人力		
ts 坐财自直	tsʰ 脆扯超凿		s 丝蛇水索	z 绕柔然让
tɕ 煮齐忌准	tɕʰ 取丘穿蠢		ɕ 细掀顺新	
k 歌家狗棍	kʰ 苦扣困恐	ŋ 芽雁额硬	x 花厚活很	
∅ 夜五二袜				

声母说明：

①泥来母完全相混，洪音前读[l]，细音前读[n]，我们记为[n]；

②有些字既可以读[f]也可以读[x]，自由变读，因此，在本书稿中会出现同一个字在同音字汇、分类词表、语法例句和语料中的读音不一样的情况。[f]和[x]与合口呼韵母相拼时，有些字带有明显的双唇色彩，实际音值为[ɸ]。

③[ŋ]声母有时不是很明显，同一个字有时带有[ŋ]声母，有时没有。

二 韵母

共有韵母40个，包括自成音节的m、n在内。

ɿ 师十直尺	i 米戏急七	u 五布服骨	y 吕猪芋菊
a 爬车辣炙	ia 茄爷壁吃	ua 瓜爪刷袜	

ɛ 来排斋孩　　　　iɛ 崖　　　　　　uɛ 乖坏外帅

E 白麦虱客　　　　iE 灭跌切叶　　　uE 国　　　　　　yE 绝缺热说

ɔ 包炮烧绕　　　　iɔ 瓢巧庙尿

o 剥脱昨阔　　　　　　　　　　　　　　　　　　　yo 弱脚学药

ʊ 婆多歌坐

ei 蔑陪堆锯　　　　　　　　　　　　ui 锤水龟尾

ɘu 头屡楼路　　　iɘu 牛酒旧有

ɔo 读六族竹　　　iɘo 肉

æ̃ 晚三眼闪　　　iæ̃ 两~个闲咸衔　　uæ̃ 赚闩关弯

　　　　　　　　ĩ 边店缠厌　　　　　　　　　　yĩ 砖全穿远

õ 半端暖欢

ən 针蚊朋弄　　　iən 林近病容　　　uən 滚困魂温　　yən 准春顺润

aŋ 方旁账讲　　　iaŋ 亮匠想羊　　　uaŋ 壮双光网

m 姆

n 尔

说明：

①[y] 不管是做介音还是单独做韵母，都带有舌尖色彩；

②[i] 的实际音值带有很明显的舌尖色彩，为 [iˠ]；

③发 [E] 韵母时，有点动程，实际音值接近 [əE]；

④[ɛ] 在拼 [k] 组声母时，实际为 [ɛə]；

⑤[a] 的舌位略后；

⑥[ɘu] 的实际音值为 [uɐ]，与 [k] 组声母相拼时，有过渡音 [ɪ]；

⑦[aŋ][uaŋ][iaŋ] 的实际音值为 [ãŋ][uãŋ][iãŋ]，且主元音靠前，韵尾也没有到 [ŋ] 的位置。

三　声调

6个，不包括轻声。

阴平	33	粗高三斤
阳平	213	麻时田虫
上声	44	左雨起领
阴去	45	破最杖算
阳去	21	饿旧乱动
入声	24	百切白六

说明：上声44调，有时不稳定，末尾略微上扬，实际读为45调，有混入阴去的趋势。

第二节

单字音表

　　表左是声母，表端是韵母和声调。表中是音节例字。空格表示没有这个音。带圆圈的数字表示写不出字的音节。需要注释的字用黑体，数码圆圈及黑体字均在表下加注。文白异读皆在字下加横线表示：白读音下加单横线，文读音下加双横线。有一些不单说的音，写出词再注释。感叹词和象声词不列入单字音表。表中有些字重复出现，是为了区别读书音、口语音以及该字的不同用法。

表2-1　单字音表之一

声＼韵调	ɿ 阴平 33	ɿ 阳平 213	ɿ 上声 44	ɿ 阴去 45	ɿ 阳去 21	ɿ 入声 24	i 阴平 33	i 阳平 213	i 上声 44	i 阴去 45	i 阳去 21	i 入声 24	u 阴平 33	u 阳平 213	u 上声 44	u 阴去 45	u 阳去 21	u 入声 24
p								皮	比	闭	鼻			菩	补	布	步	不
pʰ							披		①	屁			**铺**		普	**铺**		扑
m								迷	米	秘		蜜						
f													夫	浮	腐	负	户	幅
t							低	啼	底	帝	弟	敌						
tʰ									体	替		踢						
n								犁	李	利		力						
ts	知	迟	纸	智	字	直												
tsʰ	痴	雌	齿	次		尺												
s	师	时	死	四	是	十												
z						日												
tɕ							鸡	齐	挤	寄	聚	急						
tɕʰ							妻		取	气		七						
ɕ							西	邪	洗	细		熄						
k													姑	跍	古	固		骨
kʰ													枯		苦	裤		哭
ŋ																		
x																		
ø							医	姨	椅	义	蚁	一	乌	吴	五	务	雾	屋

① pʰi⁴⁴ ～断折断

铺 pʰu³³ ～平

铺 pʰu⁴⁵ ～子

日 zɿ²⁴ ～本

表2-2　单字音表之二

声母	y 阴平33	y 阳平213	y 上声44	y 阴去45	y 阳去21	y 入声24	a 阴平33	a 阳平213	a 上声44	a 阴去45	a 阳去21	a 入声24	ia 阴平33	ia 阳平213	ia 上声44	ia 阴去45	ia 阳去21	ia 入声24
p							疤	爬	把	把	①	八						壁
pʰ										怕					②			劈
m							妈	麻	马	骂		抹						
f												伐						
t									打			答	爹	提				滴
tʰ							他					塔						③
n		驴	吕	虑			拉		哪			辣	④		惹			⑤
ts							遮	茶	⑥	蔗	乍	炙						
tsʰ							车		扯	岔		插						
s							赊	蛇	舍	⑦		杀						
z																		
tɕ	猪	厨	主	剧	住	菊							加	茄	姐	借		甲
tɕʰ	驱		祛			出							⑧			⑨		吃
ɕ	书		许		竖	树							些	斜	写		夏	狭
k							家	⑩		架		夹						
kʰ											⑪	掐						
ŋ							丫	牙	哑	喈	轧	鸭						
x							虾	还	⑫		下	瞎						
∅	淤	鱼	雨	玉	芋	入	阿						鸦	爷	野	亚	夜	压

① pa²¹ ～～故意

② pʰia⁴⁴ ～淡 很淡

③ tʰia²⁴ 捆

④ nia³³ 放～撒娇

⑤ nia²⁴ ～死了 累死了

⑥ tsa⁴⁴ ～白 脸色很不好的那种白

⑦ sa⁴⁵ 被马蜂叮

⑧ tɕʰia³³ ～～子 铙

⑨ tɕʰia⁴⁵ ～对门 斜对门

⑩ ka²¹³ 跨越

⑪ ka²¹ 大拇指与食指张开的长度

⑫ xa⁴⁴ 形容身体弱

把 pa⁴⁴ 介词，给

把 pa⁴⁵ 把儿

抹 ma²⁴ ～布

舍 sa⁴⁴ ～得

还 xa²¹³ ～有

下 xa²¹ 底～｜～来

阿 a³³ ～拉伯数字

表2-3　单字音表之三

声\韵	ua						ε						iε					
调	阴平	阳平	上声	阴去	阳去	入声	阴平	阳平	上声	阴去	阳去	入声	阴平	阳平	上声	阴去	阳去	入声
	33	213	44	45	21	24	33	213	44	45	21	24	33	213	44	45	21	24
p pʰ m f								排 埋	摆 买	拜	败 卖							
t tʰ n							呆 胎	抬 来	畲 奶	带 太	代 奈							
ts tsʰ s z	抓 **靴**		爪 耍	① ②		刷	灾 猜 腮	财	宰 彩	再 菜	在 晒							
tɕ tɕʰ ɕ																		
k kʰ ŋ x	瓜 夸 花	铧	③ 垮	挂 挎 化	话	刮 括 滑	街 开 挨	**崖** 孩	改 凯 矮 海	盖 概 爱 亥	艾 害							
∅	蛙		瓦	洼		袜								**崖**				

① tsua⁴⁵ ～子 手指头伸不直的人

② sua⁴⁵ 给稻谷脱粒时的捧打动作

③ kua⁴⁴ ～咖得 鸡蛋坏了

靴 sua³³ ～子

崖 ε²¹³ 岩石

崖 iε²¹³ 山～

表2-4　单字音表之四

韵\调\声	uɛ						ε						iɛ					
	阴平 33	阳平 213	上声 44	阴去 45	阳去 21	入声 24	阴平 33	阳平 213	上声 44	阴去 45	阳去 21	入声 24	阴平 33	阳平 213	上声 44	阴去 45	阳去 21	入声 24
p												北						别
pʰ												拍						撇
m												麦						灭
f																		
t												得						叠
tʰ												特						铁
n								那				勒						裂
ts				拽					者			窄						
tsʰ	揣											拆						
s	衰		甩	帅								虱						
z																		
tɕ															解	械		接
tɕʰ															且			切
ɕ																泻		雪
k	乖		拐	怪								割						
kʰ			**块**	快								客						
ŋ												额						
x		怀		坏								黑						
∅	歪			外			儿		耳	二			耶					叶

块 $k^{h}uɛ^{44}$一～钱

表2-5　单字音表之五

韵\调\声	uE 阴平33	阳平213	上声44	阴去45	阳去21	入声24	yE 阴平33	阳平213	上声44	阴去45	阳去21	入声24	ɔ 阴平33	阳平213	上声44	阴去45	阳去21	入声24
p pʰ m f													包 抛 猫	袍 毛	宝 跑 卯	报 炮 冒	抱 帽	
t tʰ n													刀 掏 捞	桃 劳	岛 讨 老	盗 套 闹	稻 涝	
ts tsʰ s z													糟 抄 烧	曹 韶 饶	早 草 嫂 扰	灶 糙 潲	造 绕	
tɕ tɕʰ ɕ									绝缺说									
k kʰ ŋ x						国							高 敲 蒿	熬 豪	稿 考 袄 郝	告 靠 坳 耗	号	
ø												热				奥		

表2-6　单字音表之六

安徽南陵湘语

20

韵 / 调声	iɔ 阴平 33	iɔ 阳平 213	iɔ 上声 44	iɔ 阴去 45	iɔ 阳去 21	iɔ 入声 24	o 阴平 33	o 阳平 213	o 上声 44	o 阴去 45	o 阳去 21	o 入声 24	yo 阴平 33	yo 阳平 213	yo 上声 44	yo 阴去 45	yo 阳去 21	yo 入声 24
p pʰ m f	标 飘	嫖 漂 苗	表 秒	票 妙	庙							剥 泼 木						
t tʰ n	刁 挑	条 斛 辽	鸟	钓 跳 廖	料	若		搂				夺 脱 落						弱
ts tsʰ s z												昨 浊 索						
tɕ tɕʰ ɕ	交 锹 消	桥	狡 巧 小	叫 俏 孝	轿													脚 雀 学
k kʰ ŋ x												角 阔 盒						
∅	妖	窑	舀	耀	鹞							恶						药

漂 pʰiɔ^{44} ～白

表2-7　单字音表之七

韵 调 声	ʊ						ei						ui					
	阴平 33	阳平 213	上声 44	阴去 45	阳去 21	入声 24	阴平 33	阳平 213	上声 44	阴去 45	阳去 21	入声 24	阴平 33	阳平 213	上声 44	阴去 45	阳去 21	入声 24
p	波	婆	跛	簸		薄	杯	陪		贝		**背**						
pʰ	坡			破			胚			配								
m	摸	魔	母	墓		**磨**		霉	美	媚①		妹						
f																		
t	多	驼	躲	剁	舵		堆			对								
tʰ	拖		椭				推		腿	退								
n	啰	锣			糯			雷	蕾	捋	内							
ts			左	做	坐				嘴	最	罪		追	槌			赘	
tsʰ	搓			错			催			脆			吹					
s	蓑		锁				虽	随	髓	岁			靴		**水**	税		
z									**惹**						蕊	锐		
tɕ																		
tɕʰ																		
ɕ																		
k	哥		果	个					给	锯			龟	魁	鬼	桂	柜	
kʰ	颗		可	课						去			亏		跪	溃		
ŋ																		
x	薉	河	火	货	祸								飞	回	匪	废	汇	
∅	阿	鹅	我	卧	饿								微	围	尾	卫	位	

①fei⁴⁵胡儿

背 pei²¹ ～诵

磨 mʊ²¹ 名词

水 sui⁴⁴ ～果

惹 zei⁴⁴ ～事

阿 ʊ³³ ～胶

安徽南陵湘语

22

表2-8　单字音表之八

韵＼调声	əu						iəu						əo					
	阴平33	阳平213	上声44	阴去45	阳去21	入声24	阴平33	阳平213	上声44	阴去45	阳去21	入声24	阴平33	阳平213	上声44	阴去45	阳去21	入声24
p pʰ m f																		
t tʰ n	兜 偷	图	赌	度 土	豆 兔		丢	流	柳	溜								读 秃 六
ts tsʰ s z	租 初 苏	锄 柔	走 楚 首	昼 臭 素	助 寿													竹 畜 缩 育
tɕ tɕʰ ç							纠 秋 修	球	酒 朽	枢 袖	就							
k kʰ ŋ x	钩 抠 欧	猴	狗 口 呕 ①	构 扣 沤 厚														
∅							优	油	有	幼	又							

① xəu⁴⁴ ～我一下 等我一下

表2-9　单字音表之九

韵　调　声	iəo						æ̃						iæ̃					
	阴平 33	阳平 213	上声 44	阴去 45	阳去 21	入声 24	阴平 33	阳平 213	上声 44	阴去 45	阳去 21	入声 24	阴平 33	阳平 213	上声 44	阴去 45	阳去 21	入声 24
p							班		板	扮	办							
pʰ							攀			盼								
p																		
m								蛮	晚	漫	慢							
f							番	凡	反	贩	饭							
t							单	痰	胆	诞	淡					①		
tʰ							贪		毯	探								
n						肉		南	览		烂				**两**			
ts							粘	缠	斩	占	暂							
tsʰ							参		产	灿								
s							三		伞	疝								
z								然										
tɕ															碱	鉴		
tɕʰ																		
ɕ														闲				
k							甘		感	干								
kʰ							龛		砍	看								
ŋ							安		眼	按	暗							
x							憨	含	喊	旱	汉							
∅																		

① tiæ̃⁴⁵ 粘贴

两 niæ̃⁴⁴ ～个

干 kæ̃⁴⁵ ～部

表2-10　单字音表之十

韵 调 声	uæ̃						iĩ						yĩ					
	阴平 33	阳平 213	上声 44	阴去 45	阳去 21	入声 24	阴平 33	阳平 213	上声 44	阴去 45	阳去 21	入声 24	阴平 33	阳平 213	上声 44	阴去 45	阳去 21	入声 24
p pʰ m f							边 篇	便	扁 棉	变 ① 免	辫 骗 面							
t tʰ n							颠 天 拈	田 年	典 舔 碾	店 掭 练	簟 砚							
ts tsʰ s z				赚			② 羶	缠 ③	展 闪	颤 鳝	骟							
	冃			涮														
tɕ tɕʰ ɕ							尖 千 先	钱 嫌	剪 浅 险	见 欠 限	贱 县		捐 圈 宣	全 悬	卷 犬 选	桊 劝 楦		
k kʰ ŋ x	关 ④	还		惯 ⑤														
∅	弯	玩	挽		万		烟	颜	掩		艳		冤	原	远	院	愿	

① pʰiĩ⁴⁴ 嘿，用沙子、煤渣等将水吸干

② tsiĩ³³ 牛毛～稻田里的一种杂草

③ siĩ²¹³ 稻～子围粮食囤子的席子

④ kʰuæ̃⁴⁴ 门～门环

⑤ kʰuæ̃⁴⁵ ～跤子摔跤

还 xuæ̃²¹³ ～钱

愿 yĩ²¹ 还～

表2-11　单字音表之十一

韵\调\声	õ 阴平 33	õ 阳平 213	õ 上声 44	õ 阴去 45	õ 阳去 21	õ 入声 24	ən 阴平 33	ən 阳平 213	ən 上声 44	ən 阴去 45	ən 阳去 21	ən 入声 24	iən 阴平 33	iən 阳平 213	iən 上声 44	iən 阴去 45	iən 阳去 21	iən 入声 24
p	搬	盘		半			崩	盆	本	蹦	笨		冰		丙	并	病	
pʰ	潘			判			烹		捧	喷			拼		品	聘		
m		瞒	满	茂			蚊	门	猛	闷	梦			民	敏		命	
f							分	焚	粉	粪	混							
t	端	团		锻	段		东	同	等	凳	动		丁	停	顶	订	定	
tʰ							通		桶	痛			厅		挺	听		
n		圈	暖		乱		聋	能	冷	论	嫩			林	领	另	**认**	
ts	**钻**			**钻**			针	陈	整	镇	阵							
tsʰ		氽		串			村		宠	寸								
s		酸		算			身	神	损	送	剩							
z								仁	忍	韧	**认**							
tɕ													金	寻	紧	进	近	
tɕʰ													亲		寝	庆		
ç													心	雄	醒	信		
k	官		管	灌			根		梗	贡	共							
kʰ	宽		款	磡			坑		肯	控								
ŋ							恩			**瓮**	硬							
x	欢	**横**	缓	患	换		风	红	很	恨	杏							
∅	豌	完	碗										音	银	隐	印	用	

认 niən²¹ 〜得

钻 tsõ³³ 动词

钻 tsõ⁴⁵ 名词

认 zən²¹ 〜真

横 xõ²¹³ 〜搅

瓮 ŋən⁴⁵ 〜坛

表2-12　单字音表之十二

声 ＼ 韵调	uən 阴平33	uən 阳平213	uən 上声44	uən 阴去45	uən 阳去21	uən 入声24	yən 阴平33	yən 阳平213	yən 上声44	yən 阴去45	yən 阳去21	yən 入声24	ɑŋ 阴平33	ɑŋ 阳平213	ɑŋ 上声44	ɑŋ 阴去45	ɑŋ 阳去21	ɑŋ 入声24
p													帮	旁	绑	棒	①	
pʰ													②			胖		
m														忙	莽	③		
f													方	④	谎	放		
t													当	糖	党	荡	凼	
tʰ													汤		躺	烫		
n													⑤	郎	朗	浪	晾	
ts													张	床	掌	账	丈	
tsʰ													窗		厂	唱		
s													伤		嗓	尚	上	
z														瓤	嚷		让	
tɕ							军	裙	准	俊	菌							
tɕʰ							春		蠢									
ɕ							熏	纯		迅	顺							
k			滚	棍									缸	扛	讲	虹		
kʰ	昆			困									康			炕		
ŋ													肮	昂				
x													夯	杭		项	巷	
∅	温	文	稳	瓮	问		晕	云	永	润	闰							

① pɑŋ²¹ ～壳子 蚌

② pʰɑŋ³³ ～雪山 下雪天上山打猎

③ mɑŋ⁴⁵ 弄平，弄直

④ fɑŋ²¹³ ～～的 指不是同胞的兄弟姐妹

⑤ nɑŋ³³ ～人 腻人

瓮 uən⁴⁵ 读字音

表2-13　单字音表之十三

韵 调 声	iaŋ						uaŋ						m			n		
	阴平 33	阳平 213	上声 44	阴去 45	阳去 21	入声 24	阴平 33	阳平 213	上声 44	阴去 45	阳去 21	入声 24	阴平 33	阳平 213	上声 44	阴平 33	阳平 213	上声 44
p pʰ m f																		
t tʰ n	良	仰	酿	亮														
ts tsʰ s z							双											
tɕ tɕʰ ɕ	浆　详　奖　酱　匠 枪　　　抢 乡　降　想　象																	
k kʰ ŋ x							光　狂　广　逛 框　　　　矿 慌　房											
Ø	秧　羊　养　　样						汪　王　网　旺　望								姆			尔

降ɕiaŋ²¹³投～

第三节

语音特点

一 与中古音比较

（一）古今声母比较表

南陵湘语的声母与中古声母的比较情况如下。

表2-14　古今声母比较表

		清		全浊 平、上、去	全浊 入
帮组		帮 包pɔ³³	滂 片pʰiĩ⁴⁵	並 婆pʊ²¹³	並 薄很~ po²⁴
非组		非 府fu⁴⁴ 飞xui³³	敷 纺faŋ⁴⁴ 费xui⁴⁵	奉 烦fæ̃²¹³ 翡xui⁴⁴	奉 服fu²⁴ 罚xua²⁴
端泥组		端 刀tɔ³³	透 汤tʰaŋ³³	定 停tiən²¹³	定 敌ti²⁴
精组	今洪	精 早tsɔ⁴⁴	清 搓tsʰʊ³³	从 财tsɛ²¹³	从 凿tsʰʊ⁴⁵
	今细	精 酒tɕiəu⁴⁴	清 请tɕʰiən⁴⁴	从 钱tɕiĩ²¹³	从 疾tɕi²⁴
知组		知 桌tso²⁴ 猪tɕy³³	彻 抽tsʰəu³³ 春tɕʰyən³³	澄 肠tsaŋ²¹³ 住tɕy²¹	澄 着tso²⁴ 浊tsʰo²⁴
庄组		庄 斩tsæ⁴⁴	初 炒tsʰɔ⁴⁴	崇 愁tsəu²¹³	崇 铡tsa²⁴
章组		章 针tsən³³ 砖tɕyĩ³³	昌 厂tsʰaŋ⁴⁴ 穿tɕʰyĩ³³	船 乘tsən²¹³ 剩sən²¹ 船 tɕyĩ²¹³ 顺ɕyn²¹	船 舌sei⁴⁵
日组					
见晓组	今洪	见 高kɔ³³	溪 开kʰɛ³³	群 狂kuaŋ²¹³	
	今细	见 京tɕiən³³	溪 轻tɕʰiən³³	群 穷tɕiən²¹³	群 掘tɕyE²⁴
影组		影 安ŋæ̃³³ 乌u³³ 用iən²¹ 冤yĩ³³			

次浊	清	全浊			
		平、上、去	入		
明 棉miĩ²¹³					帮组
微 网uaŋ⁴ 蚊mən³³					非组
泥 年niĩ²¹³	来 辣na²⁴				端泥组
	心 嫂sɔ⁴⁴	邪 饲tsʅ²¹³ 穗sei⁴⁵	邪 俗sɔo²⁴	今洪	精组
	心 箱ɕiaŋ³³	邪 像tɕiaŋ²¹ 袖ɕiəu⁴⁵	邪 习ɕi²⁴	今细	
					知组
	生 霜saŋ³³				庄组
	书 升sən³³ 书ɕy³³	禅 城tsən²¹³ 醇tɕyən²¹³ 蝉ɕyĩ²¹³	禅 熟səu⁴⁵		章组
日 然zæ²¹³ 日ni²⁴ 耳ᴇ⁴⁴					日组
疑 硬ŋən²¹	晓 虎fu⁴⁴ 花xua³³	匣 湖fu²¹³ 黄uaŋ²¹³	匣 获xo²⁴ 斛fu⁴⁵	今洪	见晓组
疑 谊ni²¹³ 鱼y²¹³	晓 晓ɕiən⁴⁴	匣 幸ɕiən⁴⁵	匣 学ɕyo²⁴	今细	
云 有iəu⁴⁴ 王uaŋ²¹³ 雨y⁴⁴ 熊ɕiən²¹³	以 油iəu²¹³ 维ui²¹³ 余y²¹³				影组

（二）古今韵母比较表

南陵湘语的韵母与中古韵母的比较如下。

表2-15 古今韵母对照表（一二等）

	一　等			二　等			
	帮系	端系	见系	帮系	泥组	知庄组	见系
果开		锣 nʊ²¹³	饿 ʊ²¹				
果合	婆 pʊ²¹³	坐 tsʊ²¹	火 xʊ⁴⁴				
假开				马 ma⁴⁴	拿 na³³	沙 sa³³	家 ka³³ 亚 ia⁴⁵
假合						傻 sa⁴⁴	瓦 ua⁴⁴
遇合	布 pu⁴⁵	粗 tsʰəu³³	苦 kʰu⁴⁴				
蟹开	贝 pei⁴⁵	在 tsɛ²¹	海 xɛ⁴⁴	买 mɛ⁴⁴	奶 nɛ⁴⁴	柴 tsɛ²¹³	鞋 xɛ²¹³ 械 tɕiE⁴⁵
蟹合	杯 pei³³	雷 nei²¹³	灰 xui³³ 外 uɛ²¹			拽 tsuɛ⁴⁵	怪 kuɛ⁴⁵ 画 xua²¹
效开	报 pɔ⁴⁵	桃 tɔ²¹³	高 kɔ³³	卯 mɔ⁴⁴	闹 nɔ²¹	吵 tsʰɔ⁴⁴	巧 tɕʰiɔ⁴⁴ 铰 kɔ³³
流开	亩 mʊ⁴⁴	漏 nəu⁴⁵	沟 kəu³³				
咸舒开		男 nɛ̃²¹³	敢 kɛ̃⁴⁴			斩 tsɛ̃⁴⁴	舰 tɕiɛ̃⁴⁵
咸入开		搭 ta²⁴	合 xo²⁴ 磕 kʰE²⁴			插 tsʰa²⁴	掐 kʰa²⁴ 狭 ɕia²⁴
山舒开		炭 tʰɛ̃⁴⁵	寒 xɛ̃²¹³	慢 mɛ̃²¹		山 sɛ̃³³	间 kɛ̃³³ 限 ɕiɛ̃⁴⁵
山入开		达 ta²⁴	割 ko²⁴	八 pa²⁴		杀 sa²⁴	瞎 xa²⁴ 辖 ɕia²⁴
山舒合	盘 põ²¹³ 般 pɛ̃³³	短 tõ⁴⁴	贯 kuɛ̃⁴⁵ 灌 kõ⁴⁵			闩 suɛ̃³³	弯 uɛ̃³³
山入合	钵 pE²⁴	脱 tʰo²⁴	阔 kʰo²⁴ 括 kʰua²⁴			刷 sua²⁴	刮 kua²⁴

	一　等			二　等			
	帮系	端系	见系	帮系	泥组	知庄组	见系
臻舒开		吞tʰən³³	很xən⁴⁴				
臻舒合	盆pən²¹³	寸tsʰən⁴⁵	稳uən⁴⁴				
臻入合	不pu²⁴	突tʰo²⁴	骨ku²⁴				
宕舒开	帮paŋ³³	浪naŋ²¹	杭xaŋ²¹³ 刚tɕiaŋ³³				
宕入开	薄po²⁴	作tso²⁴ 凿tsʰʊ⁴⁵	搁ko²⁴ 胳ka²⁴ 郝xɔ⁴⁴				
宕舒合			光kuaŋ³³				
宕入合			霍xo²⁴				
江舒开				绑paŋ⁴⁴		桩tsaŋ³³	讲kaŋ⁴⁴ 腔tɕʰiaŋ³³
江舒入				剥po²⁴ 雹pʰɔ⁴⁵ 朴pʰu²⁴		桌tso²⁴	角ko²⁴ 学ɕyo²⁴ 饺tɕiɔ⁴⁴
曾舒开	朋pən²¹³	僧sən³³	肯kʰən⁴⁴				
曾入开	墨mo²⁴	贼tsʰei⁴⁵	黑xɛ²⁴				
曾舒合			弘xən²¹³				
曾入合			国kuɛ²⁴				
梗舒开				彭pən²¹³	冷nən⁴⁴	生sən³³	幸ɕiən⁴⁵
梗入开				白pɛ²⁴		拆tsʰɛ²⁴	格kɛ²⁴
梗舒合							宏xən²¹³
梗入合							获xo²⁴
通舒合	蒙mən²¹³	懂tən⁴⁴	控kʰən⁴⁵				
通入合	木mo²⁴	独təo²⁴	屋u²⁴				

安
徽
南
陵
湘
语

34

表 2-16 古今韵母对照表（三四等）

	三四等							
	帮系	端组	泥组	精组	庄组	知章组	日母	见系
果开								茄 tɕia^{213}
果合								靴 sua^{33}
假开		爹 tia^{33}		姐 tɕia^{44} 且 tɕʰiɛ^{44}		扯 tsʰa^{44}	惹 zei^{44}	夜 ia^{21}
遇合	雾 u^{21}		女 ny^{44}	絮 ɕi^{45}	初 tsʰəu^{33} 所 su^{44}	住 tɕy^{21}	如 y^{213}	许 ɕy^{44}
蟹开	米 mi^{44}	低 ti^{33} 提 tia^{213} 梯 tʰei^{33}	礼 ni^{44}	妻 tɕʰi^{33} 婿 ɕi^{45}		世 sʅ^{45}		计 tɕi^{45}
蟹合	肺 xui^{45}			岁 sei^{45}		税 sui^{45}	芮 zui^{45}	桂 kui^{45}
止开	皮 pi^{213} 美 mei^{44}	地 ti^{21}	李 ni^{44}	私 sʅ^{33}	事 sʅ^{21}	池 tsʅ^{213}	儿 E^{213}	奇 tɕi^{213}
止合	飞 fei^{33} 味 ui^{21}		泪 nei^{21}	嘴 tsei^{44}	衰 suɛ^{33}	吹 tsʰui^{33}	蕊 zui^{44}	贵 kui^{45}
效开	庙 miɔ^{21}	挑 tʰiɔ^{33}	料 niɔ^{21}	焦 tɕiɔ^{33}		招 tsɔ^{33}	扰 zɔ^{44}	叫 tɕiɔ^{45}
流开	富 fu^{45} 谋 mu^{213} 矛 mɔ^{213} 彪 piɔ^{33}	丢 tiəu^{33}	留 niəu^{213}	酒 tɕiəu^{44}	瘦 səu^{45}	周 tsəu^{33}	揉 zəu^{213}	球 tɕiəu^{213}
咸舒开	贬 piĩ^{44}	点 tiæ̃^{44}	念 niĩ^{21}	尖 tɕiĩ^{33}		闪 sæ̃^{44}	染 zæ̃^{44}	嫌 ɕiĩ^{213}
咸入开		贴 tʰiɛ^{24}	猎 niɛ^{24}	接 tɕiɛ^{24}		涉 sɛ^{24}		叶 iɛ^{24}
咸舒合	犯 fæ̃^{45}							
咸入合	法 fa^{24}							
深舒开	品 pʰiən^{44}		林 niən^{213}	心 ɕiən^{33}	婶 sən^{44}	针 tsən^{33}	纴 zən^{45}	琴 tɕiən^{213}
深入合			立 ni^{24}	集 tɕiɛ^{24}	涩 sɛ^{24}	十 sʅ^{24}	入 y^{24}	急 tɕi^{24} 给 kei^{44}
山舒开	变 piĩ^{45}	田 tiĩ^{213}	年 niĩ^{213}	煎 tɕiĩ^{33}		扇 sæ̃^{45}	燃 niĩ^{213}	燕 iĩ^{45}

	三四等							
	帮系	端组	泥组	精组	庄组	知章组	日母	见系
山入开	灭 miE²⁴	铁 tʰiE²⁴	裂 niE²⁴	节 tɕiE²⁴		舌 sE²⁴	热 yE²⁴	结 tɕiE²⁴
山舒合	烦 fæ̃²¹³ 挽 uæ̃⁴⁴		恋 niĩ⁴⁵	全 tɕyĩ²¹³		专 tɕyĩ³³ 串 tsʰõ⁴⁵	软 yĩ⁴⁴	远 yĩ⁴⁴
山入合	罚 fa²⁴		劣 niE²⁴	雪 ɕiE²⁴		说 ɕyE²⁴		月 yE²⁴
臻舒开	民 miən²¹³		邻 niən²¹³	信 ɕiən⁴⁵	臻 tsən³³	震 tsən⁴⁵	仁 zən²¹³	引 iən⁴⁴
臻入开	蜜 mi²⁴		栗 ni²⁴	七 tɕʰi²⁴	虱 sE²⁴	实 sʅ²⁴	日 zʅ²⁴	一 i²⁴
臻舒合	问 uən²¹		轮 nən²¹³	遵 tsən³³		纯 ɕyən²¹³	润 yən²¹	菌 tɕyən²¹
臻入合	物 u²⁴		律 ni²⁴	戌 ɕi²⁴ 恤 ɕiE²⁴	率 suE⁴⁵	出 tɕʰy²⁴		屈 tɕʰy²⁴
宕舒开			亮 niaŋ²¹	奖 tɕiaŋ⁴⁴	装 tsaŋ³³	肠 tsaŋ²¹³	让 zaŋ²¹	向 ɕiaŋ⁴⁵
宕入开			略 nyo²⁴	削 ɕyo²⁴		勺 so²⁴	弱 nyo²⁴	脚 tɕyo²⁴ 跃 io⁴⁵
宕舒合	放 faŋ⁴⁵							王 uaŋ²¹³
曾舒开	冰 piən³³		凌 niən²¹³			绳 sən²¹³	仍 zən⁴⁴	鹰 iən³³
曾入开	逼 pi²⁴		力 ni²⁴	熄 ɕi²⁴	色 sE²⁴	式 sʅ⁴⁵		亿 i⁴⁵
曾入合								域 y⁴⁵
梗舒开	命 miən²¹	顶 tiən⁴⁴	铃 niən²¹³	醒 ɕiən⁴⁴		程 tsən²¹³		赢 iən²¹³
梗入开	碧 pi²⁴	敌 ti²⁴	历 ni²⁴	析 ɕi²⁴		掷 tsE²⁴ 尺 tsʰʅ²⁴ 炙 tsa²⁴		击 tɕi²⁴
梗舒合								荣 iən²¹³ 萤 iaŋ²¹³
梗入合								役 y⁴⁵
通舒合	风 xən³³		龙 nən²¹³	踪 tsən³³		充 tsʰən³³	绒 iən²¹³	用 iən²¹
通入合	福 fu²⁴ 穆 mo²⁴		录 nəo²⁴	足 tsəo²⁴		竹 tsəo²⁴	肉 niəo²⁴	曲 tɕʰyo²⁴ 局 tɕy²⁴

（三）古今声调比较

南陵湘语的声调与中古声调的比较如下。

表2-17　古今声调对照表

中古声调	中古声母	南陵湘语声调	调值
平声	清	阴平	33
	浊	阳平	213
上声	清、次浊	上声	44
	全浊	阳去	21
去声	清	阴去	45
	浊	阳去	21
入声	清	入声	24
	浊	入声	24

二　音韵特点

（一）声母的特点

1. 古全浊声母都已经清化，今读塞音、塞擦音声母的字，逢古平、上、去声字读不送气清音，例如：爬 pa^{213}｜才 $ts\varepsilon^{213}$｜勤 $t\varnothing i\partial n^{213}$｜坐 tsu^{21}｜丈 $tsa\eta^{21}$｜近 $t\varnothing i\partial n^{21}$｜旧 $t\varnothing i\partial u^{21}$｜洞 $t\partial n^{21}$｜匠 $t\varnothing ia\eta^{21}$。古全浊入声字今大部分读不送气音，例如：白 $p\varepsilon^{24}$｜簿 po^{24}｜轴 $ts\partial o^{24}$｜独 $t\partial o^{24}$｜着 tso^{24}，少数字读送气音，如：贼 ts^hei^{45}｜族 $ts^h\partial o^{24}$｜泽 $ts^h E^{24}$｜凿 $ts^h\upsilon^{45}$｜浊 ts^ho^{24}。

2. 古泥来母完全相混，今洪音前均读为[l]，细音前读为[n]，我们处理为/n/音位，例如：拿泥 na^{33}｜奶泥 $n\varepsilon^{44}$｜楼来 $n\partial u^{213}$｜辣来 na^{24}｜朗来 $na\eta^{44}$｜能泥 $n\partial n^{213}$｜娘泥 $nia\eta^{213}$｜凉来 $nia\eta^{213}$｜年泥 $ni\tilde{i}^{213}$｜怜来 $ni\tilde{i}^{213}$。

3. 知组、庄组和章组字今主要读[ts]组声母，具体是：知组二等和庄组字一律读[ts]组声母，例如：茶知二 tsa^{213}｜吵初 $ts^h\mathfrak{o}^{44}$｜站知二 $ts\tilde{æ}^{21}$｜争庄 $ts\partial n^{33}$｜生生 $s\partial n^{33}$｜师生 $s\textfloorl^{33}$｜插初 ts^ha^{24}；知组三等和章组字大部分读[ts]组声母，例如：超彻 $ts^h\mathfrak{o}^{33}$｜绸澄 $ts\partial u^{213}$｜丑知三 $ts^h\partial u^{44}$｜赵澄 $ts\mathfrak{o}^{45}$｜手书 $s\partial u^{44}$｜征章 $ts\partial n^{33}$｜升书 $s\partial n^{33}$｜诗书 $s\textfloorl^{33}$；遇摄、山摄合口和臻摄合口的知组三等和章组字主要读[tɕ]组声母，如：猪知三 $t\varnothing y^{33}$｜厨知三 $t\varnothing y^{213}$｜住知三 $t\varnothing y^{21}$｜书书 $\varnothing y^{33}$｜船船 $t\varnothing y\tilde{i}^{213}$｜穿昌 $t\varnothing^h y\tilde{i}^{33}$｜椽知三 $t\varnothing y\tilde{i}^{213}$｜春昌 $t\varnothing^h y\partial n^{33}$｜准章 $t\varnothing y\partial n^{44}$｜顺船 $\varnothing y\partial n^{21}$。

4. 精组字和见晓组字在细音前相混，例如：焦＝骄 $t\varnothing i\mathfrak{o}^{33}$｜秋＝丘 $t\varnothing^h i\partial u^{33}$｜箱＝香

ɕiaŋ³³｜千＝牵 tɕʰiĩ³³｜全＝拳 tɕyĩ²¹³｜津＝斤 tɕiən³³。

5. 书母、邪母、禅母有读塞擦音的现象，如：鼠 tɕʰy⁴⁴｜随(白读)tsei²¹³｜徐 tɕy²¹³｜祥详 tɕiaŋ²¹³｜寻 tɕiən²¹³｜匙(钥)～ tsʰ̩⁰。

6. 日母今读分为三类，分别是[n][z]和零声母，读[n]的都是常用字，如：人 niən²¹³｜日 ni²⁴｜肉 niəo²⁴｜燃 niĩ²¹³｜认 niən²¹；读[z]和零声母的有常用字，也有不常用字，常用字如：热 yE²⁴｜软 yĩ⁴⁴｜绒 iən²¹³｜让 zaŋ²¹｜二 E²¹｜耳 E⁴⁴｜染 yĩ⁴⁴；不常用字如：如 y²¹³｜然 zæ²¹³｜仍 zən⁴⁴｜扰 zɔ⁴⁴｜辱 zu⁴⁵。

7. 见晓组字洪音前读[k kʰ x]，细音前读[tɕ tɕʰ ɕ]，二等字则是常用字读[k]组声母，不常用字读[tɕ]组声母，如假摄开口二等读[k]组声母的：家 ka³³｜架 ka⁴⁵｜下 xa²¹｜虾 xa³³，读[tɕ]组声母的：驾 tɕia⁴⁵｜霞 ɕia²¹³｜嘉 tɕia³³。

8. 疑母今读[ŋ][n]和零声母三类，[ŋ]只出现在洪音前，如：牙 ŋa²¹³｜傲 ŋɔ⁴⁵｜雁 ŋæ²¹｜硬 ŋən²¹；[n]只出现在细音前，如：牛 niəu²¹³｜砚 niĩ²¹；读零声母的，如：瓦 ua⁴⁴｜五 u⁴⁴｜银 iən²¹³｜玩 uæ²¹³｜原 yĩ²¹³。

9. 非组和晓组相混，[f]可以拼开口呼和合口呼韵母，[x]也可以拼开口呼和合口呼韵母。虽然部分晓组和非组字可以自由变读，既可以读[f]，也可以读[x]，但有些字是不能自由变读的，如"风"只能读[x]，不能读[f]，"很"也只能读[x]，不能读[f]。有些有异读现象，如"横"白读[x]声母，文读[f]声母。

10. 影母一二等字的开口呼有读[ŋ]的现象，如：挨 ŋɛ³³｜欧 ŋəu³³｜恩 ŋẽ³³｜丫 ŋa³³｜晏 ŋæ⁴⁵，但一二等的合口呼和齐齿呼不读[ŋ]，读零声母，如：亚 ia⁴⁵｜污 u³³｜煨 ui³³｜颜 iĩ²¹³，三四等字读零声母，如：一 i²⁴｜衣 i³³｜要 iɔ⁴⁵｜阴 iən³³。

（二）韵母的特点

1. 假摄开口二等主要读[a]，例如：疤 pa³³｜麻 ma²¹³｜拿 na³³｜茶 tsa²¹³｜沙 sa³³｜家 ka³³｜哑 ŋa⁴⁴；开口三等主要读[a]或[ia]，例如：扯 tsʰa⁴⁴｜车 tsʰa³³｜惹 nia⁴⁴｜夜 ia²¹｜写 ɕia⁴⁴｜邪 ɕia²¹³。

2. 遇摄三等鱼虞韵有不混的现象，鱼韵有读[ei]的现象，目前只有见组保留有读[ei]音类的，但虞韵没有读[ei]的，如：锯 kei⁴⁵｜去 kʰei⁴⁵。鱼虞韵主要读[y]，但有少数字读[i]，如：猪 tɕy³³｜女 ny⁴⁴｜书 ɕy³³｜鱼 y²¹³｜娶 tɕʰy⁴⁴｜主 tɕy⁴⁴｜雨 y⁴⁴｜絮 ɕi⁴⁵｜聚 tɕi⁴⁵｜蛆 tɕʰi³³。

模韵今读[u]和[əu]两个音类，其中帮组、见系和影组读[u]，端组、泥组和精组字读[əu]，如：步 pu²¹｜赌 təu⁴⁴｜屠 təu²¹³｜租 tsəu³³｜路 nəu²¹｜枯 kʰu³³｜五 u⁴⁴｜胡 fu²¹³｜污 u³³。模韵的端组、泥组和精组字读[əu]，是[u]裂化的结果，这在湘语中很普遍，彭建国（2006：97）对此有详细分析。

流摄一等侯韵也有读[əu]的现象，与模韵相混，如：都＝兜 təu³³｜头＝图 təu²¹³｜走＝祖 tsəu⁴⁴｜漏＝路 nəu²¹。

3. 蟹摄开口四等齐韵主要读[i]，如：闭 pi⁴⁵｜批 pʰi³³｜底 ti⁴⁴｜泥 ni²¹³｜细 ɕi⁴⁵｜鸡 tɕi³³，有个别字读[ei]，如：梯 tʰei³³｜薹 pei³³，"提"字的读音也比较特殊，读[tia²¹³]。

蟹摄合口一等只有见系和影组读合口呼，其他都读开口呼，如：杯 pei³³｜妹 mei²¹｜堆 tei³³｜退 tʰei⁴⁵｜罪 tsei²¹｜最 tsei⁴⁵｜回 xui²¹³｜煨 ui³³｜盔 kʰui³³。

止摄合口三等与蟹摄合口一等相混，帮组、泥组、精组、非组读[ei]，如：非 fei³³（"非"字 [fei³³] [xui³³] 自由变读）｜泪 nei²¹｜嘴 tsei⁴⁴｜穗 sei⁴⁵；庄组读[uɛ]，如：帅 suɛ⁴⁵；知组、章组、见组和影组读[ui]，如：跪 kʰui⁴⁴｜喂 ui⁴⁵｜位 ui²¹｜锥 tsui³³｜归 kui³³。

止摄合口有少数字读如鱼虞韵，即所谓的"支微入鱼"现象，如：水 ɕy⁴⁴｜睡 ɕy⁴⁵。

4. 咸山摄阳声韵开口相混，一二等主要读[æ̃]，如：南＝兰 næ̃²¹³｜柑＝肝 kæ̃³³｜贪＝摊 tʰæ̃³³，三四等主要读[iĩ]，如：签＝千 tɕʰiĩ³³｜点＝典 tiĩ⁴⁴｜念＝楝 niĩ²¹。

山摄合口一等与合口二等不混，合口一等主要读[õ]，如：盘 põ²¹³｜伴 põ²¹｜端 tõ³³｜团 tõ²¹³｜官 kõ³³｜碗 õ⁴⁴，合口二等主要读[uæ̃]，如：闩 suæ̃³³｜涮 suæ̃⁴⁵｜弯 uæ̃³³。咸摄开口一等也有读[õ]的现象，但很少，只有一个"碪 kʰõ⁴⁵"字读该韵母。

5. 深摄开口三等、臻摄开口三等、曾摄开口三等、梗摄开口三四等和通摄合口三等相混，读[ən]和[iən]，如：林深 niən²¹³｜锦深 tɕiən⁴⁴｜心深 ɕiən³³｜深深 sən³³｜枕深 tsən⁴⁴｜音深 iən³³｜贫臻 piən²¹³｜新臻 ɕiən³³｜进臻 tɕiən⁴⁵｜珍臻 tsən³³｜神臻 sən²¹³｜紧臻 tɕiən⁴⁴｜印臻 iən⁴⁵｜蒸曾 tsən³³｜剩曾 sən²¹｜菱曾 niən²¹³｜秤曾 tsʰən⁴⁵｜命梗 miən²¹｜景梗 tɕiən⁴⁴｜影梗 iən⁴⁴｜清梗 tɕʰiən³³｜姓梗 ɕiən⁴⁵｜整梗 tsən⁴⁴｜颈梗 tɕiən⁴⁴｜丁梗 tiən³³｜星梗 ɕiən³³｜经梗 tɕiən³³｜风通 xən³³｜绒通 iən²¹³｜融通 iən²¹³｜共通 kən²¹｜松通, ～树 tsən²¹³。

6. 宕江摄相混，读[aŋ]或[iaŋ]，如：炕宕 kʰaŋ⁴⁵｜壮宕 tsaŋ⁴⁵｜霜宕 saŋ³³｜抢宕 tɕʰiaŋ⁴⁴｜亮宕 niaŋ²¹｜张宕 tsaŋ³³｜窗江 tsʰaŋ³³｜讲江 kaŋ⁴⁴｜江江 tɕiaŋ³³。江摄有个别字读[uaŋ]，如：双 suaŋ³³。

7. 通摄合口一等除了影母有读合口呼的现象外，其他都读开口呼，如：冻 tən⁴⁵｜聋 nən³³｜棕 tsən⁴⁵｜送 sən⁴⁵｜公 kən³³｜瓮 uən⁴⁵。

（三）声调的特点

1. 南陵湘语的阴平调来自中古的清声母平声字，如：包 pɔ³³｜巾 tɕiən³³｜清 tɕʰiən³³｜通 tʰən³³。

2. 南陵湘语的阳平调来自中古的次浊声母和全浊声母平声字，如：鱼 y²¹³｜来 nɛ²¹³｜蚕 tsæ̃²¹³｜年 niĩ²¹³｜棚 pən²¹³。

3. 南陵湘语的上声调来自中古的清声母和次浊声母上声字，如：我 ʋ⁴⁴｜口 kʰəu⁴⁴｜伞

sæ⁴⁴｜美 mei⁴⁴｜桶 tʰən⁴⁴｜酒 tɕiəu⁴⁴。

4. 南陵湘语的古去声字分为阴去和阳去两类，古清去字今读阴去调，如：个 ku⁴⁵｜怕 pʰa⁴⁵｜菜 tsʰɛ⁴⁵｜炭 tʰæ⁴⁵｜凳 tən⁴⁵｜送 sən⁴⁵；古全浊上声字和全浊去声字、次浊去声字读阳去调，如：弟 ti²¹｜坐 tsʊ²¹｜路 nəu²¹｜厚 xəu²¹｜妹 mei²¹｜动 tən²¹｜顺 ɕyən²¹。部分古全浊上声字、全浊去声字和次浊去声字有读阴去声的现象，如：赵 tsɔ⁴⁵｜忌 tɕi⁴⁵｜怒 nəu⁴⁵｜枢 tɕiəu⁴⁵｜杖 tsɑŋ⁴⁵。

5. 南陵湘语有独立的入声调，不短促。入声调包含古清入字、次浊入字和全浊入字，如：叶 iᴇ²⁴｜舌 sᴇ²⁴｜北 pᴇ²⁴｜白 pᴇ²⁴｜削 ɕyo²⁴｜力 ni²⁴｜竹 tsəo²⁴｜直 tsʅ²⁴。个别常用的全浊入字和次浊入字读阴去调，如：凿 tsʰʊ⁴⁵｜贼 tsʰei⁴⁵｜捋 nei⁴⁵。

第四节

连读变调

    南陵湘语普通两字组连读时，阴平、阳平、上声、阳去和入声调做前字时，都不变调。阴平、阳平、上声、阴去、阳去和入声做后字时，有些不变调，读本调，有些读轻声。具体情况是：阴平调作为后字时，有些读本调33调，如"镰刀"的"刀"读33调；有些读轻声，读轻声时，调值为21，如"点心"的"心"读21调。阳平调作为后字时，一种是变为13调，一种是变读轻声，读轻声时，调值为3，但什么时候变读轻声，什么时候变读13调，规律尚不清楚，如阳平与阳平组合的"洋油"的"油"字读13调，"明年"的"年"字读轻声。同样，阴平与阳平组合时，也是如此，如"猪油"的"油"字读13调，"清明"的"明"字读轻声。上声调字做后字时，有读本调的，如"肩膀"的"膀"读本调44调；也有读轻声的，读轻声时，调值为3，如"屁股"的"股"读轻声3调。阴去调字做后字时，有时读本调45调，如"短裤"的"裤"读本调45调；有些读轻声，读轻声时，调值为5，如"舅舅"的第二个"舅"字读轻声5调。阳去调做后字时，有读本调的，如"鸡蛋"的"蛋"读本调21调；有读轻声的情况，调值为2，如"木匠"的"匠"读轻声，调值为2。入声24调做后字时，有的读本调，不变，如"鸡杂"的"杂"读本调24调；有的读轻声，读轻声时，调值为4调，如"扎实"的"实"读轻声，调值为4。本书稿在他处涉及轻声调时，统一用0来表示。

    除了轻声变调外，南陵湘语各声调的组合情况见表2-18，轻声变调情况不列。

表2-18 南陵湘语两字组连读变调表

	阴平33	阳平213	上声44	阴去45	阳去21	入声24
阴平33	33+33 33+33	33+213 33+13	33+44 33+44	33+45 33+45	33+21 33+21	33+24 33+24
阳平213	213+33 213+33	213+213 213+13	213+44 213+44	213+45 213+45	213+21 213+21	213+24 213+24
上声44	44+33 44+33	44+213 44+13	44+44 44+44	44+45 44+45	44+21 44+21	44+24 44+24
阴去45	45+33 55+33	45+213 55+13	45+44 55+44	45+45 55+45	45+21 55+21	45+24 55+24
阳去21	21+33 21+33	21+213 21+13	21+44 21+44	21+45 21+45	21+21 21+21	21+24 21+24
入声24	24+33 24+33	24+213 24+13	24+44 24+44	24+45 24+45	24+21 24+21	24+24 24+24

两字组连读变调例词（由于各声调的字多寡不一，列举例词时，不同声调组合的例词数量没有统一）：

阴平 + 阴平（33 + 33）：阴天 iən³³tʰiĩ³³　开荒 kʰɛ³³faŋ³³　筬箕 yĩ³³tɕi³³　山腰 sæ̃³³iɔ³³

阴平 + 阳平（33 + 13）：山崖 sæ̃³³iɛ¹³　秧田 iaŋ³³tiĩ¹³　梳钯 sou³³pa¹³

阴平 + 上声（33 + 44）：开水 kʰɛ³³ɕy⁴⁴　鸡嘴 tɕi³³tsei⁴⁴　公狗 kən³³kou⁴⁴　虾米 ɕia³³mi⁴⁴

阴平 + 阴去（33 + 45）：荤菜 fən³³tsʰɛ⁴⁵　包菜 pɔ³³tsʰɛ⁴⁵　山坳 sæ̃³³ŋɔ⁴⁵　香案 ɕiaŋ³³ŋæ̃⁴⁵

阴平 + 阳去（33 + 21）：鸡蛋 tɕi³³tæ̃²¹　烟袋 iĩ³³tɛ²¹　荒地 faŋ³³ti²¹　厨尿 ʋ³³niɔ²¹

阴平 + 入声（33 + 24）：公鸭 kən³³ŋa²⁴　鸡脚 tɕi³³tɕyo²⁴　葱叶 tsʰən³³iɛ²⁴　山药 sæ̃³³yo²⁴

阳平 + 阴平（213 + 33）：黄瓜 uaŋ²¹³kua³³　豪猪 xɔ²¹³tɕy³³　泥鳅 ni²¹³tɕʰiəu³³　门闩 mən²¹³suæ̃³³

阳平 + 阳平（213 + 13）：铜壶 tən²¹³fu¹³　虫牙 tsən²¹³ŋa¹³　盲肠 maŋ²¹³tsaŋ¹³　膶纹 nʋ²¹³uən¹³

阳平 + 上声（213 + 44）：锣鼓 nʋ²¹³ku⁴⁴　鞋底 xɛ²¹³ti⁴⁴　零嘴 niən²¹³tsei⁴⁴　黄酒 uaŋ²¹³tɕiəu⁴⁴

阳平 + 阴去（213 + 45）：牛粪 niəu²¹³fən⁴⁵　难过 næ²¹³kʋ⁴⁵　田塍 tiĩ²¹³kʰɔ̃⁴⁵　芒种 maŋ²¹³tsən⁴⁵

阳平 + 阳去（213 + 21）：棉被 miĩ²¹³pei²¹　名字 miən²¹³tsʅ²¹　城外 tsən²¹³uɛ²¹

阳平 + 入声（213 + 24）：同学 tən²¹³ɕyo²⁴　门托 mən²¹³tʰo²⁴　菱角 niən²¹³ko²⁴　桃屋 tɔ²¹³u²⁴

上声 + 阴平（44 + 33）：每天 mei⁴⁴tʰiĩ³³　打霜 ta⁴⁴saŋ³³　打针 ta⁴⁴tsən³³　起风 tɕʰi⁴⁴xən³³

上声 + 阳平（44 + 13）：草鱼 tsʰɔ⁴⁴y¹³　早霞 tsɔ⁴⁴ɕia¹³　小寒 ɕiɔ⁴⁴xæ̃¹³　狗熊 kəu⁴⁴ɕiən¹³

上声 + 上声（44 + 44）：火把 xʋ⁴⁴pa⁴⁴　海碗 xɛ⁴⁴ɔ̃⁴⁴　火桶 xʋ⁴⁴tʰən⁴⁴　赶网 kæ̃⁴⁴uaŋ⁴⁴

上声 + 阴去（44 + 45）：手簸 səu⁴⁴pʋ⁴⁵　水碓 ɕy⁴⁴tei⁴⁵　捡粪 tɕiĩ⁴⁴fən⁴⁵　韭菜 tɕiəu⁴⁴tsʰɛ⁴⁵

上声＋阳去（44＋21）：瓦匠 ua⁴⁴tɕiaŋ²¹　寡妇 kua⁴⁴fu²¹　桶柜 tʰən⁴⁴kui²¹　早稻 tsɔ⁴⁴tɔ²¹

上声＋入声（44＋24）：野物 ia⁴⁴u²⁴　野鸭 ia⁴⁴ŋa²⁴　晚叔 mæ⁴⁴səo²⁴　脑壳 nɔ⁴⁴kʰo²⁴

阴去＋阴平（55＋33）：喂猪 ui⁵⁵tɕy³³　帐钩 tsaŋ⁵⁵kəu³³　细锅 ɕi⁵⁵ku³³　进深 tɕiən⁵⁵sən³³

阴去＋阳平（55＋13）：散糖 sæ⁵⁵taŋ¹³　瓮坛 ŋən⁵⁵tæ¹³　正梁 tsən⁵⁵niaŋ¹³　钓鱼 tiɔ⁵⁵y¹³

阴去＋上声（55＋44）：熨斗 yən⁵⁵təu⁴⁴　站桶 tsæ⁵⁵tʰən⁴⁴　盖草 kɛ⁵⁵tsʰɔ⁴⁴　粪桶 fən⁵⁵tʰən⁴⁴

阴去＋阴去（55＋45）：吊罐 tiɔ⁵⁵kõ⁴⁵　送灶 sən⁵⁵tsɔ⁴⁵　沤粪 ŋəu⁵⁵fən⁴⁵　蕹菜 ŋən⁵⁵tsʰɛ⁴⁵

阴去＋阳去（55＋21）：做事 tsəu⁵⁵sʅ²¹　半夜 põ⁵⁵ia²¹　细路 ɕi⁵⁵nəu²¹　粪凼 fən⁵⁵taŋ²¹

阴去＋入声（55＋24）：祛湿 tɕʰy⁵⁵sʅ²⁴　锯麦 kei⁵⁵mɛ²⁴　细木 ɕi⁵⁵mo²⁴　正屋 tsən⁵⁵u²⁴

阳去＋阴平（21＋33）：顺风 ɕyən²¹xən³³　稻棵 tɔ²¹kʰʊ³³　大衣 tɛ²¹i³³　项箍 xæ²¹kʰu³³

阳去＋阳平（21＋13）：稻箩 tɔ²¹nʊ¹³　寿鞋 səu²¹xɛ¹³　树林 ɕy²¹niən¹³

阳去＋上声（21＋44）：大暑 tɛ²¹tɕʰy⁴⁴　大水 tɛ²¹ɕy⁴⁴　阵雨 tsən²¹y⁴⁴　大栳 tɛ²¹kʰɔ⁴⁴　磨眼 mʊ²¹ŋæ⁴⁴

阳去＋阴去（21＋45）：夏至 ɕia²¹tsʅ⁴⁵　下昼 xa²¹tsəu⁴⁵　上冻 saŋ²¹tən⁴⁵　磨凳 mʊ²¹tən⁴⁵

阳去＋阳去（21＋21）：现饭 ɕiĩ²¹fæ²¹　大路 tɛ²¹nəu²¹

阳去＋入声（21＋24）：大雪 tɛ²¹ɕiE²⁴　闰月 yən²¹yE²⁴　料石 niɔ²¹sʅ²⁴　断黑 tõ²¹xE²⁴

入声＋阴平（24＋33）：麦冬 mE²⁴tən³³　接亲 tɕiE²⁴tɕʰiən³³　哭丧 kʰu²⁴saŋ³³　灭灯 miE²⁴tən³³

入声＋阳平（24＋13）：学堂 ɕyo²⁴taŋ¹³　出勤 tɕʰy²⁴tɕiən¹³　入材 y²⁴tsɛ¹³　歇凉 ɕiE²⁴niaŋ¹³

入声＋上声（24＋44）：炙火 tsa²⁴xʊ⁴⁴　麦粉 mE²⁴fən⁴⁴　月饼 yE²⁴piən⁴⁴　入土 y²⁴tʰəu⁴⁴

入声＋阴去（24＋45）：发嫁 fa²⁴ka⁴⁵　日晕 zʅ²⁴yən⁴⁵　白露 pE²⁴nəu⁴⁵　泼粪 pʰE²⁴fən⁴⁵

入声＋阳去（24＋21）：吃饭 tɕʰia²⁴fæ²¹　作料 tso²⁴niɔ²¹　测字 tsʰE²⁴tsʅ²¹　服侍 fu²⁴sʅ²¹

入声＋入声（24＋24）：落雪 no²⁴ɕiE²⁴　昨日 tso²⁴ni²⁴　末伏 mo²⁴fu²⁴　腊月 na²⁴yE²⁴

第五节

南陵湘语与长沙话的语音比较

　　南陵县湖南人所说的湘语，严格来说是长益片湘语。根据主要发音人秦春华先生的族谱记载，其祖上于1867年（清同治六年）从益阳十五里谢林港迁徙而来。根据我们的走访了解，还有来源于长株潭地区的湖南人。但不管是益阳地区还是长株潭地区，当地方言都属于长益片湘语。不仅从移民来源上看，南陵的湖南人主要来源于长沙、益阳等地区，方言特征也显示，南陵湘语属于长益片湘语。下面我们从声母、韵母和声调三个方面对南陵湘语和以长沙话为代表的长益片湘语进行比较。下面我们所用的长沙方言材料均来源于鲍厚星、崔振华等著的《长沙方言研究》（1999）。

一　声母比较

　　长沙方言有23个声母，南陵湘语只有19个声母，数量上相差4个。我们先列出长沙方言的声母，如下。

表2-19　长沙方言的声母表

p	p^h	m	f	
t	t^h			l
ts	ts^h		s	
tʂ	tʂ^h		ʂ	ʐ
tɕ	tɕ^h	ȵ	ɕ	
k	k^h	ŋ	x	
∅				

从上表可以发现，长沙方言与南陵湘语在声母上最大的不同是：长沙方言有一套卷舌音声母[tʂ tʂʰ ʂ ʐ]，而南陵湘语没有卷舌音声母。另外，长沙方言有[ɳ l]，这是处理的不同。我们在本章开头介绍南陵湘语音系时做过说明，泥来母在细音前读[n]，在洪音前读[l]，我们归为一个音位[n]。因此，长沙方言比南陵湘语只多了三个卷舌音声母。由于南陵湘语没有卷舌音声母，在长沙方言中读[tʂ tʂʰ ʂ ʐ]声母的字，在南陵湘语中读[ts tsʰ s z]。这是从音值上对两个方言进行对比。下面详细比较两地方言之间的异同。

1. 长沙方言古全浊声母今逢塞音、塞擦音时平声一律读不送气清音，仄声大部分也读不送气清音，如：前tsiẽ¹³｜陈tʂən¹³｜厨tɕy¹³｜柱tɕy¹¹｜阵tʂən¹¹｜贱tsiẽ¹¹｜在tsai¹¹｜床tɕyan¹³｜状tɕyan¹¹。古全浊入声字少数读送气清音，如：择tsʰa⁵⁵｜族tsʰəu²⁴｜杰tɕʰie²⁴｜浊tʂʰo²⁴｜凿tsʰo⁵⁵｜嚼tsʰio⁵⁵｜贼tsʰə⁵⁵｜泽tsʰə²⁴｜蝶tʰie²⁴。南陵湘语古全浊声母的今读情况与长沙方言完全相同，只是南陵湘语古全浊入声字今读送气清音的数量比长沙方言更少，如"蝶杰"等在南陵湘语中已经不读送气清音。

2. 长沙方言晓组合口一二等字和非组字有相互混淆的情况，总体情况是：晓组混入非组的字读[f]的多，只有通摄的非组混入晓组读[x]，其他都是晓组混入非组。具体情况是：如果非组和晓组字所在韵今读合口呼韵母的，非组和晓组读[f]，如果非组和晓组字所在韵今读开口呼韵母的，非组和晓组读[x]。南陵湘语也主要是晓组混入非组，非组混入晓组的情况比较少，主要是蟹摄、止摄、咸山摄、宕摄、通摄的少部分非组字混入晓组。但目前我们还不清楚什么条件下非组混入晓组，什么条件下晓组混入非组。

3. 长沙方言知庄章三组字，今细音前均读[tɕ tɕʰ ɕ]，今洪音前章组读[tʂ tʂʰ ʂ]，庄组读[ts tsʰ s]，知组多数读[tʂ tʂʰ ʂ]，少数读[ts tsʰ s]。知组字凡开口三等和通摄合口三等字均读[tʂ tʂʰ ʂ]，只有开口二等既有读[tʂ tʂʰ ʂ]的，也有读[ts tsʰ s]，且读[ts tsʰ s]的多于读[tʂ tʂʰ ʂ]的。南陵湘语知庄章三组字的今读情况大致是：知组二等和庄组字一律读[ts]组声母，知组三等和章组字大部分读[ts]组声母，遇摄、山摄合口和臻摄合口的知组三等和章组字主要读[tɕ]组声母。南陵湘语与长沙方言在知系字的读音上存在较大差异。

根据彭建国（2006：60）将湘语精、庄、知、章组读音之间的关系分为五种类型，分别是：（一）知组二等、精、庄组相混，知组三等与章组相混；（二）知组二等与庄组相混，知组三等与章组相混，精组独立；（三）知组二等与庄组相混，精、知组三等与章组相混；（四）知组三等、章、精组与庄组相混，知组二等独立；（五）知组二等与精组相混，知组三等与章组相混，庄组独立。湘语中知庄章三组字，大致根据等的不同分为两类，知组二等与庄组混，知组三等与章组混。因此，南陵湘语的知系字今读情况与大部分湘语的今读情况是相符的。长沙方言虽然今细音前知庄章三组字相混都读[tɕ tɕʰ ɕ]，但在洪音前还是有区别的，洪音前，庄组字只读[ts tsʰ s]，不读[tʂ tʂʰ ʂ]，章组只读[tʂ tʂʰ ʂ]，不读[ts tsʰ s]，而知组二等部分读[ts tsʰ s]，部分读[tʂ tʂʰ ʂ]。知组二等读[tʂ tʂʰ ʂ]的韵摄只有江摄和庚陌韵。也就是说，除了细音前知庄章三组完全相混外，在洪音前，章组和知组二等、庄组是有别的。但历史上的长沙方言知系字是根据等的不同比较整齐地分为两类。田范芬（2009）通过对清末的长沙方言韵书《训诂谐音》的分析，发现那时的长沙方言精知二庄归为一类读[ts]组，知三章归为一类读[tʂ]组，两类基本不混。今长沙方言知庄章在细音前完全相混应该是后来发展的结果。《训诂谐音》的声母数量共23个，与鲍厚星等记录的长沙方言声母数量不管是在数量上还是在音值上完全相同。但根据田范芬（2009）对另一本有关长沙方言的韵书《湘音检字》的分析，《湘音检字》中记录的长沙方言分读书音和口语音两个系统，其中读书音系统与《训诂谐音》记录的声母系统相同，但口语音系统与读书音的声母系统不同，口语音的声母系统为：p pʰ m f t tʰ l ts tsʰ s z tɕ tɕʰ ɳ ɕ k kʰ ŋ x ø，共20个，与南陵湘语的声母系统完全相同（南陵湘语没有ɳ声母是处理的不同）。南陵的湖南人是一百多年前迁入的，带去的是当时长沙一带的口语音，与《湘音检字》的口语音系统相同，《湘音检字》记录的方言及成书年代正好与南陵县的湖南人迁徙地来源和迁徙时间吻合。

4. 长沙方言泥来两母洪音前完全相混，都读[l]，如：脑＝老lau⁴¹｜南＝兰lan¹³｜农＝龙loŋ¹³，细音前不混，泥母读[ɳ]，来母读[l]，如：年ɳiẽ¹³≠liẽ¹³｜娘ɳiaŋ¹³≠良liaŋ¹³｜聂ɳie²⁴≠lie²⁴。南陵湘语与长沙方言不同，泥来母不管在洪音前还是细音前都完全相混。南陵湘语与长沙方言在泥来母上的差异是由周围的语言环境不同造成的。根据《中国语言地图集》（1987），江淮官话绝大多数方言点[n]和[l]不分，中古泥来母字今读[n]或者[l]。而南陵湘语深受江淮官话影响，因此，南陵湘语泥来母完全不分是受江淮官话的影响。

5. 长沙方言[ts]组声母只和开口呼、合口呼、齐齿呼相拼，不与撮口呼相拼，[k]组声母只与开口呼和合口呼相拼，不与齐齿呼和撮口呼相拼，虽然长沙方言的[ts]组声母不与撮口呼相拼，但长沙方言的尖团分得很清楚，绝对不混。长沙方言古合口三四等的精组字也读齐齿呼，并不读撮口呼，而见晓组字读撮口呼，如：小siau⁴¹≠晓ɕiau⁴¹｜细si⁵⁵≠戏ɕi⁵⁵｜幸ɕin⁵⁵≠性sin⁵⁵｜浆tsian³³≠江tɕian³³｜全tsiẽ¹³≠权tɕyẽ¹³｜蛆tsʰi³³≠区tɕʰy³³。南陵湘语不分尖团，精组和见晓组字在细音前已经完全相混，这和周围方言的影响有关。不仅南陵湘语不分尖团，南陵湘语的周边方言江淮官话也是不分尖团的，根据钱曾怡（2010：292），江淮官话的方言都不分尖团。我们认为长沙方言分尖团，而南陵湘语不分尖团是受江淮官话影响的结果。南陵湘语作为一个方言岛，处于江淮官话的包围之中，不断受到江淮官话的影响，慢慢失去自己的特征，向江淮官话靠拢，由分尖团到不分尖团便是证明之一。长沙方言精组字有一个很明显的特点是合口三等读齐齿呼，如鱼虞韵的精组字读[i]韵母。这个特征在南陵湘语中还有残存，如南陵湘语的"蛆"读tɕʰi³³，"絮"读ɕi⁴⁵。

6. 长沙方言的日母白读鼻音声母[ɳ]，文读[z]，如："惹"白读ɳia⁴¹，文读za⁴¹；"日"白读 n̠i²⁴，文读 z̠ɿ²⁴。南陵湘语的日母字今读情况与长沙方言同，白读鼻音声母[n]，文读[z]。

7. 长沙方言的疑母和影母字有读[ŋ]声母的现象，如：牙 ŋa¹³｜我 ŋo⁴¹｜额 ŋə²⁴｜爱 ŋai⁵⁵｜藕 ŋəu⁴¹｜恩 ŋən³³｜硬 ŋən¹¹｜眼 ŋan⁴¹｜熬 ŋau¹³。南陵湘语在该现象上与长沙方言同，疑母一二等字和影母的一二等字有读[ŋ]声母的现象。

二 韵母比较

长沙方言有41个韵母，包括自成音节的 m、n，具体如下：

表2-20 长沙方言的韵母表

ɿ	i	u	y
ʮ			
a	ia	ua	ya
o	io		
ə	ie	uə	ye
ai		uai	yai
ei		uei	yei
au	iau		
əu	iəu		
õ			
ə̃	iẽ		yẽ
an	ian	uan	yan
ən	in	uən	yn
oŋ	ioŋ		
m	n		

在韵母数量上，长沙方言的韵母比南陵湘语的韵母多一个，但在音类分合上有共同点，也存在差异，下面逐一分析。

1. 长沙方言的果摄一等字读[o]，南陵湘语的果摄一等读[ʊ]。两者在果摄一等的今读上是一致的，不仅长沙方言和南陵湘语在果摄一等的今读上相同，湘方言果摄一等都有读[o]或[ʊ]的现象，我们认为这是受古官话影响的结果，继承于古官话的北京话，今果摄一等读[o]（部分声母后变为[uo]或[ɤ]），文白异读现象可以证明这一点。如根据我们的调查，属于娄邵片湘语的冷水江方言果摄一等大部分读[ʊ]，但还是有个别字读[u]，如"婆"在"婆娘"中读[ʊ]韵母，在"鸡婆母鸡"中读[u]韵母。

2. 长沙方言的假摄开口二等主要读[a]，开口三等主要读[ia][a]，如开口二等：爬pa¹³｜麻ma¹³｜骂ma¹¹｜茶tsa¹³｜家ka³³｜嫁ka⁵⁵，开口三等如：射ʂa⁴⁵｜扯tsʰa⁴¹｜爹tia³³｜姐tsia⁴¹｜夜ia¹¹。南陵湘语假摄字的今读情况与长沙方言相同。

3. 长沙方言模韵今读[u]和[əu]，帮组、见组和晓组读[u]，其他声母后读[əu]，如：布pu⁵⁵｜裤kʰu⁵⁵｜姑ku³³｜污u³³｜图təu¹³｜土tʰəu⁴¹｜赌təu⁴¹｜路lən¹¹｜租tsəu³³｜粗tsʰəu³³。长沙方言模韵读[u]，在与端组、泥组和精组字相拼时裂化为[əu]。长沙方言模韵读[əu]的现象与流摄侯韵相混，如：透tʰəu⁵⁵｜漏ləu¹¹｜走tsəu⁴¹｜楼ləu¹³。南陵湘语模韵的今读情况与长沙方言相同，帮组、见组和晓组读[u]，其他声母后读[əu]，与流摄侯韵相混。

4. 长沙方言也存在鱼虞韵有别的现象，鱼韵有读[ə]的现象，而虞韵没有，如：锯kə⁵⁵｜去kʰə⁵⁵。南陵湘语也有鱼虞有别的现象，鱼韵的"去锯"读[ei]韵母，有别于虞韵。

长沙方言鱼虞韵都有读[i]韵母的现象，如：履鱼li⁴¹｜聚虞tsi⁵⁵｜取虞tsʰi⁴¹｜徐鱼si¹³｜絮鱼si⁵⁵。南陵湘语鱼虞韵也有读[i]的现象，与长沙方言同。

5. 长沙方言齐韵的"提"读音比较特殊，读tia¹³，其他齐韵字并没有读[ia]的现象，南陵湘语的"提"也读[ia]韵母，与长沙方言同。

6. 长沙方言咸摄开口一二等、山摄开口一二等、宕摄开口一等、江摄开口二等阳声韵相混，读[an]，如：胆咸一tan³³｜甘咸一kan³³｜衫咸二san³³｜陷咸二xan⁵⁵｜单山一tan³³｜汉山一xan⁵⁵｜班山二pan³³｜山山二san³³｜旁宕一pan¹³｜糖宕一tan¹³｜康宕一kʰan³³｜讲江二kan⁴¹｜项江二xan⁵⁵。

南陵湘语咸山摄开口一二等阳声韵相混，宕江摄相混，但咸山摄开口一等阳声韵与宕江摄的阳声韵是分还是混，不同发音人的情况不同。秦春华发音人咸山摄与宕江摄不混，而朱本荣发音人咸山摄与宕江摄相混（宕江摄读齐齿呼的，与咸山摄不混）。南陵湘语原本咸山摄与宕江摄是分还是合，不好确定。长沙方言咸山摄阳声韵与宕江摄阳声韵相混，但根据曾毓美（1995），益阳方言咸山摄开口一二等阳声韵与宕江摄阳声韵是不混的，如：班pan³³ ≠ 帮pɒŋ³³，堂dɒŋ¹³ ≠ 坛dan¹³。因此，本书发音人秦春华咸山摄开口一二等阳声韵与宕江摄阳声韵相混可能是益阳方言的特征。而发音人朱本荣咸山摄开口一二等阳声韵与宕江摄阳声韵相混有两种可能，一是朱本荣祖籍地方言这两类就是相混的，另外一种可能是受江淮官话的影响所致。根据钱曾怡（2010：299），江淮官话芜湖方言咸山摄开口一二等与宕江摄开口一二等是相混的，都读[ã]。

长沙方言咸摄开口一等有读[õ]的现象，与山摄合口一等相混，如：坎kʰõ⁵⁵｜搬põ³³｜

伴 põ¹¹ │ 短 tõ⁴¹ │ 乱 lõ¹¹ │ 籴 tsʰõ³³ │ 官 kõ³³。宕摄开口一等也有读[õ]的现象，如"厄"读 tõ¹¹。南陵湘语咸摄开口一等也有与山摄合口一等相混的现象，如"墈"读 kʰõ⁴⁵，山摄合口一等读[õ]的如：团 tõ²¹³ │ 官 kõ³³ │ 酸 sõ³³。但南陵湘语宕摄开口一等没有读[õ]的现象，南陵湘语的"厄"读 taŋ²¹。

7. 长沙方言深摄开口三等、臻摄开口三等、曾摄开口三等和梗摄三四等相混，读[ən]和[in]，如：针深 tʂən³³ │ 深深 ʂən³³ │ 枕深 tʂən⁴¹ │ 珍臻 tʂən³³ │ 尘臻 tʂən¹³ │ 阵臻 tʂən¹¹ │ 真臻 tʂən³³ │ 神臻 ʂən¹³ │ 蒸曾 tʂən³³ │ 秤曾 tʂʰən⁵⁵ │ 剩曾 ʂən¹¹ │ 成梗 tʂən¹³ │ 整梗 tʂən⁴¹ │ 声梗 ʂən³³ │ 林深 lin¹³ │ 今深 tɕin³³ │ 心深 ɕin³³ │ 宾臻 pin³³ │ 津臻 tsin³³ │ 进臻 tsin⁵⁵ │ 紧臻 tɕin⁴¹ │ 印臻 in⁵⁵ │ 冰曾 pin³³ │ 凝曾 n̩in¹³ │ 名梗 min¹³ │ 精梗 tsin³³ │ 性梗 sin⁵⁵ │ 请梗 tsʰin⁴¹ │ 颈梗 tɕin⁴¹ │ 星梗 sin³³ │ 钉梗 tin³³。但通摄不与深摄、臻摄、曾摄和梗摄相混，这与南陵湘语不同，南陵湘语通摄三等与深摄、臻摄开口、曾摄三等和梗摄三四等相混。

三　声调比较

长沙方言有六个声调，分别是：阴平33、阳平13、上声41、阴去55、阳去11、入声24。南陵湘语的声调数量与长沙方言同。

长沙方言读阴平调的字来源于古清平字，读阳平的字来源于古全浊平和次浊平，读上声的字来源于古清上字和次浊上字，读阴去的字来源于古清去字，读阳去的字来源于古全浊上、全浊去和次浊去字，读入声调的字来源于古入声字。南陵湘语各声调的来源与长沙方言完全相同。

长沙方言虽然有独立的入声调，但有个别古全浊入字和次浊入字今不读入声，读阴去调，如：择 tsʰa⁵⁵ │ 凿 tsʰo⁵⁵ │ 嚼 tsʰio⁵⁵ │ 贼 tsʰɤ⁵⁵ │ 密 mi⁵⁵ │ 捋 lɤ⁵⁵ │ 翼 ie⁵⁵ │ 喵咬 ŋa⁵⁵。南陵湘语中也有独立的入声调，同时也有少数古入声字今读阴去调的，如：喵 ŋa⁴⁵ │ 舌 sei⁴⁵ │ 熟 sɤu⁴⁵ │ 捋 nei⁴⁵。

第三章　同音字汇

　　说明：同音字汇按韵母、声母、声调的顺序排列。没有单字音只有连读音的不收，变音（儿化音和小称变调）不收。有音无字者用"□"表示，注释用小字，举例时用"～"代替所引用的字，并列多个例词之间用"｜"隔开。对例词释义时，加括号，如：穄_芦～_{（高粱）}。又读在字的右下角用"又"表示，文读、白读分别在字的右下角用"文、白"表示。

ɿ

ts [33]知资蜘支枝肢栀姿咨脂滋之芝 [213]池迟祠瓷糍慈磁词辞饲持 [44]紫纸指手~子姊旨止址趾 [45]制治滞智翅致稚至已置痔志痣 [21]字寺自 [24]指手~□ma24子（手指）汁倳值直文。笔~织只~有蛰执质职植殖□脚~□ŋa24子（脚指头）

tsʰ [33]疵痴□~鱼（杀鱼）□~滑（很滑）□火~子（木头等未完全烧尽后剩下的部分，用水浇灭晒干，用作点火材料）[213]雌驰 [44]此耻齿匙钥~ [45]刺赐次秩直白。性子~ [24]尺赤斥

s [33]师丝撕斯厮施私狮尸司思诗 [213]时 [44]死使屎驶始 [45]世四试式势誓逝氏肆示视似祀士仕侍□堵住 [21]柿事市是 [24]十实失食石湿什拾室识饰适释

z [24]日文。~本

i

p [213]皮疲啤脾枇琵 [44]比彼鄙 [45]蔽毙弊敝闭箅陛泌痹 [24]鼻笔逼毕必弼碧滗~米汤□~子参（一种补血气的参）

pʰ [33]匹批披 [44]□~断（折断）□木~屑子（用斧子从木段或木块上砍下来的小木片）[45]屁

m [213]迷谜弥靡 [44]米 [45]秘 [24]密蜜

t [33]低 [213]提~高堤题啼蹄 [44]底抵 [45]递帝蒂 [21]弟地第 [24]笛的目~嫡滴文。一~水敌狄

tʰ [44]体 [45]剔~牙剃替涕屉□~子（碟子）□一~中药（一服中药）[24]踢

n [213]犁泥梨黎倪离璃篱尼厘狸谊□豆（用来培育豆芽菜的豆子）[44]李礼里市~｜~子理鲤蚁~子（一种比芝麻还小的虫子，成群出现，喜欢生活在豇豆的藤上，密密麻麻的）[45]例厉励隶丽荔利痢腻粒逆 [24]立栗律力历笠日白。~子沥栎率效~□捞~子（篾做的、单手用来捞鱼或者浮萍用的器具）

tɕ [33]稷芦~（高粱）鸡饥肌基几~乎机讥□土~（土坯）驰老嫉~（老太婆）箕□夹木~（合欢树）[213]骑棋齐脐荠奇岐祁其期旗 [44]几~个｜茶~挤己麂~子 [45]寄记季祭际济剂计继技妓纪忌既辑□麦~子（麦穗）[21]聚白。一下 [24]急及吉极积击级疾即鲫戟巴~天（一种中药）迹脊籍藉绩激

tɕʰ [33]溪蛆妻欺□灶~~（蟋蟀）[44]启企起~屋（盖房子）杞岂祈乞 [45]去又。~不~契器气砌弃汽 [24]七漆戚

ɕ [33]西希犀分牺熙稀嬉 [44]洗喜玺蟢~~子（蟢子）[45]谢~~。姓系联~｜关~戏絮棉花~细婿女~ [24]习吸息惜席锡袭膝悉戌熄媳昔夕析

ø [33]衣伊医依 [213]宜移姨仪夷疑饴沂 [44]椅已以□~头（里面）[45]义曀议毅陈~易异亿忆抑翼亦译液艺手~人 [24]一益揖乙逸

u

p [213]菩蒲脯婆白。鹰~子（老鹰）□~鸽子（斑鸠）[44]补 [45]布怖埠 [21]簿步部 [24]不

pʰ [33]铺~床 [44]谱捕普浦辅甫 [45]铺~子 [24]讣朴厚~卜萝~扑仆□~辣椒（整个辣椒先焯水，然后晒干后腌制而成）□~倒（趴着）

f [33]夫肤麸炘~猪食（煮猪食）□被（被子）呼乎 [213]敷俘符扶芙□~壳子（河蚌）壶胡湖狐葫糊 [44]府腑斧腐阜□撒虎浒 [45]妇媳~戽~水赴赋傅负斛石~□~□tsa24

（形容家具等结实）富副付父沪互瓠 [21]户护 [24]佛~像|仿~蕧复忽幅腹蝠覆伏三~天袄福服□高~（上面）□ɕiən⁴⁵~子（淋巴结肿大）

k [33]姑菇孤□萝卜~子（萝卜干） [213]跍蹲 [44]古估牯股鼓 [45]故固雇顾 [24]骨谷□xæ²¹³□pa³³~nən⁴⁵子（蝌蚪）

kʰ [33]箍枯 [44]苦 [45]裤库 [24]哭

∅ [33]乌污诬巫□~头（一种用来除水田烂泥里的草的工具，齿很密） [213]吴蜈梧无 [44]五武午伍忤舞鹉 [45]务娱戊浣耐~（耐脏） [21]雾误悟□~小鸡（孵小鸡）□~倒眼睛（灰迷了眼）□水~子（新式的热水壶） [24]物握屋勿

y

n [213]驴 [44]铝吕旅 [45]虑

tɕ [33]猪诸居车~马炮蛛株诛朱硃珠拘 [213]徐除渠厨雏殊橱 [44]举主煮矩 [21]柱住 [45]句剧著据驻巨距拒聚文。~会注蛀铸俱惧具瞿~秋白术金兀~ [24]橘菊局

tɕʰ [33]区地~趋驱枢 [44]储鼠老~暑大~褚处相~杵取娶 [45]处~所趣袪~火 [24]出屈

ɕ [33]书输~赢|运~须必~舒虚需 [44]许水白。喝~暑~假署薯 [45]竖序绪恕术白~蓄 [21]树

∅ [33]淤~泥 [213]淤~血如鱼渔于余儒愚虞盂痰~子榆愉 [44]雨语与宇羽禹 [45]愈裕玉浴御预像誉寓喻域役疫郁欲狱辱 [21]遇芋 [24]入~得颈子（落枕）

a

p [33]巴芭疤粑□~~角（发髻）□□xæ²¹³~□ku²⁴□nən⁴⁵子（蝌蚪） [213]杷琶爬钯扒~手

（扒手） [44]把介词，给□~子场□xu⁰（走江湖的艺人） [45]霸把~杯（带把儿的杯子）坝耙罢 [21]~~（故意） [24]八爸拔□老里~□xən³³的（傻乎乎的）

pʰ [45]怕 [24]□~□sɿ²⁴的（形容塞得很满、很紧）

m [33]妈 [213]麻痳蟆 [44]马码□~mĩĩ²¹³~锯子（两人拉的、用来解板的锯子） [21]骂 [24]抹~布□指~子（手指甲）□~牌（抓牌）

f [24]法发头~罚

t [44]打 [24]搭达答□梯子的梯级

tʰ [33]他 [24]遏踏塔拓塌獭□地~子（地衣）□酒~（陶瓷制的装酒的坛子）□蒲~子（蒲团，坐垫）□~大肠根子（脱肛）

n [33]拉拿□花□pu³³~子（花蕾） [44]哪 [24]蜡辣纳腊□~子（顽皮、讨厌的人）邋

ts [33]渣遮爹~嘴（张嘴）□大拇指与食指张开的长度 [213]茶搽查调~ [44]□~白（脸色苍白） [45]诈榨~油炸~弹蔗 [21]乍 [24]杂□~fu⁴⁵~（形容家具等很结实）闸扎~针|一~眨炸~饭（水泡饭）轧~棉花铡只一~炙

tsʰ [33]车叉权差~别 [44]扯 [45]岔茬麦~ [24]插擦察

s [33]莎沙杉纱赊牸~牛（母牛） [213]蛇 [44]洒厦披~子舍~得傻撒~种子 [45]□被马蜂叮 [24]杀萨靸~鞋（拖鞋）煞

k [33]家傢枷~~子（围嘴儿） [213]□跨 [21]□大拇指与食指张开的长度 [45]嫁架搭~稼尬 [24]夹~菜|~衣|~子胛前~胳□□xe⁴⁴（两齿的锄头）

kʰ [24]掐

x [33]虾~子哈~腰 [213]还~有蛤~蟆 [44]□形容身体弱 [21]下 [24]瞎吓害怕

ŋ [33]丫张开桠 [213]牙伢芽蚜 [44]哑
[45]喈咬 □狗叫 [21]轧车子~过去 [24]
鸭压押 □~kən³³（适婚男女确定关系）□脚
□tsʅ²⁴ ~子（脚指头）

Ø [33]阿~拉伯数字

ia

p [24]壁

pʰ [24]劈 [44]□~淡的（很淡）

t [33]爹 [213]提~起来 [24]滴白。~水

tʰ [24]□捆

n [33]□放~（撒娇）[44]□沾惹白，传染 [45]□
不~□se³³（形容事情做得不好或人品不好）[24]□
~死了（累坏了）□纠缠□巴~的（很黏，很稠）

tɕ [33]加嘉佳 [213]茄 [44]假真~姐贾 [45]
借假放~驾架打~价藉 [24]甲□倔强

tɕʰ [44]□~~子（铙）[45]□对门（斜对门）[24]
吃恰洽

ɕ [33]些 [213]斜瑕霞邪中~了 [44]写 [21]
夏~至厦~门 [24]狭峡辖

Ø [33]鸦 [213]爷涯 [44]野也 [45]亚 [21]夜
[24]压高血~

ua

ts [33]抓 [44]爪 [45]□~子（手指头伸不直的人）

s [33]靴白 [44]耍 [45]□用来脱粒的摔打动作
[24]刷

k [33]瓜 [44]□~咖得（鸡蛋坏了）[45]挂卦
褂 [24]刮□白（聊天）□~毒（形容人非常狠毒）

kʰ [33]夸□用弓把砖坯子上多余的泥土弄掉的动作
[44]垮侉□~皮刀（去皮刀）[45]挎□~瓦条子
（挂瓦用的、与椽子垂直的木条，钉在椽子上）[24]括

x [33]花 [213]华划~船铧 [45]化划计~
[21]话画桦 [24]猾滑乏伐

Ø [33]蛙□老~子（乌鸦）[44]瓦名词□挖，~汤
（舀汤）[45]瓦动词洼山~（山谷）□往上够□~鼻
虫（一种形似蚂蟥的虫子，生活在家里潮湿阴凉的地方，
不咬人）[24]挖袜□拟声，让牛停下来

ɛ

p [213]排牌簰 [44]摆 [45]拜 [21]败稗

pʰ [45]派

m [213]埋 [44]买 [45]卖

t [33]呆~子 [213]台~湾｜~子（桌子）苔抬
[45]带戴贷 [21]大~夫袋怠待代

tʰ [33]胎 [44]奋 [45]态太泰

n [213]来莱 [44]乃奶 [21]耐奈赖~子□
~尿（尿床）□放~（小孩子生气在地上打滚）

ts [33]灾栽斋 [213]财柴才材裁豺 [44]宰
载年~｜~重 [45]再债寨 [21]在

tsʰ [33]猜钗差出~｜~钱（欠钱）[44]彩采睬
踩 [45]菜蔡

s [33]腮鳃筛□不□nia⁴⁵ ~（形容事情做得不好或
人品不好）[45]晒赛

k [33]该街皆阶秸□连~（连枷）[44]改解
[45]盖戒溉丐介界芥疥届解押~

kʰ [33]开揩 [44]慨凯楷□老~（扑克"K"）
[45]概

x [213]鞋孩 [44]海蟹□石~子（八个人打的夯）
□~□ka²⁴（两齿的锄头）[45]亥 [21]害

ŋ [33]哀挨娭 [213]崖岩石呆~板□~碎（研碎）
[44]矮 [45]爱 [21]碍艾

iɛ

Ø [213]崖山~

uɛ

ts [45]拽

tsʰ [33]揣

s [33]衰 [44]甩 [45]帅率~领

k [33]乖 [44]拐 [45]怪

kʰ [44]块一~钱蒯 [45]快会~计筷

x [213]怀淮槐 [21]坏

ø [33]歪 [21]外

E

p [24]北百白钵柏伯

pʰ [24]泼白。~水拍迫魄

m [24]末白墨麦陌脉

t [24]得德

tʰ [24]特

n [45]那 [24]肋勒

ts [44]者 [24]折打~卒侧择窄摘哲浙则宅责掷塞瓶~子

tsʰ [24]撤测拆策厕~所彻坼泽毛~东册□一~平(形容地很平)

s [24]设虱塞~住色涉摄涩折~本栅阁~□邻~家(邻居)

k [24]格隔革虼佮~伙□这

kʰ [24]刻客咳磕□~鞋带子(系鞋带)

x [24]黑赫核审~吓害怕

ŋ [24]额扼轭

ø [213]儿而 [44]耳 [21]二贰

iE

p [24]别憋瘪~壳稻(谷粒不饱满的稻子)屄辟复~

pʰ [24]□犁~(犁铧)撇僻偏~

m [24]灭篾搣剥

t [24]跌叠碟牒谍

tʰ [24]贴铁□□ii^{213}~(猪的脾)贴帖蝶□门~(门框的两边)

n [24]列聂镊猎裂烈劣业孽捏□手~子(手绢)

tɕ [44]解姓;~释 [45]械 [24]接集杰节截

结捷劫洁□~嘴(涩嘴)

tɕʰ [44]且 [24]切妾

ɕ [45]泻 [24]协歇雪血胁薛泄屑楔穴恤□辣椒~子(用新鲜的红辣椒切碎腌制而成的辣椒)

ø [33]耶 [24]叶页噎

uE

k [24]国

yE

tɕ [24]绝决厥掘诀蕨

tɕʰ [24]缺

ɕ [24]说

ø [24]热月越阅悦

ɔ

p [33]包胞 [213]袍 [44]宝饱保堡 [45]报暴~躁豹爆鲍 [21]抱暴打~(下很大的雷阵雨)刨

pʰ [33]抛泡灯~脬气卵~(疝气)藨乌~子(覆盆子)[44]跑 [45]炮泡~水里雹冰~

m [33]猫□~~热水(温水)[213]毛茅锚矛~盾□~法子(咒语)[44]卯 [45]冒贸 [21]帽貌冇没有

t [33]刀叨□耳~(耳朵)[213]桃逃淘陶萄□~屋(堂屋)[44]祷岛倒打~导 [45]道文。~理到倒~水盗 [21]道白。~士稻

tʰ [33]滔掏涛 [44]讨 [45]套

n [33]□被动标记唠捞孬~子(傻子)□~松(形容土等很松)[213]劳牢挠痨 [44]老脑佬□□fɑn^{45}~(耳光)□~角(挖硬地用的锄头)□七星~(一种生活的山涧的水沟的洞里、鱼皮像蛇皮、肉质不好的鱼)[45]□~水(管理水)闹文。热~[21]闹白。~新娘涝山~(山涧)烙~铁

ts [33]遭糟朝今~招昭召 [213]朝~代曹槽

巢潮膗 [44]早找枣澡蚤笊沼 [45]灶罩照赵 [21]造皂兆

tsʰ [33]抄操钞□铙超 [44]草青~|~猪（母猪）吵炒 [45]糙躁秒□铜~（中间没有孔的铜钱）

s [33]烧骚臊梢稍 [213]韶 [44]嫂扫动词少多~ [45]扫~帚潲猪~|~雨少年绍邵□蜈蚣~子（乌梢蛇）

z [213]饶 [44]扰 [45]绕

k [33]高跤膏牙~糕羔篙胶阿~铰~链（合叶）镐 [44]稿搞□风车~子（风车的摇手） [45]告膏~油教~书铰校~秤较白.~一下（比一下）觉困~（睡觉）窖□~腿（跷二郎腿）

kʰ [33]敲 [44]考烤拷栲一种中型簸箕 [45]靠犒铐□~田（水稻拔节后把水田里的水排干）

x [33]薅蒿 [213]豪壕毫嚎 [44]好~坏郝 [45]好喜~耗浩 [21]号大~（大名）

ŋ [213]熬鳌□~实（形容老人身体结实） [44]袄 [45]傲懊坳

Ø [45]奥

io

p [33]标彪猋 [213]瓢嫖藻 [44]表裱

pʰ [33]飘 [44]漂~白 [45]票漂~亮

m [213]苗描矛~子枪 [44]秒渺杪 [45]妙 [21]庙

t [33]刁雕貂 [213]条调~和 [45]钓吊掉调~动□~恶（恶心，干恶）

tʰ [33]挑 [44]斛换 [45]跳

n [213]辽疗聊燎~原 [44]鸟燎火烧火~瞭了~结 [45]廖谬 [21]料尿~~ [24]若

tɕ [33]交焦郊胶~鞋蕉椒骄娇浇蛟发~（发洪水）[213]桥淆乔荞侨□因风干而变形 [44]绞狡搅剿缴侥饺 [45]叫教~育较文.比~醮

[21]轿噍回~蕌~头

tɕʰ [33]锹悄 [44]巧 [45]俏鞘窍翘

ɕ [33]箫消宵霄销硝枵嚣萧□阉母猪 [44]小晓 [45]孝笑酵效校学~|上~

Ø [33]腰妖邀要~求幺 [213]摇肴谣窑姚 [44]舀 [45]要重~耀跃 [21]鹞~子

o

p [24]拨薄刻~剥勃博驳□卤~□nu33（水坑儿）□橡~□nu33（橡果）

pʰ [24]泼文.活~□~蝇子（围着灯转的飞蛾）

m [24]末~伏木沫没沉~莫默穆牧□胳~骚（狐臭）

t [24]夺□~章（盖章）□重重地放沰~雨（淋雨）

tʰ [24]脱托讬□两臂张开的长度

n [44]搂~取 [24]落骆洛络乐快~录~音□~□so24子（垃圾）

ts [24]昨着~火|穿~桌镯卓琢啄捉作~田（种田）

tsʰ [24]撮~箕子绰戳浊浑~促触

s [24]索芍唆吮吸□no24~子（垃圾）

k [24]鸽各郭角合~不来葛阁搁廓□~栗子（把手指弯起来敲打人的头顶）□这

kʰ [24]渴阔壳窟扩确搉酷

x [24]活鹤霍或喝~酒合~作豁藿惑获□扯~（闪电）

Ø [24]恶沃□牛屎~子（一种体形像鹭鸶、脖子比鹭鸶短、羽毛颜色像牛粪一样的鸟）

yo

n [24]弱略掠虐

tɕ [24]脚觉知~|□~猪子（种猪）

tɕʰ [24]雀曲~折|大~怯鹊

ɕ [24]削学

Ø [24]约药钥岳乐音~

ʊ

p [33]波菠玻□膝□nu²¹³ ~子（膝盖） [213]婆 [44]□花~□na³³子（花蕾）跛簸~一~ [45]簸~箕 [21]薄~荷

pʰ [33]坡泊梁山~ [45]破

m [33]摸 [213]磨动词魔摩馍模~子|~范摹谋膜 [44]母某亩牡拇□叔~和子（妯娌）[45]墓募幕 [21]磨名词

t [33]多 [213]驼坨砣 [44]朵躲 [45]剁堕跺 [21]舵垛摞

tʰ [33]拖 [44]椭妥

n [33]啰□橡□po²⁴ ~（橡果）[213]罗箩锣螺骡䐈□落掉□鹅~牯（石头）[21]糯

ts [44]佐左 [45]做文。~工□砍啄 [21]坐座

tsʰ [33]搓 [45]着困~得（睡着了）错措凿□~得棍子（杵着棍子）□树~子（树段）

s [33]唆蓑梭飕□~得一道（拉了一道口子）[44]锁琐所

k [33]哥歌锅戈 [44]果裹粿 [45]个过

kʰ [33]颗 [44]可 [45]课

x [33]蘁稻草叶等弄在身上使人痒 [213]河何荷和~气 [44]火夥 [45]货盒一~子 [21]祸贺和~面

Ø [33]阿~胶讹窝屙 [213]鹅蛾俄禾 [44]我 [45]卧□烫 [21]饿

ei

p [33]杯碑蓖卑悲 [213]赔培陪裴 [45]贝币辈背名词臂手~备刘~ [21]避~一下子（避开一下子）背~诵被~子|~迫倍焙篦~子备准~

pʰ [33]胚坯□下流~（打陀螺）[45]配沛佩

m [213]煤眉梅枚媒霉楣□鬼~了（魔住了）

[44]每美 [45]昧媚寐 [21]妹

f [45]□核儿

t [33]堆 [45]对碓队兑

tʰ [33]梯推 [44]腿 [45]退蜕褪~色忒

n [213]雷擂 [44]儡蕾累~积垒 [45]捋 [21]类内累连~泪

ts [213]随白。~他 [44]嘴 [45]醉最 [21]罪

tsʰ [33]催崔炊 [45]脆翠贼~牯子（小偷）

s [33]虽尿猪~脬 [213]随文。~他佘髓 [45]射白。~水碎岁社舍宿~穗舌

z [44]惹文。~事

k [44]给 [45]锯

kʰ [45]去白。不~

ui

ts [33]追锥 [213]垂锤槌 [45]赘坠

tsʰ [33]吹

s [33]靴文。~子 [44]水文。~果 [45]税

z [44]蕊 [45]芮瑞锐□~口（田埂上进出水的口子）

k [33]规龟圭闺归 [213]魁奎葵逵 [44]鬼诡轨□麻~子（青蛙）[45]桂跪文贵癸 [21]柜

kʰ [33]亏盔 [44]跪白傀 [45]溃绘剑愧

x [33]灰恢辉挥徽非妃飞 [213]回肥茴 [44]悔毁翡榧匪翡 [45]肺费贿晦桧惠慧秽讳废痱 [21]会开~|不~汇

Ø [33]煨微威 [213]危围为作~维唯违苇圩~埂（防洪的堤坝）□~蛇（蚯蚓的一种，头部有一圈白色）[44]纬尾伪委萎伟 [45]卫胃未魏慰畏谓喂 [21]位味为~什么

əo

t [24]读毒独督屐缸~（缸底）

tʰ [24]秃突

n [24]鹿六绿禄陆□~麻（用来编绳子的麻）

ts [24]竹粥足烛筑逐轴祝嘱

tsʰ [24]畜~生

s [24]宿~舍缩叔熟文.~悉赎属续速肃淑粟俗束□~鼻涕浓（吸鼻涕）畜~牧业

z [24]育

oə

n [24]肉

əu

t [33]都兜蔸树~子（树桩）[213]图头徒屠途涂投 [44]赌抖肚猪~|~子斗一~陡 [45]杜度斗~钱逗 [21]豆渡

tʰ [33]偷 [44]土吐~出来敨□□tsʰən⁴⁴~（形容衣服很平整或人长得很端正）[45]兔透

n [213]奴楼庐炉芦卢□~水浮~（水浮莲）[44]鲁卤努屡搂~抱篓 [45]怒陋 [21]路露鹭滤漏

ts [33]租周州舟洲 [213]锄绸愁稠筹仇酬□~栎豆腐（用一种圆形的栎树果子做的豆腐）[44]走祖组阻帚 [45]做白.~事邹奏昼宙纣皱骤咒 [21]助~力

tsʰ [33]初抽粗 [44]楚础丑 [45]凑臭醋

s [33]苏酥梳疏蔬搜馊收 [44]数名词手首守 [45]数动词瘦素诉塑嗉嗽~口兽售熟白.饭~了 [21]寿授受

z [213]柔揉

k [33]钩勾沟 [44]狗苟 [45]够购构

kʰ [33]抠 [44]口 [45]叩扣寇

x [213]侯喉猴瘊□掷~子（掷骰子）[44]□~我一下（等我一下）[21]后前~厚

ŋ [33]欧殴 [44]藕偶呕 [45]沤怄

iəu

t [33]丢

n [213]流牛刘留琉硫榴手~弹 [44]纽扭柳榴石~ [45]溜~冰镏

tɕ [33]究揪鸠阄纠□~圈（很圆）[213]球囚求仇姓□打悠~子（打秋千）[44]酒九韭灸久 [45]救枢 [21]旧就舅

tɕʰ [33]秋丘

ɕ [33]修休羞 [44]朽 [45]袖秀绣宿星~锈

∅ [33]优忧悠幽 [213]油尤邮由游犹 [44]有西友 [45]右文.左~幼佑诱柚釉 [21]右白.~手又

æ̃

p [33]班颁扳斑般搬文.~家 [213]片屁股~子（屁股蛋儿）[44]板版 [45]扮绊□捧打 [21]办瓣

pʰ [33]攀 [45]盼襻□提桶~（桶的提手）

m [213]蛮馒 [44]晚白.~娘（后妈）[45]漫蔓 [21]慢

f [33]帆藩番翻 [213]还~钱凡环耳~烦攀繁 [44]反 [45]泛范贩畈 [21]犯饭

t [33]单耽担~任丹 [213]潭谭弹~琴谈痰檀坛 [44]胆掸 [45]担~子但旦诞 [21]淡弹子~蛋

tʰ [33]贪摊滩 [44]毯坦 [45]炭探叹

n [213]南蓝难~易男篮拦栏兰□~水（家禽交配）[44]揽览缆懒 [21]滥难有~烂

ts [33]簪瞻沾粘读字 [213]蚕缠馋蟾残惭 [44]斩盏攒 [45]占战站~立赞 [21]暂錾~字站车~蘸潺栈

tsʰ [33]参~加搀餐 [44]铲产惨 [45]灿

s [33]三衫山珊□~皮子（牛虱子）[44]伞陕闪散~了 [45]散分~疝单姓

z [213]然

k [33]甘肝间房~疳~积（小儿营养不良）柑尴干~燥 [44]感敢橄杆撖赶拣竿 [45]干~部

kʰ [33]铅堪龛勘刊□啄□~头倒（暴雨）□形容容器没有盛满 [44]□中~（中间）坎砍 [45]看~见嵌

x [33]憨鼾 [213]含咸函韩寒□~□pa³³□ku²⁴nən⁴⁵子（蝌蚪）[44]喊 [45]憾旱罕焊翰 [21]汉汗苋陷项~箍

ŋ [33]安庵鞍 [44]眼 [45]按案雁文。大~晏 [21]暗岸雁白。~鹅（大雁）

iæ

t [44]点白。一~~ [45]□粘黏

n [44]两~个

tɕ [44]碱 [45]鉴

ɕ [213]闲

uæ

ts [21]赚

s [33]闩拴□~苗（间苗）[45]涮

k [33]关 [45]惯贯观道~冠~军

kʰ [44]□桃□门~（门环）[45]掼~跤子（摔跤；绊倒）

Ø [33]弯湾 [213]顽玩 [44]晚文。~上挽 [21]万

iĩ

p [33]鞭编边 [213]便~宜 [44]扁贬匾蝙 [45]变卞遍一~ [21]便方~辨辩辫

pʰ [33]篇偏 [44]□蘸□用沙子煤渣等吸水 [45]骗片遍~地

m [213]棉绵眠□不脆□~□ma⁴⁴锯子（两人拉的、用来解板的锯子）[44]免勉娩缅 [21]面

t [33]颠 [213]甜田填 [44]点文。一~典

[45]店电殿奠佃 [21]垫簟

tʰ [33]添天 [44]舔 [45]掭

n [33]拈 [213]年莲廉镰帘联燃怜黏严连鲇□~衣裳（缝衣服）[44]脸碾阮□皮~（小孩在大人面前不停地哭闹）[45]练炼恋验念文 [21]楝砚念白

ts [33]□牛毛~（稻田里的一种杂草）[213]缠绕 [44]展 [45]颤战

s [33]羶 [213]□稻~子（围粮食囤子的席子）[44]闪扯~（闪电）[45]鳝扇名词善文。~良射文。注~麝 [21]善白。蛮~（很善良）骟~牛

tɕ [33]监尖奸肩艰煎坚 [213]钳钱前潜乾 [44]剪检俭简柬茧跕 [45]剑件文。文~建健见鉴舰渐犍~猪（公猪）键荐□倒~皮（指甲两侧劈开的刺儿）[21]件白。一~贱践

tɕʰ [33]签牵歼谦迁笺千扦 [44]浅遣 [45]欠歉芡~粉

ɕ [33]鲜新~先杴仙掀籼锨 [213]嫌贤舷衔 [44]险显鲜~有宪 [45]限线羡献□~前年（大前年）[21]现县

Ø [33]烟腌焉咽 [213]炎盐颜延言□~□tʰie²⁴（猪的脾）檐沿 [44]厣鱼~子（鱼鳞）掩演 [45]厌艳焰燕宴谚□~肥料（施肥料）

yĩ

tɕ [33]砖专捐 [213]全传~下来船权椽拳颧 [44]转~眼卷一~捲 [45]传~记桊牛鼻~转~圆圈眷卷试~倦券

tɕʰ [33]圈川穿□~豆子（豌豆）[44]喘犬 [45]劝

ɕ [33]轩宣喧 [213]□~蜕（蝉蜕）弦玄~孙悬眩 [44]选 [45]镟~鸡旋~一圈（转一圈）檀

Ø [33]冤渊箢~箕（用来挑东西的簸箕）[213]完文。~工圆原园阄丸员缘袁援元源猿 [44]

染软远 [45]院怨愿文。意~ [21]愿白。还~

õ

p [33]搬白。~不动 [213]盘□~腿（蜷腿）[45]半

pʰ [33]潘 [45]判叛

m [213]瞒 [44]满 [45]茂~盛

t [33]端 [213]团~圆|饭~ [45]疃童~（地名）锻断决~缎 [21]断~了段

n [213]□赶、撵圌整个的 [44]暖卵大~子（疝气）[21]乱

ts [33]钻动词 [45]钻名词

tsʰ [33]汆 [45]串篡窜

s [33]酸 [45]算蒜

k [33]官棺观~看冠鸡~子□~地（不停地）[44]管馆莞 [45]□~脓（溃脓）灌罐□~山龙（锯大树用的锯子，锯子是弯的）

kʰ [33]宽 [44]款 [45]磡田~

x [33]欢獾 [213]横白。~搅（小孩哭闹不讲理）[44]缓 [45]唤焕幻患 [21]换

ø [33]豌 [213]完白。吃~ [44]碗皖腕

ən

p [33]奔崩 [213]盆朋棚蓬彭膨篷□指□ma²⁴~子（指甲）[44]本 [45]奔~头蹦 [21]笨

pʰ [33]喷~水烹 [44]捧一~ [45]喷~香

m [33]蚊白。~子蠓□很，可以用来修饰"窄、薄、淡"等 [213]门明白，天萌盟蒙~袄裤（闲袄裤）[44]猛懵□腌菜坛子里的水长的白毛 [45]闷焖孟□~果子（覆盆子）[21]梦□~得（捂住）

f [33]婚分丰昏纷芬荤 [213]横文浑馄~饨焚冯逢缝~衣服魂坟 [44]粉讽 [45]粪凤

愤忿奋奉俸□~□nɔ⁴⁴（耳光）□~尖的（很尖）[21]混相~份一~

t [33]墩蹲灯东冬敦登囤疼腾誊同桐筒瞳童 [44]等懂□掂董戥 [45]凳冻顿盾钝敦~起来（竖起来）瞪栋 [21]动洞钝邓

tʰ [33]吞通 [44]桶统捅 [45]痛褪~裤子

n [33]聋 [213]轮能脓浓龙论~语仑昆~伦沦笼农隆耷土~ [44]冷拢垄 [45]论讨~楞瓦~子（中药名）□xæ²¹³□pa³³□ku²⁴~子（蝌蚪）[21]嫩弄

ts [33]针争贞中~间终斟珍臻真尊遵曾姓增赠征蒸筝睁侦正~月棕鬃宗综忠踪钟盅 [213]沉陈层程城虫松~树尘臣晨存曾~经澄橙乘承丞呈成诚从崇重~来 [44]整肿枕~头诊疹拯整总种~子 [45]镇证正~反粽种~树振震甄症郑政众仲中~奖纵 [21]重轻□阵□按，揿

tsʰ [33]村葱充冲伸称~重量撑聪怱囱春□~□tʰou⁴⁴（形容衣服很平整或人长得很端正）[44]逞宠□推 [45]寸秤趁衬称对~掌铳

s [33]参人~深身孙僧升生声松~紧森申伸娠牲笙嵩□~得眼睛（瞪着眼睛）[213]神绳辰 [44]笋省~长沈婶审损榫□推省节~□门转~（门轴）[45]送宋甚渗肾慎胜圣盛兴~诵颂讼 [21]剩

z [213]人文。军~任姓壬仁 [44]扔忍仍 [45]任责~纫韧 [21]认文。~识

k [33]根更三~耕公宫恭今~朝跟庚羹蚣工功攻弓躬供~给□ŋa²⁴~（适婚男女确定关系）[44]梗粳哽埂耿整~的艮拱巩贡供~养□~进去（钻进去）□打~~子（打冷战）

[21]共

kʰ　[33]坑空~的　[44]肯孔恳啃垦恐□倒扣　[45]□~得脑壳(低着头)控空有~

x　[33]烘风封蜂亨轰枫疯峰锋□老里□pa²⁴~的(傻乎乎的)　[213]红痕恒弘衡宏洪鸿虹彩~□秤尾~得(秤尾上扬,重量足)横文。一~　[44]很狠哄~骗撼~鼻涕　[45]恨哄起~　[21]缝一条~杏~子

ŋ　[33]恩翁　[45]瓮~坛(灶火旁边烧水的坛子)蕹~菜(空心菜)　[21]硬

iən

p　[33]冰兵彬宾槟殡鬓屏萍苹　[44]饼禀丙秉　[45]柄并　[21]病

pʰ　[33]拼　[44]品评　[45]聘

m　[213]民明文。清~名铭　[44]闽敏抿闵鸣皿螟□~嘴(闭嘴)　[21]命

t　[33]钉名词叮丁疔汀　[213]停廷庭蜓亭　[44]顶鼎　[45]靪钉动词订锭　[21]定□~清(澄清)

tʰ　[33]厅□床~(架子床的座子上前后两块木板)　[44]挺艇桯树~子(树杆)　[45]听

n　[213]人白。一个~林邻零淋临鳞磷陵凌菱凝宁安~灵铃伶翎　[44]领檁屋~子岭　[45]令宁~可另　[21]认白。~得

tɕ　[33]金筋经襟对~子(对襟衣)津巾斤茎京荆鲸惊精睛晶腈~圆(很圆)　[213]寻琴勤穷岑禽擒秦芹情晴　[44]紧井锦尽~着用仅~有谨景警颈　[45]进劲镜静文禁~止襟~兄~弟(姊妹的丈夫)晋敬竟竞境靖径□~光(很光滑)　[21]近静白尽净干~

tɕʰ　[33]亲~戚清轻青侵钦卿蜻　[44]寝请　[45]浸庆亲~家清

ɕ　[33]心新星兄凶辛薪欣兴~旺馨胸　[213]唇行~走|品~形熊雄型刑　[44]醒　[45]兴高~姓信幸性腥□~□fu²⁴子(淋巴结肿大)

∅　[33]音拥阴荫因姻殷鹰鹦樱莺英缨婴雍庸□蚂~子(蚂蚁)　[213]银蝇迎赢荣营容淫寅盈萤文。读字绒融茸蓉镕　[44]引隐影饮泳咏颖勇　[45]印窨应~当|答~映　[21]用

uən

k　[44]滚磙　[45]棍

kʰ　[33]昆坤　[45]困

∅　[33]温瘟□很,用来形容"臭、苦、酸"等　[213]蚊文。~香文纹闻　[44]稳尹吻　[21]问

yən

tɕ　[33]均军肫鸡~(鸡胗)钧君　[213]醇群裙　[44]准不~去|表不~　[45]俊郡圳　[21]菌蘑菇

tɕʰ　[33]椿春　[44]蠢顷一公~

ɕ　[33]熏勋　[213]纯荀旬循巡驯文。~利讯迅殉舜训　[21]顺白。~心

∅　[33]晕　[213]耘匀云　[44]永允　[45]运文。搬~工润熨韵　[21]闰运白。~气孕

ɑŋ

p　[33]帮邦浜　[213]旁螃庞□~腿(蟛蜞)　[44]绑榜□~田(离水源较远的田)　[45]棒泵谤傍蚌磅　[21]□~壳子(河蚌)

pʰ　[33]□~雪山(下雪天上山打猎)　[45]胖

m　[213]忙芒茫□~槌(洗衣服时用来敲打衣服以便洗净的工具)　[44]莽蟒　[45]□用两手扯直扯平或摸平

f　[33]方荒芳　[213]□~~的(不是同胞的兄弟姐妹)　[44]纺谎仿~效|~佛访　[45]放晃

t [33]当~时 [213]糖堂~哥棠唐塘螳□禾~（晒稻谷的平地） [44]党挡裆淌 [45]当~铺荡 [21]凼打~

tʰ [33]汤□~得鬼（中了邪） [44]□~鼻涕（流鼻涕）倘躺□~筛子（盖房子时用来筛沙子的筛子） [45]烫趟

n [33]□~酒（劝酒）□~人（腻人） [213]囊郎廊狼□扯箍~子（转圈儿）螂榔~头（锤子）□炕~子（篾做的，用来罩在火盆上烘烤东西用的器具） [44]朗□涮洗攘□巷~子（胡同）□竹齿的耙，在犁田耖田之后使用该工具把田弄平 [45]浪 [21]晾

ts [33]张装章桩脏樟庄 [213]长~短床尝藏~起来肠常尝偿 [44]长~大涨掌 [45]葬藏西~账帐胀仗杖状~元公障瘴□大半~子（只有小半粒米的秕谷）壮 [21]撞丈状告~

tsʰ [33]仓疮窗苍昌菖娼 [44]厂场~地闯 [45]唱畅创倡

s [33]伤裳桑丧~事｜~失商霜 [44]磉嗓爽赏 [45]尚 [21]上

z [213]瓤 [44]壤嚷 [21]让

k [33]钢刚冈纲缸 [213]扛 [44]讲岗下~港~沟（小河） [45]钢~刀虹一条~岗山~

kʰ [33]糠康慷 [45]抗炕囥

x [33]夯 [213]行一~杭航 [45]项 [21]巷

ŋ [33]肮 [213]昂

iɑŋ

n [213]良凉量~长短粮梁粱娘 [44]两儿~仰 [45]酿谅辆量数~ [21]亮

tɕ [33]浆姜姓；生~江刚~好将~来浆疆僵缰 [213]详祥强很~ [44]奖蒋桨 [45]酱将大~降~落 [21]匠像白。不~犟倔

tɕʰ [33]枪羌~活（中药名）腔 [44]抢强勉~

ɕ [33]相~互箱厢湘襄镶乡香 [213]降投~ [44]想响享 [45]像文。遣～向相~貌象橡

∅ [33]秧央殃 [213]羊洋烊杨扬阳疡萤白。~火虫□~子（淋巴结）□~灰（散了的石灰，质量不太好） [44]痒养 [21]样

uɑŋ

s [33]双□菜地的垄子

k [33]光 [213]狂 [44]广 [45]逛□~胡子（刮胡子）

kʰ [33]筐框匡眶□倒掉 [45]旷况矿

x [33]慌 [213]房防簧皇蝗肪妨

∅ [33]汪枉□打~（牛或猪在水里、泥里打滚） [213]黄王亡芒麦~ [44]网往 [45]旺 [21]忘妄望

m

∅ [44]姆~妈（母亲）

n

∅ [44]尔你

第四章　词汇特点

第一节

方言特别词

南陵湘语继承了湖南境内湘语的特点，同时又受到周边方言吴语和江淮官话的影响，吸收了周边方言的一些特征。吴语和江淮官话都对湘语产生了影响。江淮官话主要分布在县城及周边乡镇，是南陵县的强势方言，对吴语和湘语都产生了重要影响。吴语作为南陵县分布最广、使用人口最多的方言，湘语处于吴语的包围之中，对湘语也产生了重要的影响。虽然县城主要说的是江淮官话，但是县城的江淮官话是1949年后，由长江以北的移民带来的（因此，当地百姓称为江北话），也受到了本地吴语的影响，很多词汇在江淮官话和吴语中是一样的。因此，以下举例性地比较南陵湘语与南陵吴语在词汇上的相同之处和不同之处（有些也是江淮官话与吴语共有的词汇）。以下吴语的材料来源于刘祥柏、陈丽著的《安徽泾县查济方言》（2017）[①]。

一 与周边方言相区别的词语

南陵湘语作为湘语的一种，与周围的江淮官话和吴语相差还是比较大的。以下仅举例性地列出部分南陵湘语与吴语相区别的词语。

义项	南陵湘语	吴语
祖母	娭毑	□□ia$^{424\text{-}42}$ia^{0}
外祖父	外公	家公爹
丈夫的父亲	家爷子	婆公公
丈夫的母亲	家娘	婆奶奶

---

① 泾县与南陵县相邻，南陵吴语与泾县吴语差别较小。

父亲	爷爷	爹爹
妻子的父亲	岳老子	丈人
姨父	姨爷子	姨大大
姑父	姑爷	姑大大
丈夫	男人	老板
妻子	堂客	老妇
弟弟	老弟	弟的
妹夫	妹郎子	妹夫
儿子	崽	儿的
小儿子	晚崽	小儿的
小女孩	妹唧	小丫姑
小男孩	伢唧	小把戏
老头儿	老倌子	老头子
农民	做田的	农民
你	尔	你
们	人＝	里
头	脑壳	头
心	囷心	心
女阴	鳖＝	劈＝
摔倒	绊倒	掼倒
溃脓	灌＝脓	淤脓
抽筋	转筋	抽筋
撒尿	屙尿	措尿
盛饭	装饭	兜饭
斟酒	筛酒	斟酒
牲口	畜牲	牲口
大雁	雁鹅	大雁
种公猪	脚猪	郎猪
阉鸡	镦鸡	笋鸡
厕所	茅司	东司
盖房子	起屋	盖房子
客厅	桃屋	堂前

砍	斫	砍
水稻植株	禾	稻
打稻子	绊=禾	打稻
割水稻	锯禾	割稻
晒谷场	禾堂	稻场
打稻子用的器具	绊=桶	斛桶
汲水	车水	打水
泉水	清水	泉水
水坑	水凼子	水坑
发洪水	涨水	发蛟
昨天	昨日子	昨朝
前天	前日子	前朝
今天	今日子	今朝
上午	上昼	上朝
下午	下昼	下朝
夜晚	夜下子	晏上
立秋	交秋	立秋
傍晚	断黑	擦擦黑
裤腿儿	裤脚筒子	裤笼脚
圆	圊	圆
知道	晓得	悉得
蹲	跍	蹲
上面	高头	上面
被动标记	捞=	让

二　一词多说现象

受当地方言的影响，南陵湘语中出现了同一现象或概念有多种说法的情况，甚至有些只有本地话的说法，原有的湘语说法已经消失。下面主要介绍有多种说法的现象。"—"前是南陵湘语的说法，"—"后是本地吴语的说法。

猪圂心—猪心	苞谷—六谷子	扯闪—扯霍=	今日子—今朝
明日子—明朝	前日子—前朝	红薯—山芋	舌子—舌条
颈根—颈子	收—园	绊=倒—掼倒	叫花子—讨饭的

茅坑—茅缸	缸底—缸屎	打抱跤子—打架	旧年—去年
罩子—雾	么子场子—哪里	淋雨—沰雨	几只—几个
斫树—砍树	脚鱼—团鱼	细人子—细家伙	家爷子—婆公公
涨水—发蛟	筛酒—斟酒	逃学—躲学	

三　与周边方言相同或相近的词语

下面主要介绍的是南陵湘语跟周边吴语共有的词语。

义项	南陵湘语	义项	南陵湘语
曾祖父	太公	猪蹄儿	猪脚
祖父	爹爹	阉割母猪	劁猪
父之姑父	姑爹爹	下蛋	生蛋
儿媳妇	新妇	关鸡的器具	鸡罩
母亲	姆妈	鱼鳞	鱼厴子
大牙	板牙	乌鸦	老蛙＂子
手（不包括臂）	手	蝙蝠	檐老鼠
脚（不包括腿）	脚	鳖	团鱼
左手	反手	香菜	芫荽菜
右手	顺手	茭白	茭瓜
脚掌	脚板	高粱	芦穄
腿肚子	腿巴肚子	马铃薯	洋芋
脚踝骨	螺丝骨	给	把
脚腕	脚颈子	说	讲
衣服	衣裳	睡觉	困觉
褥子	垫被	拉肚子	屙肚子
桌子	台子	下雨	落雨
牛圈	牛栏	刮风	起风
未成年的公鸡	仔公鸡	藏	囥
公牛	牯牛	迟	晏
母牛	牸牛	绳子	索
母狗	草狗	臼	碓窝子
公猪	犍猪		

南陵湘语与南陵江淮官话有一部分相同的词语，这些共同词语分为两类，一类是南陵湘语受南陵江淮官话影响形成，另一类是两种方言本来就一致的词语，与影响无关。

不管是南陵的江淮官话还是南陵湘语都有大量的带"子"缀的词语。有些是南陵湘语与南陵江淮官话共同的词语，不见于湖南湘语，这是因为南陵湘语受江淮官话的影响，有些词语已经被江淮官话替换掉了。有些虽然词形还是一样，但是意义发生了变化，如"脚"和"手"在湖南境内的湘语包括臂和腿，但是南陵湘语指称的范围与普通话同，南陵的江淮官话"脚"和"手"的指称范围也与普通话同。当然有些共同的词语和接触影响没有关系，是共同保存，如称呼祖父为"爹爹"，与湖南境内的湘语同。

第二节

方言古语词

本节主要通过文献材料列举分析南陵湘语中的一些古语词，本节的文献材料主要来源于《汉语大字典》和《汉语大词典》，在分析南陵湘语的古词语过程中，参考了赵日新、邓楠的《安徽祁门军话》（2019）。

啮 ŋa⁴⁵　咬。《篇海类编》延结切。同"齧"，咬。《篇海类编·身体类·口部》："啮，噬也。与齧同。"《后汉书·孔融传》："至于轻弱薄劣，犹昆虫之相啮，适足还害其身。"《新唐书·李勣传》："勣感涕，因啮指流血。"《金史·张大节传》："卢沟水啮安次，承诏护视堤城。"沈括《梦溪笔谈·杂志一》："主人则捧而横啮，终不能咀嚼而罢。"清孙枝蔚《猛虎行》："猛虎能啮人，畏者称其雄。"

镟 çyī⁴⁵　阉割公鸡、公牛等。《正字通》："音线，今俗雄鸡去势谓之镟，与宦牛、阉猪、骟马义同。"明尹直《謇斋琐缀录》："僧会、郭师孔少尝与芳洲同砚席，及芳洲自翰林归，以镟鸡为贺礼，而误书镟为线。芳洲改示之，僧会谢以一绝云：'泉丝不与散金同，错认镟鸡用线缝。不是献芹将鄙意，肯教一字化愚蒙。'"明《琅琊漫抄》："太祖初渡江，至采石，驻薛妪家，饥甚，坐谷笼架上，问妪：'此何物？'对曰：'笼床。'烹镟鸡为食，问：'何肉？'曰：'镟鸡。'饭以大麦，曰'仁饭'。盖'龙床'、'登基'、'人犯'，皆吉语也。"

滗 pi²⁴　挡住固体物质把液体倒出，如"滗米汤"。《广韵》鄙密切，去滗。《集韵》逼密切，"《博雅》滗也，一曰去滗。或从笔从皀"。《广雅·释诂二》："滗，滗也。"王念孙疏证："滗之言逼，谓逼取其汁也。《玉篇》：'滗，笮去汁也。'《众经音义》卷五引《通俗文》云：'去汁曰滗'，又云：'江南言逼。'义同也。今俗语犹云滗米汤矣。"《慧琳音义》卷四十四"滗饭"注："滗，亦云饭汁也。"又作"饆"。《龙龛手鉴》音笔，滗去滗也。《字汇》壁吉切，笮去汁也。明陆人龙《型世言》第三十三回："劳氏每日只煮粥，先饆几碗饭与阮大吃，好等他田里做生活；次后把干粥与婆婆吃，道他年老，饿不得。"

掌 ts^hən⁴⁵ 支撑、抵住。《集韵》耻孟切，"支柱也"。又作"樘"，《集韵》抽庚切，"《说文》邪柱也，或作樘牚樑"。如《后汉书·列女传·董祀妻》："斩截无孑遗，尸骸相掌拒。"《汉书·匈奴传下》："单于舆骄，谓遵、飒曰：'……莽卒以败而汉复兴，亦我力也；当复尊我！'遵与相掌距，单于终持此言。"颜师古注："掌……音丈庚反，又丑庚反。"《文选·王延寿·鲁灵光殿赋》："芝栭攒罗以戢香，枝掌杈丫而斜据。"《玄应音义》卷一"掌柱"注："今谓邪柱为掌也。"

侭 tɕiən⁴⁴ 侭你吃（侭着你吃）。《广韵》："即忍切，《曲礼》曰：'虚坐侭前。'"《集韵》子忍切，"极也，任也"。《字汇》："又子忍切，津上声。皆也，《左传》'周礼侭在鲁'。又任也，极也，纵令也。《曲礼》'虚坐侭后，食坐侭前'。"《正字通》："又增韵，纵令也。《曲礼》'虚坐尽后，食坐尽前'。注：虚坐，空坐也；尽后，谦也。食坐，饮食坐也；尽前，恐污席也。唐人诗'尽君花下醉青春'。注：尽读如井，尽君犹言任君也，俗作侭。"明冯梦龙《醒世恒言》第三卷："秦重愧非文人，不敢细看。心下想道：'外房如此整齐，内室铺陈必然华丽。今夜尽我受用。十两一夜，也不为多！'"清文康《儿女英雄传》第四十回："我家现有的是钱，用多少尽你用，只不可看得银钱如土。有的是人，带那个尽你带，只不必闹得仆从如云。"清李伯元《文明小史》第五十五回："秦大人是要好朋友，不得不先尽他。如果秦大人明天不要，我对那朋友说，让给你可好？"

蛟 tɕiɔ³³ 山洪暴发叫"发蛟"。蛟，传说中是一种能发洪水的龙。《广韵》古肴切。《说文》："蛟，龙之属也。池鱼满三千六百，蛟来为之长，能率鱼飞。置笱水中，即蛟去。"战国《公孙龙子》："且白马非马，乃仲尼之所取。龙闻楚王张繁弱之弓，载亡归之矢，以射蛟兕于云梦之圃，而丧其弓。"西汉《淮南子》："山致其高而云起焉，水致其深而蛟龙生焉，君子致其道而福禄归焉。"六朝《全梁文》："余谓不复能铸铜者，正当不能使利如霜雪，光如云霞，陆斩犀兕，水断蛟龙，岂复不能铸铜炉碗灯耶？"明凌濛初《二刻拍案惊奇》卷三十九："嘉靖初年，洞庭两山出蛟，太湖边山崖崩塌，露出一古冢朱漆棺。"清刘献廷《广阳杂记》卷三："癸酉五月二十一日，湘水大涨。传言永州出蛟，地陷，漂没民居，见有佛像、大树顺流而下，其言匪诬。"

簟 tĩ²¹ 竹制的席子叫簟子。用来晒粮食的大竹席叫"摊簟"。《说文·竹部》："簟，竹席也。"《释名·释床帐》："簟，覃也。布之覃覃然平正也。"《广韵》徒玷切，竹席。汉刘歆《西京杂记》卷二："会稽岁时献竹簟供御，世号为流黄簟。"南朝宋刘义庆《世说新语·德行》："王恭从会稽还，王大看之。见其坐六尺簟，因语恭：'卿东来，故应有此物，可以一领及我。'恭无言。大去后，即举所坐者送之。既无余席，便坐荐上。"唐杜甫《陪郑广文游何将军山林》："风磴吹阴雪，云门吼瀑泉。酒醒思卧簟，衣冷欲装绵。"唐白居易《招东邻》："小槛二升酒，新簟六尺床。能来夜话否，池畔欲秋凉。"唐《通典》："君以簟席，布绞锦衾；大夫以蒲席缟衾；士苇席缁衾。"宋柳永《郭郎儿近拍》："枕簟微凉，睡久辗转慵起。砚席尘生，新诗小阕，等闲都尽废。"宋辛弃疾《水龙吟·过南剑双溪楼》："峡束苍江对起，过危楼，欲飞还敛。元龙老矣！不妨高卧，冰壶凉簟。千古兴亡，百年悲笑，一时登览。问何人又卸，片帆沙岸，系斜阳缆？"明严从简《殊域周咨录》卷八："王宫壮丽，民楼居。其楼密联槟榔片，藤系之，甚固。藉以藤席竹簟，寝处于中。"元王祯《农书》卷十五："掼稻簟⋯⋯各举稻把掼之，子粒随落，积于簟上。"清梁同书《直语补证》："俗以晒谷竹簟曰簟皮⋯⋯村人晒谷燥后，以圆竹器为底簟，四周之上，加以盖，如高廪也。"

棬 tɕyĩ⁴⁵　用来穿在牛鼻子上的小铁环或小木棍叫"牛鼻棬"。《广韵》居倦切，牛拘。《说文》："棬，牛鼻中环也。"王筠《说文句读》："《埤苍》：'牛拘也。'玄应曰：'今江以北皆呼为拘。以南皆曰棬。'言环者，以柔木贯牛鼻，而后曲之如环也。亦有用大头直木者。"又作"桊"，《段注》："按《吕氏春秋》曰：'使乌获疾引牛尾，尾绝力勌，而牛不可行，逆也。使五尺童子引其桊，而牛恣所以之，顺也。'"徐锴《说文系传》："以柔木为楥以穿牛鼻也。"

耖 tsʰɔ⁴⁵　一种农具，铁齿的耙，其作用是将耕过一遍之后的土弄碎，称之为"耖田"。《广韵》初教切，重耕田也。《类篇》楚教切，覆耕曰耖。清圣祖《题耕织图》："东阡西陌水潺湲，扶耖泥涂未得闲。"《农政全书》："耖，疏通田泥器也。高可三尺许，广可四尺。上有横柄，下有列齿，以两手按之，前用畜力挽行。一耖用一人牛。⋯⋯耕耙而后用此，泥壤始熟矣。"

丘 tɕʰiəu³³　量词，用于水田，"一丘田"为"一块田"，不论大小，只论数量。凡用田塍隔开即为一丘。《广韵》去鸠切。唐李白《金门答苏秀才》："未果三山期，遥欣一丘乐。"宋范成大《提刑察院王丈挽词》："百世春秋传，一丘阳羡田。浮生如此了，何必更凌烟！"南宋《五灯会元》卷九："沩一日指田问师：'这丘田那头高，这头低。'师曰：'却是这头高，那头低。'沩曰：'你若不信，向中间立，看两头。'"明冯梦龙《古今小说·木绵庵郑虎臣报冤》："三分天下二分亡，犹把山河寸寸量。纵使一丘添一亩，也应不似旧封疆。"清陆以湉《冷庐杂识》："'丘民'，赵注：'丘，十六井也。'丘民，谓丘间之民。得乎丘田之民，便可为天子，犹'有田一成，有众一旅'之意。"元沈和《赏花时北》："园塘外三丘地，篷窗下几卷书，他每傲人间驷马高车。每日家相伴陶朱，吊问三闾。"

犐 sa³³　南陵湘语称母牛为"犐牛"。犐，《集韵》师加切，"牛名"。《正字通》所加切，"牝牛曰犐"。李时珍《本草纲目·兽部·牛》："牛之牡者曰牯，曰特⋯⋯牝者曰犐，曰牸。"

牯 ku⁴⁴　牯牛，公牛。《广韵》公户切，上姥见。《玉篇·牛部》："牯，牝牛。"《正字通·牛部》："牯，俗呼牡牛曰牯。" 唐陆龟蒙《祝牛宫辞》："四牸三牯，中一去乳。" 宋孙觌《分宜道中》："老牯挽犁泥没膝，剡剡青秧针水出。"《玉篇》中记录的"牯"指的是母牛，但南陵湘语以及湖南境内的湘语中，"牯"指的是公牛。

崽 tsɛ[44] 南陵湘语称"儿子"为"崽"。《广韵》山佳切，又山皆切。汉扬雄《方言》第十："崽者，子也。湘沅之会，凡言是子者谓之崽，若东齐言子矣。" 明焦竑《俗书刊误·俗用杂字》："江、湘、吴、越呼子曰崽。音宰。" 清《官场现形记》："于是等细崽去后，商量了几天，仍把那个细崽唤来，叫他找了他娘舅替他做了个介绍，一齐进了教。" 周立波《盖满爹》："卜老先生私下对人说：'他再生崽，我替他起名柏森、柳森、樟森和杉森'。"

脶 nʊ[213] 指圆形的指纹。《广韵》落戈切，又古蛙切，"手指文也"。《集韵》公蛙切，"手文谓之脶"。庐戈切，手指文。《玉篇·肉部》："脶，手理也。"《龙龛手鉴》："古蛙反，手理。又音螺，亦手中文也。"《类篇》："公蛙切，手文谓之脶。" 清胡文英《吴下方言考》第六卷："吴谚云：'脶多辛苦粪箕闲。'"

蕨 tɕyᴇ[24] 蕨菜。《广韵》居月切，"蕨菜"，《正字通》"居月切，音决，山菜。初生紫色似鳖脚，长如小儿拳，连茎可食。掘根捣汁取粉，凶年以御饥。" 北魏贾思勰《齐民要术》作菹、藏生菜法第八十八："《尔雅》云：'蕨，鳖。' 郭璞注云：'初生无叶，可食。《广雅》曰紫綦，非也。'《诗义疏》曰："蕨，山菜也；初生似蒜茎，紫黑色。二月中，高八九寸，老有叶，瀹为茹，滑美如葵。今陇西、天水人，及此时而干收，秋冬尝之；又云以进御。三月中，其端散为三枝，枝有数叶，叶似青蒿，长粗坚强，不可食。周、秦曰'蕨'；齐、鲁曰'鳖'，亦谓'蕨'。" 宋陆游《饭罢戏示邻曲》："箭茁脆甘欺雪菌，蕨芽珍嫩压春蔬。"

扦 tɕʰĩ[33] 用来挑柴用的、两头尖的扁担为"扦担"。"扦"本插义，而南陵湘语中的"扦担"两头是尖的，可以穿进捆绑好的稻草、红薯藤等，方便挑物。《正字通》仓先切，"搴，插也，俗作扦"。宋周密《癸辛杂识续集·白蜡》："树叶类茱萸叶，生水傍，可扦而活，三年成大树。"《农政全书·种植·种法》："于正二月上旬，取树木嫩枝扦插，胜于种核。"《字汇》："仓先切，音千，插也。"《集韵》："亲然切，插也。" 清屈大均《广东新语》卷二十五"木语"："茉莉……春间分种，或黄梅时扦之，六月六日种尤宜。"

椽 tɕyĩ[213] 指安在檩子上承接屋面和瓦片的木条。《说文》："椽，榱也。从木彖声。"《广韵》直挛切，平仙澄，元部。《左传·桓公十四年》："宋人以诸侯伐郑……以大宫之椽归为卢门之椽。"《汉书·艺文志》："茅屋采椽，是以贵俭。"《晋书·诸葛长民传》："屋中柱及椽桷间，悉见有蛇头，令人以刀悬斫，应刃隐藏。" 唐韩愈《杂诗》之三："截橑为欂栌，斫楹以为椽。" 宋李诫《营造法式·大木作制度二·椽》："椽，其名有四：一曰桷，二曰椽，三曰榱，四曰橑。" 元秦简夫《东堂老》第一折："问什么东廊西舍是旧椽欂。" 清纪昀《阅微草堂笔记·滦阳消夏录二》："迨甫落成，突烈焰四起，顷刻无寸椽。"

筲 so³³　只用于"筲箕"一词中，指筲箕形的胴纹。《字汇》："所交切，音梢。竹器，一曰饭器。俗谓筲箕。又斗筲，斗容十升，筲容斗二升。"《龙龛手鉴》："所交反，斗筲，竹器也。"《广韵》所交切，"斗筲，竹器"。《集韵》："《说文》陈留谓饭帚曰筲，一曰饭器，容五升。一曰宋魏谓箸筲为筲，或从肖。"《汉书》颜师古注："筲，竹器也。斗筲，喻小而不大也。解在公孙刘田传。筲音所交反。"清李调元《南越笔记》："官人骑马到林池，斩竿籂竹织筲箕。筲箕载绿豆，绿豆喂相思。相思有翼飞开去，只剩空笼挂树枝。"

碝 saŋ⁴⁴　南陵湘语称柱础为"碝墩"。《说文》："碝，石碝也。"《广韵》苏朗切，"柱下石也"。《玉篇·石部》："柱下石。"《正字通》："俗呼础曰碝。"《梁书·诸夷传·扶南国》："可深九尺许，方至石碝，碝下有石函，函内有铁壶，以盛银坩。"元汤式《哨遍·新建构栏教坊求赞》套曲："选良材砍尽了南山铁干霜皮木，搬巨碝捞遍了东海金星雪浪石，非容易。"

甑 tsən⁴⁵　蒸饭用的木制桶状物，有屉而无底。《说文解字》："甑，甗也。从瓦，曾声。"《广韵》子孕切。《周礼·考工记·陶人》："陶人为甑，实二鬴，厚半寸，唇寸。"北魏贾思勰《齐民要术·作酱法》："用春种乌豆，于大甑中燥蒸之。"元费唐臣《贬黄州》第三折："甑中还有米也没有？"

圊 nõ²¹³　圆的意思。《广韵》落官切，圆。《玉篇》："圊，团圊也。"《集韵》："圊，环也。"五代牛希济《生查子·新月曲如眉》："新月曲如眉，未有团圊意。"唐张志和《空洞歌》："廓然悫然，其形团圊"。明方以智《物理小识·草木类上》"橘"自注："卢硕曰：橘种子者不结实，实亦长，俗呼柚子，广柚则圊大。"《聊斋志异·凤仙》："今日三婿并临，可称佳集，又无他人，可唤儿辈来，作一团圊之会。"

栅 sɛ²⁴　用竹、木、铁条等做成的阻拦物，南陵湘语称安楼板用的类似桁条的东西为"阁栅"。《广韵》楚革切，"篱栅"，《集韵》："编竹木为落也。"《类篇》测革切，"说文编树木也"。清段玉裁《说文解字注》："编竖木也。"北魏贾思勰《齐民要术》卷六养羊："二日一除，勿使粪秽。秽则污毛，停水则'挟蹄'，眠湿则腹胀也。圈内须并墙竖柴栅，令周匝。"唐段成式《酉阳杂俎》："孝亿国界周三千余里。在平川中，以木为栅，周十余里，栅内百姓二千余家。周国大栅五百余所。"宋王安石《半山即事十首》之九："豚栅鸡坞晻霭间，暮林摇落献南山。"明韩邦奇《大同纪事》："军请各巷口立栅门，邦奇曰：'门外也有你们，门里也有你们，立栅门何用？你们自编火甲，禁防盗贼可也。'"明冯梦龙《古今小说》三十六卷："吃我盘到你房门前，揭起学书纸，把小锯儿锯将两条窗栅下来；我便挨身而入，到你床边，偷了包儿；再盘出窗外去，把窗栅再接住，把小钉儿钉着，再把学书纸糊了，怎地便没踪迹。"

尿 sei³³　仅用于"猪尿脬"一词中。《六书故》息遗切。《龙龛手鉴》"腹中水也"。《说文》："人小便也。从尾从水。"徐灏注笺："今俗语尿，息遗切，读作绥。"玄应《一切经音义》卷十七引《通俗文》："出脬曰尿。"

藠 tɕio²¹　一种叶似韭菜、根似葱的植物。《集韵》藠，胡了切。《正字通·艸部》："旧注音杳，草名。叶似葱，中空，茎有稜，可食，出庐山。按，藠薤同类，分二种，今圃地皆有之。藠读乔上声。俗呼薤曰藠子，以薤根白如藠也。"《本草纲目·菜部》："薤……今人因其根白呼为藠子。"根据反切，"藠"应该读擦音声母、去声，但南陵湘语读塞擦音、上声，原因未知，但与湖南境内湘语同。

栲 kʰɔ⁴⁴　指中型的簸箕。《广韵》栲，苦浩切。北魏贾思勰《齐民要术·作酢法》："量饭著盆中或栲栳中，然后泻饭著瓮中。"唐卢延让《樊川寒食》诗之二："五陵年少粗于事，栲栳量金买断春。"清沈复《浮生六记·浪游记快》："一夜，忽见数十里外有红灯大如栲栳，浮于海中。"

篊 yĩ³³　篊箕，簸箕的一种，篊丝制成，可以用来挑东西。《集韵》篊，委远切，竹器名。《醒世姻缘传》第五十四回："一百六十文钱买了两个篊子，四十文钱买了副铁勾担仗。"根据反切，"篊"应该读上声，南陵湘语读阴平，原因未知，但与湖南境内湘语同。

耘 yən²¹³　除草。《广韵》耘，王分切。《龙龛手鉴·耒部》："耘，除草也。"《诗·小雅·甫田》："今适南亩，或耘或耔。"《毛传》："耘，除草也。"《诗·周颂·载芟》："千耦其耕，徂隰徂畛。"陆德明文："耘，除草也。"《墨子·三辩》："农夫春耕、夏耘、秋敛、冬藏。"晋葛洪《抱朴子·博喻》："嘉谷不耘，则莠莠弥蔓。"《文选·张衡〈东京赋〉》："兆民劝于疆场，感懋力以耘耔。"

磡 kʰɔ̃⁴⁵　指河的岸边或田坎儿等。《广韵》磡，苦绀切。清王炜《黄山游记》："磡有废庵曰莲荮庵。"吴组缃《山洪》二："怪不得你逞好汉，你是说的干磡上的活哟！"

斫 tso²⁴　指用刀、斧子等砍。《说文解字注》："斫，击也。击者、攴也。凡斫木、斫地、斫人皆曰斫矣。从斤，石声。之若切。"《广韵》斫，之若切，入声药韵章母。《韩非子·奸劫弑臣》："贾举射公，中其股，公坠，崔子之徒以戈斫公而死之。"《晋书·宣帝纪》："帝自西城斫山开道，水陆并进。"唐杜甫《一百五日夜对月》："斫却月中桂，清光应更多。"元李翀《日闻录》："古者斩人，必加锧上而斫之。"

媅驰 ŋɛ³³tɕiɛ⁰　祖母。媅，《集韵·平哈》于开切，"媅，婢也"。驰，《集韵》子野切。《广雅·释亲》："驰，母也。"《集韵·马韵》："姐，《说文》：'蜀谓母曰姐。'淮南谓之社。古作驰。"又《哿韵》："姆，《博雅》：'驰，母也。'或作姐。"《正字通·毋部》："驰，羌人呼母。"明顾起元《客座赘语·父母称谓》："羌人呼母曰驰，音与姐同，字又或作她。"用"驰/姐"称呼母亲的现象在现代汉语方言中不是很罕见，根据李小平等（2012）的研究，西南官话有用"姐"称呼母亲的现象，如重庆忠县称母亲为"媅姐"，湖南郴州称母亲为

"姊姐"。山西的中原官话汾河片和晋语中的亲属称谓中有"姐"表母亲义的情况。如：文水、临汾、汾西、洪洞等直接称母亲为"姐"；平遥称后母为"后姐"，称干娘为"干姐"；洪洞也称后母为"后姐"，称伯母为"大姐"。赣语也有用"姐"称呼"母亲"的现象。如：江西宜黄称母亲为"阿姐"，湖南攸县、茶陵、安仁称母亲为"娭姐"，耒阳称母亲为"姐/姐姐"等。客家话是所有汉语方言中以"姐"表"母亲"义分布区域最广的方言区。广东丰顺、揭西、陆河、五华、兴宁、龙川、东源、紫金、惠东、和平、连平、廉江、惠州等，广西陆川、合浦、贵港、柳江、荔浦等，江西定南、龙南、全南、大余、崇义、上犹、遂川等，湖南炎陵、惠阳等等方言点，称外祖母为"姐婆"、外祖父为"姐公"。南陵湘语以及湖南境内的湘语中用于指称"祖母"的"娭驰"与其他汉语方言中指称"母亲"的"姐"或"驰"属于同一来源。

瓮 ŋən^{45}　同"甕"。①固定在灶面上装水的坛子为瓮坛。《广韵》乌贡切，去送，影。《易·井》："井谷射鲋，瓮敝漏。"陆德明《释文》引郑玄曰："瓮，停水器也。"《后汉书·列女传·鲍宣妻》："拜姑礼毕，提瓮出汲。"宋陆游《杂书幽居事》："抱瓮穷园叟，还山老布衣。"②大水缸。晋葛洪《抱朴子·喻蔽》："四渎之浊，不方瓮水之清。"宋陆游《瓮池》："埋瓮东阶下，泷泷一石水。"《宋史·司马光传》："群儿戏于庭，一儿登瓮，足跌没水中。"

靸 sa^{24}　室内穿的拖鞋为"靸鞋"，室外穿的拖鞋称为"鞋靸子"。宋吴文英《八声甘州·陪庾幕诸公游灵岩》："时靸双鸳响，廊叶秋声。"元秦简夫《赵礼让肥》第一折："破麻鞋脚下靸。"《儒林外史》第十回："他靸了一双钉鞋，捧着六碗粉汤。"

藨 pʰɔ^{33}　野生的树莓。《广韵》藨，普袍切。《尔雅·释草·蓬蘽》藨，麃。郭璞注："麃即莓也。今江东呼为藨莓。子似覆盆而大，赤，酢甜可啖。"《本草纲目·草部》："一种蔓小于蓬蘽，一枝三叶，叶面青，背淡白而微有毛，开小白花，四月实熟，其色红如樱桃者，俗名藨田藨，即《尔雅》所谓藨者也。"

凊 tɕʰiən^{45}　地下冒出的泉水为"凊水"。《说文解字》："凊，寒也。"凊，《广韵》七政切。《墨子·节用》："夏服絺绤之衣，轻且凊则止。"《礼记·曲礼上》："凡为人子之礼冬温而夏凊。"郑玄注："温以御其寒，凊以致其凉。"唐柳宗元《无对》："凊温燠寒，迭出于时。"

奓 tsa^{33}　指张开的意思。《广韵》陟加切，张也，开也。《集韵》还有"陟驾切"。《庄子·知北游》："神农隐几阖户昼瞑，妸荷甘日中奓户而入。"陆德明《释文》引司马彪云："奓，开也。"宋范成大《秋日杂兴》之一："奓户劝之起，怀宝善自珍。"

晾 naŋ^{21}　南陵湘语称"晾衣服"为"晾衣裳"。晾，《集韵·宕韵》郎宕切，暴也。《字汇·日部》："晾，晒晾。"宋《五灯会元》第十九卷："乃指东畔曰：'怎么时穿过东海鲤鱼眼睛。'指西畔曰：'怎么时塞却西王母鼻孔。且道总不怎么时如何。今年雨水多，各宜频晒晾。'"南宋陆游《春日》："迟日园林尝煮酒，和风庭院晾新丝。"元陶宗仪《南村辍耕录》

卷三十《髹器》："用刷蘸漆，漆器物上，不要见刷痕。停三五日，待漆内外俱干，置阴处晾之。"元王祯《农书》卷九"荔枝"："晒荔法，采下即用竹篱眼晒，经数日色变。"

爹 tia³³　祖父。《广韵》爹，陟邪切。最早收录"爹"字的文献大概是三国时魏人张揖编纂的《广雅》。《广雅·释亲》："爹，父也。"《玉篇》："爹，父也。"清人沈自南《艺林汇考》引宋程大昌《演繁露》说："汉魏以前，凡人子称父则直曰父，若为文言曰大人。后世呼父不为父，而转其音曰爷，又曰爹。"陆游《避暑漫钞》："太后回銮，上设龙涎沉脑屑烛，后曰：'尔爹爹每夜尝设数百枝。'上微谓宪圣曰：'如何比得爹爹富贵？'"在上海《川沙厅志》（1879）中"爹"用来指称祖父，如："呼祖曰老爹。"南陵湘语也是用"爹"来指称祖父。

爷 ia²¹³　父亲。《玉篇》：爷，以遮切。"爷"最早也是用来称谓"父亲"，如清梁章钜《称谓录》："古人称父为耶，只用耶字，不用爷字。"《木兰诗》："军书十二卷，卷卷有爷名。"见上引宋程大昌《演繁露》。宋代以后，"爷"仍然用于父称，如《水浒传》第二回："高俅道：'你那厮便是都军教头王升的儿子？'王进禀道：'小人便是。'高俅喝道：'这厮，你爷是街上使花棒卖药的，你省的什么武艺？'"虽然现在不少方言中"爷"用来指称祖父，但在南陵湘语中"爷"仍是用来指称父亲的。

第三节

民俗文化词

一　丧葬习俗

南陵湘语区殡葬仪式一直沿用传统旧俗，如供香案、烧纸钱、磕孝头、请鼓乐班、请道士做道场，等等。

下榻 $xa^{21}t^ha^{24}$ 逝者去世后，要在选好的时辰，把逝者从床上移到厅堂已经摆好的门板或者竹席子上。

停尸板 $tiən^{213}sʅ^{33}pæ^{44}$ 用来摆放逝者遗体的门板。

引路灯 $iən^{44}nəu^{21}tən^{33}$ 在逝者的脚前端点的一盏灯。

把信 $pa^{44}ɕiən^{45}$ 有人去世后，通知亲朋好友死讯。

吊孝 $tiɔ^{45}ɕiɔ^{45}$ 亲朋好友接到逝者的死讯后，带着纸钱、炮竹、花圈来吊唁逝者。家属要在前来吊唁的亲朋好友进门前放炮竹，亲朋好友则在进门前燃放自己带来的炮竹。进门后，需要去逝者前磕头，同时逝者家属磕头还礼。

蒙孝 $mən^{21}ɕiɔ^{45}$ 孝子在披麻戴孝时，要把鞋子用白布蒙起来。

蒙全孝 $mən^{21}tɕyĩ^{213}ɕiɔ^{45}$ 把鞋子用白布全蒙起来，这是只有上一辈的老人全部过世了才用的蒙孝方式。

蒙半孝 $mən^{21}põ^{45}ɕiɔ^{45}$ 把鞋子用白布蒙上一半，这是家里还有老人健在的情况下用的蒙孝方式。

进材 $tɕiən^{45}tsɛ^{213}$ 将逝者入殓，也叫"入材" $[y^{24}tsɛ^{213}]$。

老衣 $nɔ^{44}i^{33}$ 逝者去世后穿的衣服，也叫"寿衣" $[səu^{21}i^{33}]$。

老鞋 $nɔ^{44}xɛ^{213}$ 逝者去世后穿的鞋子，也叫"寿鞋" $[səu^{21}xɛ^{213}]$。

老帽 nɔ⁴⁴mɔ²¹ 逝者去世后戴的帽子，也叫"寿帽"[səu²¹mɔ²¹]。

灵堂 niən²¹³taŋ²¹³ 在桃屋里设置的供奉灵柩以供吊唁的厅堂。

道士 tɔ²¹sʅ²¹ 灵堂设好后，请来做法事的人。

解结 kɛ⁴⁴tɕiɛ²⁴ 做法事的第一步，由道士用一根线打成结，由孝子把结解开。"结"代表逝者在世时犯的所有错误和罪过。孝子解开结，表示逝者的罪已经由后代解除了，逝者进入阴间后不再受罪。

洗灵牌子 ɕi⁴⁴niən²¹³pɛ²¹³tsʅ⁰ 给逝者洗澡，但洗的是灵牌。用席子卷成一个围子，围子里面放一个脸盆，逝者的儿子或女儿在脸盆里洗灵牌，道士在旁边念咒语。如果是母亲去世，由女儿来洗，如果是父亲去世，由儿子来洗。洗的目的是洗掉逝者在世间所有的恩怨和罪过，在"解结"结束后进行。

过金桥 kʊ⁴⁵tɕiən³³tɕiɔ²¹³ 道士用几张桌子搭成一条桥，桌上铺白布，便是金桥。道士拿着逝者的灵牌过金桥，同时边做法事、边念经文。过完金桥后，表示消除了逝者在世间的所有恩怨。

吃粥 tɕʰia²⁴tsəo²⁴ 逝者去世的第一天晚上的一个必有环节。粥是腊八粥，由花生、糯米、红豆和糖等混合熬成。粥一定要是甜的，越吃越甜，寓意子孙兴旺发达。

出材 tɕʰy²⁴tsɛ²¹³ 也就是出殡，一般逝者去世的第三天早晨七点左右进行。出材的日子和时辰是由道士算好的。

八大金刚 pa²⁴tɛ²¹tɕiən³³kaŋ³³ 抬棺材的人，共有八个。

封殡 xən³³piən⁴⁵ 也就是封棺，用一块红布把棺材围一圈封起来，然后用四个钉子把四个角钉起来。其中三个角由旁人来钉，最后一个角由逝者的子孙来钉。

子孙钉 tsʅ⁴⁴sən³³tiən³³ 封棺时用来钉棺材的钉子。

龙杠 nən²¹³kaŋ⁴⁵ 抬棺材的主要杠子，把棺材绑在这个杠子上，龙杠与棺材的方向一致。

子杠 tsʅ⁴⁴kaŋ⁴⁵ 抬棺材时横着的木杠，与龙杠方向垂直，有两根。

守灵 səu⁴⁴niən²¹³ 出材前一个晚上，子孙要在灵柩旁一直守着，也叫"守孝"[səu⁴⁴ɕiɔ⁴⁵]。

千年被 tɕʰiĩ³³niĩ²¹³pei²¹ 出殡时盖在棺材上的红色被子，由两层布做成。

登棺鸡 tən³³kõ³³tɕi³³ 出殡时绑在龙杠上的仔公鸡。这只公鸡出殡回来后要一直养着，直到公鸡有了后代才能杀了吃掉。

买路钱 mɛ⁴⁴nəu²¹tɕiĩ²¹³ 出殡时由孝子孝孙沿途散发的黄裱纸。

开井 kʰɛ³³tɕiən⁴⁴ 挖坟穴。

热井 yɛ²⁴tɕiən⁴⁴ 用纸钱烧热坟墓，且坟墓里要放一把芝麻秸，寓意芝麻开花节节高。

丢千年粮 tiəu³³tɕʰiĩ³³niĩ²¹³niaŋ²¹³ 孝子孝孙们拿着泥土往棺材上撒。

填土 tiĩ²¹³tʰəu⁴⁴ 埋好棺材，做好坟。当地湖南人的坟是圆形的，非湖南人的坟墓是方形的。

灵屋子 niən²¹³u²⁴tsʅ⁰ 纸扎房子。现实世界有的东西，灵屋里都有。灵屋的门口必须有童男童女把守。灵屋在出材当日的午时烧掉。烧灵屋的场所必须朝阳。

滴血 tia²⁴ɕiɛ²⁴ 烧灵屋前孝子们要用针把中指扎破，滴几滴血。滴血是为了所谓的验亲，表示是逝者的亲生子。

二 婚嫁习俗

娶亲 tɕʰy⁴⁴tɕʰiən³³ 男子娶妻，也叫"讨媳妇" [tʰɔ⁴⁴ɕi²⁴fu⁰] 或"讨堂客" [tʰɔ⁴⁴taŋ²¹³kʰɛ²⁴]。

嫁女 ka⁴⁵ny⁴⁴ 女子出嫁，也叫"嫁姑娘 ka⁴⁵ku³³niaŋ²¹³"。

合八字 xo²⁴pa²⁴tsʅ²¹ 把男女双方八字配在一起，看双方八字之间的五行是否和谐。

压￣庚￣ ŋa²⁴kən³³ 男女双方确定关系。

送日子 sən⁴⁵ni²⁴tsʅ⁰ 男方把成亲的日子送到女方家，同时要送上烟酒、肉、茶等礼品。

办送日子酒 sən⁴⁵ni²⁴tsʅ⁰tɕiəu⁴⁴ 女方家办的酒席。女方家把亲戚请来吃饭，告知结婚日子，并赠送男方家所送来的烟酒、糖、肉等。

送彩礼 tsʰɛ⁴⁴ni⁴⁴ 男方送给女方家的礼品。彩礼中一定要有粽子和鱼，鱼肉中要有两条小的鲤鱼，寓意鲤鱼跳龙门。

子孙粽子 tsʅ⁴⁴sən³³tsən⁴⁵tsʅ⁰ 彩礼中的小粽子。

麻篮 ma²¹³næ̃²¹³ 一种比针线筐深的篮子，用来装粽子、肉、鱼等彩礼，由媒婆和男方及亲属一同送至女方家。

糖包 taŋ²¹³pɔ³³ 男方家准备的、接亲当天女方家散发的喜糖。在接亲的前一天上午，男方要把糖包送到女方家。

待媒酒 tɛ⁴⁵mei²¹³tɕiəu⁴⁴ 男方家答谢媒人的酒席，在接亲前一天晚上举办。

绞脸 tɕiɔ⁴⁴niĩ⁴⁴ 用细线绞除面部汗毛。女子出嫁前的简单美容。

柏子鞋 pɛ²⁴tsʅ⁴⁴xɛ²¹³ 鞋面钉有柏树叶的红色鞋子，由婆家做的，新娘子结婚当天穿，寓意百子。

开门礼 kʰɛ³³mən²¹³ni⁴⁴ 接亲时女方亲属朋友等在新娘房间门口把守，向新郎要的开门红包。

发亲 fa²⁴tɕʰiən³³ 新娘离开娘家、前往婆家的一种仪式，也叫"发嫁" [fa²⁴ka⁴⁵]。

哭嫁 kʰu²⁴ka⁴⁵ 发亲前，新娘母亲边哭边教育女儿去婆家如何相夫教子，如何与公婆相处。

陪姑娘 pei²¹³ku³³niaŋ²¹³ 伴娘。发嫁时，必须有两到三位新娘亲属送新娘去婆家，其中一位必须是未婚姑娘，也就是陪姑娘。

挑盖头 $t^hio^{33}kɛ^{45}təu^0$ 由能说会道、儿女双全的有福之人用红秤杆子挑起新娘的盖头。盖头的四个角上要钉上一些东西,如:桂圆、天竹、枣子、花生、柏子。

喝和气茶 $xʊ^{213}tɕ^hi^{45}tsa^{213}$ 新郎和新娘喝交杯茶,但杯子里装的不是茶,而是糖水,寓意夫妻和和气气、甜甜蜜蜜。这在挑盖头后进行。

三 农业生产

南陵县主要的粮食作物是水稻,一般是两熟。山地则主要种植玉米、红薯、芝麻、大豆等。下面介绍这些粮食作物的种植、收割过程和相关的用具。

锯禾 $kei^{45}ʊ^{213}$ 把田里的水稻割下来。

绊⁼禾 $pæ̃^{45}ʊ^{213}$ 给水稻脱粒。

绊⁼桶 $pæ̃^{45}t^hən^{44}$ 给水稻脱粒的器具,也叫"禾桶" $[ʊ^{213}t^hən^{44}]$。

风稻 $xən^{33}tɔ^{21}$ 晾晒稻谷。

禾堂 $ʊ^{213}tɑŋ^{213}$ 晒稻谷的场所,稻谷通常不是直接摊在地上,而是晾晒在摊簟上。

摊簟 $t^hæ̃^{33}tiĩ^{21}$ 用来晾晒稻谷的、篾片制的器具,有点像竹席子。

图 1　摊簟　南陵县三里镇澄桥村 /2017.8.28/ 李姣雷 摄

风车 $xən^{33}ts^ha^{33}$ 使稻谷颗粒跟杂草、皮壳等分离的农具。

风车斗 $xən^{33}ts^ha^{33}təu^{44}$ 风车上装粮食的斗形部件。

风车叶子 $xən^{33}ts^ha^{33}iɛ^{24}tsʅ^0$ 风车里的叶片,旋转时可以生风。

风车鼓 $xən^{33}ts^ha^{33}ku^{44}$ 风车上的圆形风腔,鼓风用。

刀口 $tɔ^{33}k^hʊu^{44}$ 风车上用来调节出口大小的部件。

风车大口 $xən^{33}ts^ha^{33}tɛ^{21}k^hʊu^{44}$ 风车上出粮食的口。

风车小口 $xən^{33}ts^ha^{33}ɕiɔ^{44}k^hʊu^{44}$ 风车上出杂质的口。

风车尾子 xən³³tsʰa³³ui⁴⁴tsʅ⁰ 风车上出草屑的部位。

风车稿⁼子 xən³³tsʰa³³kɔ⁴⁴tsʅ⁰ 风车的摇手。

图 2　风车　南陵县三里镇澄桥村 /2017.8.28/ 李姣雷 摄

皮箩 pi²¹³nʋ²¹³ 用篾片或篾丝编制的器具，主要用来挑稻谷。

图 3　皮箩　南陵县三里镇澄桥村 /2017.8.28/ 李姣雷 摄

箢箕 yĩ³³tɕi³³ 用篾丝编制的、一般用来挑东西的器具。在当地广泛使用，可以用来挑柴、草、土、沙、石，也可以用来挑猪粪、牛粪等。

图 4　箢箕　南陵县三里镇澄桥村 /2018.7.8/ 李姣雷 摄

簸子pʊ⁴⁵tsʅ⁰簸箕，有不同尺寸和形状，以圆形的为主，"晒簸子""皮撮""撮箕子"分别代表了三种不同形状的簸箕。

晒簸子sɛ⁴⁵pʊ⁴⁵tsʅ⁰大簸箕，圆的，直径有三尺的、三尺五的、四尺的三种，用来晒东西。

图 5 用晒簸子晒花生 南陵县三里镇澄桥村 /2017.8.28/ 李姣雷 摄

皮撮pi²¹³tsʰo²⁴用篾片编制的簸箕，用来撮起稻谷粮食等。

撮箕子tsʰo²⁴tɕi³³tsʅ⁰用篾丝编制而成的簸箕，用来撮东西用，与皮撮相比，其用来撮相对大的东西，如花生等。

图 6 皮撮 南陵县三里镇澄桥村 /2017.8.28/ 李姣雷 摄   图 7 撮箕子 南陵县三里镇澄桥村 /2017.8.28/ 李姣雷 摄

耙子 pa²¹³tsʅ⁰ 平整土地或归拢柴草用的一种农具，柄长，装有木、竹或铁制的齿。

图 8　耙子　南陵县三里镇澄桥村 /2017.8.28/ 李姣雷　摄

四　日常生活用具等

随着新农村的建设，很多老百姓已经住进了楼房，传统的生活习惯发生了很大的改变，很多旧式的用具也慢慢被淘汰。

灶龙门 tsɔ⁴⁵nən²¹³mən²¹³ 灶的烧火口。左边和右边两个洞都是用来烧火的。

假火洞 tɕia⁴⁴xʊ⁴⁴tən²¹ 灶龙门的组成部分，中间那个洞，没有明火，是用来烘干鞋子等用的。

图 9　灶龙门　南陵县三里镇澄桥村 /2017.8.28/ 李姣雷　摄

灶面子 tsɔ⁴⁵miĩ²¹tsɻ⁰灶台，当地的灶台一般由两个灶和一个瓮坛构成。一个灶用来架可移动的锅，另一个灶的锅是固定的。中间是瓮坛。

瓮坛 ŋən⁴⁵tæ̃²¹³灶台上内嵌的坛子，平时装满水，做饭的同时可烧水。

图 10　灶面子　南陵县三里镇澄桥村 /2017.8.28/ 李姣雷 摄

夹钳 ka²⁴tɕiĩ²¹³用来夹炭火的火钳。

图 11　夹钳　南陵县三里镇澄桥村 /2017.8.28/ 李姣雷 摄

菜坛子 tsʰɛ⁴⁵tæ̃²¹³tsɻ⁰腌制咸菜或酸菜的坛子。在腌制咸菜或酸菜时，盖好盖子，在坛子边沿装上水，起到隔离空气的作用。

图 12　菜坛子　南陵县三里镇澄桥村 /2017.8.28/ 李姣雷 摄

忙⁼槌 maŋ²¹³tsui²¹³洗衣服时用来敲打衣服，以便把衣服清洗干净的工具。

图 13　忙⁼槌　南陵县三里镇澄桥村 /2017.8.28/ 李姣雷　摄

箱子 ɕiaŋ³³tsɿ⁰这种箱子是用来装衣服的。

图 14　箱子　南陵县三里镇热爱村 /2017.8.28/ 李姣雷　摄

架子床 ka⁴⁵tsɿ⁰tsaŋ²¹³当地旧式床。

图 15　架子床　南陵县三里镇澄桥村 /2017.8.28/ 李姣雷　摄

第五章　分类词表

说　明

1. 第一节收录《中国语言资源调查手册·汉语方言》中的词汇条目，根据南陵湘语的实际情况有所删减，共14类，均附视频。

2. 第二节收词以《汉语方言词语调查条目表》(《方言》2003年第1期) 为基础，根据南陵湘语的实际情况有所增删，共29类。

3. 本章词表的体例是：先列词条，次列发音，注音之后是普通话释义。同义词第一条顶格排，并在注音后注释，其他各条缩一格排，不注释。只标变调，不标本调，例如：日头 ni²⁴təu⁰ 太阳，阳光。同音字在右上角标"="，例如：凼拨=啰=taŋ²¹po²⁴nʊ³³ 水坑儿。"□"表示有音无字，例如：□雪山 pʰaŋ³³ɕiɛ²⁴sæ³³ 下雪天打猎。条目或标音中的"( )"表示其中的内容是可选的；举例用"～"代替本词；不同义项前加序号"①""②"等；并列多个例词间用"｜"隔开。在第四章第三节中已出现的词语，只列出词条、标音，不再注释，并在条目右上角加小星号"*"表示。

第一节

《中国语言资源调查手册·汉语方言》

一　天文地理

日头 ni²⁴təu⁰ 太阳

　太阳 tʰɛ⁴⁵iaŋ²¹³

月亮 yɛ²⁴niaŋ²¹

星子 ɕiən³³tsʅ⁰ 星星

云 yən²¹³

风 xən³³

台风 tɛ²¹³xən³³

扯霍 ˉtsʰa⁴⁴xo²⁴ 闪电

雷 nei²¹³

雨 y⁴⁴

落雨 no²⁴y⁴⁴ 下雨

淋 niən²¹³

晒 sɛ⁴⁵

雪 ɕiɛ²⁴

冰 piən³³

冰雹 piən³³pʰɔ⁴⁵

霜 saŋ³³

罩子 tsɔ⁴⁵tsʅ⁰ 雾

　雾 u²¹

露水 nəu⁴⁵ɕy⁴⁴

虹 kaŋ⁴⁵ 彩虹

天狗吃日 tʰiĩ³³kəu⁴⁴tɕʰia²⁴zʅ²⁴ 日食

天狗吃月 tʰiĩ³³kəu⁴⁴tɕʰia²⁴yɛ²⁴ 月食

天 tʰiĩ³³ 天气

晴 tɕiən²¹³

阴 iən³³

干 kæ̃³³ 旱

作涝 tso²⁴nɔ⁴⁵ 涝

天亮 tʰiĩ³³niaŋ²¹

水田 ɕy⁴⁴tiĩ²¹³

　田 tiĩ²¹³

地 ti²¹ 旱地

田埂 tiĩ²¹³kən⁴⁴

路 nəu²¹

山 sæ̃³³

山涝 sæ̃³³nɔ²¹ 山谷

　山洼 sæ̃³³ua⁴⁵

江 tɕiaŋ³³

港沟 kaŋ⁴⁴kəu³³ 溪

　河沟 xʊ²¹³kəu³³

水沟 ɕy⁴⁴kəu³³

湖 xu²¹³

塘 taŋ²¹³ 池塘

凼拨=啰=taŋ²¹po²⁴nʊ³³ 水坑儿

大水 tɛ²¹ɕy⁴⁴ 洪水

淹 ŋæ̃³³

河塴 xʊ²¹³kʰõ⁴⁵ 河岸

坝子 pa⁴⁵tsʐ⁰ 坝

鳌鱼眨眼 ŋɔ²¹³y²¹³tsa²⁴ŋæ̃⁴⁴ 地震

眼 ŋæ̃⁴⁴ 窟窿

　洞 tən²¹

缝 xən²¹ 缝儿

鹅锣=牯 ʊ²¹³nʊ²¹³ku⁴⁴ 石头

土 tʰəu⁴⁴

泥巴 ni²¹³pa³³

　泥 ni²¹³

洋泥 iaŋ²¹³ni²¹³ 水泥

沙 sa³³

砖 tɕyĩ³³

砖头 tɕyĩ³³təu²¹³

瓦 ua⁴⁴

煤 mei²¹³

洋油 iaŋ²¹³iəu²¹³ 煤油

炭 tʰæ⁴⁵

灰 xui³³ 烧成～

灰 xui³³ 灰尘

火 xʊ⁴⁴

烟 iĩ³³

起火 tɕʰi⁴⁴xʊ⁴⁴ 失火

水 ɕy⁴⁴

冷水 nən⁴⁴ɕy⁴⁴ 凉水

热水 yɛ²⁴ɕy⁴⁴

开水 kʰɛ³³ɕy⁴⁴

吸铁石 ɕi²⁴tʰiɛ²⁴sʐ²⁴ 磁铁

二　时间方位

时候 sʐ²¹³xəu²¹

　时期 sʐ²¹³tɕʰi³³

么时候 mʊ⁴⁴sʐ²¹³xəu²¹ 什么时候

各=时候 ko²⁴sʐ²¹³xəu²¹ 现在

　各=时期 ko²⁴sʐ²¹³tɕʰi³³

以前 i⁴⁴tɕiĩ²¹³

以后 i⁴⁴xəu²¹

一辈子 i²⁴pei²¹tsʐ⁰

　一生世 i²⁴sən³³sʐ⁴⁵

今年 kən³³niĩ²¹³

明年 mən²¹³niĩ²¹³

后年 xəu²¹niĩ²¹³

旧年 tɕiəu²¹niĩ²¹³

　去年 tɕʰi⁴⁵niĩ²¹³

前年 tɕiĩ²¹³niĩ²¹³

往年 uaŋ⁴⁴niĩ²¹³

年初 niĩ²¹³tsʰəu³³

年尾 niĩ²¹³ui⁴⁴ 年底

　　年底 niĩ²¹³ti⁴⁴

今朝 kən³³tsɔ⁰

明朝 mən²¹³tsɔ⁰

后朝 xəu²¹tsɔ⁰

外后朝 uɛ²¹xəu²¹tsɔ⁰ 大后天

　　大后朝 tɛ²¹xəu²¹tsɔ⁰

昨（子）tso²⁴ni²⁴（tsʅ⁰）昨天

前高 ˭tɕiĩ²¹³kɔ⁰

大前高 ˭tɛ²¹tɕiĩ²¹³kɔ⁰ 大前天

一天到夜 i²⁴tʰiĩ³³tɔ⁴⁵ia²¹

　　整天 tsən⁴⁴tʰiĩ³³

天天 tʰiĩ³³tʰiĩ³³

　　每天 mei⁴⁴tʰiĩ³³

早上 tsɔ⁴⁴saŋ⁰

上昼 saŋ²¹tsəu⁴⁵ 上午

中时期 tsən³³sʅ²¹³tɕʰi⁰ 中午

下昼 xa²¹tsəu⁴⁵ 下午

下昼晚 xa²¹tsəu⁴⁵uæ̃⁴⁴ 傍晚

　　下昼夜 xa²¹tsəu⁴⁵ia²¹

日里 ni²⁴ni⁰ 白天

夜下子 ia²¹xa⁰tsʅ⁰ 夜晚

半夜（三更）põ⁴⁵ia²¹（sæ̃³³kən³³）

正月 tsən³³yɛ²⁴

大年初一 tɛ²¹niĩ²¹³tsʰəu³³i²⁴

正月十五 tsən³³yɛ²⁴sʅ²⁴u⁴⁴ 元宵节

清明节 tɕʰiən³³miən²¹³tɕiɛ²⁴

端午节 tõ³³u⁴⁴tɕiɛ²⁴

七月半 tɕʰi²⁴yɛ²⁴põ⁴⁵ 七月十五

　　鬼节 kui⁴⁴tɕiɛ²⁴

八月节 pa²⁴yɛ²⁴tɕiɛ²⁴ 中秋

冬至 tən³³tsʅ⁴⁵

腊月 na²⁴yɛ²⁴

过年 kʊ⁴⁵niĩ²¹³ 除夕

皇历 xuaŋ²¹³ni²⁴ 历书

老历 nɔ⁴⁴ni²⁴ 阴历

　　阴历 iən³³ni²⁴

阳历 iaŋ²¹³ni²⁴

礼拜日 ni⁴⁴pɛ⁴⁵ni²⁴

　　礼拜天 ni⁴⁴pɛ⁴⁵tʰiĩ³³

场子 tsʰaŋ⁴⁴tsʅ⁰ 地方

么场子 mʊ⁴⁴tsʰaŋ⁴⁴tsʅ⁰ 什么地方

屋里 u²⁴ni⁰ 家里

街上 kɛ³³saŋ⁰ 城里

乡下 ɕiaŋ³³xa⁰

高头 kɔ³³təu⁰ 上面

　　上头 saŋ²¹təu⁰

下头 xa²¹təu⁰ 下面

反手边 fæ̃⁴⁴səu⁴⁴piĩ³³ 左边

　　大边 tɛ²¹piĩ³³

顺手边 ɕyən²¹səu⁴⁴piĩ³³ 右边

　　细边 ɕi⁴⁴piĩ³³

中看 ˭tsən³³kʰæ̃⁴⁵ 中间

前头 tɕiĩ²¹³təu⁰ 前面

后头 xəu²¹təu⁰ 后面

顶后头 tiən⁴⁴xəu²¹təu⁰①末尾②最后面

对过 tei⁴⁵kʊ⁴⁵ 对面

梦˭口 mən²¹kʰəu⁴⁴ 面前

屁股后头 pʰi⁴⁵ku⁴⁴xəu²¹təu⁰ 背后

里头 ni⁴⁴təu⁰ 里面

外头 uɛ²¹təu⁰ 外面

旁边 paŋ²¹³piĩ³³

上 saŋ²¹

下头 xa²¹təu⁰

边头 piĩ³³təu⁰ 边儿

拐 kuɛ⁴⁴ 角儿

上去 saŋ²¹tɕʰi⁴⁵

下来 xa²¹nɛ²¹³

进去 tɕiən⁴⁵tɕʰi⁴⁵

出来 tɕʰy²⁴nɛ²¹³

出去 tɕʰy²⁴tɕʰi⁴⁵

回来 xui²¹³nɛ²¹³

起来 tɕʰi⁴⁴nɛ²¹³

三 植物

树 ɕy²¹

木头 mo²⁴təu⁰

松树 tsən²¹³ɕy²¹

柏枝树 pɛ²⁴tsʅ³³ɕy²¹ 柏树

杉树 sa³³ɕy²¹

　杉木 sa³³mo²⁴

杨树 iaŋ²¹³ɕy²¹ 柳树

　杨柳树 iaŋ²¹³niəu⁴⁴ɕy²¹

竹子 tsəo²⁴tsʅ⁰

笋子 sən⁴⁴tsʅ⁰ 笋

叶子 iɛ²⁴tsʅ⁰

花 xua³³

花跂⁼拉⁼子 xua³³pʊ⁴⁴na³³tsʅ⁰ 花蕾

梅花 mei²¹³xua³³

牡丹花 mʊ⁴⁴tæ̃³³xua³³

荷花 xʊ²¹³xua³³

　荷叶花 xʊ²¹³iɛ²⁴xua³³

草 tsʰɔ⁴⁴

藤子 tən²¹³tsʅ⁰ 藤

刺 tsʰʅ⁴⁵ 刺儿

水果 sui⁴⁴kʊ⁴⁴

苹果 piən²¹³kʊ⁴⁴

桃子 tɔ²¹³tsʅ⁰

梨子 ni²¹³tsʅ⁰

李子 ni⁴⁴tsʅ⁴⁴

杏子 xən⁴⁵tsʅ⁰ 杏，又读 [ɕiən⁴⁵tsʅ⁰]

橘子 tɕy²⁴tsʅ⁰

柚子 iəu⁴⁵tsʅ⁰

柿坨 sʅ²¹tʊ²¹³ 柿子

石榴 sʅ²⁴niəu²¹³

枣子 tsɔ⁴⁴tsʅ⁰

板栗子 pæ̃⁴⁴ni²⁴tsʅ⁰ 栗子

核桃 xɛ²⁴tɔ⁰

白果 pɛ²⁴kʊ⁴⁴ 银杏

甘蔗 kæ̃³³tsa⁴⁵

木耳 mo²⁴ɛ⁴⁴

菌子 tɕyən²¹tsʅ⁰ 蘑菇

香菇 ɕiaŋ³³ku³³

禾 ʊ²¹³ 稻子

谷子 ku²⁴tsʅ⁰ 稻谷

稻草 tɔ²¹tsʰɔ⁴⁴ 脱粒后的稻秆

大麦 tɛ²¹mɛ²⁴

细麦 ɕi⁴⁵mɛ²⁴ 小麦

麦秸草 mɛ²⁴kɛ³³tsʰɔ⁴⁴ 麦秸

细粟 ɕi⁴⁵səo²⁴ 小米

芦穄 nəu²¹³tɕi⁰ 高粱

六谷子 nəo²⁴ku²⁴tsʅ⁰ 玉米

棉花 miĩ²¹³xua³³

油菜 iəu²¹³tsʰɛ⁴⁵

芝麻 tsʅ³³ma⁰

葵花 kui²¹³xua³³ 向日葵

蚕豆 tsæ̃²¹³təu²¹

豌豆 õ³³təu²¹

花生 xua³³sən³³

黄豆 uaŋ²¹³təu²¹

绿豆 nəo²⁴təu²¹

豆角子 təu²¹ko²⁴tsʅ⁰豇豆

大白菜 tɛ²¹pE²⁴tsʰɛ⁴⁵

包菜 pɔ³³tsʰɛ⁴⁵

甜菜 tĩ²¹³tsʰɛ⁴⁵菠菜

　菠菜 pʊ³³tsʰɛ⁴⁵

芹菜 tɕiən²¹³tsʰɛ⁴⁵

莴笋 ʊ³³sən⁴⁴

韭菜 tɕiəu⁴⁴tsʰɛ⁴⁵

芫荽菜 yĩ²¹³ɕy³³tsʰɛ⁴⁵香菜

香葱 ɕiaŋ³³tsʰən³³葱

大蒜 tɛ²¹sõ⁴⁵蒜

生姜 sən³³tɕiaŋ³³姜

洋葱 iaŋ²¹³tsʰən³³

辣椒 na²⁴tɕiɔ³³

茄子 tɕia²¹³tsʅ⁰

洋柿子 iaŋ²¹³sʅ²¹tsʅ⁰西红柿

萝卜 nʊ²¹³pʰu⁴⁵

胡萝卜 xu²¹³nʊ²¹³pʰu⁴⁵

黄瓜 uaŋ²¹³kua³³

丝瓜 sʅ³³kua³³

　丝条 sʅ³³tiɔ²¹³

南瓜 næ̃²¹³kua³³

荠子 tɕi²¹³tsʅ⁰荸荠

　荠果子 tɕi²¹³kʊ⁴⁴tsʅ⁰

山芋 sæ̃³³y²¹红薯

洋芋子 iaŋ²¹³y²¹tsʅ⁰马铃薯

毛芋 mɔ²¹³y²¹芋头

山药 sæ̃³³yo²⁴

藕 ŋəu⁴⁴

四　动物

老虎 nɔ⁴⁴xu⁴⁴

猴子 xəu²¹³tsʅ⁰

蛇 sa²¹³

老鼠 nɔ⁴⁴tɕʰy⁴⁴

檐老鼠 ĩ²¹³nɔ⁴⁴tɕʰy⁴⁴蝙蝠

雀子 tɕʰyo²⁴tsʅ⁰鸟儿

麻雀子 ma²¹³tɕʰyo²⁴tsʅ⁰麻雀

喜鹊子 ɕi⁴⁴tɕʰyo²⁴tsʅ⁰喜鹊

老蛙⸗子 nɔ⁴⁴ua³³tsʅ⁰乌鸦

鸽子 ko²⁴tsʅ⁰

翅膀 tsʰʅ⁴⁵paŋ⁴⁴

爪子 tsɔ⁴⁴tsʅ⁰

尾巴 ui⁴⁴pa³³

窝 ʊ³³

虫 tsən²¹³虫子

蝴蝶子 fu²¹³tʰiE⁰tsʅ⁰蝴蝶

　灰扑子 fei³³pʰɔ²⁴tsʅ⁰

羊⸗咪⸗咪⸗iaŋ²¹³mi³³mi³³蜻蜓

　蜻蜓子 tɕʰiən³³tiən²¹³tsʅ⁰

蜜蜂子 mi²⁴xən³³tsʅ⁰蜜蜂

蜜糖 mi²⁴taŋ²¹³蜂蜜

追⸗锣⸗子 tsui³³nʊ²¹³tsʅ⁰蝉

蚂音⸗子 ma⁴⁴iən³³tsʅ⁰蚂蚁

蛔虫 xui²¹³tsən²¹³蚯蚓

蚕 tsæ̃²¹³

蜘蛛子 tsʅ²⁴tɕy³³tsʅ⁰蜘蛛

蚊子 mən³³tsʅ⁰

苍蝇子 tsʰaŋ³³iən³³tsʅ⁰苍蝇

94

蛇蚤 kɛ²⁴tsɔ⁰ 跳蚤

虱子 sɛ²⁴tsʅ⁰

鱼 y²¹³

鲤鱼 ni⁴⁴y²¹³

胖头鱼 pʰɑŋ³³təu²¹³y²¹³ 鳙鱼

鲫鱼板⁼子 tɕi²⁴y²¹³pæ̃⁴⁴tsʅ⁰ 鲫鱼

脚鱼 tɕyo²⁴ y²¹³ 甲鱼

　老鳖 nɔ⁴⁴piɛ²⁴

鱼屑子 y²¹³iĩ⁴⁴tsʅ⁰ 鳞

虾子 ɕia³³tsʅ⁰ 虾

蟹子 xɛ⁴⁴tsʅ⁰ 螃蟹

麻⁼鬼⁼子 ma²¹³kui⁴⁴tsʅ⁰ 青蛙

癞塔⁼姑⁼子 nɛ²¹tʰa²⁴ku³³tsʅ⁰ 癞蛤蟆

马 ma⁴⁴

毛牯驴子 mɔ²¹³ku⁴⁴ny²¹³tsʅ⁰ 驴

骡子 nʊ²¹³tsʅ⁰

牛 niəu²¹³

牯牛 ku⁴⁴niəu²¹³ 公牛

牂牛 sa³³niəu²¹³ 母牛

放牛 xuaŋ⁴⁵niəu²¹³

羊 iaŋ²¹³

猪 tɕy³³

脚猪子 tɕyo²⁴tɕy³³tsʅ⁰ 种猪

犍猪 tɕiĩ⁴⁵tɕy³³ 公猪

老母猪 nɔ⁴⁴mʊ⁴⁴tɕy³³ 母猪

细猪 ɕi⁴⁵tɕy³³ 小猪

猪笼 tɕy³³nən²¹³ 猪圈

　猪栏 tɕy³³næ²¹³

养猪 iaŋ⁴⁴tɕy³³

猫 mɔ³³

公猫 kən³³mɔ³³

母猫 mʊ⁴⁴mɔ³³

狗 kəu⁴⁴

公狗 kən³³kəu⁴⁴

草狗 tsʰɔ⁴⁴kəu⁴⁴ 母狗

啮⁼ŋa⁴⁵ 狗叫

兔子 tʰəu⁴⁵tsʅ⁰

鸡 tɕi³³

雄鸡 ɕiən²¹³tɕi³³ 公鸡

老母鸡 nɔ⁴⁴mʊ⁴⁴tɕi³³ 母鸡

叫 tɕiɔ⁴⁵ 鸡叫

生 sən³³ 下蛋

抱 pɔ²¹ 孵

鸭 ŋa²⁴

鹅 ʊ²¹³

锯蛋 kei⁴⁵tæ̃²¹ 阉公猪

劁 ɕiɔ³³ 阉母猪

喂 ui⁴⁵

杀猪 sa²⁴tɕy³³

痴⁼tsʰʅ³³ 杀鱼

五　房舍器具

村庄 tsʰən³³tsaŋ³³

　村子 tsʰən³³tsʅ⁰

巷朗⁼子 xaŋ²¹naŋ⁴⁴tsʅ⁰ 胡同

街 kɛ³³ 街道

起屋 tɕʰi⁴⁴u²⁴ 盖房子

屋 u²⁴ 房子

房间 xuaŋ²¹³kæ̃³³ 屋子

房间 xuaŋ²¹³kæ̃³³ 卧室

脚屋 tɕyo²⁴u²⁴ 住宅附近的茅屋

茅草棚子 mɔ²¹³tsʰɔ⁴⁴pən²¹³tsʅ⁰ 田间等地搭的
　　茅屋

灶屋 tsɔ⁴⁵u²⁴ 厨房

灶 tsɔ⁴⁵

锅 kʊ³³

大锅 tɛ²¹kʊ³³ 饭锅

细锅 ɕi⁴⁵kʊ³³ 菜锅

茅缸 mɔ²¹³kaŋ³³ 厕所

檩子 niən⁴⁴tsʅ⁰ 檩条

屋柱子 u²⁴tɕy²¹tsʅ⁰ 柱子

大门 tɛ²¹mən²¹³

门槛 mən²¹³kʰæ̃⁴⁴

窗子 tsʰaŋ³³tsʅ⁰

楼梯 nəu²¹³tʰei³³ 木制的，随时能搬动的梯子

扫把 sɔ⁴⁵pa⁴⁴

扫地 sɔ⁴⁴ti²¹

落⁼索⁼子 no²⁴so²⁴tsʅ⁰ 垃圾

家具 ka³³tɕy⁴⁵

东西 tən³³ɕi³³

床 tsaŋ²¹³

枕头 tsən⁴⁴təu⁰

被呼⁼pei²¹xu³³ 被子

棉花絮 miĩ²¹³xua³³ɕy⁴⁵ 棉絮

垫被叶子 tiĩ²¹pei²¹iɛ²⁴tsʅ⁰ 床单

垫被 tiĩ²¹pei²¹ 褥子

簟子 tiĩ²¹tsʅ⁰ 席子

　席子 ɕi²⁴tsʅ⁰

帐子 tsaŋ⁴⁵tsʅ⁰ 蚊帐

桌子 tso²⁴tsʅ⁰

　台子 tɛ²¹³tsʅ⁰

柜 kui²¹ 柜子

抽屉 tsʰəu³³tʰi⁴⁵

条台 tiɔ²¹³tɛ²¹³ 案子

靠椅 kʰɔ⁴⁵i⁴⁴ 椅子

板凳 pæ̃⁴⁴tən⁴⁵ 凳子

马桶 ma⁴⁴tʰən⁴⁴

菜刀 tsʰɛ⁴⁵tɔ³³

葫芦瓢 xu²¹³nəu²¹³piɔ²¹³ 瓢

　瓢 piɔ²¹³

缸 kaŋ³³

塔⁼tʰa²⁴ 坛子

瓶子 piən²¹³tsʅ⁰

盖子 kɛ⁴⁵tsʅ⁰

碗 õ⁴⁴

筷子 kʰuɛ⁴⁵tsʅ⁰

挑⁼子 tʰiɔ³³tsʅ⁰ 汤匙

柴火 tsɛ²¹³xʊ⁴⁴

　柴 tsɛ²¹³

洋火 iaŋ²¹³xʊ⁴⁴ 火柴

锁 sʊ⁴⁴

钥匙 yo²⁴tsʰʅ⁰

开水瓶 kʰɛ³³ɕy⁴⁴piən²¹³ 暖水瓶

　热水瓶 yɛ²⁴ɕy⁴⁴piən²¹³

脸盆 niĩ⁴⁴pən²¹³

洗脸水 ɕi⁴⁴niĩ⁴⁴ɕy⁴⁴

洗脸手巾 ɕi⁴⁴niĩ⁴⁴səu⁴⁴tɕiən³³ 毛巾

手捏⁼子 səu⁴⁴niɛ²⁴tsʅ⁰ 手绢

洋肥皂 iaŋ²¹³xui²¹³tsɔ²¹ 肥皂

梳子 səu³³tsʅ⁰

针 tsən³³ 缝衣针

剪刀 tɕiĩ⁴⁴tɔ³³

蜡烛 na²⁴tsəo²⁴

手电筒 səu⁴⁴tiĩ⁴⁵tən²¹³

　电灯 tiĩ⁴⁵tən³³

伞 sæ̃⁴⁴

脚踏车 tɕyo²⁴tʰa²⁴tsʰa³³ 自行车

六　服饰饮食

衣裳 i³³saŋ⁰ 衣服

穿 tɕʰyĩ³³

脱 tʰo²⁴

客 ˈkʰE²⁴ 系（鞋带、皮带等）

衬衫 tsʰən⁴⁵sæ̃³³

背褡子 pei⁴⁵ta²⁴tsɿ⁰ 背心

毛线衣 mɔ²¹³ɕiĩ⁴⁵i³³ 毛衣

棉袄 miĩ²¹³ŋɔ⁴⁴ 棉衣

袖子 ɕiəu⁴⁵tsɿ⁰

荷包 xʊ²¹³pɔ³³ 口袋

裤子 kʰu⁴⁵tsɿ⁰

短裤 tõ⁴⁴kʰu⁴⁵

裤脚筒子 kʰu⁴⁵tɕyo²⁴tən²¹³tsɿ⁰ 裤腿

　裤脚 kʰu⁴⁵tɕyo²⁴

帽子 mɔ²¹tsɿ⁰

鞋子 xɛ²¹³tsɿ⁰

袜子 ua²⁴tsɿ⁰

围巾子 ui²¹³tɕiən³³tsɿ⁰ 围巾

围腰子 ui²¹³iɔ³³tsɿ⁰ 围裙

　夹夹子 ka³³ka³³tsɿ⁰

片 pʰiĩ⁴⁵ 尿布

扣子 kʰəu⁴⁵tsɿ⁰

扣 kʰəu⁴⁵

金镏子 tɕiən³³niəu⁴⁵tsɿ⁰ 戒指

手箍 səu⁴⁴kʰu³³ 手镯

剃头 tʰi⁴⁵təu²¹³ 理发

梳头 səu³³təu²¹³

饭 fæ̃²¹ 米饭

粥 tsəo²⁴ 稀饭

麦粉 mE²⁴fən⁴⁴ 面粉

洋面 iaŋ²¹³miĩ²¹ 面条

　面 miĩ²¹

粉 fən⁴⁴ 面儿

大馍 tɛ²¹mʊ²¹³ 馒头

包子 pɔ³³tsɿ⁰

饺子 tɕiɔ⁴⁴tsɿ⁰

馄饨 fən²¹³tən⁴⁵

心 ɕiən³³ 馅儿

油条 iəu²¹³tiɔ²¹³

豆浆 təu²¹tɕiaŋ³³

豆腐脑 təu²¹fu⁰nɔ⁴⁴

元宵 yĩ²¹³ɕiɔ³³

　汤果子 tʰaŋ³³kʊ⁴⁴tsɿ⁰

粽子 tsən⁴⁵tsɿ⁰

年糕 niĩ²¹³kɔ³³

点心 tiĩ⁴⁴ɕiən⁰

菜 tsʰɛ⁴⁵

干菜 kæ̃³³tsʰɛ⁴⁵ 晒干的蔬菜

豆腐 təu²¹xu⁴⁴

猪血放 ˈtɕy³³ɕiE²⁴faŋ⁴⁵ 猪血

猪脚 tɕy³³tɕyo²⁴ 猪蹄

猪舌条 tɕy³³sei⁴⁵tiɔ²¹³ 猪的舌头

猪肝 tɕy³³kæ̃³³

下水 xa²¹ɕy⁴⁴ 用作食品的牲畜的内脏

鸡蛋 tɕi³³tæ̃²¹

皮蛋 pi²¹³tæ̃²¹ 松花蛋

猪油 tɕy³³iəu²¹³

香油 ɕiaŋ³³iəu²¹³

　麻油 ma²¹³iəu²¹³

酱油 tɕiaŋ⁴⁵iəu²¹³

咸盐 xæ̃²¹³iĩ²¹³ 盐

米醋 mi⁴⁴tsʰəu⁴⁵ 醋

纸烟 tsʅ⁴⁴iĩ³³ 香烟

黄烟 uaŋ²¹³iĩ³³ 旱烟

白酒 pE²⁴tɕiəu⁴⁴

黄酒 uaŋ²¹³tɕiəu⁴⁴

甜酒 tiĩ²¹³tɕiəu⁴⁴ 江米酒

茶叶子 tsa²¹³iE²⁴tsʅ⁰ 茶叶

泡 pʰɔ⁴⁵ 沏（茶）

冰棒 piəŋ³³paŋ⁴⁵ 冰棍儿

煮饭 tɕy⁴⁴xuæ²¹ 做饭

炒菜 tsʰɔ⁴⁴tsʰɛ⁴⁵

煮 tɕy⁴⁴

煎 tɕiĩ³³

炸 tsa⁴⁵

蒸 tsən³³

揉 zəu²¹³

擀 kæ⁴⁴

吃早饭 tɕʰia²⁴tsɔ⁴⁴xuæ²¹

吃中饭 tɕʰia²⁴tsən³³xuæ²¹

吃夜饭 tɕʰia²⁴ia²¹xuæ²¹ 吃晚饭

吃 tɕʰia²⁴ ～饭

吃 tɕʰia²⁴ ～酒

吃 tɕʰia²⁴ ～茶

吃 tɕʰia²⁴ ～烟

装 tsaŋ³³ ～饭

夹 ka²⁴ ～菜

筛 sɛ³³ ～酒倒酒

斟 tsən³³

倒 tɔ⁴⁵

干 kæ³³ 渴

饿 ʋ²¹

哽 kən⁴⁴ 噎住

七 身体医疗

脑壳 nɔ⁴⁴kʰo²⁴

头 təu²¹³

头毛 təu²¹³mɔ²¹³ 头发

辫子 piĩ²¹tsʅ⁰

转 tɕyĩ⁴⁵ 头旋

额头 ŋE²⁴təu²¹³

相貌子 ɕiaŋ⁴⁵mɔ²¹tsʅ⁰ 相貌

脸 niĩ⁴⁴

眼睛 ŋæ⁴⁴tɕiən³³

眼珠子 ŋæ⁴⁴tɕy³³tsʅ⁰ 眼珠

眼睛水 ŋæ⁴⁴tɕiən³³ɕy⁴⁴ 眼泪

眉毛 mei²¹³mɔ²¹³

耳朵 E⁴⁴tʋ³³

鼻子 pi²⁴tsʅ⁰

鼻涕脓 pi²⁴tʰi⁴⁵nən²¹³ 鼻涕

擤 xən⁴⁴

嘴巴 tsei⁴⁴pa³³

嘴巴唇子 tsei⁴⁴pa³³ɕiən²¹³tsʅ⁰ 嘴唇

口水 kʰəu⁴⁴ɕy⁴⁴

舌条 sei⁴⁵tiɔ²¹³ 舌头

牙齿 ŋa²¹³tsʰʅ⁴⁴

下巴壳子 xa²¹pa³³kʰo²⁴tsʅ⁰ 下巴

胡子 xu²¹³tsʅ⁰

颈子 tɕiən⁴⁴tsʅ⁰ 脖子

喉咙 xəu²¹³nən²¹³

肩膀 tɕiĩ³³paŋ⁴⁵

手夹˭子 səu⁴⁴ka²⁴tsʅ⁰ 胳膊

手 səu⁴⁴

反手 xuæ⁴⁴səu⁴⁴ 左手

顺手 ɕyən²¹səu⁴⁴ 右手

锤子 tsui²¹³tsʅ⁰ 拳头

手指抹⁼子 səu⁴⁴tsʅ²⁴ma²⁴tsʅ⁰ 手指

大指抹⁼子 tɛ²¹tsʅ²⁴ma²⁴tsʅ⁰ 大拇指

二指抹⁼子 E²¹tsʅ²⁴ma²⁴tsʅ⁰ 食指

中指抹⁼子 tsən³³tsʅ²⁴ma²⁴tsʅ⁰ 中指

四指抹⁼盆⁼子 sʅ⁴⁵tsʅ²⁴ma²⁴pən²¹³tsʅ⁰ 无名指

细指抹⁼子 ɕi⁴⁵tsʅ²⁴ma²⁴tsʅ⁰ 小拇指

指抹⁼盆⁼子 tsʅ²⁴ma²⁴pən²¹³tsʅ⁰ 指甲

腿 tʰei⁴⁴

脚 tɕyo²⁴

膝锣⁼坡子 ɕi²⁴nʊ²¹³pʰʊ³³tsʅ⁰ 膝盖

背心 pei⁴⁵ɕiən³³ 背

背 pei⁴⁵

肚子 təu⁴⁴tsʅ⁰

肚脐 təu⁴⁴tɕi²¹³

奶 nɛ⁴⁴ 乳房

屁股 pʰi⁴⁵ku⁴⁴

屁眼子 pʰi⁴⁵ŋæ̃⁴⁴tsʅ⁰ 肛门

屌 tiɔ⁴⁴ 阴茎

屄 piE²⁴ 女阴，又读[pi³³]

干 kæ̃⁴⁵ 肏

屄 sən²¹³ 精液

身上来得 sən³³saŋ⁰nɛ²¹³tE⁰ 来月经了

屙屎 ʊ³³sʅ⁴⁴ 拉屎

屙尿 ʊ³³niɔ²¹ 撒尿

放屁 faŋ⁴⁵pʰi⁴⁵

害病得 xɛ²¹piən²¹tE⁰ 病了

冻 tən⁴⁵ 着凉

咳 kʰE²⁴ 咳嗽

发热 xua²⁴yE²⁴ 发烧

发颤 xua²⁴tsiĩ⁴⁵ 发抖

肚子痛 təu⁴⁴tsʅ⁰tʰən⁴⁵ 肚子疼

屙肚子 ʊ³³təu⁴⁴tsʅ⁰ 拉肚子

打摆子 ta⁴⁴pɛ⁴⁴tsʅ⁰ 患疟疾

发痧子 xua²⁴sa³³tsʅ⁰ 中暑

肿 tsən⁴⁴

灌⁼脓 kõ⁴⁵nən²¹³ 化脓

疤 pa³³

癣 ɕyĩ⁴⁴

痣 tsʅ⁴⁵

坨 tʊ²¹³ 疙瘩

胳目⁼臊 ka²⁴mo²⁴sɔ³³ 狐臭

看病 kʰæ̃⁴⁵piən²¹

服⁼脉 fu²⁴mE²⁴ 诊脉

扎针灸 tsa²⁴tsən³³tɕiəu⁴⁴ 针灸

打针 ta⁴⁴tsən³³

吊盐水 tiɔ⁴⁵iĩ²¹³ɕy⁴⁴ 打吊针

吃药 tɕʰia²⁴yo²⁴

吃香茶 tɕʰia²⁴ɕiaŋ³³tsa²¹³

药汤 yo²⁴tʰaŋ³³ 汤药

好一些得 xɔ⁴⁴i²⁴ɕia³³tE⁰ 病轻了

八 婚丧信仰

做媒 tsʊ⁴⁵mei²¹³ 说媒

媒婆 mei²¹³pʊ²¹³ 媒人

媒公 mei²¹³kən³³

看亲 kʰæ̃⁴⁵tɕʰiən³³ 相亲

订婚 tiən²¹fən³³

嫁妆 ka⁴⁵tsaŋ³³

结婚 tɕiE²⁴fən³³

*讨堂客 tʰɔ⁴⁴taŋ²¹³kʰE²⁴

嫁婆家 ka⁴⁵pʊ²¹³ka⁰ 出嫁

拜堂 pɛ⁴⁵taŋ²¹³

新郎官 ɕiən³³naŋ²¹³kõ³³ 新郎

新娘子 ɕiən³³niaŋ²¹³tsɿ⁰
大肚子的 tɛ²¹təʊ⁴⁴tsɿ⁰ti⁰ 孕妇
有喜得 iəʊ⁴⁴ɕi⁴⁴tɛ⁰ 怀孕
害毛毛 xɛ²¹mɔ²¹³mɔ⁰ 害喜
生毛毛 sən³³mɔ²¹³mɔ⁰ 分娩
小生 ɕiɔ⁴⁴sən³³ 流产
双把˭子 suaŋ³³pa⁰tsɿ⁰ 双胞胎
坐月子 tsʊ²¹yE²⁴tsɿ⁰
吃奶 tɕʰia²⁴nɛ⁴⁴
断奶 tõ²¹nɛ⁴⁴
满月 mõ⁴⁴yE²⁴
生日 sən³³ni²⁴
做寿 tsəʊ⁴⁵səʊ²¹
死 sɿ⁴⁴
过世 kʊ⁴⁵sɿ⁴⁵
　登仙 tən³³ɕiĩ³³
　老得人 nɔ⁴⁴tɛ⁰niən²¹³
寻死 tɕiən²¹³sɿ⁴⁴ 自杀
断气 tõ²¹tɕʰi⁴⁵ 咽气
*进材 tɕiən⁴⁵tsɛ²¹³
寿材 səʊ²¹tsɛ²¹³ 棺材
　棺材 kõ³³tsɛ²¹³
*出材 tɕʰy²⁴tsɛ²¹³
*灵牌子 niən²¹³pɛ²¹³tsɿ⁰ 灵位
坟 xuən²¹³ 坟墓
挂山 kua⁴⁵sæ̃³³ 特指清明节时上坟
　烧纸 sɔ³³tsɿ⁴⁴ 指冬至时上坟
大裱纸 tɛ²¹piɔ⁴⁴tsɿ⁴⁴ 纸钱
老天 nɔ³³tʰiĩ³³ 老天爷
菩萨 pu²¹³sa²⁴
观音菩萨 kõ³³iən³³pu²¹³sa²⁴
灶神菩萨 tsɔ⁴⁵sən²¹³pu²¹³sa²⁴

庙 miɔ²¹ 寺庙
祠堂 tsɿ²¹³taŋ²¹³
和尚 xʊ²¹³saŋ⁴⁵
尼姑 ni²¹³ku³³
*道士 tɔ²¹sɿ²¹
算八字 sõ⁴⁵pa²⁴tsɿ²¹ 算命
运气 yən²¹tɕʰi⁴⁵
　运 yən²¹
保佑 pɔ⁴⁴iəʊ⁴⁵

九　人品称谓

人 niən²¹³
男人 næ̃²¹³niən²¹³
堂客 taŋ²¹³kʰE²⁴ 女人
光棍头 kuaŋ³³kuən⁴⁵təʊ²¹³ 单身汉
老姑娘 nɔ⁴⁴ku³³niəŋ²¹³
毛毛 mɔ²¹³mɔ⁰ 婴儿
细家伙 ɕi⁴⁵tɕia³³xʊ⁴⁴ 小孩
伢唧 ŋa²¹³tɕi⁰ 男孩
妹唧 mei²¹tɕi⁰ 女孩
老人家 nɔ⁴⁴niən²¹³ka⁰ 老人
亲戚 tɕʰiən³³tɕʰi²⁴
朋友 pən²¹³iəʊ⁴⁴
隔壁 kE²⁴pi²⁴ 邻居
客 kʰE²⁴
　客人 kʰE²⁴niən²¹³
种田的 tsən⁴⁵tiĩ²¹³ti⁰ 农民
做生意的 tsʊ⁴⁵sən³³i⁴⁵ti⁰ 商人
匠人 tɕiaŋ²¹niən²¹³ 手艺人
　手艺人 səʊ⁴⁴i⁴⁵niən²¹³
瓦匠 ua⁴⁴tɕiaŋ²¹ 泥水匠
　砖匠 tɕyĩ³³tɕiaŋ²¹

木匠 mo²⁴tɕiaŋ²¹

裁缝 tsɛ²¹³xən²¹³

剃头匠 tʰi⁴⁵təu²¹³tɕiaŋ²¹ 理发师

厨子 tɕy²¹³tsʅ⁰ 厨师

师傅 sʅ³³xu⁴⁵

徒弟 təu²¹³ti²¹

讨饭的 tʰɔ⁴⁴xuæ²¹ti⁰ 乞丐

婊子 piɔ⁴⁴tsʅ⁰ 妓女

二溜子 ɛ²¹niəu⁴⁴tsʅ⁰ 流氓

贼牯子 tsʰei⁴⁵ku⁴⁴tsʅ⁰ 贼

瞎子 xa²⁴tsʅ⁰

聋子 nən³³tsʅ⁰

哑巴 ŋa⁴⁴pa⁰

驼子 tʊ²¹³tsʅ⁰

跛子 pʊ⁴⁴tsʅ⁰ 瘸子

癫子 tiĩ³³tsʅ⁰ 精神不正常的人

　邪子 ɕia²¹³tsʅ⁰

孬子 nɔ³³tsʅ⁰ 傻子

呆子 te³³tsʅ⁰ 笨蛋

爹爹 tia³³tia⁰ 祖父

娭毑 ŋe³³tɕiɛ⁰ 祖母

外公 uɛ²¹kən³³ 外祖父

外婆 uɛ²¹pʊ²¹³ 外祖母

爷娘 ia²¹³niaŋ²¹³ 父母

爷爷 ia²¹³ia⁰ 背称父亲

老娘 nɔ⁴⁴niaŋ²¹³ 背称母亲

爷爷 ia²¹³ia⁰ 面称父亲

姆妈 m⁴⁴ma⁰ 面称母亲

晚爷 uæ⁴⁴ia²¹³ 继父

晚娘 uæ⁴⁴niaŋ²¹³ 继母

岳老子 yo²⁴nɔ⁴⁴tsʅ⁰ 岳父

岳母娘 yo²⁴mʊ⁴⁴niaŋ²¹³ 岳母

婆公公 pʊ²¹³kən³³kən⁰ 丈夫的父亲

婆婆 pʊ²¹³pʊ⁰ 丈夫的母亲

伯伯 pa²⁴pa⁰ 伯父

伯娘子 pa²⁴niaŋ²¹³tsʅ⁰ 伯母

叔叔 sɔ²⁴sɔ²⁴ 叔父

晚叔 mæ̃⁴⁴sɔ²⁴ 排行最小的叔父

婶婶 sən⁴⁴sən⁰ 叔母

姑老子 ku³³nɔ⁴⁴tsʅ⁰ 姑妈

姑爷子 ku³³ia²¹³tsʅ⁰ 姑父

舅舅 tɕiəu⁴⁵tɕiəu⁰

舅母 tɕiəu⁴⁵mʊ⁴⁴ 舅妈

姨妈 i²¹³ma³³ 姨

姨爷子 i²¹³ia²¹³tsʅ⁰ 姨父

弟兄 ti²¹ɕiən³³

姊妹 tsʅ⁴⁴mei²¹ 兄弟姐妹的统称

哥哥 ku³³ku⁰

嫂子 sɔ⁴⁴tsʅ⁰

老弟 nɔ⁴⁴ti²¹ 弟弟

弟媳妇 ti²¹ɕi²⁴fu⁴⁵

姐姐 tɕia⁴⁴tɕia⁰

姐夫 tɕia⁴⁴fu³³

妹妹 mei²¹mei⁰

妹夫 mei²¹fu³³

　妹郎子 mei²¹naŋ²¹³tsʅ⁰

堂弟兄 taŋ²¹³ti²¹ɕiən³³ 爷爷是亲兄弟的叔伯
　弟兄

叔伯弟兄 sɔ²⁴pa²⁴ti²¹ɕiən³³ 父亲是亲兄弟的
　堂兄弟

老表 nɔ⁴⁴piɔ⁴⁴ 表兄弟

叔伯和子 sɔ²⁴pa²⁴xʊ²¹³tsʅ⁰ 妯娌

两姨夫 niaŋ⁴⁴i²¹³fu³³ 连襟

崽 tsɛ⁴⁴ 儿子

媳妇 ɕi²⁴fu⁰ 儿媳妇

女 ny⁴⁴ 女儿

郎 naŋ²¹³ 女婿

孙子 sən³³tsʅ⁰

重孙子 tsən²¹³sən³³tsʅ⁰

侄儿子 tsʅ²⁴ᴇ²¹³tsʅ⁰ 侄子

外八子 uɛ²¹pa²⁴tsʅ⁰ 外甥

外孙子 uɛ²¹sən³³tsʅ⁰ 外孙

夫妻两个 fu³³tɕʰi³³niaŋ⁴⁴ku⁴⁵ 夫妻

男人 næ̃²¹³niən²¹³ 丈夫

堂客 taŋ²¹³kʰᴇ²⁴ 妻子

名字 miən²¹³tsʅ²¹

外号 uɛ²¹xɔ²¹ 绰号

十　农工商文

做事 tsʋ⁴⁵sʅ²¹ 干活儿

事 sʅ²¹ 事情

栽秧 tsɛ³³iaŋ³³ 插秧

*锯禾 kei⁴⁵ʋ²¹³ 割稻

兴菜 ɕiən³³tsʰɛ⁴⁵ 种菜

犁 ni²¹³

*锄头 tsəu²¹³təu²¹³

镰刀 niĩ²¹³tɔ³³

把 pa⁴⁴ 把儿

　柄 piən⁴⁵

扁担 piĩ⁴⁴tæ̃⁴⁵

稻箩 tɔ²¹nʋ²¹³ 箩筐

筛子 sɛ³³tsʅ⁰

*筻箕 yĩ³³tɕi³³ 有梁的、可以挑的簸箕

细簸箕 ɕi⁴⁵pʋ⁴⁵tɕi³³ 簸箕

　细簸箕子 ɕi⁴⁵pʋ⁴⁵tɕi³³tsʅ⁰

狗头车 kəu⁴⁴təu²¹³tsʰa³³ 前面还有一个小轮子

的独轮车

滚轮子 kuən⁴⁴nən²¹³tsʅ⁰ 轮子

水碓 ɕy⁴⁴tei⁴⁵ 碓

碓窝子 tei⁴⁵ʋ³³tsʅ⁰ 臼

磨子 mʋ²¹tsʅ⁰ 磨

收成 səu³³tsən²¹³

　年成 niĩ²¹³tsən²¹³

跑江湖 pʰɔ⁴⁴tɕiaŋ³³xu²¹³ 走江湖

打零工 ta⁴⁴niən²¹³kən³³ 打工

开山子 kʰɛ³³sæ̃³³tsʅ⁰ 斧子

*夹钳 ka²⁴tɕiĩ²¹³

起子 tɕʰi⁴⁴tsʅ⁰ 螺丝刀

榔头 naŋ²¹³təu²¹³ 大的锤子

　钉锤 tiən³³tsui²¹³ 小的锤子

洋钉子 iaŋ²¹³tiən³³tsʅ⁰ 钉子

索 so²⁴ 绳子

棍子 kuən⁴⁵tsʅ⁰

做生意 tsʋ⁴⁵sən³³i⁴⁵ 做买卖

店 tiĩ⁴⁵ 商店

茶馆 tsa²¹³kõ⁴⁴ 饭馆

店 tiĩ⁴⁵ 旅馆

　旅社 ny⁴⁴sei⁴⁵

贵 kui⁴⁵

巧 tɕʰiɔ⁴⁴ 便宜

划得来 xua²¹³tᴇ²⁴nɛ²¹³ 合算

折 tsᴇ²⁴ 折扣

折本 sᴇ²⁴pən⁴⁴ 亏本

钱 tɕiĩ²¹³

零碎钱 niən²¹³sei⁴⁵tɕiĩ²¹³ 零钱

银角子 iən²¹³kɔ²⁴tsʅ⁰ 硬币

本钱 pən⁴⁴tɕiĩ²¹³

　本 pən⁴⁴

工钱 kən³³tɕiĩ²¹³

    工资 kən³³tsʅ³³

盘缠费 põ²¹³tsæ̃²¹³xui⁴⁵ 路费

用 iən²¹ 花

赚 tsuæ̃²¹

挣 tsən⁴⁵

差 tsʰa³³ 欠

算盘 sõ⁴⁵põ²¹³

秤 tsʰən⁴⁵

约 yo²⁴ 称小的东西

    称 tsʰən³³ 称大点的东西

学堂 ɕyo²⁴taŋ²¹³ 学校

教室 tɕio⁴⁵sʅ²⁴

上学 saŋ²¹ɕyo²⁴

放学 faŋ⁴⁵ɕyo²⁴

考试 kʰɔ⁴⁴sʅ⁴⁵

书包 ɕy³³pɔ³³

本子 pən⁴⁴tsʅ⁰

铅笔 kʰæ̃³³pi²⁴

水笔 ɕy⁴⁴pi²⁴ 钢笔

油笔 iəu²¹³pi²⁴ 圆珠笔

毛笔 mɔ²¹³pi²⁴

黑墨子 xɛ²⁴mɛ²⁴tsʅ⁰ 墨

    墨 mɛ²⁴

砚台 niĩ²¹tɛ²¹³

信 ɕiən⁴⁵

连环画 niĩ²¹³xuæ̃²¹³xua²¹

摸瞎子 mʊ³³xa²⁴tsʅ⁰ 捉迷藏

跳绳 tʰio⁴⁵sən²¹³

毽子 tɕiĩ⁴⁵tsʅ⁰

风筝 xən³³tsən³³

玩狮子 uæ̃²¹³sʅ³³tsʅ⁰ 舞狮

鞭子 piĩ³³tsʅ⁰ 鞭炮

    火炮 xʊ⁴⁴pʰɔ⁴⁵

唱歌 tsʰaŋ⁴⁵kʊ³³

唱戏 tsʰaŋ⁴⁵ɕi⁴⁵

锣鼓 nʊ²¹³ku⁴⁴

胡琴 xu²¹³tɕiən²¹³

笛子 ti²⁴tsʅ⁰

猜拳 tsʰɛ³³tɕyĩ²¹³ 划拳

下棋 xa²¹tɕi²¹³

打牌 ta⁴⁴pɛ²¹³ 打扑克

打麻将 ta⁴⁴ma²¹³tɕiaŋ⁴⁵

玩把戏 uæ̃²¹³pa⁴⁴ɕi⁴⁵ 变魔术

讲白话 kaŋ⁴⁴pɛ²⁴xua²¹ 讲故事

    讲笑话 kaŋ⁴⁴ɕio⁴⁵xua²¹

猜谜子 tsʰɛ³³mei²¹tsʅ⁰ 猜谜语

闹 nɔ⁴⁵ 玩儿

闹人家 nɔ⁴⁵niən²¹³ka³³ 串门儿

到亲戚 tɔ⁴⁵tɕʰiən³³tɕʰi²⁴ 走亲戚

十一　动作行为

看 kʰæ̃⁴⁵ ～电视

听 tʰiən⁴⁵ ～歌

闻 uən²¹³

吸 ɕi²⁴

睁 tsən³³ ～眼

闭 pi⁴⁵ ～眼睛

夹 ⁼ka²⁴ 眨：～眼睛

奓 tsa³³ 张：～嘴

抿 ⁼miən⁴⁴ 闭：～嘴

啮 ŋa⁴⁵ 咬：狗～人

啮 ŋa⁴⁵ 嚼

    咬 ŋɔ⁴⁴

吞 tʰən³³ 咽：～下去

舔 tʰiĩ⁴⁴

含 xæ²¹³ ～在嘴里

香嘴 ɕiaŋ³³tsei⁴⁴ 亲嘴

嗍 so²⁴ 吮吸

吐 tʰəu⁴⁴ 吃葡萄不～葡萄皮

呕 ŋəu⁴⁴ 呕吐

打嚏 ta⁴⁴tʰi⁴⁵ 打喷嚏

拿 na³³

把 pa⁴⁴ 给：～他十块钱｜～狗咬了

摸 mʊ³³ ～头

伸 tsʰən³³ ～手

抓 tsua³³ 挠：～痒

掐 kʰa²⁴

走 tsəu⁴⁴ 拧：～螺丝

走 tsəu⁴⁴ 拧：～毛巾

捻 niĩ⁴⁴ ～碎

搣 miɛ²⁴ 掰：～开

剥 po²⁴ ～花生｜～皮

　搣 miɛ²⁴

扯 tsʰa⁴⁴ 撕：把纸～碎

彼 ˗pʰi⁴⁴ 折：～断

扯 tsʰa⁴⁴ 拔：～萝卜

摘 tsa²⁴ ～花｜～茶采茶

站 tsæ⁴⁵ ～起来

靠 kʰɔ⁴⁵ 倚

跍 ku²¹³ 蹲：～倒吃

坐 tsʊ²¹ ～下

蹦 pən⁴⁵ 跳

□ ka²¹³ 迈：～过去

蹅 tsʰa³³ 踩：～到水里去了

翘 tɕʰiɔ⁴⁵ ～腿

弯 uæ̃³³ ～腰

挺 tʰiən⁴⁴ ～胸

趴 pʰa³³ ～着困趴着睡

爬 pa²¹³ ～山｜在地上～

走 tsəu⁴⁴ 慢慢～

跑 pʰɔ⁴⁴ 慢慢走，不要～

跑 pʰɔ⁴⁴ 逃：小偷～走了

□ nõ²¹³ 追：～小偷

逮 tɛ⁴⁴ 抓：～小偷

抱 pɔ²¹ ～孩子

背 pei³³ 放在背上：～孩子

扶 xu²¹³ 挽：～着他

搡 sən⁴⁴ 推：～车

　逞 ˗tsʰən⁴⁴

掼 kʰuæ̃⁴⁵ 摔：小孩～倒了

碰 pʰən⁴⁵ 撞：人～到电线杆上了

遮 tsa³³ 挡：你～住我了，看不见

躲 tʊ⁴⁴ ～在床底下

囥 kʰɑŋ⁴⁵ 藏：把钱～好

搁 ko²⁴ 放：把碗～台桌上

码 ma⁴⁴ 摞：～砖

　垛 tʊ²¹

埋 mɛ²¹³ ～到地里

盖 kɛ⁴⁵ 把茶杯～起来

压 ŋa²⁴ 用石头～着

捺 na²⁴ 摁：～门铃｜～图钉

捣 tɔ⁴⁴ 捅：～鸟窠

插 tsʰa²⁴ ～进去｜～队

鼠 ˗tɕʰy⁴⁴ 戳：～一个洞

　戳 tsʰo²⁴

砍 kʰæ̃⁴⁴ ～树

　放 faŋ⁴⁵

剁 tʋ⁴⁵ ～肉

削 ɕyo²⁴ ～苹果

开坼 kʰɛ³³tsʰE²⁴ 裂：田干～了

打皱 ta⁴⁴tsəu⁴⁵ 皱：皮～了

烂 nɛ̃²¹ 腐烂：死鱼～了

揩 kʰɛ³³ 擦：～手

框 ˉkʰuaŋ³³ 倒：把饭～掉

甩 suɛ⁴⁴ 扔：把破烂～掉

砸 tsa²⁴ 扔：比一比谁～得远

跌 tiE²⁴ 掉：树上～下来一个苹果

滴 tia²⁴ 水～下来

掉 tiɔ⁴⁵ 丢：东西～了

寻 tɕiən²¹³ 找：锁匙～到了

捡 tɕiĩ⁴⁴ ～到十块钱

提 tia²¹³ 把篮子～起来

挑 tʰiɔ³³ ～水｜～担

背 pei³³ 扛：把锄头～在肩上

抬 tɛ²¹³ 两个和尚～水吃

举 tɕy⁴⁴ ～旗子

打 ta⁴⁴ ～伞

撬 tɕʰiɔ⁴⁵ 把门～开

选 ɕyĩ⁴⁴ 挑：～个好看的

拣 tɕiĩ⁴⁴ 收拾：～东西

卷 tɕyĩ⁴⁴ ～袖子挽袖子

洗 ɕi⁴⁴ 涮：～杯子

　朗 ˉnaŋ⁴⁴

洗 ɕi⁴⁴ ～衣裳

捞 nɔ³³ ～鱼

□ tʰia²⁴ 拴

□ tʰia²⁴ 捆：～起来

　捆 kʰuən⁴⁴

解 kɛ⁴⁴ ～开绳子

拖 tʰʋ³³ 挪：～桌子

端 tõ³³ ～碗

打 ta⁴⁴ 摔：碗～碎了

兑 tei⁴⁵ 掺：～水

烧 sɔ³³ ～柴｜～火

拆 tsʰE²⁴ ～屋拆房子

转 tɕyĩ⁴⁵ ～圈儿

捶 tsui²¹³ 用拳头～

打 ta⁴⁴ 他～了我一下

打架 ta⁴⁴tɕia⁴⁵

　打跤 ta⁴⁴kɔ³³

歇 ɕiE²⁴ 休息：～下子

打渣风 ˉta⁴⁴tsa³³xən³³ 打哈欠

春瞌睡 tsʰən³³kʰɔ²⁴sui⁴⁵ 打瞌睡

困 kʰuən⁴⁵ 睡

打呼 ta⁴⁴xu³³ 打呼噜

做罩子 tsʋ⁴⁵tsɔ⁴⁵tsʅ⁰ 做梦

　做梦 tsʋ⁴⁵mən²¹

起来 tɕʰi⁴⁴nɛ²¹³ 起床

擦牙齿 tsʰa²⁴ŋa²¹³tsʰʅ⁴⁴ 刷牙

洗澡 ɕi⁴⁴tsɔ⁴⁴

想 ɕiaŋ⁴⁴ 思索：让我～一下

想 ɕiaŋ⁴⁴ 想念：我很～他

想 ɕiaŋ⁴⁴ 打算：我～开个店

　准备 tsuən⁴⁴pei⁴⁵

记得 tɕi⁴⁵tE²⁴

忘记 uaŋ²¹tɕi⁴⁵

　忘 uaŋ²¹

怕 pʰa⁴⁵ 你别～

　吓 xa²⁴

相信 ɕiaŋ³³ɕiən⁴⁵ 我～你

发愁 fa²⁴tsəu²¹³

小心 ɕiɔ^{44}ɕiən^{33} 留神：过马路要～

欢喜 xõ^{33}ɕi^{44} 喜欢

兜=人恨 təu^{33}niən^{213}xən^{45} 讨厌

快活 kʰuɛ^{45}xo^{24} 舒服

难过 nɛ̃^{213}kʊ^{45} 难受：痛得～｜心里～

欢喜 xõ^{33}ɕi^{44} 高兴

生气 sən^{33}tɕʰi^{45}

　　见怪 tɕiɪ̃^{45}kuɛ^{45}

怪 kuɛ^{45} 责怪

懊悔 ŋo^{45}xui^{44} 后悔

眼红 ŋɛ̃^{44}xən^{213} 忌妒

怕丑 pʰa^{45}tsʰəu^{44} 害羞

丢人 tiəu^{33}niən^{213} 丢脸

　　跌相 tiɛ^{24}ɕiaŋ^{45}

欺 tɕʰi^{33} 欺负

装 tsaŋ^{33} 假装

心痛 ɕiən^{33}tʰən^{45}

要 iɔ^{45} 我～这本书

有 iəu^{44} 我～一个孩子

冇得 mɔ^{21}tE^{24} 没有：他～孩子

是 sɿ^{21} 我～老师

不是 pu^{24}sɿ^{21} 他～老师

在 tsɛ^{21} 他～家

不在 pu^{24}tsɛ^{21} 他～家

晓得 ɕiɔ^{44}tE^{0} 知道：我～这件事

不晓得 pu^{24}ɕiɔ^{44}tE^{0} 不知道

晓得 ɕiɔ^{44}tE^{0} 懂：我～英语

不晓得 pu^{24}ɕiɔ^{44}tE^{0} 不懂：我～英语

晓得 ɕiɔ^{44}tE^{0} 会：～开车

不晓得 pu^{24}ɕiɔ^{44}tE^{0} 不会：～开车

认得 niən^{21}tE^{24} 认识：这个人我～

不认得 pu^{24}niən^{21}tE^{24} 不认识：那个人我～

认不得 niən^{21}pu^{24}tE^{24}

行 ɕiən^{213} ～，我就来

　　中 tsən^{45}

不行 pu^{24}ɕiən^{213} ～，这样不好

　　不中 pu^{24}tsən^{45}

肯 kʰən^{44} ～来

应该 iən^{45}kɛ^{33} ～去

可以 kʰʊ^{44}i^{44} ～去

　　好 xɔ^{44}

讲 kaŋ^{44} 说

话 xua^{21} 讲～

刮=白 kua^{24}pE^{24} 聊天儿

　　谈心 tɛ̃^{213}ɕiən^{33}

喊 xæ̃^{44}①叫：～他一声。②吆喝

哭 kʰu^{24}

骂 ma^{21} ～人

吵嘴 tsʰɔ^{44}tsei^{44} 吵架

骗 pʰiɪ̃^{45} ～人

哄 xən^{44} ～小孩

扯谎 tsʰa^{44}faŋ^{44} 撒谎

吹牛逼 tsʰui^{33}niəu^{213}pi^{33} 吹牛

呵卵脬 xʊ^{33}nõ^{44}pʰɔ^{33} 拍马屁

开玩笑 kʰɛ^{33}uæ̃^{213}ɕiɔ^{45}

　　讲得玩的 kaŋ^{44}tE^{24}uæ̃^{213}ti^{0}

跟……讲 kən^{33}...kaŋ^{44} 告诉

劳为 nɔ^{213}ui^{33} 谢谢

对不起 tei^{45}pu^{0}tɕʰi^{44}

　　对不住 tei^{45}pu^{0}tɕy^{21}

二回见 E^{21}fei^{213}tɕiɪ̃^{45} 再见

十二　性质状态

大 tɛ^{21} 苹果～

细 ɕi⁴⁵ 小：苹果～

粗 tsʰəu³³ ～绳子

细 ɕi⁴⁵ ～绳子

长 tsaŋ²¹³ 线～

短 tõ⁴⁴ 线～

长 tsaŋ²¹³ 时间～

　久 tɕiəu⁴⁴

短 tõ⁴⁴ 时间～

宽 kʰõ³³ 路很～

大 tɛ²¹ 宽敞：他家屋很～

窄 tsE²⁴ 路很～

高 kɔ³³ 飞得～

矮 ŋɛ⁴⁴ 低：飞得～

高 kɔ³³ 他比我～

矮 ŋɛ⁴⁴ 他比我～

远 yĩ⁴⁴ 路～

近 tɕiən²¹ 路～

深 sən³³ 水～

浅 tɕʰĩ⁴⁴ 水～

清 tɕʰiən³³ 水～

浑 xuən²¹³ 水～

圜 nõ²¹³ 圆

扁 piĩ⁴⁴

方 faŋ³³

尖 tɕiĩ³³

平 piən²¹³

肥 xui²¹³ 肉很～

腈 tɕiən³³ ～肉瘦肉

胖 pʰaŋ⁴⁵ 用于形容人胖、猪肥

瘦 səu⁴⁵ 用于形容人

黑 xE²⁴

白 pE²⁴

红 xən²¹³

黄 uaŋ²¹³

蓝 næ̃²¹³

绿 nɔo²⁴

紫 tsɿ⁴⁴

灰 xui³³

多 tʊ³³

少 sɔ⁴⁴

重 tsən²¹

轻 tɕʰiən³³

直 tsɿ²⁴ ～路

陡 təu⁴⁴ 坡～

弯 uæ̃³³ 路是～的

歪 uɛ³³ 帽子～了

厚 xəu²¹ 板子～

桴 ɕiɔ³³ 薄：木板～

厚 xəu²¹ 稠：粥太～了

桴 ɕiɔ³³ 稀：粥太～了

满 mõ⁴⁴ 密：菜种得～

稀 ɕi³³ 菜种得～

亮 niaŋ²¹ 光线～

黑 xE²⁴ 暗

热 yE²⁴ 天气～

暖和 nõ⁴⁴xʊ²¹³ 天气～

凉快 niaŋ²¹³kʰuɛ⁴⁵

冷 nən⁴⁴ 天气～

热 yE²⁴ ～水

冷 nən⁴⁴ 凉：～水

干 kæ̃³³ 晒～

湿 sɿ²⁴ 衣服～了

干净 kæ̃³³tɕiən²¹

邋遢 na²⁴tʰa²⁴

快 kʰuɛ⁴⁵ 锋利：刀子～

不快 pu²⁴kʰuɛ⁴⁵ 钝：刀子～

快 kʰuɛ⁴⁵ 坐车比走路～

慢 mæ̃²¹ 走得～

早 tsɔ⁴⁴ 来得～

晏 ŋæ̃⁴⁵ 来～了 来晚了

夜 ia²¹ 晚：天色～

松 sən³³ 捆得～

紧 tɕiən⁴⁴ 捆得～

容易 iən²¹³i⁴⁵

难 næ̃²¹³

　深 sən³³

新 ɕiən³³ 衣裳～

旧 tɕiən²¹ 衣裳～

老 nɔ⁴⁴

年轻 niĩ²¹³tɕʰiən³³

软 yĩ⁴⁴ 糖～

硬 ŋən²¹ 骨头～

化 xua⁴⁵ 烂：肉煮得～

焦 tɕiɔ³³ 煳：饭烧～了

扎实 tsa²⁴sɿ⁰ 结实：家具很～

烂 næ̃²¹ 破：衣裳～了

快活 kʰuɛ⁴⁵xo²⁴ 富：他很～

　有钱 iəu⁴⁴tɕiĩ²¹³

苦 kʰu⁴⁴ 穷：他很～

忙 mɑŋ²¹³ 他很～

闲 ɕiæ̃²¹³ 他很～

累 nei²¹ 他很～

痛 tʰən⁴⁵ 疼：跌～了

痒 iɑŋ⁴⁴ 身上～

热闹 yɛ²⁴nɔ⁴⁵

熟 sɔo²⁴ 熟悉：这个地方我很～

生 sən³³ 陌生

味道 ui²¹tɔ⁴⁵

　气味 tɕʰi⁴⁵ui²¹

气道 tɕʰi⁴⁵tɔ⁴⁵ 气味

咸 xæ̃²¹³

淡 tæ̃²¹

酸 sõ³³

甜 tiĩ²¹³

苦 kʰu⁴⁴

辣 na²⁴

鲜 ɕiĩ³³ 汤很～

香 ɕiɑŋ³³

臭 tsʰəu⁴⁵

馊 səu³³ 饭～了

腥 ɕiən⁴⁵ 鱼很～

好 xɔ⁴⁴ 人～

坏 xuɛ²¹ 人～

差 tsʰa³³ 次：东西质量～

对 tei⁴⁵ 算～了

错 tsʰʊ⁴⁵ 算～了

好看 xɔ⁴⁴kʰæ̃⁴⁵ 漂亮

　标致 piɔ³³tsɿ⁴⁵

难看 næ̃²¹³kʰæ̃⁴⁵ 丑

勤快 tɕiən²¹³kʰuɛ⁴⁵

懒 næ̃⁴⁴

乖 kuɛ³³

　听话 tʰiən⁴⁵xua²¹

淘气 tɔ²¹³tɕʰi⁴⁵

　调皮 tʰiɔ⁴⁵pi²¹³

忠实 tsən³³sɿ⁰ 老实

　老好 nɔ⁴⁴xɔ⁴⁴

孬 nɔ³³ 傻

呆 tɛ³³ 笨

　　蠢 tsʰuən⁴⁴

舍得 sa⁴⁴tɛ²⁴ 大方

　　大方 tɛ²¹faŋ³³

尖 tɕiĩ³³ 小气

直 tsʰʅ⁴⁵ 直爽

甲 ⁼tɕia²⁴ 犟

108

十三　数量

一 i²⁴

二 ɛ²¹

三 sæ̃³³

四 sʅ⁴⁵

五 u⁴⁴

六 nɔo²⁴

七 tɕʰi²⁴

八 pa²⁴

九 tɕiəu⁴⁴

十 sʅ²⁴

二十 ɛ²¹sʅ²⁴

三十 sæ̃³³sʅ²⁴

一百 i²⁴pɛ²⁴

一千 i²⁴tɕʰiĩ³³

一万 i²⁴uæ̃²¹

一百零五 i²⁴pɛ²⁴niən²¹³u⁴⁴

一百五十 i²⁴pɛ²⁴u⁴⁴sʅ²⁴

　　一百五 i²⁴pɛ²⁴u⁴⁴

第一 ti²¹i²⁴

二两 ɛ²¹niaŋ⁴⁴

　　两两 niæ̃⁴⁴niaŋ⁴⁴ 二两

几只 tɕi⁴⁴tsa²⁴ 几个

　　几个 tɕi⁴⁴kʊ⁴⁵

两个 niæ̃⁴⁴kʊ⁴⁵ 俩

三个 sæ̃³³kʊ⁴⁵ 仨

个把 kʊ⁴⁵pa⁴⁴

只 tsa²⁴ 一～人

　　个 kʊ⁴⁵

匹 pʰi³³ 一～马

头 təu²¹³ 一～牛

　　条 tiɔ²¹³

　　只 tsa²⁴

头 təu²¹³ 一～猪

条 tiɔ²¹³ 一～狗

只 tsa²⁴ 一～鸡｜一～蚊子

条 tiɔ²¹³ 一～鱼｜一～蛇

张 tsaŋ³³ 一～嘴｜一～桌子

床 tsaŋ²¹³ 一～被子｜一～席子

双 saŋ³³ 一～鞋

把 pa⁴⁴ 一～刀｜一～锁

根 kən³³ 一～绳子

支 tsʅ³³ 一～笔

副 xu⁴⁵ 一～眼镜

面 miĩ²¹ 一～镜子

　　把 pa⁴⁴

块 kʰuɛ⁴⁴ 一～肥皂

挂 kua⁴⁵ 一～车

栋 təŋ⁴⁵ 一～房子

　　堂 taŋ²¹³

道 tɔ⁴⁵ 座：一～桥

条 tiɔ²¹³ 一～河

条 tiɔ²¹³ 一～路

棵 kʰʊ³³ 一～树

　　根 kən³³ 砍下的树用"根"做量词

朵 tʊ⁴⁴ 一～花

粒 ni^{45} 颗：一～珠子｜一～米

餐 tsʰæ^{33} 顿：一～饭

服 xu^{45} 剂：一～中药

股 ku^{44} 一～香味

排 pɛ^{213} 行：一～字

　行 xaŋ^{213}

块 kʰuɛ^{44} 一～钱

角 ko^{24} 一～钱

　毛 mɔ^{213}

桩 tsaŋ^{33} 件：一～事情

点点 tiæ^{44}tiæ^{44} 点儿：一～东西

些 ɕia^{33} 一～东西

下 xa^{21} 打一～

下子 xa^{21}tsɿ^{0} 会儿：坐了一～

顿 tən^{45} 打一～

场 tsʰaŋ^{44} 阵：下了一～雨

回 xui^{213} 趟：去了一～

十四　代副介连词

我 ʋ^{44}

尔 n^{44} 你

尔老人家 n^{44}nɔ^{44}niən^{213}ka^{0} 您

他 tʰa^{33}

我们 ʋ^{44}mən^{0}

尔们 n^{44}mən^{0} 你们

他们 tʰa^{33}mən^{0}

大家 tɛ^{21}ka^{33}

　大势 tɛ^{21}sɿ^{45}

自家 tsɿ^{21}ka^{33} 自己

人家 niən^{213}ka^{0} 别人

我爷 ʋ^{44}ia^{213} 我爸

　我家爷 ʋ^{44}ka^{0}ia^{213}

尔爷 n^{44}ia^{213} 你爸

　你家爷 n^{44}ka^{0}ia^{213}

他爷 tʰa^{33}ia^{213} 他爸

　他家爷 tʰa^{44}ka^{0}ia^{213}

隔=个 kɛ^{24}kʋ^{45} 这个

那个 nɛ^{45}kʋ^{45}

哪个 na^{44}kʋ^{45}

哪个 na^{44}kʋ^{45} 谁

隔=里 kɛ^{24}ni^{0} 这里

那里 nɛ^{45}ni^{0}

哪里 na^{44}ni^{0}

　么子场子 mʋ^{44}tsɿ^{0}tsʰaŋ^{44}tsɿ^{0}

隔=样 kɛ^{24}iaŋ^{21} 这样

那样 nɛ^{45}iaŋ^{21}

么子样 mʋ^{44}tsɿ^{0}iaŋ^{21} 怎样

隔=么 kɛ^{24}mʋ^{0} 这么

何的 ʋ^{213}ti^{0} 怎么

么子 mʋ^{44}tsɿ^{0} 什么：这个是～字？｜你找～？

何的 ʋ^{213}ti^{0} 为什么：你～不去？

　搞么家伙 kɔ^{44}mʋ^{44}tɕia^{33}xʋ^{44}

做么子 tsʋ^{45}mʋ^{44}tsɿ^{0} 干什么：你在～？

　搞么家伙 kɔ^{44}mʋ^{44}tɕia^{33}xʋ^{44}

好多 xɔ^{44}tʋ^{33} 多少：这个村有～人？

　几多 tɕi^{44}tʋ^{33}

蛮 mæ^{213} 今天～热

　好 xɔ^{44}

热得死 yɛ^{24}tɛ^{0}sɿ^{44} 非常热：今天～

　热死人 yɛ^{24}sɿ^{44}niən^{213}

还要 xa^{213}iɔ^{45} 更：今天比昨天～热

　还 xa^{213}

太 tʰɛ^{45} 这个东西～贵

最 tsei^{45} 兄弟三个中他～高

都təu³³ 大家～来了
　下⁼xa²¹
一共i²⁴kən²¹ ～多少钱
　一起i²⁴tɕʰi⁴⁴
　一下i²⁴xa²¹
一起i²⁴tɕʰi⁴⁴ 我和你～去
　一阵i²⁴tsən²¹
　一坨i²⁴tʊ²¹³
只tsɿ⁴⁴ 我～去过一趟
　就tɕiəu²¹
刚刚tɕiaŋ³³tɕiaŋ³³ 这双鞋我穿着～好
刚tɕiaŋ³³ 我～到
　才tsɛ²¹³
才tsɛ²¹³ 你怎么～来啊？
就tɕiəu²¹ 我吃了饭～去
老nɔ⁴⁴ 经常：我～去
　常tsaŋ²¹³
又iəu²¹ 他～来了
还xa²¹³ 他～没回家
再tsɛ⁴⁵ 你明天～来
也ia⁴⁴ 我～去｜我～是老师
高低kɔ³³ti³³ 反正：不用急，～还来得及
冇mɔ²¹ 没有：昨天我～去
不pu²⁴ 明天我～去
莫mo²⁴ 别：你～去
莫mo²⁴ 不用，不必：你～客气

要iɔ⁴⁵ 快：天～亮了
差点点tsʰa³³tiɛ̃⁴⁴tiɛ̃⁴⁵ 差点儿：～摔倒了
情愿tɕiən²¹³yĩ⁴⁵ 宁可：～买贵的
□□pa²¹pa²¹ 故意：～打破的
随便sei²¹³piĩ²¹ ～弄一下
白pᴇ²⁴ ～跑一趟
肯定kʰən⁴⁴tiən²¹ ～是他干的
作兴tso²⁴ɕiən³³ 可能：～是他干的
　搞不好kɔ⁴⁴pu²⁴xɔ⁴⁴
　恐怕kʰən⁴⁴pʰa⁴⁵
带tᴇ⁴⁵ 一边：～走｜～说
　一边i²⁴piĩ³³
　边piĩ³³
跟kən³³ 我～他都姓王｜我昨天～他去城
　　里了
对tei⁴⁵ 他～我很好
往uaŋ²¹ ～东走
问uən²¹ 向：～他借一本书
　跟kən³³
照tsɔ⁴⁵ 按：～他的要求做
　按ŋɛ̃⁴⁵
　依i³³
给kei⁴⁴ 替：～他写信
要是iɔ⁴⁵sɿ²¹ 如果：～忙你就别来了
管kõ⁴⁴ 不管：～怎么劝他都不听
　随tsei²¹³，又读[sei²¹³]

第二节

《汉语方言词语调查条目表》

本章收入方言词汇约五千条以上，按义类分为二十九类，如下：

一　天文

当阳 taŋ³³iaŋ²¹³ 朝阳

　　朝阳 tsɔ³³iaŋ²¹³

太阳底下 tʰɛ⁴⁵iaŋ²¹³ti⁴⁴xa⁰

　　太阳窠里 tʰɛ⁴⁵iaŋ²¹³kʰʊ³³ni⁰

阴凉场子 iən³³niaŋ²¹³tsʰaŋ⁴⁴tsʅ⁰ 太阳照不到

　　的地方

日晕 zʅ²⁴yən⁴⁵

太阳长毛 tʰɛ⁴⁵iaŋ²¹³tsaŋ⁴⁴mɔ²¹³

背阴 pei²¹iən³³

月晕 yɛ²⁴yən⁴⁵

　　月亮长毛 yɛ²⁴niaŋ⁴⁵tsaŋ⁴⁴mɔ²¹³

月亮底下 yɛ²⁴niaŋ⁴⁵ti⁴⁴xa⁰

　　月亮窠里 yɛ²⁴niaŋ⁴⁵kʰʊ³³ni⁰

月亮粑粑 yɛ²⁴niaŋ⁴⁵pa³³pa⁰ 月亮

七星 tɕʰi²⁴ɕiən³³ 织女星

牛郎星 niəu²¹³naŋ²¹³ɕiən³³

北斗星 pɛ²⁴təu⁴⁴ɕiən³³

晓星 ɕiɔ⁴⁴ɕiən³³ 启明星

扫把星 sɔ⁴⁵pa⁴⁴ɕiən³³ 彗星

贼牯子星 tsʰei⁴⁵ku⁴⁴tsʅ⁰ɕiən³³ 流星

  贼头星 tsei²¹³təu⁰ɕiən³³

天河 tʰĩ³³xʊ²¹³ 银河

沰 to²⁴ 淋

沰雨 to²⁴y⁴⁴ 淋雨

起罩子 tɕʰi⁴⁴tsɔ⁴⁵tsʅ⁰ 起雾

  起雾子 tɕʰi⁴⁴u²¹tsʅ⁰

霞 ɕia²¹³

青霞 tɕʰiən³³ɕia²¹³ 青云

彩霞 tsʰɛ⁴⁴ɕia²¹³

早霞 tsɔ⁴⁴ɕia²¹³

晚霞 uæ⁴⁴ɕia²¹³

打雷 ta⁴⁴nei²¹³

扯闪 tsʰa⁴⁴siĩ⁴⁴ 闪电

顶风 tiən⁴⁴xən³³

大风 tɛ²¹xən³³

狂风 kuaŋ²¹³xən³³

细风 ɕi⁴⁵xən³³ 小风

  悠悠风 iəu³³iəu³³xən³³

旋窝子风 ɕyĩ⁴⁵ʊ³³tsʅ⁰xən³³

  旋风 ɕyĩ⁴⁵xən³³

鬼头风 kui⁴⁴təu²¹³xən³³ 狂风

迎风 iən²¹³xən³³

顺风 ɕyən²¹xən³³

夜风子 ia²¹xən³³tsʅ⁰

冷风 nən⁴⁴xən³³

热风子 yɛ²⁴xən³³tsʅ⁰

起风 tɕʰi⁴⁴xən³³

风停得 xən³³tiən²¹³tɛ⁰ 风停了

乌云 u³³yən²¹³

乌云黑暗 u³³yən²¹³xɛ²⁴ŋæ̃⁴⁵ 乌云笼罩

麻风潲雨 ma²¹³xən³³sɔ⁴⁵y⁴⁴ 小风斜雨

劈 pʰi²⁴ 树给雷～了

丢点得 tiəu³³tiĩ⁴⁴tɛ⁰ 掉雨点了

细雨 ɕi⁴⁵y⁴⁴ 小雨

  蠓虫雨 mən³³tsən²¹³y⁴⁴

中点子雨 tsən³³tiĩ⁴⁴tsʅ⁰y⁴⁴ 中雨

炸雷 tsa⁴⁵nei²¹³

闷雷 mən⁴⁵nei²¹³

瓢泼大雨 piɔ²¹³pʰɛ²⁴tɛ²¹y⁴⁴

刊⁼头倒 kʰæ̃⁴⁴təu²¹³tɔ⁴⁵ 暴雨

暴风雨 pɔ²¹xən³³y⁴⁴

连阴雨 niĩ²¹³iən³³y⁴⁴

秋半天 tɕʰiəu³³põ⁴⁵tʰiĩ³³ 秋天的太阳雨

雷阵雨 nei²¹³tsən²¹y⁴⁴

阵雨 tsən²¹y⁴⁴

打暴 ta⁴⁴pɔ²¹ 下暴雨

不落得 pu²⁴no²⁴tɛ⁰ 不下雨了

喜鹊担桥 ɕi⁴⁴tɕʰyo²⁴tæ̃³³tɕiɔ²¹³ 喜鹊在银河上架桥

漂雨 pʰiɔ³³y⁴⁴ 大的斜雨

潲雨 sɔ⁴⁵y⁴⁴ 小的斜雨

冰构 piən³³kəu⁴⁵ 结的冰

  冰冻 piən³³tən⁴⁵

屋檐水 u²⁴iĩ²¹³ɕy⁴⁴ 从屋檐上流下来的雨水

上冻 saŋ²¹tən⁴⁵ 结冰

  上冰冻 saŋ²¹piən³³tən⁴⁵

凌锥子 niən²¹³tɕy³³tsʅ⁰ 冰条

地冻泡得 ti²¹tən⁴⁵pʰɔ³³tɛ⁰ 地里的土被冻得拱起来了

鹅毛片子雪 ʊ²¹³mɔ²¹³pʰiĩ⁴⁵tsʅ⁰ɕiɛ²⁴ 鹅毛雪

落雪 nɔ²⁴ɕiɛ²⁴ 下雪

雨夹雪 y⁴⁴ka²⁴ɕiɛ²⁴

雪子子 ɕiɛ²⁴tsʅ⁴⁴tsʅ⁰ 霰雪

水雪 ɕy⁴⁴ɕiɛ²⁴ 很容易化的雪

干雪 kæ̃³³ɕiɛ²⁴ 不容易化的雪

滚雪球 kuən⁴⁴ɕiɛ²⁴tɕiəu²¹³

雪化咖得 ɕiɛ²⁴xua⁴⁵ka⁰tɛ⁰ 雪化了

打雪仗 ta⁴⁴ɕiɛ²⁴tsɑŋ⁴⁵

堆雪人 tei³³ɕiɛ²⁴zən²¹³

□雪山 pʰɑŋ³³ɕiɛ²⁴sæ̃³³ 下雪天打猎

　　打雪山 ta⁴⁴ɕiɛ²⁴sæ̃³³

雪窠里 ɕiɛ²⁴kʰʋ³³ni⁰ 雪地里

冻手痛 tən⁴⁵səu⁴⁴tʰən⁴⁵

打露水 ta⁴⁴nəu²¹ɕy⁴⁴ 下露水

打霜 ta⁴⁴sɑŋ³³ 下霜

晴天 tɕiən²¹³tʰiĩ³³

　　晴天子 tɕiən²¹³tʰiĩ³³tsʅ⁰

阴天 iən³³tʰiĩ³³

　　阴天子 iən³³tʰiĩ³³tsʅ⁰

开天 kʰɛ³³tʰiĩ³³ 天晴

进伏 tɕiən⁴⁵fu²⁴

出伏 tɕʰy²⁴fu²⁴

三伏天 sæ̃³³fu²⁴tʰiĩ³³

头伏 təu²¹³fu²⁴

中伏 tsən³³fu²⁴

末伏 mo²⁴fu²⁴

进梅 tɕiən⁴⁵mei²¹³ 进入梅雨季节

晒梅 sɛ⁴⁵mei²¹³ 梅雨季节结束之后，六月初
　　六晒衣物

　　晒龙袍 sɛ⁴⁵nən²¹³pɔ²¹³

出梅 tɕʰy²⁴mei²¹³ 梅雨季节结束

晒梅头 sɛ⁴⁵mei²¹³təu²¹³ 入梅时不下雨出太阳

落梅尾 nɔ²⁴mei²¹³ui⁴⁴ 入梅后期下雨，与"晒
　　梅头"连用，总结梅雨季节的规律

二　地理

老家 nɔ⁴⁴ka³³ 家乡

城里 tsən²¹³ni⁴⁴

　　城里头 tsən²¹³ni⁴⁴təu²¹³

城外 tsən²¹³uɛ²¹

　　城外头 tsən²¹³uɛ²¹təu²¹³

城西 tsən²¹³ɕi³³

城北 tsən²¹³pɛ²⁴

城西北 tsən²¹³ɕi³³pɛ²⁴

城南 tsən²¹³næ̃²¹³

城西南 tsən²¹³ɕi³³næ̃²¹³

城东 tsən²¹³tən³³

城东北 tsən²¹³tən³³pɛ²⁴

城东南 tsən²¹³tən³³næ̃²¹³

城墙 tsən²¹³tɕiaŋ²¹³

护城河 fu²¹tsən²¹³xʋ²¹³

城门 tsən²¹³mən²¹³

平地 piən²¹³ti²¹

荒地 faŋ³³ti²¹

开荒 kʰɛ³³faŋ³³

熟地 sɔo²⁴ti²¹ 种过几年的地

溜条子地 niəu⁴⁵tiɔ²¹³tsʅ⁰ti²¹ 长条地

零星地 niən²¹³ɕiən³³ti²¹ 小块地

菜园 tsʰɛ⁴⁵yĩ²¹³

菜园地 tsʰɛ⁴⁵yĩ²¹³ti²¹

菜土 tsʰɛ⁴⁵tʰəu⁴⁴

沙土地 sa³³tʰəu⁴⁴ti²¹

秧田 iaŋ³³tiĩ²¹³

平阳大畈 piən²¹³iaŋ²¹³tɛ²¹fæ̃⁴⁵ 大片水田

平畈 piən²¹³fæ̃⁴⁵

田畈 tiĩ²¹³fæ̃⁴⁵

半边坎子 põ⁴⁵piĩ³³kʰæ̃⁴⁴tsɿ⁰ 坡地

涝田 nɔ²¹tiĩ²¹³

锐⸗口 zui⁴⁵kʰəu⁴⁴ 田里进出水的口子

田塝 tiĩ²¹³kʰõ⁴⁵ 田坎

麦田 mE²⁴tiĩ²¹³

旱田 xæ̃⁴⁵tiĩ²¹³

榜⸗田 paŋ⁴⁴tiĩ²¹³ 离水源较远的田

山顶 sæ̃³³tiən⁴⁴

山腰 sæ̃³³iɔ³³

山脚 sæ̃³³tɕyo²⁴

山脊 sæ̃³³tɕi²⁴

山坡 sæ̃³³pʰʋ³³

山崖 sæ̃³³ŋɛ²¹³

冲 tsʰən³³ 山区的平地

山坳 sæ̃³³ŋɔ⁴⁵

河 xʋ²¹³

河里 xʋ²¹³ni⁰

拦河坝 næ̃²¹³xʋ²¹³pa⁴⁵

圩 ui²¹³ 防洪的堤坝

河滩子 xʋ²¹³tʰæ̃³³tsɿ⁰ 河滩

沙滩 sa³³tʰæ̃³³

双⸗子沟 suaŋ³³tsɿ⁰kəu³³ 畦间沟

冲水凼 tsʰən³³ɕy⁴⁴taŋ²¹ 深水潭

子埂 tsɿ⁴⁴kən⁴⁴ 田间的小路

凼剥⸗窝子 taŋ²¹po²⁴ʋ³³tsɿ⁰ 水坑

水凼子 ɕy⁴⁴taŋ²¹tsɿ⁰

圩埂 ui²¹³kən⁴⁴ 围水的堤坝

过水沟 kʋ⁴⁵ɕy⁴⁴kəu³³ 水渠

烂泥巴 næ̃²¹ni²¹³pa³³

塘泥巴 taŋ²¹³ni²¹³pa³³ 水塘里的淤泥

沙泥 sa³³ni²¹³

鹅卵石 ʋ²¹³nõ⁴⁴sɿ²⁴

大石头 tɛ²¹sɿ²⁴təu²¹³

细石头 ɕi⁴⁵sɿ²⁴təu²¹³ 小石头

泥脚 ni²¹³tɕyo²⁴ 水田里踩下的脚印,用来测
    试水田的深浅

雨水 y⁴⁴ɕy⁴⁴

涨水 tsaŋ⁴⁴ɕy⁴⁴

洪水 xən²¹³ɕy⁴⁴

清水 tɕʰiən³³ɕy⁴⁴

发蛟 fa²⁴tɕiɔ³³ 山洪暴发

浑水 fən²¹³ɕy⁴⁴

清水 tɕʰiən⁴⁵ɕy⁴⁴ 地下冒出来的泉水

旋涡子 ɕyĩ⁴⁵ʋ³³tsɿ⁰ 水旋涡

猫⸗猫⸗热水 mɔ³³mɔ³³yE²⁴ɕy⁴⁴ 温水

温汤热水 uən³³tʰaŋ³³yE²⁴ɕy⁴⁴

大路 tɛ²¹nəu²¹

细路 ɕi⁴⁵nəu²¹ 小路

岔路口 tsʰa⁴⁵nəu²¹kʰəu⁴⁴

抄近路 tsʰɔ³³tɕiən²¹nəu²¹

毛毛路 mɔ²¹³mɔ²¹³nəu²¹ 几乎无人走的路

洞 təŋ²¹

汽油 tɕʰi⁴⁵iəu²¹³

石灰 sɿ²⁴xui³³

料石 niɔ²¹sɿ²⁴ 石灰石

雾⸗眼睛 u²¹ŋæ̃⁴⁴tɕiən³³ 灰迷了眼睛

灰屋 xui³³u²⁴ 野外存放石灰的房子

撒石灰 sa⁴⁴sɿ²⁴xui³³ 把石灰撒在田里

金 tɕiən³³

银 iən²¹³

锡 ɕi²⁴

铜 təŋ²¹³

铁 tʰiɛ²⁴

三　时令时间

月份 yɛ²⁴fən²¹
年份 niĩ²¹³fən²¹
大年 tɛ²¹niĩ²¹³
细年 ɕi⁴⁵niĩ²¹³ 小年
前年 tɕiĩ²¹³niĩ⁰
去年 tɕʰi⁴⁵niĩ²¹³
月头 yɛ²⁴təu²¹³
月初 yɛ²⁴tsʰəu³³
月半 yɛ²⁴põ⁴⁵
月中 yɛ²⁴tsən³³
月底 yɛ²⁴ti⁴⁴
月尾 yɛ²⁴ui⁴⁴ 月末
隔⁼个月 kɛ²⁴kʊ⁴⁵yɛ²⁴ 这个月
头一个月 təu²¹³i²⁴kʊ⁴⁵yɛ²⁴
一个月 i²⁴kʊ⁴⁵yɛ²⁴
上个月 saŋ²¹kʊ⁴⁵yɛ²⁴
下个月 xa²¹kʊ⁴⁵yɛ²⁴
每个月 mei⁴⁴kʊ⁴⁵yɛ²⁴
月月 yɛ²⁴yɛ⁰
上旬 saŋ²¹ɕyən²¹³
中旬 tsən³³ɕyən²¹³
下旬 xa²¹ɕyən²¹³
月大 yɛ²⁴tɛ²¹ 大月
月细 yɛ²⁴ɕi⁴⁵ 小月
闰月 yən²¹yɛ²⁴
十几天 sʅ²⁴tɕi⁴⁴tʰiĩ³³
一个礼拜 i²⁴kʊ⁴⁵ni⁴⁴pɛ⁴⁵ 一个星期
今日（子）tɕiən³³ni²⁴（tsʅ⁰）今天
明日（子）mən²¹³ni²⁴（tsʅ⁰）明天

后日（子）xəu²¹ni²⁴（tsʅ⁰）后天
大后朝 tɛ²¹xəu²¹tsɔ⁰ 大后天
大前朝 tɛ²¹tɕiĩ²¹³tsɔ⁰ 大前天
半天 põ⁴⁵tʰiĩ³³
大半天 tɛ²¹põ⁴⁵tʰiĩ³³
第二天 ti²¹ɛ²¹tʰiĩ³³ 次日
前几天 tɕiĩ²¹³tɕi⁴⁴tʰiĩ³³
起黑早 tɕʰi⁴⁴xɛ²⁴tsɔ⁴⁴ 天没亮就起床
清早上 tɕʰiən³³tsɔ⁴⁴saŋ⁰ 刚天亮时
中饭前 tsən³³fæ²¹tɕiĩ²¹³
中饭后 tsən³³fæ²¹xəu²¹
断黑 tõ²¹xɛ²⁴ 傍晚
早上 tsɔ⁴⁴saŋ⁰ 早晨
中时期 tsən³³sʅ²¹³tɕʰi⁰ 中午
整夜 tsən⁴⁴ia²¹
上半夜 saŋ²¹põ⁴⁵ia²¹
下半夜 xa²¹põ⁴⁵ia²¹
吹灯前 tsʰui³³tən³³tɕiĩ²¹³
灭灯后 miɛ²⁴tən³³xəu²¹
一夜到天亮 i²⁴ia²¹tɔ⁴⁵tʰiĩ³³niaŋ²¹
每天夜下子 mei⁴⁴tʰiĩ³³ia²¹xa²¹tsʅ⁰ 每天晚上
先头 ɕiĩ³³təu²¹³ 以前
　前 tɕiĩ²¹³
　之前 tsʅ³³tɕiĩ²¹³
后来 xəu²¹nɛ²¹³
　末了 mo²⁴niɔ⁴⁴
之后 tsʅ³³xəu²¹ 以后
　后 xəu²¹
大前年 tɛ²¹tɕiĩ²¹³niĩ²¹³
　限⁼前年 ɕiĩ⁴⁵tɕiĩ²¹³niĩ²¹³
　向前年 ɕiaŋ⁴⁵tɕiĩ²¹³niĩ²¹³
大后年 tɛ²¹xəu²¹niĩ²¹³

外后年 uɛ²¹xəu²¹niĩ²¹³

年年 niĩ²¹³niĩ⁰

年中 niĩ²¹³tsən³³

上半年 saŋ²¹põ⁴⁵niĩ²¹³

下半年 xa²¹põ⁴⁵niĩ²¹³

一年到头 i²⁴niĩ²¹³tɔ⁴⁵təu²¹³ 整年

每年 mei⁴⁴niĩ²¹³

龙抬头 nən²¹³tɛ²¹³təu²¹³

三月三 sæ̃³³yɛ²⁴sæ̃³³

七夕节 tɕʰi²⁴ɕi²⁴tɕiɛ²⁴

重阳节 tsən²¹³iaŋ²¹³tɕiɛ²⁴

端阳节 tõ³³iaŋ²¹³tɕiɛ²⁴ 端午节

腊八节 na²⁴pa²⁴tɕiɛ²⁴

冬月 tən³³yɛ²⁴ 十一月

　十一月（间）子 sɿ²⁴i²⁴yɛ²⁴(kæ̃³³)tsɿ⁰

小阳春 ɕiɔ⁴⁴iaŋ²¹³tɕʰyən³³ 十月

二月（间）子 ɛ²¹yɛ²⁴(kæ̃³³)tsɿ⁰

桃花月 tɔ²¹³xua³³yɛ²⁴ 三月

三月（间）子 sæ̃³³yɛ²⁴(kæ̃³³)tsɿ⁰

四月（间）子 sɿ⁴⁵yɛ²⁴(kæ̃³³)tsɿ⁰

五月（间）子 u⁴⁴yɛ²⁴(kæ̃³³)tsɿ⁰

六月（间）子 nəo²⁴yɛ²⁴(kæ̃³³)tsɿ⁰

七月（间）子 tɕʰi²⁴yɛ²⁴(kæ̃³³)tsɿ⁰

八月（间）子 pa²⁴yɛ²⁴(kæ̃³³)tsɿ⁰

九月（间）子 tɕiəu⁴⁴yɛ²⁴(kæ̃³³)tsɿ⁰

十月（间）子 sɿ²⁴yɛ²⁴(kæ̃³³)tsɿ⁰

打春 ta⁴⁴tɕʰyən³³ 立春

春天 tɕʰyən³³tʰiĩ³³

　春上 tɕʰyən³³saŋ⁰

热天 yɛ²⁴tʰiĩ³³ 夏天

秋天 tɕʰiəu³³tʰiĩ³³

冬天 tən³³tʰiĩ³³

雨水 y⁴⁴ɕy⁴⁴ 节气

惊蛰 tɕiən³³tsɿ²⁴

春分 tɕʰyən³³fən³³

清明 tɕʰiən³³miən²¹³

谷雨 ku²⁴y⁴⁴

立夏 ni²⁴xa²¹

小满 ɕiɔ⁴⁴mõ⁴⁴

芒种 maŋ²¹³tsən⁴⁵

夏至 xa²¹tsɿ⁴⁵

小暑 ɕiɔ⁴⁴tɕʰy⁴⁴

大暑 tɛ²¹tɕʰy⁴⁴

交秋 tɕiɔ³³tɕʰiəu³³ 立秋

处暑 tɕʰy⁴⁵tɕʰy⁴⁴

白露 pɛ²⁴nəu⁴⁵

秋分 tɕʰiəu³³fən³³

寒露 xæ̃²¹³nəu⁴⁵

霜降 saŋ³³tɕiaŋ⁴⁵

立冬 ni²⁴tən³³

小雪 ɕiɔ⁴⁴ɕiɛ²⁴ 节气

大雪 tɛ²¹ɕiɛ²⁴ 节气

小寒 ɕiɔ⁴⁴xæ̃²¹³

大寒 tɛ²¹xæ̃²¹³

四　农业

薅锄 xɔ³³tsəu²¹³ 锄草用的锄头

挖锄 ua²⁴tsəu²¹³ 挖地用的锄头

老角 nɔ⁴⁴ko²⁴ 口比较窄，主要用来挖有石头的地用的锄头

海=胛 =xɛ⁴⁴ka²⁴ 两齿的锄头，主要用来挖石子地的

洋镐 iaŋ²¹³kɔ³³ 一头尖、一头扁，用来挖石子地的

松毛耙子 tsən²¹³mɔ²¹³pa²¹³tsʅ⁰ 用竹子编的，五根或七根齿，用来耙拢松毛（松针）

梳耙 səu³³pa²¹³ 一面有齿，有四个或六个齿，齿是竹子做的，晾晒稻谷时用来耙拢其中的叶子杂物等

匀耙 yən²¹³pa²¹³ 两面有齿的梳耙

匀 yən²¹³ 把晒着的稻子弄平

洋锹 iaŋ²¹³tɕʰiɔ³³ 用来撮沙子或泥土的工具

木锨 mo²⁴ɕiĩ³³ 头是木制的，用来翻晒稻谷的工具

* 耙子 pa²¹³tsʅ⁰

钉耙 tiən³³pa²¹³ 四个齿，筑田埂用的耙

杵 tɕʰy⁴⁴

连耞 ⁼niĩ²¹³kɛ³³ 连枷

铡刀 tsa²⁴tɔ³³

* 砍柴刀 kʰæ̃⁴⁴tsɛ²¹³tɔ³³
    茅草刀 mɔ²¹³tsʰɔ⁴⁴tɔ³³

做 ⁼刀 tsu⁴⁵tɔ³³ 砍树用的刀

剁刀 tʊ⁴⁵tɔ³³

铲子 tsʰæ̃⁴⁴tsʅ⁰ 挖野菜用的小刀

刀夹子 tɔ³³ka²⁴tsʅ⁰ 刀鞘

磨刀石 mʊ²¹tɔ³³sʅ²⁴

磨刀托子 mʊ²¹tɔ³³tʰo²⁴tsʅ⁰ 用来放磨刀石的托子

刀把子 tɔ³³pa⁴⁵tsʅ⁰

扦担 tɕʰiĩ³³tæ̃⁴⁵ 用来挑柴用的，两头尖的扁担

挑水扁担 tʰiɔ³³ɕy⁴⁴piĩ⁴⁴tæ̃⁴⁵

毛竹扁担 mɔ²¹³tsəo²⁴piĩ⁴⁴tæ̃⁴⁵ 用毛竹做的扁担

游 ⁼筛 iəu²¹³sɛ³³ 吊筛

罗 ⁼筛（子）nʊ²¹³sɛ³³(tsʅ⁰) 用来筛粉的筛子

朗 ⁼筛（子）naŋ⁴⁴sɛ³³(tsʅ⁰) 孔眼较大的筛子，割稻子时筛稻谷用

躺 ⁼筛（子）tʰaŋ⁴⁴sɛ³³(tsʅ⁰) 盖房子时用来筛沙子的筛子

米筛（子）mi⁴⁴sɛ³³(tsʅ⁰) 用来筛米的筛子

糠筛（子）kʰaŋ³³sɛ³³(tsʅ⁰) 用来筛糠的筛子

粉筛 fən⁴⁴sɛ³³ 筛粉的筛子

* 簸子 pʊ⁴⁵tsʅ⁰

手簸（子）səu⁴⁴pʊ⁴⁵(tsʅ⁰) 小的簸箕，用来晒小东西的，用来簸杂质的

* 晒簸（子）sɛ⁴⁵pʊ⁴⁵(tsʅ⁰)

栲 kʰɔ⁴⁴ 最大的簸箕，用来晒稻谷的，立起来有一成人高，需要两个人才能搬动

大栲 tɛ²¹kʰɔ⁴⁴

小栲 ɕiɔ⁴⁴kʰɔ⁴⁴

晒箕 sɛ⁴⁵tɕi³³ 椭圆形的，类似簸箕的一种，用来晒稻谷的，比栲大

匾 piĩ⁴⁴ 用竹篾等编成的浅边平底的圆形器具

大屁股箩 tɛ²¹pʰi⁴⁵ku⁴⁴nʊ²¹³ 上圆下方的大簸箕，用来挑稻谷

* 皮箩 pi²¹³nʊ²¹³
    篾箩 miɛ²⁴nʊ²¹³

丝篾箩 sʅ³³miɛ²⁴nʊ²¹³ 用篾丝编成的箩筐

* 皮撮 pi²¹³tsʰo²⁴

* 撮箕子 tsʰo²⁴tɕi³³tsʅ⁰

大筅箕 tɛ²¹yĩ³³tɕi³³

细筅箕 ɕi⁴⁵yĩ³³tɕi³³

水车 ɕy⁴⁴tsʰa³³

车水 tsʰa³³ɕy⁴⁴ 用水车取水

手车 səu⁴⁴tsʰa³³ 手动的水车

脚车 tɕyo²⁴tsʰa³³ 脚动的水车

车头 tsʰa³³təu²¹³

车尾 tsʰa³³ui⁴⁴

吊机 tiɔ⁴⁵tɕi³³

车轱辘子 tsʰa³³ku²⁴na⁴⁵tsʅ⁰ 水车的轱辘

大轱辘子 tɛ²¹ku²⁴na⁴⁵tsʅ⁰ 水车头上的大轱辘

细轱辘子 ɕi⁴⁵ku²⁴na⁴⁵tsʅ⁰ 水车头上的小轱辘

拨爪 po²⁴tsɔ⁴⁴ 位于水车头的两端，其作用是把碓的尾部压下去

舞手子 u⁴⁴səu⁴⁴tsʅ⁰ 水车的把

车奶子 tsʰa³³nɛ⁴⁴tsʅ⁰ 用来套水车把儿的部件，水车把儿钉在上面

大夹 tɛ²¹ka²⁴ 一米长，有两个，套在车奶子上的部件，车奶子一头连着车把儿，一头连接大夹

车叶子 tsʰa³³iɛ²⁴tsʅ⁰ 水车龙骨上的薄板

车龙骨 tsʰa³³nən²¹³ku²⁴ 水车的主体构件

板车 pɛ̃⁴⁴tsʰa³³

车斗 tsʰa³³təu⁴⁴

板车把 pɛ̃⁴⁴tsʰa³³pa⁴⁴

背带绳 pei⁴⁵tɛ⁴⁵sən²¹³ 用来拉车的绳子

　　背带 pei⁴⁵tɛ⁴⁵

车轭 tsʰa³³ŋɛ²⁴

*风车 xən³³tsʰa³³

*风车斗 xən³³tsʰa³³təu⁴⁴

*风车鼓 xən³³tsʰa³³ku⁴⁴

*风车叶子 xən³³tsʰa³³iɛ²⁴tsʅ⁰

*刀口 tɔ³³kʰəu⁴⁴

*风车大口 xən³³tsʰa³³tɛ²¹kʰəu⁴⁴

*风车小口 xən³³tsʰa³³ɕiɔ⁴⁴kʰəu⁴⁴

*风车尾子 xən³³tsʰa³³ui⁴⁴tsʅ⁰

*风车稿꞊子 xən³³tsʰa³³kɔ⁴⁴tsʅ⁰

脚碓 tɕyo²⁴tei⁴⁵ 脚踏的碓

碓嘴 tei⁴⁵tsei⁴⁴ 碓头

磨 mʊ²¹

上扇 saŋ²¹siĩ⁴⁵

下扇 xa²¹siĩ⁴⁵

磨眼 mʊ²¹ŋɛ̃⁴⁴ 磨扇上用来漏下要加工的粮食的小孔

磨手 mʊ²¹səu⁴⁴ 磨的把手，位于石磨的上扇

磨担子 mʊ²¹tɛ̃³³tsʅ⁰ 形状似"丁"字，用木头做成，竖着的一端向下弯曲近九十度，插入磨手上的孔中，横木则供手扶着推磨

磨凳 mʊ²¹tən⁴⁵ 放石磨的木凳

磨心 mʊ²¹ɕiən³³ 磨扇中心的轴

手磨 səu⁴⁴mʊ²¹

推磨 tʰei³³mʊ²¹

磨齿 mʊ²¹tsʅ⁴⁴

磨盘 mʊ²¹põ²¹³

水井 ɕy⁴⁴tɕiən⁴⁴

井索 tɕiən⁴⁴so²⁴

井钩 tɕiən⁴⁴kəu³³

扯水 tsʰa⁴⁴ɕy⁴⁴ 汲水

扯水索 tsʰa⁴⁴ɕy⁴⁴so²⁴ 汲水用的绳子

　　扯水绳 tsʰa⁴⁴ɕy⁴⁴sən²¹³

　　吊水索 tiɔ⁴⁵ɕy⁴⁴so²⁴

　　吊水绳 tiɔ⁴⁵ɕy⁴⁴sən²¹³

作田 tso²⁴tiĩ²¹³ 种田

犁弓子 ni²¹³kən³³tsʅ⁰ 犁上的弓形木头

犁梢 ni²¹³sɔ³³ 犁的扶手部分

犁底 ni²¹³ti⁴⁴ 犁的底部

犁头 ni²¹³təu²¹³ 犁铧

犁壁 ni²¹³pia²⁴ 犁镜

犁耳 ni²¹³ɛ⁴⁴ 固定犁镜的部件

犁键板 ni²¹³tɕiĩ⁴⁵pɛ̃⁴⁴ 用来固定犁弓的部件

犁奶子 ni²¹³nɛ⁴⁴tsʅ⁰ 犁梢上的，用来掉头时方

便搬动犁的部件

横担木 xən²¹³tæ̃³³mo²⁴ 犁上的部件，用来套绳子的，绳子的一端系在牛轭上，另一端系在横担木上

千年桩 tɕʰiĩ³³niĩ²¹³tsaŋ³³ 犁上的部件，用来把横担木固定在犁上

七寸环 tɕʰi²⁴tsʰən⁴⁵kʰuæ̃³³ 一个环，作用与千年桩同，用绳子或麻等做成。有千年桩的就不用七寸环

犁筋 ni²¹³tɕiən³³ 拴牛轭的绳子

犁田鞭子 ni²¹³tiĩ²¹³piĩ³³tsɿ⁰ 犁田时用来赶牛的鞭子

犁田棍子 ni²¹³tiĩ²¹³kuən⁴⁵tsɿ⁰ 犁田时用来赶牛的棍子

牛兜子 niəu²¹³təu³³tsɿ⁰ 牛笼嘴

牛鼻桊 niəu²¹³pi²⁴tɕyĩ⁴⁵ 穿在牛鼻子上的小铁环

耙 pa⁴⁵ 木制，铁做的齿，耘田的时候用来把田弄平的农具

铧锹 xua²¹³tɕʰiɔ³³ 用来去除田埂上的草的农具

石碌子 sɿ²⁴kuən⁴⁴ tsɿ⁰ 用来碾谷的农具

碌枷子 kuən⁴⁴ka³³tsɿ⁰ 石碌子上用来夹住中间碌子的木架

教牛 kɔ⁴⁵niəu²¹³ 教牛犁田

趁前走 tsʰən⁴⁵tɕiĩ²¹³tsəu⁴⁴ 一直往前走

照沟走 tsɔ⁴⁵kəu³³tsəu⁴⁴ 沿着沟走

挖═ua²⁴ 让牛停下来

牵得 tɕʰiĩ³³tɛ⁰ 让牛往左边走

撇得 pʰiɛ²⁴tɛ⁰ 让牛往右边走

种庄稼 tsən⁴⁵tsaŋ³³ka⁴⁵

撒种 sa⁴⁴tsən⁴⁴

泡种 pʰɔ⁴⁵tsən⁴⁴ 泡稻种

催芽 tsʰɛ³³ŋa²¹³ 用温热水催生芽

踩草 tsʰɛ⁴⁴tsʰɔ⁴⁴ 把稻田里的草踩在田里做肥料

□ naŋ⁴⁴ 竹齿的耙，在犁田耖田之后平田使用的工具

耖 tsʰɔ⁴⁵ 铁齿的耙

拔秧 pa²⁴iaŋ³³ 拔出培育的禾苗

□秧 tʰia²⁴iaŋ³³ 捆秧

窖秧 kɔ⁴⁵iaŋ³³ 一大把秧栽在一起培育

作田埂 tso²⁴tiĩ²¹³kən⁴⁴ 筑田埂

闩═苗 suæ̃³³miɔ²¹³ 间苗

蘸肥 tsæ̃⁴⁵fei²¹³ 用秧苗根蘸肥料后再插入田里

挑粪 tʰiɔ³³fən⁴⁵

秧田 iaŋ³³tiĩ²¹³ 用来莳秧苗的田

发棵 fa²⁴kʰʊ³³ 分蘖

　发蔸 fa²⁴təu³³

分蔸 fən³³təu³³ 把已经分蘖的禾苗分成几株移栽

补蔸 pu⁴⁴təu³³ 补苗

拔节 pa²⁴tɕiɛ²⁴ 水稻、麦子等一节节向上生长

孕穗 yən²¹sui⁴⁵ 已经形成但未抽出的水稻穗子。南陵本地话使用

　作苞 tso²⁴pɔ³³ 南陵湘语使用

晾田 naŋ²¹tiĩ²¹³ 发棵拔节之后，把水田里的水排干

　靠═田 kʰɔ⁴⁵tiĩ²¹³

硬脚 ŋən²¹tɕyo²⁴ 水田排干水之后土地变硬不再粘脚

锁草 sʊ⁴⁴tsʰɔ⁴⁴ 捆稻草

稻棵桩子 tɔ²¹kʰʊ³³tsaŋ³³tsɿ⁰ 稻茬

稻棵 tɔ²¹kʰʊ³³ 水稻的植株

稻季=子 tɔ²¹tɕi⁴⁵tsɿ⁰ 稻穗

　禾季=子 ʋ²¹³tɕi⁴⁵tsɿ⁰

稻花 tɔ²¹xua³³

出稻 tɕʰy²⁴tɔ²¹ 出穗

扬花 iaŋ²¹³xua³³ 授粉

勾头 kəu³³təu²¹³ 稻穗下弯

打农药 ta⁴⁴nən²¹³yo²⁴

卷叶螟 tɕyĩ⁴⁴iE²⁴miən²¹³ 稻田里的虫害

钻心虫 tsõ³³ɕiən³³tsən²¹³ 稻田里的虫害

稻季=蚂 tɔ²¹tɕi⁴⁵ma⁴⁴ 稻田里的虫害

稻飞虱 tɔ²¹fei³³sE²⁴ 稻田里的虫害

六六粉 nəo²⁴nəo²⁴fən⁴⁴ 农药名

敌敌畏 ti²⁴ti²⁴ui⁴⁵ 农药名

乐果 no²⁴kʊ⁴⁴ 农药名

一六零五 i²⁴nəo²⁴niən²¹³u⁴⁴ 农药名

二零三 E²¹niən²¹³sæ̃³³ 农药名

甲胺磷 tɕia²⁴ŋæ̃³³niən²¹³ 农药名

敌杀死 ti²⁴sa²⁴sɿ⁴⁴ 农药名

毒死□ təo²⁴sɿ⁴⁴pʰi⁴⁴ 农药名

除草剂 tɕy²¹³tsʰɔ⁴⁴tɕi⁴⁵

吊水 tiɔ⁴⁵ɕy⁴⁴ 从井里打水

浇水 tɕiɔ³³ɕy⁴⁴

　泼水 pʰE²⁴ɕy⁴⁴

闹=水 nɔ⁴⁵ɕy⁴⁴ 管水

　看水 kʰæ̃⁴⁵ɕy⁴⁴

浇粪 tɕiɔ³³fən⁴⁵

　泼粪 pʰE²⁴fən⁴⁵

上水 saŋ²¹ɕy⁴⁴ 灌水

退水 tʰei⁴⁵ɕy⁴⁴ 排水

整田 tsən⁴⁴tiĩ²¹³ 春耕时把田地翻起弄平整

犁田 ni²¹³tiĩ²¹³

耙田 pa⁴⁵tiĩ²¹³ 用犁犁过一次后，用耙把成块

　的土弄碎

耖田 tsʰɔ⁴⁵tiĩ²¹³ 整平田地

朗=田 naŋ⁴⁴tiĩ²¹³ 犁田耙田后再次用朗=把田

　里的土弄平

耘耙 yən²¹³pa²¹³ 推灰、锄草的耙子

刮耙 kua²⁴pa²¹³ 铁做的，一整块铁板，没有

　齿，专门用来除水稻田里的草的工具

耘草 yən²¹³tsʰɔ⁴⁴ 用工具除稻田中的杂草

　耘田 yən²¹³tiĩ²¹³

乌=头 u³³təu²¹³ 用来除烂泥田里的草的耙子，

　齿是铁做的，很密，耙身是木制的

打田圳 ta⁴⁴tiĩ²¹³tɕyən⁴⁵ 收割稻谷前在水田里

　挖水沟方便排水

　打圳沟 ta⁴⁴tɕyən⁴⁵kəu³³

圳沟 tɕyən⁴⁵kəu³³ 水田里临时挖的排水沟

*绊=禾 pæ̃⁴⁵ʋ²¹³

　打稻 ta⁴⁴tɔ²¹

*风稻 xən³³tɔ²¹

稻草人 tɔ²¹tsʰɔ⁴⁴zən²¹³

禾桶围子 ʋ²¹³tʰən⁴⁴ui²¹³tsɿ⁰ 打稻桶上的围子，

　用竹子或篾编制，挡住稻子外溅

　绊=桶围子 pæ̃⁴⁵tʰən⁴⁴ui²¹³ tsɿ⁰

　围子 ui²¹³tsɿ⁰

*禾桶 ʋ²¹³tʰən⁴⁴

　绊=桶 pæ̃⁴⁵tʰən⁴⁴

桶耳子 tʰən⁴⁴E⁴⁴tsɿ⁰ 打稻桶上的部件，用手握

　住拖动打稻桶

*禾堂 ʋ²¹³taŋ²¹³

谷围子 ku²⁴ui²¹³tsɿ⁰ 囤

*摊簟 tʰæ̃³³tiĩ²¹

稻□子 tɔ²¹siĩ²¹³tsɿ⁰ 围粮食囤子的席子

砻 nən²¹³ 用来碾米的工具

木硾 mo²⁴nən²¹³ 用来碾米的，用木头做成的工具

土硾 tʰəu⁴⁴nən²¹³ 用来碾米的，用泥巴做成的工具

挖地 ua²⁴ti²¹

垄子 nən⁴⁴tsʅ⁰ 耕地上培成的一行一行的土埂，用来种植庄稼的
  双⁼子 suaŋ³³tsʅ⁰

打垄子 ta⁴⁴nən⁴⁴tsʅ⁰ 做成垄
  挖双⁼子 ua²⁴suaŋ³³tsʅ⁰ 挖成垄

捞⁼双⁼子 nɔ³³suaŋ³³tsʅ⁰ 把每一垄地弄平

十二海⁼子 sʅ²⁴xɛ⁴⁴tsʅ⁰ 八个人打的夯
  十二窝子 sʅ²⁴ʋɔ³³tsʅ⁰

利水 ni⁴⁵ɕy⁴⁴ 把庄稼种在垄子上，避免被水浸泡

打凼 ta⁴⁴taŋ²¹ 挖埯，用于撒播种子

滴凼 ti²⁴taŋ²¹ 把肥料放在埯里

种子 tsən⁴⁴tsʅ⁴⁴

把子 pa⁴⁴tsʅ⁴⁴ 把种子放入埯里
  把种子 pa⁴⁴tsən⁴⁴tsʅ⁴⁴

盖种 kɛ⁴⁵tsən⁴⁴ 把埯里的种子用土盖住

盖灰 kɛ⁴⁵xui³³ 用草木灰把种子盖住

窖山芋种 kɔ⁴⁵sæ̃³³y²¹tsən⁴⁴ 正月底让红薯发芽育苗

剪山芋节 tɕiĩ⁴⁴sæ̃³³y²¹tɕiɛ²⁴ 把红薯苗剪成一节一节的往地里插

插山芋 tsʰa²⁴sæ̃³³y²¹ 插红薯

砍芦穄 kʰæ⁴⁴nəu²¹³tɕi³³ 砍高粱

□芦穄 sua⁴⁵nəu²¹³tɕi³³ 捧打高粱，使脱粒

晒芦穄 sɛ⁴⁵nəu²¹³tɕi³³ 晒高粱

打黄豆 ta⁴⁴uaŋ²¹³təu²¹

锯芝麻 kei⁴⁵tsʅ³³ma²¹³ 割芝麻

晒芝麻 sɛ⁴⁵tsʅ³³ma²¹³

锯麦 kei⁴⁵mɛ²⁴ 割麦子

麦季⁼子 mɛ²⁴tɕi⁴⁵tsʅ⁰ 麦穗

打麦 ta⁴⁴mɛ²⁴ 脱麦粒

薅草 xɔ³³tsʰɔ⁴⁴ 用锄头锄草

撒肥料 sa⁴⁴fei²¹³niɔ²¹
  府⁼肥料 fu⁴⁴fei²¹³niɔ²¹
  下肥料 xa²¹fei²¹³niɔ²¹
  把肥料 pa⁴⁴fei²¹³niɔ²¹
  厌⁼肥料 iĩ⁴⁵fei²¹³niɔ²¹

沤粪 ŋəu⁴⁵fən⁴⁵ 发酵粪便

沤肥 ŋəu⁴⁵fei²¹³ 把植物堆积发酵成肥料

捡粪 tɕiĩ⁴⁴fən⁴⁵ 把动物的粪便收集起来做肥料

农家肥 nən²¹³ka³³fei²¹³ 家禽家畜的粪便做的肥料

化肥 xua⁴⁵fei²¹³

牛粪肥 niəu²¹³fən⁴⁵fei²¹³

鸡粪肥 tɕi³³fən⁴⁵fei²¹³

羊粪肥 iaŋ²¹³fən⁴⁵fei²¹³

猪粪肥 tɕy³³fən⁴⁵fei²¹³

兔子粪肥 tʰəu⁴⁵tsʅ⁰fən⁴⁵fei²¹³

草木灰 tsʰɔ⁴⁴mo²⁴xui³³ 草木烧成的灰，用来做肥料

粪凼 fən⁴⁵taŋ²¹ 田地旁边用来发酵肥料的坑

大粪 tɛ²¹fən⁴⁵ 人的粪便

茅缸 mɔ²¹³kaŋ³³ 小的粪缸

茅窖 mɔ²¹³kɔ⁴⁵ 比"茅缸"大，比"粪凼"小的粪坑

出猪栏 tɕʰy²⁴tɕy³³næ̃²¹³ 把猪圈清理干净

出牛栏 tɕʰy²⁴niəu²¹³næ̃²¹³ 把牛栏清理干净

打柴头 ta⁴⁴tsɛ²¹³təu²¹³ 杀青

柴火头子 tsɛ²¹³xʋ⁴⁴təu²¹³tsʅ⁰ 柴火未完全烧尽

剩下的部分

火炽子 xu⁴⁴tsʰʅ³³tsʅ⁰ 木头等未完全烧尽后剩下的部分，用水浇灭晒干，下次做点火材料用

柴堆子 tsɛ²¹³tei³³tsʅ⁰

硬柴 ŋən²¹tsɛ²¹³ 块状的柴

片子柴 pʰiĩ⁴⁵tsʅ⁰tsɛ²¹³

枝子柴 tsʅ³³tsʅ⁰tsɛ²¹³ 枝叶柴

茅草柴 mɔ²¹³tsʰɔ⁴⁴tsɛ²¹³

松毛子柴 tsən²¹³mɔ²¹³tsʅ⁰tsɛ²¹³ 做柴的松针

杉树刺 sa³³ɕy²¹tsʰʅ⁴⁵

禾秸草 ʋ²¹³kɛ³³tsʰɔ⁴⁴ 晒干了的禾秸

血＝秸草 ɕiɛ²⁴kɛ³³tsʰɔ⁴⁴ 湿的禾秸

麦秸子 mɛ²⁴kɛ³³tsʅ⁰ 麦秆

麦秸子柴 mɛ²⁴kɛ³³tsʅ⁰tsɛ²¹³

黄豆秸子 uɑŋ²¹³təu²¹kɛ³³tsʅ⁰ 黄豆秆

棉花秸子 miĩ²¹³xua³³kɛ³³tsʅ⁰ 棉花秆

芦穄秸子 nəu²¹³tɕi³³kɛ³³tsʅ⁰ 高粱秸

六谷秸子 nəo²⁴ku²⁴kɛ³³tsʅ⁰ 玉米秸

麻秸子 ma²¹³kɛ³³tsʅ⁰ 芝麻秸

锯末屑 kei⁴⁵mo²⁴ɕiɛ²⁴

刨花 pɔ²¹xua³³

木□屑子 mo²⁴pʰi⁴⁴ɕiɛ²⁴tsʅ⁰ 用斧子砍下来的小木片

五 植物

庄稼 tsɑŋ³³ka⁴⁵

年头 niĩ²¹³təu²¹³ 年成

春耕 tɕʰyən³³kən³³

夏收 xa²¹səu³³

秋收 tɕʰiəu³³səu³³

粮食 niɑŋ²¹³ʅ²⁴

五谷 u⁴⁴ku²⁴

陈谷子 tsən²¹³ku²⁴tsʅ⁰ 往年的稻谷

新谷子 ɕiən³³ku²⁴tsʅ⁰ 今年刚收的稻谷

米 mi⁴⁴

新米 ɕiən³³mi⁴⁴ 用新收的稻谷碾的米

陈米 tsən²¹³mi⁴⁴ 用陈稻谷碾的米

糯米 nʋ²¹mi⁴⁴

籼米 ɕiĩ³³mi⁴⁴

农垦米 nən²¹³kʰən⁴⁴mi⁴⁴ 籼米的一种

粳米 kən³³mi⁴⁴

早稻米 tsɔ⁴⁴tɔ²¹mi⁴⁴

中稻米 tsən³³tɔ²¹mi⁴⁴

晚稻米 uæ̃⁴⁴tɔ²¹mi⁴⁴

瘪壳稻 piɛ²⁴kʰo²⁴tɔ²¹ 空壳稻，没有米粒的稻谷

大半壮＝子 tɛ²¹põ⁴⁵tsaŋ⁴⁵tsʅ⁰ 只有小半粒米的秕谷

早稻 tsɔ⁴⁴tɔ²¹

中稻 tsən³³tɔ²¹

晚稻 uæ̃⁴⁴tɔ²¹

连塘早 niĩ²¹³taŋ²¹³tsɔ⁴⁴ 早稻的品种

小麻仙 ɕiɔ⁴⁴ma²¹³ɕiĩ³³ 早稻的品种

白东稻 pɛ²⁴tən³³tɔ²¹ 晚稻的品种

农垦稻 nən²¹³kʰən⁴⁴tɔ²¹ 晚稻的品种

杂交稻 tsa²⁴tɕiɔ³³tɔ²¹ 晚稻的品种

糙米 tsʰɔ⁴⁵mi⁴⁴

熟米 səo²⁴mi⁴⁴ 白米

杂交米 tsa²⁴tɕiɔ³³mi⁴⁴

稻壳 tɔ²¹kʰo²⁴ 稻谷壳

　龙糠 nən²¹³kʰɑŋ³³

稗子草 pɛ²¹tsʅ⁰tsʰɔ⁴⁴ 稗草

稗子 pɛ²¹tsʅ⁰ 稗籽

鸭舌草 ŋa²⁴sɛ²⁴tsʰɔ⁴⁴

千斤子 tɕʰiĩ³³tɕiən³³tsɿ⁰

三拐草 sæ³³kuɛ⁴⁴tsʰɔ⁴⁴ 三角草

牛毛□ niəu²¹³mɔ²¹³tsiĩ³³ 稻田里的一种杂草

竹叶草 tsəo²⁴iɛ²⁴tsʰɔ⁴⁴ 稻田里的一种野草

麦子 mɛ²⁴tsɿ⁰

麦秸兜子 mɛ²⁴kɛ³³təu³³tsɿ⁰ 麦茬

麦壳 mɛ²⁴kʰo²⁴

麦麸 mɛ²⁴fu³³

麦芒 mɛ²⁴mɑŋ²¹³

荞麦 tɕiɔ²¹³mɛ²⁴

苦荞 kʰu⁴⁴tɕiɔ²¹³

甜荞 tiĩ²¹³tɕiɔ²¹³

　　花荞 xua³³tɕiɔ²¹³

苞谷 pɔ³³ku²⁴ 玉米

六谷芯子 nəo²⁴ku²⁴ɕiən³³tsɿ⁰ 去掉外衣的玉米棒

　　六谷芯 nəo²⁴ku²⁴ɕiən³³

六谷叶子 nəo²⁴ku²⁴iɛ²⁴tsɿ⁰ 玉米叶

六谷须子 nəo²⁴ku²⁴ɕy³³tsɿ⁰ 玉米须

六谷衣子 nəo²⁴ku²⁴i³³tsɿ⁰ 玉米棒外面的那层皮

六谷槌子 nəo²⁴ku²⁴tsui²¹³tsɿ⁰ 玉米棒

剥六谷子 po²⁴nəo²⁴ku²⁴tsɿ⁰ 剥玉米

扳六谷子 pæ̃³³nəo²⁴ku²⁴tsɿ⁰ 把玉米棒从玉米秆上掰下来

棉花桃子 miĩ²¹³xua³³tɔ²¹³tsɿ⁰ 棉花的果实

　　棉花籽 miĩ²¹³xua³³tsɿ⁴⁴

麻 ma²¹³

家麻 ka³³ma²¹³ 苎麻

六￣麻 nəo²⁴ma²¹³ 用来做绳子的麻

葵花子 kui²¹³xua³³tsɿ⁰

葵花盘 kui²¹³xua³³põ²¹³

桑树 saŋ³³ɕy²¹

桑叶 saŋ³³iɛ²⁴

桑葚籽 saŋ³³kʰæ̃³³tsɿ⁴⁴ 桑葚里的籽儿, 中药用

桑果子 saŋ³³ku⁴⁴tsɿ⁰ 桑葚

草孟￣果子 tsʰɔ⁴⁴mən⁴⁵ku⁴⁴tsɿ⁰ 覆盆子的一种, 果子圆形, 红色, 不能吃, 植株趴在地上生长。大概四月初成熟

　　蛇孟￣果子 sa²¹³mən⁴⁵ku⁴⁴tsɿ⁰

孟￣果子树 mən⁴⁵ku⁴⁴tsɿ⁰ɕy²¹ 覆盆子树的一种, 带刺儿, 叶子长圆形, 树干只有大拇指粗, 丛生

乌蔗子 u³³pʰɔ³³tsɿ⁰ 覆盆子的一种。未成熟时, 青色, 成熟时红色, 长圆形, 味道甜酸。果实阴历三月成熟

　　孟￣果子 mən⁴⁵ku⁴⁴tsɿ⁰

小麦孟￣果子 ɕiɔ⁴⁴mɛ²⁴mən⁴⁵ku⁴⁴tsɿ⁰ 叶子圆形, 叶子上有毛刺, 果子大红色, 酸甜味, 果子有弹珠大

大麦孟￣果子 tɛ²¹mɛ²⁴mən⁴⁵ku⁴⁴tsɿ⁰ 覆盆子的一种

橘子树 tɕy²⁴tsɿ⁰ɕy²¹

橘子皮 tɕy²⁴tsɿ⁰pi²¹³

橘子籽 tɕy²⁴tsɿ⁰tsɿ⁴⁴ 橘子里的籽儿

橘子筋 tɕy²⁴tsɿ⁰tɕiən³³ 橘瓣上白色的经络

　　橘络 tɕy²⁴no²⁴

毛桃子 mɔ²¹³tɔ²¹³tsɿ⁰

□ fei⁴⁵ 核儿

杨梅 iaŋ²¹³mei²¹³

梅子 mei²¹³tsɿ⁰

橙子 tsən²¹³tsɿ⁰

宣木瓜 ɕyĩ³³mo²⁴kua³³ 宣州产的木瓜

桂圆 kui⁴⁵yĩ²¹³

干桂圆 kæ³³kui⁴⁵yĩ²¹³

荔枝 ni⁴⁵tsʅ³³

橄榄 kæ⁴⁴næ⁴⁴

西瓜 ɕi³³kua³³

瓜子 kua³³tsʅ⁰

香瓜 ɕiaŋ³³kua³³ 甜瓜

花生米 xua³³sən³³mi⁴⁴

花生衣 xua³³sən³³i³³

挖花生 ua²⁴xua³³sən³³

□豆 ni²¹³təu²¹ 用来培育豆芽菜的一种豆，长
圆形，比米粒大一些，豆子成熟时为咖
啡色

黑豆 xɛ²⁴təu²¹

红豆 xən²¹³təu²¹ 是一种比豇豆短、比四季豆
长的豆角中的豆子，这种豆角成熟时呈
黄色，豆子为浅褐色，常用来包粽子或
做菜吃

　饭豆 fæ²¹təu²¹

四季豆 sʅ⁴⁵tɕi⁴⁵təu²¹

刀豆 tɔ³³təu²¹

川⁼豆子 tɕʰyĩ³³təu²¹tsʅ⁰ 豌豆

扁豆 piĩ⁴⁴təu²¹ 峨眉豆

赤小豆 tsʰʅ²⁴ɕiɔ⁴⁴təu²¹ 红小豆

牛皮菜 niəu²¹³pi²¹³tsʰɛ⁴⁵ 莙荙菜

包心菜 pɔ³³ɕiən³³tsʰɛ⁴⁵

春包菜 tɕʰyən³³pɔ³³tsʰɛ⁴⁵

调羹白 tiɔ²¹³kən³³pɛ²⁴ 用来做梅干菜的蔬菜

矮子菜 ŋɛ⁴⁴tsʅ⁰tsʰɛ⁴⁵ 四季青

菜秧子 tsʰɛ⁴⁵iaŋ³³tsʅ⁰ 青菜苗的统称

花菜 xua³³tsʰɛ⁴⁵ 雪里蕻

黄心菜 uaŋ²¹³ɕiən³³tsʰɛ⁴⁵

油菜籽 iəu²¹³tsʰɛ⁴⁵tsʅ⁴⁴

莲盘子 niĩ²¹³põ²¹³tsʅ⁰ 莲子

莲蓬 niĩ²¹³pən²¹³

菱角 niən²¹³ko²⁴

慈姑 tsʅ²¹³ku³³ 荸荠

蕨季⁼禾子 tɕyɛ²⁴tɕi⁴⁵xʊ²¹³tsʅ⁰ 蕨菜

　蕨根薹 tɕyɛ²⁴kən³³tɛ²¹³

黄花菜 uaŋ²¹³xua³³tsʰɛ⁴⁵ 金针

刺苋菜 tsʰʅ⁴⁵xæ²¹tsʰɛ⁴⁵ 灰菜

藠子 tɕiɔ²¹tsʅ⁰ 藠头

藠白 tɕiɔ²¹pɛ²⁴ 藠头的鳞茎

藠禾子 tɕiɔ²¹xʊ²¹³tsʅ⁰ 藠头的叶子

菇子 ku³³tsʅ⁰ 蘑菇

松树菇子 tsən²¹³ɕy²¹ku³³tsʅ⁰ 松树下长出来的
蘑菇

栎树菇子 ni²⁴ɕy²¹ku³³tsʅ⁰ 生长在栎树下的
蘑菇

牛屎菇子 niəu²¹³sʅ⁴⁴ku³³tsʅ⁰ 牛粪上长出来的
蘑菇

葛 ko²⁴

葛藤 ko²⁴tən²¹³

芋头 y²¹təu²¹³

芋头种 y²¹təu²¹³tsən⁴⁴ 用来培育芋头苗的芋头

洋芋种 iaŋ²¹³y²¹tsən⁴⁴ 用来培育马铃薯苗的
马铃薯

红薯 xən²¹³ɕy⁴⁴

山芋种 sæ³³y²¹tsən⁴⁴ 用来培育红薯苗的红薯

脚板芋 tɕyo²⁴pæ⁴⁴y²¹ 形状像脚掌一样的芋
头，紫色

狗头芋 kəu⁴⁴təu²¹³y²¹ 芋头的一种，外形奇形
怪状

红心芋 xən²¹³ɕiən³³y²¹ 芋头的一种，圆形，
外皮是红色的

黄心山芋 faŋ²¹³ɕiən³³sæ̃³³y²¹ 黄心的红薯

紫心山芋 tsʐ⁴⁴ɕiən³³sæ̃³³y²¹ 紫薯

白心山芋 pE²⁴ɕiən³³sæ̃³³y²¹ 白心的红薯

山芋藤子 sæ̃³³y²¹tən²¹³tsʐ⁰ 红薯藤

山芋爪子 sæ̃³³y²¹tsɔ⁴⁴tsʐ⁰ 红薯叶梗

山芋叶子 sæ̃³³y²¹iE²⁴tsʐ⁰ 红薯叶子

挖山芋 ua²⁴sæ̃³³y²¹ 挖红薯

烧山芋 sɔ³³sæ̃³³y²¹ 烤红薯，放在刚灭的火灰
　　里烧烤

红洋芋 xən²¹³iaŋ²¹³y²¹ 皮是红色的马铃薯

黄心洋芋 uaŋ²¹³ɕiən³³iaŋ²¹³y²¹ 皮是白色的，
　　肉是黄色的马铃薯

野蒜 ia⁴⁴sõ⁴⁵ 胡葱

蒜头子 sõ⁴⁵təu²¹³tsʐ⁰ 蒜头
　　大蒜籽 tɛ²¹sõ⁴⁵tsʐ⁴⁴

大蒜根 tɛ²¹sõ⁴⁵kən³³ 大蒜的须

蒜衣子 sõ⁴⁵i³³tsʐ⁰ 大蒜外皮

蒜根子 sõ⁴⁵kən³³tsʐ⁰ 蒜的主干

大蒜苗子 tɛ²¹sõ⁴⁵miɔ²¹³tsʐ⁰ 蒜薹
　　大蒜苗 tɛ²¹sõ⁴⁵miɔ²¹³

大蒜叶子 tɛ²¹sõ⁴⁵iE²⁴tsʐ⁰ 蒜叶

大蒜瓣子 tɛ²¹sõ⁴⁵pæ̃²¹tsʐ⁰ 蒜瓣

蒜泥 sõ⁴⁵ni²¹³

小蒜 ɕiɔ⁴⁴sõ⁴⁵ 野生的蒜

葱叶子 tsʰən³³iE²⁴tsʐ⁰
　　葱管子 tsʰən³³kõ⁴⁴tsʐ⁰

葱白 tsʰən³³pE²⁴

大葱 tɛ²¹tsʰən³³ 北方的葱

细葱 ɕi⁴⁵tsʰən³³ 香葱
　　四季葱 sʐ⁴⁵tɕi⁴⁵tsʰən³³

葱花 tsʰən³³xua³³

老姜 nɔ⁴⁴tɕiaŋ³³

仔姜 tsʐ⁴⁴tɕiaŋ³³

韭菜黄 tɕiəu⁴⁴tsʰɛ⁴⁵faŋ²¹³

韭菜叶子 tɕiəu⁴⁴tsʰɛ⁴⁵iE²⁴tsʐ⁰

韭菜籽 tɕiəu⁴⁴tsʰɛ⁴⁵tsʐ⁴⁴

韭菜花 tɕiəu⁴⁴tsʰɛ⁴⁵xua³³

萝卜丝 nʊ²¹³pʰu⁴⁵sʐ³³

萝卜菇ⁿ子 nʊ²¹³pʰu⁴⁵ku³³tsʐ⁰ 腌制的萝卜丁

萝卜条子 nʊ²¹³pʰu⁴⁵tiɔ²¹³tsʐ⁰ 腌制的萝卜条

萝卜皮子 nʊ²¹³pʰu⁴⁵pi²¹³tsʐ⁰ 萝卜干

茭瓜 kɔ³³kua³³ 茭白

蕹菜 ŋən⁴⁵tsʰɛ⁴⁵ 空心菜
　　空心菜 kʰən³³ɕiən³³tsʰɛ⁴⁵

地菜 ti²¹tsʰɛ⁴⁵ 荠菜

苋菜 xæ̃²¹tsʰɛ⁴⁵

青苋菜 tɕʰiən³³xæ̃²¹tsʰɛ⁴⁵ 叶子是绿色的苋菜

红苋菜 xən²¹³xæ̃²¹tsʰɛ⁴⁵ 叶子是玫红色的苋菜

冬苋菜 tən³³xæ̃²¹tsʰɛ⁴⁵ 冬天才有的一种苋菜，
　　比一般的苋菜长得高，叶子是圆的，绿
　　色，炒熟后汤不是玫红色的

野芹菜 ia⁴⁴tɕiən²¹³tsʰɛ⁴⁵

水芹菜 ɕy⁴⁴tɕiən²¹³tsʰɛ⁴⁵ 长在水边像芹菜的
　　野菜

家芹菜 ka³³tɕiən²¹³tsʰɛ⁴⁵ 芹菜

马齿苋 ma⁴⁴tsʰʐ⁴⁴xæ̃²¹

菜辣椒 tsʰɛ⁴⁵na²⁴tɕiɔ³³ 菜椒

尖辣椒 tɕiĩ³³na²⁴tɕiɔ³³

辣椒粉 na²⁴tɕiɔ³³fən⁴⁴ 辣椒面儿

朝天椒 tsɔ²¹³tʰiĩ³³tɕiɔ³³ 一种朝上长的、个儿
　　较小、很辣的辣椒

胡椒 fu²¹³tɕiɔ³³

白胡椒 pE²⁴fu²¹³tɕiɔ³³

黑胡椒 xE²⁴fu²¹³tɕiɔ³³

花椒 xua³³tɕiɔ³³

小白菜 ɕiɔ⁴⁴pE²⁴tsʰɛ⁴⁵

毛竹笋 mɔ²¹³tsəo²⁴sən⁴⁴

斑竹笋 pæ̃³³tsəo²⁴sən⁴⁴

淡竹笋 tæ̃²¹tsəo²⁴sən⁴⁴

水竹笋 ɕy⁴⁴tsəo²⁴sən⁴⁴

苦竹笋 kʰu⁴⁴tsəo²⁴sən⁴⁴

木竹笋 mo²⁴tsəo²⁴sən⁴⁴

冬笋（子）tən³³sən⁴⁴(tsɿ⁰)

春笋（子）tɕʰyən³³sən⁴⁴(tsɿ⁰)

干笋子 kæ̃³³sən⁴⁴tsɿ⁰ 干笋

笋壳若⁼子 sən⁴⁴kʰo²⁴niɔ²⁴tsɿ⁰ 笋壳

莴苣 ʋ³³tɕy³³ 不长秆，只吃叶子的一种莴苣

莴笋叶子 ʋ³³sən⁴⁴iE²⁴tsɿ⁰

　莴苣叶子 ʋ³³tɕy³³iE²⁴tsɿ⁰

芥菜 kɛ⁴⁵tsʰɛ⁴⁵

生菜 sən³³tsʰɛ⁴⁵

菜薹 tsʰɛ⁴⁵tɛ²¹³ 白菜、油菜等在生长过程中从中央部分长出来的细长的茎，顶上开花结果实。嫩的部分可供人们食用

茼蒿 tən²¹³xɔ³³

空心萝卜 kʰən³³ɕiən³³nʋ²¹³pʰu⁴⁵

菜瓜 tsʰɛ⁴⁵kua³³

萝卜缨子 nʋ²¹³pʰu⁴⁵iən³³tsɿ⁰ 萝卜苗

苦瓜 kʰu⁴⁴kua³³

冬瓜 tən³³kua³³

冬瓜粉 tən³³kua³³fən⁴⁴ 冬瓜霜

葫芦 fu²¹³nəu²¹³

瓠子 fu⁴⁵tsɿ⁰

大头瓠子 tɛ²¹təu²¹³fu⁴⁵tsɿ⁰

插树 tsʰa²⁴ɕy²¹

　栽树 tsɛ³³ɕy²¹

斫树 tso²⁴ɕy²¹

　砍树 kʰæ̃⁴⁴ɕy²¹

树窠 ɕy²¹kʰʋ³³ 树林

　树林 ɕy²¹niən²¹³

树秧子 ɕy²¹iaŋ³³tsɿ⁰ 树苗

树错⁼子 ɕy²¹tsʰʋ⁴⁵tsɿ⁰ 树段

树梃子 ɕy²¹tʰiən⁴⁴tsɿ⁰ 树干

树梢子 ɕy²¹sɔ³³tsɿ⁰ 树梢

　树杪子 ɕy²¹miɔ⁴⁴tsɿ⁰

树根 ɕy²¹kən³³

树蔸子 ɕy²¹təu³³tsɿ⁰ 树桩

树叶子 ɕy²¹iE²⁴tsɿ⁰

松毛 tsən²¹³mɔ²¹³ 松针

松花 tsən²¹³xua³³

松树粉 tsən²¹³ɕy²¹fən⁴⁴

松香 tsən²¹³ɕiaŋ³³

松树果子 tsən²¹³ɕy²¹kʋ⁴⁴tsɿ⁰ 松果

松油 tsən²¹³iəu²¹³ 松明

　松油子 tsən²¹³iəu²¹³tsɿ⁰

杉木刺 sa³³mo²⁴tsʰɿ⁴⁵ 杉树的刺儿

杉树果子 sa³³ɕy²¹kʋ⁴⁴tsɿ⁰

白杨 pE²⁴iaŋ²¹³

　白杨树 pE²⁴iaŋ²¹³ɕy²¹

椿树 tɕʰyən³³ɕy²¹

椿树头 tɕʰyən³³ɕy²¹təu²¹³ 椿芽

香椿 ɕiaŋ³³tɕʰyən³³

臭椿 tsʰəu⁴⁵tɕʰyən³³

棕树 tsən³³ɕy²¹

棕□子 tsən³³y²¹³tsɿ⁰ 棕树籽

棕叶子 tsən³³iE²⁴tsɿ⁰

棕毛 tsən³³mɔ²¹³

桐子树 tən²¹³tsɿ⁰ɕy²¹

桐子 tən²¹³tsʅ⁰

桐油 tən²¹³iəu²¹³

夹木箕 ˗ka²⁴mo²⁴tɕi³³ 合欢树

　　夜关门 ia²¹kuæ̃³³mən²¹³

株树 tɕy³³ɕy²¹ 栎树的一种

　　株栎子树 tɕy³³ni²⁴tsʅ⁰ɕy²¹

株栎子 tɕy³³ni²⁴tsʅ⁰ 橡果的一种，可用来做豆腐

柴栎子树 tsɛ²¹³ni²⁴tsʅ⁰ɕy²¹ 栎木的一种

柴栎子 tsɛ²¹³ni²⁴tsʅ⁰ 橡果的一种，可用来做
　　豆腐

茶树 tsa²¹³ɕy²¹

茶花 tsa²¹³xua³³

茶籽 tsa²¹³tsʅ⁴⁴

洋松 iaŋ²¹³sən³³ 松树的一种

毛竹 mɔ²¹³tsəo²⁴

淡竹 tæ̃²¹tsəo²⁴

水竹 ɕy⁴⁴tsəo²⁴

斑竹 pæ̃³³tsəo²⁴

苦竹 kʰu⁴⁴tsəo²⁴

墨竹 mo²⁴tsəo²⁴

篾 miɛ²⁴

黄篾 uɑŋ²¹³miɛ²⁴ 篾黄

青篾 tɕʰiən³³miɛ²⁴ 篾青

竹子粉 tsəo²⁴tsʅ⁰fən⁴⁴ 竹子上的白色的粉

竹叶子 tsəo²⁴iɛ²⁴tsʅ⁰

树桠子 ɕy²¹ŋa³³tsʅ⁰ 树枝

黄荆条子 faŋ²¹³tɕiən³³tiɔ²¹³tsʅ⁰ 荆条

芦柴 nəu²¹³tsɛ²¹³ 芦苇

竹篙子 tsəo²⁴kɔ³³tsʅ⁰ 竹竿

金樱子 tɕiən³³iən³³tsʅ⁰

橡剥 ˗啰 ˗ɕiaŋ⁴⁵po²⁴nʊ³³ 橡果

红花草 xən²¹³xua³³tsʰɔ⁴⁴ 紫云英

桂花 kui⁴⁵xua³³

菊花 tɕy²⁴xua³³

白菊花 pɛ²⁴tɕy²⁴xua³³

黄菊花 uaŋ²¹³tɕy²⁴xua³³

指甲花 tsʅ⁴⁴ka²⁴xua³³ 凤仙花

水仙花 ɕy⁴⁴ɕiĩ³³xua³³

茉莉花 mo²⁴ni⁴⁵xua³³

喇叭花 na³³pa³³xua³³ 牵牛花

艳山红 iĩ⁴⁵sæ̃³³xən²¹³ 杜鹃花

芙蓉花 fu²¹³iən²¹³xua³³

　　木芙蓉 mo²⁴fu²¹³iən²¹³

　　水芙蓉 ɕy⁴⁴fu²¹³iən²¹³

花瓣 xua³³pæ̃²¹

花心 xua³³ɕiən³³ 花蕊

仙人掌 ɕiĩ³³zən²¹³tsɑŋ⁴⁴

怕丑草 pʰa⁴⁵tsʰəu⁴⁴tsʰɔ⁴⁴ 含羞草

草堆 tsʰɔ⁴⁴tei³³

苦麻 kʰu⁴⁴ma²¹³ 苦菜，用来喂鸡、喂猪

浮漂子 fu²¹³pʰiɔ³³tsʅ⁰ 浮萍

水浮芦 ˗ɕy⁴⁴fu²¹³nəu²¹³ 水浮莲

　　水浮莲 ɕy⁴⁴fu²¹³niĩ²¹³

斑茅 pæ̃³³mɔ²¹³

白茅草 pɛ²⁴mɔ²¹³tsʰɔ⁴⁴

白茅草根 pɛ²⁴mɔ²¹³tsʰɔ⁴⁴kən³³

艾叶 ŋɛ²¹iɛ²⁴

艾 ŋɛ²¹

蓖麻子 pei³³ma²¹³tsʅ⁰

六　动物

畜牲 tsʰəo²⁴sən³³

毛牯驴子 mɔ²¹³ku⁴⁴ny²¹³tsʅ⁰ 驴

骚包牯子 sɔ³³pɔ³³ku⁴⁴tsʅ⁰ 未阉割的公牛

128

跑栏 pʰɔ⁴⁴næ²¹³ 母牛发情

黄牛 uaŋ²¹³niəu²¹³

水牛 ɕy⁴⁴niəu²¹³

牸牛婆子 sa³³niəu²¹³pʊ²¹³tsʅ⁰ 母牛

细牛 ɕi⁴⁵niəu²¹³ 小牛

猪栏 tɕy³³næ²¹³ 猪圈

　猪笼 tɕy³³nən²¹³

喂猪 ui⁴⁵tɕy³³

猪婆子 tɕy³³pʊ²¹³tsʅ⁰ 母猪

　草猪 tɕʰɔ⁴⁴tɕy³³

猪崽唧 tɕy³³tsɛ⁴⁴tɕi⁰ 猪的幼崽

架子猪 ka⁴⁵tsʅ⁰tɕy³³ 五六十斤至八十斤左右
　　的猪

肉猪 niəo²⁴tɕy³³ 肥猪

出窝 tɕʰy²⁴ʊ³³ 小猪崽长大到可以离开母猪了

出栏 tɕʰy²⁴næ²¹³ 猪可以宰杀了

鐵 ɕyĩ⁴⁵ 阉割公猪或公牛等

跑草 pʰɔ⁴⁴tsʰɔ⁴⁴ 母猪、母狗发情

赶脚猪 kæ⁴⁴tɕyo²⁴tɕy³³ 赶种猪去交配

猪舌子 tɕy³³sei⁴⁵tsʅ⁰ 猪舌头

野猪 ia⁴⁴tɕy³³

一窝猪 i²⁴ʊ³³tɕy³³ 老母猪和小猪崽

猪心 tɕy³³ɕiən³³

　猪圈心 tɕy³³nõ²¹³ɕiən³³

猪肺 tɕy³³xui⁴⁵

猪肠子 tɕy³³tsɑŋ²¹³tsʅ⁰

猪尿脬 tɕy³³sei³³pʰɔ³³

猪头脑子 tɕy³³təu²¹³nɔ⁴⁴tsʅ⁰ 猪脑髓

猪头 tɕy³³təu²¹³

言⁼铁⁼iĩ²¹³tʰiɛ²⁴ 猪的脾脏

猪脚蹄子 tɕy³³tɕyo²⁴ti²¹³tsʅ⁰ 猪蹄前面两个能
　　着地的趾头

猪脚爪子 tɕy³³tɕyo²⁴tsua⁴⁴tsʅ⁰ 猪蹄后面那个
　　不着地的趾头

猪拱嘴 tɕy³³kən⁴⁴tsei⁴⁴ 猪鼻子

猪㺜子 tɕy³³xõ³³tsʅ⁰ 猪㺜

绵羊 miĩ²¹³iaŋ²¹³

山羊 sæ³³iaŋ²¹³

细羊子 ɕi⁴⁵iaŋ²¹³tsʅ⁰ 小羊

骆驼 no²⁴tʊ²¹³

赶山狗 kæ⁴⁴sæ³³kəu⁴⁴ 猎狗

癫狗子 tiĩ³³kəu⁴⁴tsʅ⁰ 疯狗

　疯狗子 xən³³kəu⁴⁴tsʅ⁰

细狗 ɕi⁴⁵kəu⁴⁴ 小狗

狗崽唧 kəu⁴⁴tsɛ⁴⁴tɕi⁰ 幼崽小狗

哈巴狗 xa³³pa³³kəu⁴⁴

叫号 tɕiɔ⁴⁵xɔ²¹ 母猫发情

猫崽唧 mɔ³³tsɛ⁴⁴tɕi⁰ 幼崽小猫

鐵鸡 ɕyĩ⁴⁵tɕi³³ 阉割公鸡

仔母鸡 tsʅ⁴⁴mʊ⁴⁴tɕi³³ 没有生过蛋的小母鸡

仔公鸡 tsʅ⁴⁴kən³³tɕi³³ 未成年的小公鸡，还未
　　开始打鸣

抱老母鸡 pɔ²¹nɔ⁴⁴mʊ⁴⁴tɕi³³ 抱窝鸡

　雾⁼老母鸡 u²¹nɔ⁴⁴mʊ⁴⁴tɕi³³

啄 tsʊ⁴⁵

　刊⁼kʰæ³³

鸡崽唧 tɕi³³tsɛ⁴⁴tɕi⁰ 鸡的幼崽

鸡冠子 tɕi³³kõ³³tsʅ 鸡冠

鸡脚 tɕi³³tɕyo²⁴

鸡爪子 tɕi³³tsua⁴⁴tsʅ⁰

翼胛膀子 i⁴⁵ka²⁴paŋ⁴⁴tsʅ⁰ 鸡翅膀

　鸡膀子 tɕi³³paŋ⁴⁴tsʅ⁰

鸡舌条 tɕi³³sei⁴⁵tiɔ²¹³ 鸡舌头

鸡嘴巴壳子 tɕi³³tsei⁴⁴pa³³kʰo²⁴tsʅ⁰ 鸡嘴巴

鸡食袋子 tɕi³³sʅ²⁴tɛ²¹tsʅ⁰ 鸡嗉子

鸡肫 tɕi³³tɕyən³³ 鸡的胃

鸡肫皮 tɕi³³tɕyən³³pi²¹³ 鸡内金

鸡心 tɕi³³ɕiən³³

鸡肝 tɕi³³kæ̃³³

鸡肠子 tɕi³³tsaŋ²¹³tsʅ⁰ 鸡肠

软壳蛋 yĩ⁴⁴kʰo²⁴tæ̃²¹ 蛋壳是软的鸡蛋

公鸡蛋 kən³³tɕi³³tæ̃²¹ 公鸡的肾

上窝 saŋ²¹ʊ³³ 鸡发情

配窝 pʰei⁴⁵ʊ³³ 家畜交配

南﹦水 næ̃²¹³ɕy⁴⁴ 家禽交配

鸭崽唧 ŋa²⁴tsɛ⁴⁴tɕi⁰ 鸭子的幼崽

公鸭 kən³³ŋa²⁴

母鸭 mʊ⁴⁴ŋa²⁴

鸭蛋 ŋa²⁴tæ̃²¹

蛋鸭 tæ̃²¹ŋa²⁴ 生蛋的鸭子

鹅崽唧 ʊ²¹³tsɛ⁴⁴tɕi⁰ 鹅的幼崽

野物 ia⁴⁴u²⁴ 野兽

母老虎 mʊ⁴⁴nɔ⁴⁴xu⁴⁴

狮子 sʅ³³tsʅ⁰

狮子崽唧 sʅ³³tsʅ⁰tsɛ⁴⁴tɕi⁰ 狮子的幼崽

狗熊 kəu⁴⁴ɕiən²¹³

豹子 pɔ⁴⁵tsʅ⁰

狐狸 fu²¹³ni⁰

黄鼠狼 uaŋ²¹³tɕʰy⁴⁴naŋ²¹³

田老鼠 tiĩ²¹³nɔ⁴⁴tɕʰy⁴⁴

水老鼠 ɕy⁴⁴nɔ⁴⁴tɕʰy⁴⁴

豪猪 xɔ²¹³tɕy³³

豺狗子 tsɛ²¹³kəu⁴⁴tsʅ⁰ 豺狗

狗獾子 kəu⁴⁴xõ³³tsʅ⁰ 狗獾

刺猬 tsʰʅ⁴⁵ui²¹

麂子 tɕi⁴⁴tsʅ⁰

水獭猫 ɕy⁴⁴tʰa²⁴mɔ³³ 水獭

火蛇 xʊ⁴⁴sa²¹³ 赤练蛇

土地蛇 tʰəu⁴⁴ti²¹sa²¹³ 毒蛇，当地最毒的蛇

四脚蛇 sʅ⁴⁵tɕyo²⁴sa²¹³ 蜥蜴

清水焱 tɕʰiən³³ɕy⁴⁴piɔ³³ 一种毒蛇

菜花蛇 tsʰɛ⁴⁵xua³³sa²¹³ 一种没有毒的蛇

蜈蚣梢子 u²¹³kən³³sɔ⁴⁵tsʅ⁰ 乌梢蛇

水蛇 ɕy⁴⁴sa²¹³ 一种生活在水里的、没有毒的蛇

家蛇 ka³³sa²¹³ 主要在民宅周围活动的没有毒的蛇，生活在旧式房子的屋顶上，喜欢吃老鼠

竹叶青 tsəo²⁴iɛ²⁴tɕʰiən³³ 一种有毒的蛇

五步龙 u⁴⁴pu²¹nən²¹³ 一种非常毒的蛇

泥蛇 ni²¹³sa²¹³ 生活在泥里的无毒蛇

壁虎子 pi²⁴fu⁴⁴tsʅ⁰ 壁虎

雀子嘴巴壳子 tɕʰyo²⁴tsʅ⁰tsei²⁴pa³³kʰo²⁴tsʅ⁰ 鸟嘴

雀子尾巴 tɕʰyo²⁴tsʅ⁰ui⁴⁴pa³³ 鸟尾巴

燕子 iĩ⁴⁵tsʅ⁰

雁鹅 ŋæ̃⁴⁵ʊ²¹³ 大雁

白鹤 pɛ²⁴xo²⁴

鹌鹑 ŋæ̃³³tɕyən²¹³

脯﹦鸽子 pu²¹³ko²⁴tsʅ⁰ 斑鸠

发棵鸟 fa²⁴kʰʊ³³niɔ⁴⁴ 插秧的时候叫的一种鸟，叫的声音像"发棵"

啄木鸟 tso²⁴mo²⁴niɔ⁴⁴

猫头鹰 mɔ³³təu²¹³iən³³

老鹰 nɔ⁴⁴iən³³

鹞子 iɔ²¹tsʅ⁰ 一种比老鹰小、飞得快、较凶猛的鸟

鹦鹉 iən³³u⁴⁴

八鸽子 pa^{24}ko^{24}tsʅ^{0} 八哥儿

野鸭 ia^{44}ŋa^{24}

山鸡 sæ̃^{33}tɕi^{33}

野鸡 ia^{44}tɕi^{33}

竹鸡子 tsəo^{24}tɕi^{33}tsʅ^{0} 比野鸡小，尾巴也比野鸡的短的一种鸟儿

鹭鸶 nəu^{21}sʅ^{33}

画眉子 xua^{21}mi^{24}tsʅ^{0}

绿翠 nəo^{24}tsʰei^{45} 翠鸟

脚爪子 tɕyo^{24}tsua^{44}tsʅ^{0} 鸟爪子

牛屎恶⁼子 niəu^{213}sʅ^{44}o^{24}tsʅ^{0} 羽毛的颜色像牛粪一样，体形有点儿像鹭鸶，脖子比鹭鸶短的鸟

破鱼 pʰʊ^{45}y^{213} 杀鱼

草鱼 tsʰɔ^{44}y^{213}

青鱼 tɕʰiən^{33}y^{213}

鲇胡子 niĩ^{213}fu^{213}tsʅ^{0} 鲇鱼

黑鱼 xɛ^{24}y^{213}

七星老⁼ tɕʰi^{24}ɕiən^{33}nɔ^{44} 鱼的一种，喜欢生活在山涧有水的洞里，鱼皮像蛇皮

财鱼 tse^{213}y^{213}

白鳝 pɛ^{24}siĩ^{45} 鳗鱼

带鱼 tɛ^{45}y^{213}

扁鱼 piĩ^{44}y^{213}

鱼刺 y^{213}tsʰʅ^{45}

鱼鳃 y^{213}sɛ^{33}

鱼泡子 y^{213}pʰɔ^{45}tsʅ^{0} 鱼鳔

鱼子 y^{213}tsʅ^{0}

鱼秧子 y^{213}iaŋ^{33}tsʅ^{0} 鱼苗

金鱼 tɕiən^{33}y^{213}

虾子 xa^{33}tsʅ^{0} 虾

虾仁 ɕia^{33}zən^{213}

虾米 ɕia^{33}mi^{44}

蟹子黄 xɛ^{44}tsʅ^{0}xuaŋ^{213} 蟹黄

黄鳝 uaŋ^{213}siĩ^{45}

泥鳅 ni^{213}tɕʰiəu^{33}

咸⁼巴⁼ xæ^{213}pa^{33} 青蛙

团鱼 tõ^{213}y^{213} 甲鱼

乌龟 u^{33}kui^{33}

王八 uaŋ^{213}pa^{0}

螺蛳 nʊ^{213}sʅ^{33}

□壳子 paŋ^{21}kʰo^{24}tsʅ^{0} 蚌

符⁼壳子 fu^{213}kʰo^{24}tsʅ^{0}

咸⁼巴⁼骨⁼论⁼子 xæ^{213}pa^{33}ku^{24}nən^{45}tsʅ^{0} 蝌蚪

灰扑子 fei^{33}pʰo^{24}tsʅ^{0} 稻田里的飞蛾

蜜子 mi^{24}tsʅ^{0} 蜜蜂

蜂子 xən^{33}tsʅ^{0}

黄蜂子 uaŋ^{213}xən^{33}tsʅ^{0} 马蜂

□ sa^{45} （被马蜂）蜇

蜂子窝 xən^{33}tsʅ^{0}ʊ^{33} 蜂窝

蜜糖 mi^{24}taŋ^{213}

锥人 tsui^{33}n^{213} （用于蜜蜂）蜇人

叮 tiən^{33} 蚊子叮人的动作

蛐蟮子 tɕʰyo^{24}sæ̃^{45}tsʅ^{0} 蚯蚓的一种

围⁼蛇 ui^{213}sa^{213} 蚯蚓的一种，整个身体是纯色的

蚕蛹 tsæ̃^{213}iən^{44}

蚕蛾子 tsæ̃^{213}ʊ^{213}tsʅ^{0} 蚕蛾

蚕沙 tsæ̃^{213}sa^{33} 蚕的屎

饭蚊子 fæ̃^{21}mən^{33}tsʅ^{0} 苍蝇

蛾子 ʊ^{213}tsʅ^{0} 飞蛾

泼⁼蝇子 pʰo^{24}iən^{33}tsʅ^{0} 喜欢围着灯转的飞蛾

虼蚤子 kɛ^{24}tsɔ^{44}tsʅ^{0} 跳蚤

虱婆子 sɛ^{24}pʊ^{213} ～ pʊ^{213}tsʅ^{0} 虱子

虱子蛋 sɛ²⁴tsʅ⁰tæ̃²¹ 虱子卵

毛虫 mɔ²¹³tsən²¹³ 毛毛虫

米虫 mi⁴⁴tsən²¹³

铁牯牛 tʰiɛ²⁴ku⁴⁴niəu²¹³ 陈年的稻谷里长的虫子

蚜虫 ŋa²¹³tsən²¹³

蚁子 ni⁴⁴tsʅ⁰ 比芝麻还小的一种虫子，喜欢生活在豇豆的藤上

菜青虫 tsʰɛ⁴⁵tɕʰiən³³tsən²¹³

臭虫 tsʰəu⁴⁵tsən²¹³

牛苍蝇 niəu²¹³tsʰaŋ³³iən³³ 牛虻

山˭皮子 sæ̃³³pi²¹³tsʅ⁰ 牛虱子

灶蚂子 tsɔ⁴⁵ma⁴⁴tsʅ⁰ 灶蟋蟀

　灶蛆˭蛆 tsɔ⁴⁵tɕʰi³³tɕʰi³³

蟋蟀子 ɕi²⁴ɕi²⁴tsʅ⁰ 有一对钳子，尾巴像针，用尾巴扎人，有毒，生活在潮湿脏乱的地方的一种虫子。

蟑螂 tsaŋ³³naŋ²¹³

蝗虫 uaŋ²¹³tsən²¹³

跳蚂子 tʰiɔ⁴⁵ma⁴⁴tsʅ⁰ 蚱蜢

猴子 xəu²¹³tsʅ⁰ 螳螂

萤火虫 iaŋ²¹³xʊ⁴⁴tsən²¹³

洋辣子 iaŋ²¹³na²⁴tsʅ⁰ 一种绿色的虫，接触人的皮肤后，使人感到如火烧似的难受

蟢蟢子 ɕi⁴⁴ɕi⁴⁴tsʅ⁰ 蟢子

蝎子 ɕiɛ²⁴tsʅ⁰

蚂蟥 ma⁴⁴uaŋ²¹³

牛蚂蟥 niəu²¹³ma⁴⁴uaŋ²¹³ 大的蚂蟥

山蚂蟥 sæ̃³³ma⁴⁴uaŋ²¹³ 山里的小蚂蟥

水蚂蟥 ɕy⁴⁴ma⁴⁴uaŋ²¹³ 水里的小蚂蟥

臭屁虫 tsʰəu⁴⁵pʰi⁴⁵tsən²¹³ 臭大姐

　打屁虫 ta⁴⁴pʰi⁴⁵tsən²¹³

推屎虫 tʰei³³sʅ⁴⁴tsən²¹³ 屎壳郎

剪毛虫 tɕiĩ⁴⁴mɔ²¹³tsən²¹³ 喜欢生活在烂布、废纸等常年堆积不动的地方，会像剪刀一样把东西弄坏的一种虫子

土狗子 tʰəu⁴⁴kəu⁴⁴tsʅ⁰ 土鳖虫

　土鳖虫 tʰəu⁴⁴piɛ²⁴tsən²¹³

　地鳖虫 ti²¹piɛ²⁴tsən²¹³

鼻涕虫 pi²⁴tʰi⁴⁵tsən²¹³ 蜗牛

　天螺蛳 tʰiĩ³³nʊ²¹³sʅ³³

洼˭鼻虫 ua⁴⁵pi²⁴tsən²¹³ 一种形似蚂蟥的虫子，生活在家里潮湿阴凉的地方，不咬人

蜈蚣 u²¹³kən³³

千脚虫 tɕʰiĩ³³tɕyo²⁴tsən²¹³

　多脚子 tʊ³³tɕyo²⁴tsʅ⁰

灰蜈蚣 fei³³u²¹³kən³³ 灰色的像蜈蚣的一种虫子，咬人，有毒

蛆巴子 tɕʰi³³pa³³tsʅ⁰ 蛆

叶˭蝶子 iɛ²⁴tʰiɛ²⁴tsʅ⁰ 蝴蝶

七　房屋器具

平房 piən²¹³faŋ²¹³ 盖瓦的平房

平顶屋 piən²¹³tiən⁴⁴u²⁴ 不盖瓦的平房

木架子 mo²⁴ka⁴⁵tsʅ⁰u²⁴ 用木材搭建的房子

披厦子 pʰi³³sa⁴⁵tsʅ⁰ 披厦

检漏 tɕiĩ⁴⁴nəu²¹ 屋漏雨修缮

楼房 nəu²¹³faŋ²¹³

贺屋酒 xʊ²¹u²⁴tɕiəu⁴⁴ 房子建好后摆的酒席

　完工酒 yĩ²¹³kən³³tɕiəu⁴⁴

贺屋礼 xʊ²¹u²⁴ni⁴⁴ 贺喜建成新屋的礼物

落成礼 no²⁴tsən²¹³ni⁴⁴ 办贺屋酒时送的礼

搬家 põ³³ka³³

乔迁 tɕiɔ²¹³tɕʰiĩ³³

　　进新屋 tɕiən⁴⁵ɕiən³³u²⁴

楼上 nəu²¹³saŋ²¹

楼下 nəu²¹³xa²¹

院墙 yĩ⁴⁵tɕiaŋ²¹³

朝门 tsɔ²¹³mən²¹³ 院墙的正门

　　门楼子 mən²¹³nəu²¹³tsʅ⁰

天井 tʰiĩ³³tɕiən⁴⁴

明堂 miən²¹³taŋ²¹³ 旧式房子客厅前低于地面

　　的部分，天井中下来的雨水流在其中

四水归明堂 sʅ⁴⁵ɕy⁴⁴kui³³miən²¹³taŋ²¹³ 天井中

　　四个方向的雨水都流入明堂

进 tɕiən⁴⁵

进深 tɕiən⁴⁵sən³³ 房子前后墙的距离

开间 kʰɛ³³kæ̃³³ 房子的面宽，即横的宽度

屋基场子 u²⁴tɕi³³tsʰaŋ⁴⁴tsʅ⁰ 宅基地

地脚子 ti²¹tɕyo²⁴tsʅ⁰ 地基

下脚子 xa²¹tɕyo²⁴tsʅ⁰ 打地基

平砖 piən²¹³tɕyĩ³³ 房子最底层的砖

打桩 ta⁴⁴tsaŋ³³

打土墙 ta⁴⁴tʰəu⁴⁴tɕiaŋ²¹³

石板 sʅ²⁴pæ̃⁴⁴

麻石板 ma²¹³sʅ²⁴pæ̃⁴⁴ 一种板状的花岗岩

青石板 tɕʰiən³³sʅ²⁴pæ̃⁴⁴

踩泥浆 tsʰɛ⁴⁴ni²¹³tɕiaŋ³³ 踩砖泥

　　踩瓦泥 tsʰɛ⁴⁴ua⁴⁴ni²¹³

果灰 kʊ⁴⁴xui³³ 成块儿的生石灰，质量比较好

烊=灰 iaŋ²¹³xui³³ 散了的石灰，质量不太好

土机=tʰəu⁴⁴tɕi³³ 土坯

砖坯子 tɕyĩ³³pʰei³³tsʅ⁰

夸=kʰua³³ 用弓把砖坯子上多余的泥土刮掉

绊=砖 pæ̃⁴⁵tɕyĩ³³ 做砖

土机=模子 tʰəu⁴⁴tɕi³³mʊ²¹³tsʅ⁰ 砖枷

钢丝绷子 kaŋ³³sʅ³³pən³³tsʅ⁰ 给床、家具等雕

　　花用的工具

挎=瓦条子 kʰua⁴⁵ua⁴⁴tiɔ²¹³tsʅ⁰ 挂瓦用的、与

　　椽垂直的木条，钉在椽子上

墙板 tɕiaŋ²¹³pæ̃⁴⁴

墙槌子 tɕiaŋ²¹³tsui²¹³tsʅ⁰ 打土墙用的，夯实

　　土墙的工具

墙枷子 tɕiaŋ²¹³ka³³tsʅ⁰ 固定墙板不走形的工具

狮子头 sʅ³³tsʅ⁰təu²¹³ 打土墙用的一套工具中

　　的一部分，墙板的一头

天花板 tʰiĩ³³xua³³pæ̃⁴⁴

楼板 nəu²¹³pæ̃⁴⁴

照壁墙 tsɔ⁴⁵pi²⁴tɕiaŋ²¹³ 影壁

正屋 tsən⁴⁵u²⁴ 父母住的房间

厢房 ɕiaŋ³³faŋ²¹³ 儿女住的房间

桃=屋 tɔ²¹³u²⁴ 堂屋

晒台 sɛ⁴⁵tɛ²¹³

　　阳台 iaŋ²¹³tɛ²¹³

走廊 tsəu⁴⁴naŋ²¹³

阶基 kɛ³³tɕi³³ 屋檐下的过道

达=ta²⁴ 梯子的梯级

过道 kʊ⁴⁵tɔ⁴⁵

屋脊 u²⁴tɕi²⁴

屋顶 u²⁴tiən⁴⁴

屋檐 u²⁴iĩ²¹³

屋梁 u²⁴niaŋ²¹³

照枋 tsɔ⁴⁵faŋ³³

正梁 tsən⁴⁵niaŋ²¹³

子梁 tsʅ⁴⁴niaŋ²¹³

阁栅 ko²⁴sE²⁴ 安楼板用的类似桁条的部件

椽子 tɕyĩ²¹³tsʅ⁰

架檩子 ka⁴⁵niən⁴⁴tsʅ⁰

钉椽子 tiən³³tɕyĩ²¹³tsʅ⁰

石磉 sʅ²⁴saŋ⁴⁴

磉墩 saŋ⁴⁴tən³³

门墩子 mən²¹³tən³³tsʅ⁰

门边 mən²¹³piĩ³³ 门框

    门贴 ⁼mən²¹³tʰiɛ²⁴

    门旁 mən²¹³paŋ²¹³

门轮 mən²¹³nən²¹³ 装门轴的横木

门叶子 mən²¹³iɛ²⁴tsʅ⁰ 门扇

门转眼 mən²¹³tɕyĩ⁴⁵ŋæ̃⁴⁴ 安门轴的孔

门掌子 mən²¹³tsʰən⁴⁵tsʅ⁰

门□ mən²¹³kʰuæ⁴⁴ 门环

门闩子 mən²¹³suæ̃³³tsʅ⁰

后门 xəu²¹mən²¹³

侧门 tsɛ²⁴mən²¹³ 边门

门角弯里 mən²¹³ko²⁴uæ̃³³ni⁰ 门背后

门转榫 ⁼mən²¹³tɕyĩ⁴⁵sən⁴⁴ 门轴

门托 mən²¹³tʰo²⁴ 门檐，门框上端的横木，有些用砖砌成

窗台 tsʰaŋ³³tɛ²¹³

吊线 tio⁴⁵ɕiĩ⁴⁵ 瓦工、木工工作时，用线吊重物形成垂线，借以取直

平水尺 piən²¹³ɕy⁴⁴tsʰʅ²⁴ 用来检测或测量水平和垂直度的尺子

铺屋网子 pʰu³³u²⁴uaŋ⁴⁴tsʅ⁰ 盖草屋时，铺在椽子上的，用来兜住草不往下掉的部件

    屋网子 u²⁴uaŋ⁴⁴tsʅ⁰

盖草 kɛ⁴⁵tsʰɔ⁴⁴

盖瓦 kɛ⁴⁵ua⁴⁴

碎瓦片 sei⁴⁵ua⁴⁴pʰiĩ⁴⁵

煞脊 sa²⁴tɕi²⁴ 盖好屋脊

拐弯 kuɛ⁴⁴uæ̃³³ 拐角

    拐角弯子 kuɛ⁴⁴ko²⁴uæ̃³³tsʅ⁰

磨屋 mu²¹u²⁴ 磨房

亮窗子 niaŋ²¹tsʰaŋ³³tsʅ⁰ 窗户

烟筒 iĩ³³tən²¹³ 烟囱

烟筒柜子 iĩ³³tən²¹³kui²¹tsʅ⁰ 烟囱下面的空间

茅坑 mɔ²¹³kʰən³³ 厕所

    茅司 mɔ²¹³sʅ⁰

    茅缸 mɔ²¹³kaŋ³³

*灶面子 tsɔ⁴⁵miĩ²¹tsʅ⁰

灶座子 tsɔ⁴⁵tsʋ²¹tsʅ⁰ 灶脚

*灶龙门 tsɔ⁴⁵nən²¹³mən²¹³

*假火洞 tɕia⁴⁴xʋ⁴⁴tən²¹

炭坛子 tʰæ̃⁴⁵tæ̃²¹³tsʅ⁰

火炽坛子 xʋ⁴⁴tsʰʅ³³tæ̃²¹³tsʅ⁰ 用来装类似木炭燃料的坛子

锅末灰 kʋ³³mo²⁴fei³³ 锅烟子

洋火枝子 iaŋ²¹xʋ⁴⁴tsʅ³³tsʅ⁰ 火柴棍儿

灶角弯 tsɔ⁴⁵ko²⁴uæ̃³³ 灶门前

*瓮坛 ŋən⁴⁵tæ̃²¹³

火桶 xʋ⁴⁴tʰən⁴⁴ 坐上面取暖用的器具

站桶 tsæ̃⁴⁵tʰən⁴⁴ 小孩儿站在里面取暖用的器具

手炉 səu⁴⁴nəu²¹³ 竹制的，提手上烤火用的炉子

火罐 xʋ⁴⁴kõ⁴⁵ 陶瓷制的，提手上烤火用的炉子

    火坛 xʋ⁴⁴tæ̃²¹³ 借用本地江淮官话的说法

火筷子 xʋ⁴⁴kʰuɛ⁴⁵tsʅ⁰ 用来夹手炉里的炭用的火钳

炭盆 tʰæ̃⁴⁵pən²¹³

    火盆 xʋ⁴⁴pən²¹³

炕郎＝子 $k^{h}aŋ^{45}naŋ^{213}tsʅ^{0}$ 篾做的，用来罩在
　　火盆上烘烤东西用的器具

火箱 $xʋ^{44}ɕiaŋ^{33}$

风箱 $xən^{33}ɕiaŋ^{33}$

扯风箱 $tsʰa^{44}xən^{33}ɕiaŋ^{33}$ 拉风箱

通条 $tʰən^{33}tiɔ^{213}$ 通炉子用的铁棍

火铲子 $xʋ^{44}tsʰæ^{44}tsʅ^{0}$ 用来铲出灶灰的铲子

水雾＝子 $ɕy^{44}u^{21}tsʅ^{0}$ 新式的烧水壶

吊罐 $tiõ^{45}kõ^{45}$ 吊在火上用来烧热水的罐子

鸡窝 $tɕi^{33}ʋ^{33}$ 母鸡下蛋的地方

鸡笼 $tɕi^{33}nən^{213}$ 用来关鸡的器具

　　鸡罩 $tɕi^{33}tsɔ^{45}$

猪食槽子 $tɕy^{33}sʅ^{24}tsɔ^{213}tsʅ^{0}$ 喂猪用的石槽或
　　木槽

　　猪食槽 $tɕy^{33}sʅ^{24}tsɔ^{213}$

猪湎盆子 $tɕy^{33}sɔ^{45}pən^{213}tsʅ^{0}$ 喂猪用的盆

　　猪食盆 $tɕy^{33}sʅ^{24}pən^{213}$

猪湎 $tɕy^{33}sɔ^{45}$ 猪食

米皮糠 $mi^{44}pi^{213}kʰaŋ^{33}$ 只有米皮、粉状的糠

　　融糠 $iən^{213}kʰaŋ^{33}$

老糠 $nɔ^{44}kʰaŋ^{33}$ 主要是谷壳的糠，壳状

细糠 $ɕi^{45}kʰaŋ^{33}$ 用碓舂米形成的米皮与壳混
　　合的糠

湎水桶 $sɔ^{45}ɕy^{44}tʰən^{44}$ 泔水桶

烀猪食 $fu^{33}tɕy^{33}sʅ^{24}$ 煮猪食

狗窝 $kəu^{44}ʋ^{33}$

牛笼 $niəu^{213}nən^{213}$ 牛圈

　　牛栏 $niəu^{213}næ^{213}$

刨子 $pɔ^{21}tsʅ^{0}$

长刨子 $tsaŋ^{213}pɔ^{21}tsʅ^{0}$ 用来推平木头表面的
　　刨子

粗刨子 $tsʰəu^{33}pɔ^{21}tsʅ^{0}$ 刨出来的木屑比刨花粗

的刨子

光刨子 $kuaŋ^{33}pɔ^{21}tsʅ^{0}$ 刨光的刨子

线刨子 $ɕiĩ^{45}pɔ^{21}tsʅ^{0}$ 起线用的刨子

槽刨子 $tsɔ^{213}pɔ^{21}tsʅ^{0}$ 起槽用的刨子

＊锯子 $kei^{45}tsʅ^{0}$

手锯 $səu^{44}kei^{45}$ 单手操作的锯

棉＝马＝锯子 $miĩ^{213}ma^{44}kei^{45}tsʅ^{0}$ 两人用的锯
　　子，用来解板的

段锯 $tõ^{45}kei^{45}$ 两人对拉的、用来锯倒树木的
　　锯子

钢锯 $kaŋ^{33}kei^{45}$ 一种手动或机动的细齿锯，
　　用来切割金属或其他坚硬材料

钢丝锯子 $kaŋ^{33}sʅ^{33}kei^{45}tsʅ^{0}$ 雕花用的锯子

灌＝山龙 $kõ^{45}sæ̃^{33}nən^{213}$ 锯大树用的锯子，锯
　　子是弯的

凿子 $tsʰʋ^{45}tsʅ^{0}$

窝凿 $ʋ^{33}tsʰʋ^{45}$ 打圆孔用的凿子

木凿 $mo^{24}tsʰʋ^{45}$

米搭尺 $mi^{44}ta^{24}tsʰʅ^{24}$ 折尺，一米长

三尺 $sæ̃^{33}tsʰʅ^{24}$ 不可折的，木头制的，一米长

拐尺 $kuɛ^{44}tsʰʅ^{24}$ 角尺

　　弯尺 $uæ̃^{33}tsʰʅ^{24}$

皮卷尺 $pi^{24}tɕyĩ^{44}tsʰʅ^{24}$ 布做的，最长五十米，
　　用来测量土地的

木匠师傅 $mo^{24}tɕiaŋ^{21}sʅ^{33}fu^{0}$

木马 $mo^{24}ma^{44}$

墨斗 $mɛ^{24}təu^{44}$

墨斗线 $mɛ^{24}təu^{44}ɕiĩ^{45}$

墨斗瓢子 $mɛ^{24}təu^{44}zaŋ^{213}tsʅ^{0}$ 装墨尺的，墨尺
　　经过墨斗瓢子才能染上墨

墨斗稿＝子 $mɛ^{24}təu^{44}kɔ^{44}tsʅ^{0}$ 摇把

墨斗碗 $mɛ^{24}təu^{44}õ^{44}$

墨斗窝子 mɛ²⁴təu⁴⁴ʊ³³tsʅ⁰

墨斗坠子 mɛ²⁴təu⁴⁴tsui⁴⁵tsʅ⁰

墨斗签子 mɛ²⁴təu⁴⁴tɕʰiĩ³³tsʅ⁰ 用来画记号的笔

　　画笔 xua²¹pi²⁴

瓜刨子 kua³³pɔ²¹tsʅ⁰ 削皮用的工具

萝卜刨子 nʊ²¹³pʰu⁴⁵pɔ²¹tsʅ⁰ 刨丝用的工具

垮⁼皮刀 kʰua⁴⁴pi²¹³tɔ³³ 刮皮刀

老虎钳 nɔ⁴⁴fu⁴⁴tɕiĩ²¹³

钉锤子 tiən³³tsui²¹³tsʅ⁰

磅槌 paŋ⁴⁵tsui²¹³ 打炮用的槌子

钢钎子 kaŋ³³tɕʰiĩ³³tsʅ⁰ 破大石头用的

炮眼 pʰɔ⁴⁵ŋæ̃⁴⁴

铁撬子 tʰiɛ²⁴tɕʰiɔ⁴⁵tsʅ⁰

　　撬棍 tɕʰiɔ⁴⁵kuən⁴⁵

錾子 tsæ̃²¹tsʅ⁰ 铁锥子

杠子 kaŋ⁴⁵tsʅ⁰ 用来抬东西的粗木棍

棍子 kuən⁴⁵tsʅ⁰ 比杠子细的、抬东西用的
　　工具

门杠 mən²¹³kaŋ⁴⁵ 作用与门闩同，用来闩住
　　整个两扇门叶的，比门闩长，使用更
　　麻烦

门闩子 mən²¹³suæ̃³³tsʅ⁰ 门闩

碾槽 niĩ⁴⁴tsɔ²¹³ 研船

铰链 kɔ⁴⁵niĩ²¹³ 合页

搭扣 ta²⁴kʰəu⁴⁵ 锁扣

砖刀 tɕyĩ³³tɔ³³ 瓦刀

粉刀 fən⁴⁴tɔ³³ 抹子

　　泥揭子 ni²¹³tʰa²⁴tsʅ⁰

抄灰板 tsʰɔ³³fei³³pæ̃⁴⁴ 泥板

纸筋 tsʅ⁴⁴tɕiən³³ 麻刀，放在泥灰中增加凝聚
　　力的

灰兜子 fei³³təu³³tsʅ⁰ 装泥浆的桶

灰桶 fei³³tʰən⁴⁴

铁墩子 tʰiɛ²⁴tən³³tsʅ⁰ 铁匠师傅用来打铁的
　　墩子

棉花弓子 miĩ²¹³xua³³kən³³tsʅ⁰ 棉花弓

棉花槌子 miĩ²¹³xua³³tsui²¹³tsʅ⁰ 棉花槌

磨板 mʊ²¹³pæ̃⁴⁴

走盘 tsəu⁴⁴põ²¹³

纱纺子 sa³³faŋ⁴⁴tsʅ⁰ 纺车

织布机 tsʅ²⁴pu⁴⁵tɕi³³

梭子 sʊ³³tsʅ⁰

缝纫机 xən²¹³zən⁴⁵tɕi³³

熨斗 yən⁴⁵təu⁴⁴

烙铁 no²⁴tʰiɛ²⁴

细扫把 ɕi⁴⁵sɔ⁴⁵pa⁴⁴ 小扫把

竹扫把 tsəo²⁴sɔ⁴⁵pa⁴⁴ 竹做的扫把

芦穄扫把 nəu²¹³tɕi³³sɔ⁴⁵pa⁴⁴ 高粱做的扫把

棕扫把 tsən³³sɔ⁴⁵pa⁴⁴ 棕做的扫把

拖把 tʰʊ³³pa⁴⁴

鸡毛掸 tɕi³³mɔ²¹³tæ̃⁴⁴ 鸡毛掸子

　　鸡毛帚子 tɕi³³mɔ²¹³tsəu⁴⁴tsʅ⁰

刷把 sua²⁴pa⁴⁴ 笼帚

坐篮子 tsʊ²¹næ̃²¹³tsʅ⁰ 小孩坐的车

　　坐车 tsʊ²¹tsʰa³³

摇窝 iɔ²¹³ʊ³³ 摇篮

剃头刀 tʰi⁴⁵təu²¹³tɔ³³

推剪 tʰei³³tɕiĩ⁴⁴

条剪 tiɔ²¹³tɕiĩ⁴⁴ 理发用的剪子

荡刀布 taŋ²¹tɔ³³pu⁴⁵

剃头椅子 tʰi⁴⁵təu²¹³i⁴⁴tsʅ⁰ 剃头坐的椅子

剃头枷子 tʰi⁴⁵təu²¹³ka³³tsʅ⁰ 剃头时围的布

钓鱼 tiɔ⁴⁵y²¹³

钓鱼竿子 tiɔ⁴⁵y²¹³kæ̃⁴⁴tsʅ⁰ 钓鱼竿

钓鱼线 tiɔ⁴⁵y²¹³ɕĩ⁴⁵

钓鱼钩子 tiɔ⁴⁵y²¹³kəu³³tsɿ⁰钓鱼钩

鱼篓 y²¹³nəu⁴⁴

渔网 y²¹³uaŋ⁴⁴

丝网 sɿ³³uaŋ⁴⁴

捞立‾子 nɔ³³ni²⁴tsɿ⁰篾做的单手用来捞鱼或者浮萍用的器具

夹夹子网 ka²⁴ka²⁴tsɿ⁰uaŋ⁴⁴用来捞鱼用的大渔网

大网 tɛ²¹uaŋ⁴⁴渔网

老母猪网 nɔ⁴⁴mʊ⁴⁴tɕy³³uaŋ⁴⁴一种大渔网

赶网 kæ̃⁴⁴uaŋ⁴⁴捞鱼

大笼子 tɛ²¹nən⁴⁴tsɿ⁰篾做的，放在沟里捕鱼的工具，鱼只能进，不能出

鱼笼子 y²¹³nən⁴⁴tsɿ⁰用来捕鱼的鱼笼

家伙 ka³³xʊ⁴⁴东西；器具

圆桌子 yĩ²¹³tso²⁴tsɿ⁰圆桌

　圞桌子 nõ²¹³tso²⁴tsɿ⁰

八仙桌 pa²⁴ɕĩ³³tso²⁴

　方桌 faŋ³³tso²⁴

麻将桌子 ma²¹³tɕiaŋ⁴⁵tso²⁴tsɿ⁰

东椅 tən³³i⁴⁴小茶几

细桌子 ɕi⁴⁵tso²⁴tsɿ⁰小桌子

抽屉台子 tsʰəu³³tʰi⁴⁵tɛ²¹³tsɿ⁰办公桌

书桌 ɕy³³tso²⁴

台布 tɛ²¹³pu⁴⁵

　桌布 tso²⁴pu⁴⁵

*碗橱 ð⁴⁴tɕy²¹³

碗柜 ð⁴⁴kui²¹

大衣橱 tɛ²¹i³³tɕy²¹³

大衣柜 tɛ²¹i³³kui²¹

子孙柜 tsɿ⁴⁴sən³³kui²¹马桶柜

桶柜子 tʰən⁴⁴kui²¹tsɿ⁰

垛橱 tu²¹tɕy²¹³由上下两部分构成的橱子

五屉橱 u⁴⁴tʰi⁴⁵tɕy²¹³有五个抽屉的橱子

　高屉橱 kɔ³³tʰi⁴⁵tɕy²¹³

　五屉柜 u⁴⁴tʰi⁴⁵kui²¹

床头柜 tsaŋ²¹³təu²¹³kui²¹

枕头柜 tsən⁴⁴təu²¹³kui²¹

湖南大柜 fu²¹³næ̃²¹³tɛ²¹kui²¹

大板凳 tɛ²¹pæ̃⁴⁴tən⁴⁵

细板凳 ɕi⁴⁵pæ̃⁴⁴tən⁴⁵小板凳

麻拐凳 ma²¹³kuɛ⁴⁴tən⁴⁵杌子

骨牌凳 ku²⁴pɛ²¹³tən⁴⁵方凳

圆凳子 yĩ²¹³tən⁴⁵tsɿ⁰圆凳

高脚凳 kɔ³³tɕyo²⁴tən⁴⁵高凳

蒲塌‾子 pu²¹³tʰa²⁴tsɿ⁰蒲团；坐垫

躺椅 tʰaŋ⁴⁴i⁴⁴

围椅 ui²¹³i⁴⁴太师椅

椅靠子 i⁴⁴kʰɔ⁴⁵tsɿ⁰椅背

椅掌子 i⁴⁴tsʰən⁴⁵tsɿ⁰椅子掌

扶手 fu²¹³səu⁴⁴

绷子床 pən³³tsɿ⁰tsaŋ²¹³用棕毛编制的床

竹子床 tsəo²⁴tsɿ⁰tsaŋ²¹³用竹子做的床

*架子床 ka⁴⁵tsɿ⁰tsaŋ²¹³

床板 tsaŋ²¹³pæ̃⁴⁴

铺板 pʰu³³pæ̃⁴⁴

床厅‾tsaŋ²¹³tʰiən³³床沿，可用来坐人

凉床 niaŋ²¹³tsaŋ²¹³可移动的、竹制的床

帐钩 tsaŋ⁴⁵kəu³³

帐檐子 tsaŋ⁴⁵iĩ²¹³tsɿ⁰帐檐

帐子门 tsaŋ⁴⁵tsɿ⁰mən²¹³

床铺草 tsaŋ²¹³pʰu³³tsʰɔ⁴⁴专门用来铺床的草

竹簟子 tsəo²⁴tiĩ²¹tsɿ⁰竹篾做的席子

踏板 tʰa²⁴pæ̃⁴⁴ 床前凳

子孙桶子 tsʅ⁴⁴sən³³tʰən⁴⁴tsʅ⁰ 马桶

夜壶 ia²¹fu²¹³

尿壶 niɔ²¹fu²¹³ 陶瓷做的男性用的夜壶

粪桶 fən⁴⁵tʰən⁴⁴

尿桶 niɔ²¹tʰən⁴⁴

痰盂子 tæ̃²¹³y²¹³tsʅ⁰ 痰盂

澡盆 tsɔ⁴⁴pən²¹³

猪潲锅 tɕy³³sɔ⁴⁵kʋ³³ 装猪潲的锅

白铁锅 pE²⁴tʰiE²⁴kʋ³³ 铝锅

　洋铁锅 iaŋ²¹³tʰiE²⁴kʋ³³

洋铫子 iaŋ²¹³tiɔ⁴⁵tsʅ⁰ 砂锅

两张五的锅 niaŋ⁴⁴tsaŋ³³u⁴⁴ti⁰kʋ³³ 直径两尺五
　　的锅

两张锅 niaŋ⁴⁴tsaŋ³³kʋ³³ 直径两尺的锅

一张锅 i²⁴tsaŋ³³kʋ³³ 直径一尺的锅

耳襻锅 E⁴⁴pʰæ⁴⁵kʋ³³ 有两个提手的锅

炉罐 nəu²¹³kõ⁴⁵ 用陶瓷制的熬汤用的锅

锅架子 kʋ³³ka⁴⁵tsʅ⁰ 箅子

锅盖 kʋ³³kɛ⁴⁵

盆锅盖 pən²¹³kʋ³³kɛ⁴⁵ 类似盆的锅盖

平锅盖 piən²¹³kʋ³³kɛ⁴⁵ 平的锅盖

锅铲子 kʋ³³tsʰæ⁴⁴tsʅ⁰ 锅铲，饭勺

炊壶 tsʰei³³fu²¹³ 用来烧水的铝壶

砂铫子 sa³³tiɔ⁴⁵tsʅ⁰ 用陶瓷制的用来烧菜、热
　　菜用的锅

锅蒂烟子 kʋ⁴⁴ti⁴⁵iĩ³³tsʅ⁰ 锅底的烟灰

铜壶 tən²¹³fu²¹³ 烧开水的铜制壶

酒壶 tɕiəu⁴⁴fu²¹³

海碗 xɛ⁴⁴õ⁴⁴ 装汤的大碗

大碗 tɛ²¹õ⁴⁴ 比海碗小、装菜的碗

蓝边碗 næ²¹³piĩ³³õ⁴⁴ 碗的边沿是蓝色的、用

来盛菜的碗

可二碗 kʰʋ⁴⁴E²¹õ⁴⁴ 吃饭用的碗

茶碗 tsa²¹³õ⁴⁴ 泡茶用的碗

　茶碗子 tsa²¹³õ⁴⁴tsʅ⁰

把杯 pa⁴⁵pei³³ 带把的杯子

茶盏子 tsa²¹³tsæ⁴⁴tsʅ⁰ 茶杯

酒盅子 tɕiəu⁴⁴tsən³³tsʅ⁰ 酒杯

屉⁼子 tʰi⁴⁵tsʅ⁰ 碟子

盘子 põ²¹³tsʅ⁰

铜瓢子 tən²¹³piɔ²¹³tsʅ⁰ 用来舀稀饭的瓢子

笊篱子 tsɔ⁴⁴ni²¹³tsʅ⁰ 笊篱

筷箩子 kʰuɛ⁴⁵nʋ²¹³tsʅ⁰ 筷子笼

酒塔⁼tɕiəu⁴⁴tʰa²⁴ 陶瓷制的、装酒的坛子

牛眼睛杯 niəu²¹³ŋæ̃⁴⁴tɕiən³³pei³³ 非常小的酒杯

盏子 tsæ⁴⁴tsʅ⁰ 大的酒杯

酒坛子 tɕiəu⁴⁴tæ²¹³tsʅ⁰ 较小的装酒用的坛子

酒缸 tɕiəu⁴⁴kaŋ³³ 装酒的缸

罐子 kõ⁴⁵tsʅ⁰ 比坛子矮、口比坛子大的容器

盐罐子 iĩ²¹³kõ⁴⁵tsʅ⁰ 装盐的罐子

油罐子 iəu²¹³kõ⁴⁵tsʅ⁰ 装油的罐子

*菜坛子 tsʰɛ⁴⁵tæ²¹³tsʅ⁰

药罐子 yo²⁴kõ⁴⁵tsʅ⁰ 熬药用的罐子

钵子 po²⁴tsʅ⁰

饭篮子 fæ²¹næ²¹³tsʅ⁰ 用来装剩饭的、篾做的
　　篮子，挂起来防止米饭变质太快

瓶盖子 piən²¹³kɛ⁴⁵tsʅ⁰ 瓶盖

瓶塞子 piən²¹³tsE²⁴tsʅ⁰ 瓶塞

砧板 tsən³³pæ̃⁴⁴

　刀板 tɔ³³pæ̃⁴⁴

案板 ŋæ̃⁴⁵pæ̃⁴⁴

面汤棍 miĩ²¹tʰaŋ³³kuən⁴⁵ 擀面杖

饭桶 fæ²¹tʰən⁴⁴

安南陵湘语

138

饭甑 fæ^{21}tsən^{45} 蒸米饭的木桶

甑花 tsən^{45}xua^{33} 放饭甑里的箅子

蒸笼 tsən^{33}nən^{213}

一笼包子 i^{24}nən^{213}pɔ^{33}tsɿ^{0} 一屉包子

水缸 ɕy^{44}kaŋ^{33}

水缸盖 ɕy^{44}kaŋ^{33}kɛ^{45}

毛竹爿子 mɔ^{213}tsəo^{24}pæ^{213}tsɿ^{0} 竹笕

缸屧子 kaŋ^{33}təo^{24}tsɿ^{0} 缸底

缸舷子 kaŋ^{33}ɕiĩ^{213}tsɿ^{0} 缸沿

潲水 sɔ^{45}ɕy^{44} 泔水

洗锅水 ɕi^{44}kʊ^{33}ɕy^{44}

抹桌布 ma^{24}tso^{24}pu^{45}

水桶 ɕy^{44}tʰən^{44} 挑水用的桶

提桶 tia^{213}tʰən^{44} 洗衣服、打水时汲水用的桶，可以提

桶襻 tʰən^{44}pʰæ^{45} 桶的提手

杀猪桶 sa^{24}tɕy^{33}tʰən^{44} 杀猪用的桶

豆腐桶 təu^{21}fu^{44}tʰən^{44} 打豆腐用的桶

汽油灯 tɕʰi^{45}iəu^{213}tən^{33}

洋油灯 iaŋ^{213}iəu^{213}tən^{33}

灯盏 tən^{33}tsæ^{44}

罩子灯 tsɔ^{45}tsɿ^{0}tən^{33}

灯罩子 tən^{33}tsɔ^{45}tsɿ^{0}

灯芯 tən^{33}ɕiən^{33}

灯笼 tən^{33}nən^{213}

火把 xʊ^{44}pa^{44}

香油 ɕiaŋ^{33}iəu^{213} 点灯用的油

顶针箍 tiən^{44}tsən^{33}kʰu^{33} 顶针

钻子 tsõ^{45}tsɿ^{0} 锥子

针夹子 tsən^{33}ka^{24}tsɿ^{0} 纳鞋底时用来拔针的夹子

针眼 tsən^{33}ŋæ^{44}

针屁股 tsən^{33}pʰi^{45}ku^{44}

针尖子 tsən^{33}tɕiĩ^{33}tsɿ^{0}

穿针 tɕʰyĩ^{33}tsən^{33}

针子粗 tsən^{33}tsɿ^{0}tsʰəu^{33} 针脚大

针子细 tsən^{33}tsɿ^{0}ɕi^{45} 针脚小

鞋篮簸子 xɛ^{213}næ^{213}pu^{45}tsɿ^{0} 针线筐

镜头箱子 tɕiən^{45}təu^{213}ɕiaŋ^{33}tsɿ^{0} 梳妆盒

手提箱 səu^{44}tia^{213}ɕiaŋ^{33}

*箱子 ɕiaŋ^{33}tsɿ^{0}

衣架子 i^{33}ka^{45}tsɿ^{0}

晾衣架子 naŋ^{21}i^{33}ka^{45}tsɿ^{0}

衣挂子 i^{33}kua^{45}tsɿ^{0} 立着挂衣服的器具

*忙﹦槌 maŋ^{213}tsui^{213}

梳妆桌 səu^{33}tsaŋ^{33}tso^{24}

梳头镜子 səu^{33}təu^{213}tɕiən^{45}tsɿ^{0}

毯子 tʰæ^{44}tsɿ^{0}

钉被夫﹦ tiən^{45}pei^{21}fu^{33} 缝被子

被夫﹦笼 pei^{21}fu^{33}nən^{213} 被窝

被夫﹦絮 pei^{21}fu^{33}ɕi^{45} 棉花胎

棉絮 miĩ^{213}ɕi^{45}

被壳子 pei^{21}kʰo^{24}tsɿ^{0} 被套

被印心 pei^{21}iən^{45}ɕiən^{33} 被面

盖被 kɛ^{45}pei^{21} 用来盖的被子

枕头套子 tsən^{44}təu^{213}tʰɔ^{45}tsɿ^{0} 枕头套

枕头胆 tsən^{44}təu^{213}tæ^{44} 枕头心

枕心子 tsən^{44}ɕiən^{33}tsɿ^{0}

洗脸架子 ɕi^{44}niĩ^{44}ka^{45}tsɿ^{0} 放洗脸盆的架子

面糊子 miĩ^{21}fu^{213}tsɿ^{0} 糨糊

脚盆 tɕyo^{24}pən^{213}

大脚盆 tɛ^{21}tɕyo^{24}pən^{213} 洗澡用的盆

洗脚盆 ɕi^{44}tɕyo^{24}pən^{213} 洗脚用的盆

揩脚布 kʰɛ^{33}tɕyo^{24}pu^{45} 擦脚布

香皂 ɕiaŋ³³tsɔ²¹

肥皂粉 fei²¹³tsɔ²¹fən⁴⁴

皂角 tsɔ²¹ko²⁴

草灰 tsʰɔ⁴⁴xui³³ 用来洗衣服的稻草灰

洗衣板 ɕi⁴⁴i³³pæ̃⁴⁴

揩屁股纸 kʰɛ³³pʰi⁴⁵ku⁴⁴tsʅ⁴⁴ 厕纸

裁纸刀 tsɛ²¹³tsʅ⁴⁴tɔ³³

扇子 siĩ⁴⁵tsʅ⁰

麦秸草扇子 mE²⁴kɛ³³tsʰɔ⁴⁴siĩ⁴⁵tsʅ⁰ 麦秸草做的扇子

蒲包扇子 pu²¹³pɔ³³siĩ⁴⁵tsʅ⁰

篾扇子 miE²⁴siĩ⁴⁵tsʅ⁰ 篾做的扇子

耳朵扒子 E⁴⁴tʊ⁴⁴pa²¹³tsʅ⁰ 挖耳勺

拐棍 kuɛ⁴⁴kuən⁴⁵

龙头拐棍 nən²¹³təu²¹³kuɛ⁴⁴kuən⁴⁵

手提包 səu²¹³tia²¹³pɔ³³

皮夹子 pi²¹³ka²⁴tsʅ⁰

八　人品

乡里人 ɕiaŋ³³ni⁰zən²¹³ 乡下人
　乡巴佬 ɕiaŋ³³pa³³nɔ⁴⁴

作田的 tsʊ⁴⁵tiĩ²¹³ti⁰ 农民

街巴佬 kɛ³³pa³³nɔ⁴⁴ 城里人

本地人 pən⁴⁴ti²¹niən²¹³

外地人 uɛ²¹ti²¹niən²¹³
　外巴佬 uɛ²¹pa³³nɔ⁴⁴

外国佬 uɛ²¹kuE²⁴nɔ⁴⁴ 外国人

美国佬 mei⁴⁴kuE²⁴nɔ⁴⁴ 美国人

日本佬 zʅ²⁴pən⁴⁴nɔ⁴⁴ 日本人

俄国佬 ʊ²¹³kuE²⁴nɔ⁴⁴ 俄国人

财主佬 tsɛ²¹³tɕy⁴⁴nɔ⁴⁴ 财主

老爹爹 nɔ⁴⁴tia³³tia³³ 老头儿

老头子 nɔ⁴⁴təu²¹³tsʅ⁰

老倌子 nɔ⁴⁴kõ⁴⁴tsʅ⁰

老娭毑 nɔ⁴⁴ŋɛ³³tɕiE⁰ 老太婆

婆婆子 pʊ²¹³pʊ²¹³tsʅ⁰

后生子 xəu²¹sən³³tsʅ⁰ 小伙子

细把唧 ɕi⁴⁵pa⁴⁴tɕi⁰ 小孩的爱称

细人子 ɕi⁴⁵niən²¹³tsʅ⁰ 小孩儿

细妹唧 ɕi⁴⁵mei²¹tɕi⁰ 小女孩

细伢唧 ɕi⁴⁵ŋa²¹³tɕi⁰ 小男孩

红花伢子 xən²¹³xua³³ŋa²¹³tsʅ⁰ 二十岁左右、可以结婚的男子

懒人子 næ⁴⁴niən²¹³tsʅ⁰ 懒人

怪人子 kuɛ⁴⁵niən²¹³tsʅ⁰ 怪人

看牛伢子 kʰæ̃⁴⁵niəu²¹³ŋa²¹³tsʅ⁰ 放牛的小孩

寡汉头子 kua⁴⁴xæ̃⁴⁵təu²¹³tsʅ⁰ 年龄较大没有娶老婆的人

野老公 ia⁴⁴nɔ⁴⁴kən³³ 情夫

野老婆 ia⁴⁴nɔ⁴⁴pʊ²¹³ 情妇

矮子 ŋɛ⁴⁴tsʅ⁰

屋里人 u²⁴ni⁴⁴zən²¹³ 家里人

一屋人 i²⁴u²⁴zən²¹³ 一家子

邻栅＝家 niən²¹³sE²⁴ka³³ 邻居
　邻居 niən²¹³tɕy³³

自家人 tsʅ²¹ka³³niən²¹³ 自己人

外人 uɛ²¹niən²¹³

同年庚 tən²¹³niĩ²¹³kən³³ 同庚

内行 nei²¹xaŋ²¹³

外行 uɛ²¹xaŋ²¹³
　半边醋 põ⁴⁵piĩ³³tsʰəu⁴⁵

介绍人 kɛ⁴⁵sɔ⁴⁵niən²¹³

学徒伢唧 ɕyo²⁴təu²¹³ŋa²¹³tɕi⁰ 徒弟
　徒弟伢唧 təu²¹³ti²¹ŋa²¹³tɕi⁰

夫子 fu³³tsʅ⁰ 旧时被迫去当兵的人
叫花子 kɔ⁴⁵xua³³tsʅ⁰ 乞丐
把﹦子场伙 pa⁴⁴tsʅ⁰tsaŋ²¹³xʊ⁰ 走江湖的艺人
洋铁匠 iaŋ²¹³tʰiE²⁴tɕiaŋ²¹ 铁匠
　铁匠 tʰiE²⁴tɕiaŋ²¹
铜匠 təŋ²¹³tɕiaŋ²¹ 用铜板制作各种器具或修理各种铜器的工匠
铁匠铺子 tʰiE²⁴tɕiaŋ²¹pʰu⁴⁵tsʅ⁰
补锅佬 pu⁴⁴kʊ³³nɔ⁴⁴ 补锅匠
石匠 sʅ²⁴tɕiaŋ²¹
杀猪佬 sa²⁴tɕy³³nɔ⁴⁴ 屠夫
　杀猪匠 sa²⁴tɕy³³tɕiaŋ²¹
剃头佬 tʰi⁴⁵təu²¹³nɔ⁴⁴ 理发师
棉匠 miĩ²¹³tɕiaŋ²¹ 弹棉花的匠人
窑匠 iɔ²¹³tɕiaŋ²¹ 制作砖瓦、烧窑的工匠
篾匠 miE²⁴tɕiaŋ²¹ 制作篾器的人
大木 tɛ²¹mo²⁴ 盖房子、做水碓的木匠
细木 ɕi⁴⁵mo²⁴ 做家具的木匠
箍桶匠 kʰu³³tʰən⁴⁴tɕiaŋ²¹ 箍桶的木匠
劁猪佬 ɕiɔ³³tɕy³³nɔ⁴⁴ 专门阉割猪的人
解板师傅 kɛ⁴⁵pæ̃⁴⁴sʅ³³fu⁰ 专门锯木板的人
轿夫 tɕiɔ²¹fu³³
搬运工 põ³³yən⁴⁵kən³³
摆渡的 pɛ⁴⁴təu²¹ti⁰
拾荒货的 sʅ²⁴faŋ³³xʊ⁴⁵ti⁰ 收废品的人
　捡荒货的 tɕiĩ⁴⁴faŋ³³xʊ⁴⁵ti⁰
放老鸭的 faŋ⁴⁵nɔ⁴⁴ŋa²⁴ti⁰ 放鸭子的人
门生 mən²¹³sən³³
同学 təŋ²¹³ɕyo²⁴
　同窗 təŋ²¹³tsʰaŋ³³
警察 tɕiən⁴⁴tsʰa²⁴
当兵的 taŋ³³piən³³ti⁰

郎中 naŋ²¹³tsən³³ 医生
养媳妇 iaŋ⁴⁴ɕi²⁴fu⁰
寡妇 kua⁴⁴fu²¹
私巴子 sʅ³³pa³³tsʅ⁰ 私生子
小气鬼 ɕiɔ⁴⁴tɕʰi⁴⁵kui⁴⁴
败家子 pɛ²¹ka³³tsʅ⁰
跑江湖的 pʰɔ⁴⁴tɕiaŋ³³fu²¹³ti⁰
骗子 pʰiĩ⁴⁵tsʅ⁰
　拐子 kuɛ⁴⁴tsʅ⁰
扒子手 pa²¹³tsʅ⁰səu⁴⁴ 扒手
土匪 tʰəu⁴⁴xui⁴⁴
强盗 tɕiaŋ²¹³tɔ⁴⁵
二婚头 E²¹fən³³təu²¹³ 结第二次婚的人
奶妈子 nɛ⁴⁴ma³³tsʅ⁰ 奶妈
佣人 iən²¹niən²¹³
丫鬟 ŋa³³fæ̃²¹³
接生婆 tɕiE²⁴sən³³pʊ²¹³
　接生奶奶 tɕiE²⁴sən³³nɛ⁴⁴nɛ⁰
堂客们 taŋ²¹³kʰE²⁴mən⁰ 妇女们
工人 kən³³zən²¹³
长工 tsaŋ²¹³kən³³
短工 tõ⁴⁴kən³³
零工 niən²¹³kən³³
请人 tɕʰiən⁴⁴niən²¹³ 雇人
老板 nɔ⁴⁴pæ̃⁴⁴
东家 tən³³ka³³
地主 ti²¹tɕy⁴⁴
老板娘子 nɔ⁴⁴pæ̃⁴⁴niaŋ²¹³tsʅ⁰ 老板娘
小老板 ɕiɔ⁴⁴nɔ⁴⁴pæ̃⁴⁴
　小开 ɕiɔ⁴⁴kʰɛ³³
二老板 E²¹nɔ⁴⁴pæ̃⁴⁴
伙计 xʊ⁴⁴tɕi⁴⁵

学徒 ɕyo^{24}təu^{213}

小贩子 ɕiɔ^{44}fæ^{45}tsʅ^{0} 小贩

　摆摊子的 pɛ^{44}tʰæ^{33}tsʅ^{0}ti^{0}

先生 ɕĩ^{33}sən^{33} 老师

　老师 nɔ^{44}sʅ^{33}

学生 ɕyo^{24}sən^{33}

私学 sʅ^{33}ɕyo^{24} 私塾

洋学堂 iaŋ^{213}ɕyo^{24}taŋ^{213} 现代学校

笨蛋 pən^{21}tæ^{45}

脓包 nən^{45}pɔ^{33} 软弱无能的人

麻子 ma^{213}tsʅ^{0} 长麻子的人

豁巴子 xo^{24}pa^{33}tsʅ^{0} 豁唇的人

哑巴子 ŋa^{44}pa^{0}tsʅ^{0} 哑巴

豁巴齿 xo^{24}pa^{33}tsʰʅ^{44} 豁牙的人

六指抹＝子 nəo^{24}tsʅ^{44}ma^{24}tsʅ^{0} 六指儿

反手撇子 fæ^{44}səu^{44}pʰiɛ^{24}tsʅ^{0} 左撇子

结巴佬 tɕiɛ^{24}pa^{33}nɔ^{44} 口吃的人

好哭佬 xɔ^{45}kʰu^{24}nɔ^{44} 爱哭的人

好吃佬 xɔ^{45}tɕʰia^{24}nɔ^{44} 好吃的人

□子 tsua^{45}tsʅ^{0} 手指头伸不直的人

搬家精 põ^{33}ka^{33}tɕiən^{33} 喜欢搬弄是非的人

酒癫子 tɕiəu^{44}tiĩ^{33}tsʅ^{0} 撒酒疯的人

九　亲属

长辈 tsaŋ^{44}pei^{45}

　上辈 saŋ^{21}pei^{45}

太公 tʰɛ^{45}kən^{33} 曾祖父

太婆 tʰɛ^{45}pʊ^{213} 曾祖母

家爷子 ka^{33}ia^{213}tsʅ^{0} 丈夫的父亲

家娘 ka^{33}niaŋ^{213} 丈夫的母亲

亲家 tɕʰiən^{45}ka^{33} 称儿子的丈人或女儿的公公

亲家母 tɕʰiən^{45}ka^{33}mʊ^{44} 称呼子女配偶的母亲

亲家爷爷 tɕʰiən^{45}ka^{33}ia^{213}ia^{0} 称呼姊妹配偶的父亲

亲家姆驰 tɕʰiən^{45}ka^{33}ŋɛ^{33}tɕi^{0} 亲家之母

姑奶奶 ku^{33}nɛ^{44}nɛ^{0}

姨奶奶 i^{213}nɛ^{44}nɛ^{0}

伯唧 pa^{24}tɕi^{0} 伯母

细叔 ɕi^{45}səo^{24} 最小的叔叔

姑唧 ku^{33}tɕi^{0} 姑妈

晚姑 mæ^{44}ku^{33} 最小的姑姑

　细姑 ɕi^{45}ku^{33}

平班辈 piən^{213}pæ^{33}pei^{45} 平辈

小叔子 ɕiɔ^{44}səo^{24}tsʅ^{0} 丈夫的弟弟

姑子 ku^{33}tsʅ^{0} 丈夫的姐妹

舅老爷 tɕiəu^{21}nɔ^{44}i^{213} 内兄弟

娘家 niaŋ^{213}ka^{33}

　娘屋里 niaŋ^{213}u^{24}ni^{0}

大舅老爷 tɛ^{21}tɕiəu^{21}nɔ^{44}i^{213} 大内兄弟

细舅老爷 ɕi^{45}tɕiəu^{21}nɔ^{44}i^{213} 小内兄弟

婆家 pʊ^{213}ka^{33}

　婆屋里 pʊ^{213}u^{24}ni^{0}

姨姐 i^{213}tɕia^{44} 大姨子

姨妹子 i^{213}mei^{21}tsʅ^{0} 小姨子

岳老子家 yo^{24}nɔ^{44}tsʅ^{0}ka^{33} 岳父家

大哥 tɛ^{21}kʊ^{33}

二哥 ɛ^{21}kʊ^{33}

三哥 sæ^{33}kʊ^{33}

堂哥 taŋ^{213}kʊ^{33}

　叔伯哥哥 səo^{24}pɛ^{24}kʊ^{33}kʊ^{0}

□□哥哥 faŋ^{213}faŋ^{213}kʊ^{33}kʊ^{33} 同宗族的、平辈的、比自己年长的男子

堂弟 taŋ^{213}ti^{21}

　叔伯老弟 səo^{24}pɛ^{24}nɔ^{44}ti^{21}

□□老弟 faŋ²¹³faŋ²¹³nɔ⁴⁴ti²¹ 同宗族的、平辈的、比自己年轻的男子

□□姐姐 faŋ²¹³faŋ²¹³tɕia⁴⁴tɕia⁴⁴ 同宗族的、平辈的、比自己年长的女性

□□妹妹 faŋ²¹³faŋ²¹³mei²¹mei⁰ 同宗族的、平辈的、比自己年轻的女性

□□的 faŋ²¹³faŋ²¹³ti⁰ 同族的非同胞兄弟姐妹的统称

外婆家 uɛ²¹pʊ²¹³ka³³

　外婆屋里 uɛ²¹pʊ²¹³u²⁴ni⁰

堂姐姐 taŋ²¹³tɕia⁴⁴tɕia⁴⁴

　堂姐 taŋ²¹³tɕia⁴⁴

　叔伯姐 sɔo²⁴pE²⁴tɕia⁴⁴

堂妹妹 taŋ²¹³mei²¹mei⁰

　叔伯妹妹 sɔo²⁴pE²⁴mei²¹mei⁰

　叔伯妹 sɔo²⁴pE²⁴mei²¹

堂姊妹 taŋ²¹³tsɿ⁴⁴mei²¹

　叔伯姊妹 sɔo²⁴pE²⁴tsɿ⁴⁴mei²¹

舅老表 tɕiəu²¹nɔ⁴⁴piɔ⁴⁴ 舅舅家的表姊妹

姨老表 i²¹³nɔ⁴⁴piɔ⁴⁴ 姨妈家的表姊妹

姑老表 ku³³nɔ⁴⁴piɔ⁴⁴ 姑妈家的表姊妹

表哥 piɔ⁴⁴kʊ³³

表嫂 piɔ⁴⁴sɔ⁴⁴

表弟 piɔ⁴⁴ti²¹

表弟媳妇 piɔ⁴⁴ti²¹ɕi²⁴fu²¹

表姊妹 piɔ⁴⁴tsɿ⁴⁴mei²¹

表姊妹 piɔ⁴⁴tɕia⁴⁴mei²¹

表姐姐 piɔ⁴⁴tɕia⁴⁴tɕia⁴⁴

表妹妹 piɔ⁴⁴mei²¹mei⁰

晚辈 uæ̃⁴⁴pei²¹

　下辈 xa²¹pei⁴⁵

崽女 tsɛ⁴⁴ny⁴⁴ 儿女

大崽 tɛ²¹tsɛ⁴⁴ 大儿子

晚女 mæ̃⁴⁴ny⁴⁴ 最小的女儿

晚妹唧 mæ̃⁴⁴mei²¹tɕi⁰ 面称最小的女儿

细崽 ɕi⁴⁵tsɛ⁴⁴ 小儿子

晚崽（子）mæ̃⁴⁴tsɛ⁴⁴（tsɿ⁰）最小的儿子

　晚伢唧 mæ̃⁴⁴ŋa²¹³tɕi⁰

继崽子 tɕi⁴⁵tsɛ⁴⁴tsɿ⁰ 养子

　继儿子 tɕi⁴⁵E²¹³tsɿ⁰

孙媳妇 sən³³ɕi²⁴fu²¹

孙女子 sən³³ny⁴⁴tsɿ⁰ 孙女

孙伢唧 sən³³ŋa²¹³tɕi⁰ 对年幼孙子的爱称

　孙崽唧 sən³³tsɛ⁴⁴tɕi⁰

孙女婿 sən³³ny⁴⁴ɕi⁴⁵

　孙郎 sən³³naŋ²¹³

重孙女 tsən²¹³sən³³ny⁴⁴

侄女 tsɿ²⁴ny⁴⁴

内侄 nei²¹tsɿ²⁴

内侄女 nei²¹tsɿ²⁴ny⁴⁴

十　身体

身体 sən³³tʰi⁴⁴

身材 sən³³tsɛ²¹³

影子 iən⁴⁴tsɿ⁰

秃子 tʰəo²⁴tsɿ⁰

秃顶 tʰəo²⁴tiən⁴⁴

头顶 təu²¹³tiən⁴⁴

后脑壳 xəu²¹nɔ⁴⁴kʰo²⁴ 后脑勺

脑颈窝子 nɔ⁴⁴tɕiən⁴⁴ʊ³³tsɿ⁰ 后脑窝

天门囟子 tʰiĩ³³mən²¹³taŋ²¹tsɿ⁰ 囟门

少年白 sɔ⁴⁵niĩ²¹³pE²⁴

落头发 no²⁴təu²¹³fa²⁴ 掉头发

连毛须子 niĩ²¹³mɔ²¹³ɕi³³tsɿ⁰ 刘海

头毛旋 təu²¹³mɔ²¹³tɕiĩ²¹

　旋窝子 ɕyĩ⁴⁵ʋ³³tsʅ⁰

双旋 suaŋ³³tɕiĩ²¹ 两个头旋儿

脸巴子 niĩ⁴⁴pa³³tsʅ⁰ 脸蛋

千里眼 tɕʰiĩ³³ni⁴⁴ŋæ⁴⁴ 视力特别好的眼睛

眼睛眶子 ŋæ⁴⁴tɕiən³³kʰuaŋ³³tsʅ⁰ 眼眶

黑眼睛珠子 xɛ²⁴ŋæ⁴⁴tɕiən³³tɕy³³tsʅ⁰

瞳仁 tən²¹³niən²¹³

眼睛拐 ŋæ⁴⁴tɕiən³³kuɛ⁴⁴ 眼角

眼睛里拐 ŋæ⁴⁴tɕiən³³ni⁴⁴kuɛ⁴⁴ 内眼角

眼睛外拐 ŋæ⁴⁴tɕiən³³uɛ²¹kuɛ⁴⁴ 外眼角

眼圈 ŋæ⁴⁴tɕʰyĩ³³

眼睛粪 ŋæ⁴⁴tɕiən³³fən⁴⁵ 眼屎

眼睛皮子 ŋæ⁴⁴tɕiən³³pi²¹³tsʅ⁰ 眼皮

单眼睛皮 tæ³³ŋæ⁴⁴tɕiən³³pi²¹³ 单眼皮

双眼睛皮 suaŋ³³ŋæ⁴⁴tɕiən³³pi²¹³ 双眼皮

眼睛毛 ŋæ⁴⁴tɕiən³³mɔ²¹³ 睫毛

眉毛皱得 mei²¹³mɔ²¹³tsəu⁴⁵tɛ⁰ 眉毛皱了

鼻子屎 pi²⁴tsʅ⁰sʅ⁴⁴ 鼻屎

鼻子眼 pi²⁴tsʅ⁰ŋæ⁴⁴ 鼻孔

鼻子毛 pi²⁴tsʅ⁰mɔ²¹³ 鼻毛

鼻尖子 pi²⁴tɕiĩ³³tsʅ⁰ 鼻尖

鼻梁 pi²⁴niaŋ²¹³

鼻梁骨 pi²⁴niaŋ²¹³ku²⁴

酒糟鼻子 tɕiəu⁴⁴tsɔ³³pi²⁴tsʅ⁰

脸拐子 niĩ⁴⁴kuɛ⁴⁴tsʅ⁰ 颧骨

耳朵眼 ɛ⁴⁴tʋ⁴⁴ŋæ⁴⁴

耳朵屎 ɛ⁴⁴tʋ⁴⁴sʅ⁴⁴ 耳屎

耳坠子 ɛ⁴⁴tsui⁴⁵tsʅ⁰ 耳垂

耳廓 ɛ⁴⁴ko²⁴

耳朵背气 ɛ⁴⁴tʋ⁴⁴pei⁴⁵tɕʰi⁴⁵ 耳背

酒窝子 tɕiəu⁴⁴ʋ³³tsʅ⁰ 酒窝

腮帮子 sɛ³³paŋ³³tsʅ⁰

人中 niən²¹³tsən³³

嘴巴拐 tsei⁴⁴pa³³kuɛ⁴⁴ 嘴角

丫开 ŋa³³kʰɛ³³ 张开（嘴）

黏痰 niĩ²¹³tæ²¹³ 浓痰

舌子 sei⁴⁵tsʅ⁰ 舌头

团舌条 tõ²¹³sei⁴⁵tiɔ²¹³ 大舌头

大门牙 tɛ²¹mən²¹³ŋa²¹³

虎牙 fu⁴⁴ŋa²¹³

板牙 pæ⁴⁴ŋa²¹³ 大牙

牙板子 ŋa²¹³pæ⁴⁴tsʅ⁰ 牙床

虫牙 tsən²¹³ŋa²¹³

龅牙齿 pɔ⁴⁵ŋa²¹³tsʰʅ⁴⁴

　漂牙齿 pʰiɔ³³ŋa²¹³tsʰʅ⁴⁴

地仓 ti²¹tsʰaŋ³³ 脸的下半部

兜仓胡子 təu³³tsʰaŋ³³fu²¹³tsʅ⁰ 络腮胡子

撒撒胡子 pʰiɛ²⁴pʰiɛ²⁴fu²¹³tsʅ⁰ 八字胡

下巴胡子 xa²¹pa³³fu²¹³tsʅ⁰ 下巴上的胡子

喉结 xəu²¹³tɕiɛ²⁴

喉管 xəu²¹³kõ⁴⁴

老颈子 nɔ⁴⁴tɕiən⁴⁴tsʅ⁰ 脖子

　颈根 tɕiən⁴⁴kən³³

长颈子 tsaŋ²¹³tɕiən⁴⁴tsʅ⁰ 细长的脖子

声音 sən³³iən³³

肩胛骨 tɕiĩ³³ka²⁴ku²⁴

龙节骨 nən²¹³tɕiɛ²⁴ku²⁴ 脊梁骨

锁颈骨 sʋ⁴⁴tɕiən⁴⁴ku²⁴ 锁骨

排肋骨 pɛ²¹³nɛ²⁴ku²⁴ 肋骨

夹⁼子 ka²⁴tsʅ⁰ 胳膊

手拐子 səu⁴⁴kuɛ⁴⁴tsʅ⁰ 胳膊肘

胳膊窝 ka²⁴pɔ²⁴ʋ³³ 胳肢窝

五脏 u⁴⁴tsaŋ⁴⁵

心 ɕiən³³

　圈心 nõ²¹³ɕiən³³

肝 kæ̃³³

脾 pʰi²¹³

肺 fei⁴⁵

肾 sən⁴⁵

　腰子 iɔ³³tsʅ⁰

胆 tæ̃⁴⁴

大肠 tɛ²¹tsaŋ²¹³

小肠 ɕiɔ⁴⁴tsaŋ²¹³

尿脬 niɔ²¹pʰɔ³³

盲肠 maŋ²¹³tsaŋ²¹³

䐃纹 nʊ²¹³uən²¹³

䐃 nʊ²¹³

筲箕 sɔ³³tɕi³³ 筲箕形的䐃纹

手腕子 səu⁴⁴õ⁴⁴tsʅ⁰ 手腕

虎口 fu⁴⁴kʰəu⁴⁴

手丫 səu⁴⁴ŋa³³ 手指缝儿

手板 səu⁴⁴pæ̃⁴⁴ 手掌

手板心 səu⁴⁴pæ̃⁴⁴ɕiən³³ 手掌心

巴掌 pa³³tsaŋ⁴⁴

倒见=皮 tɔ⁴⁵tɕiĩ⁴⁵pi²¹³ 指甲两侧的劈开的刺儿

愤=老=fən⁴⁵nɔ⁴⁴ 耳光

手背 səu⁴⁴pei⁴⁵

老茧 nɔ⁴⁴tɕiĩ⁴⁴

腰 iɔ³³

汗毛 xæ̃²¹mɔ²¹³

毛孔 mɔ²¹³kʰən⁴⁴

骨头 ku²⁴təu²¹³

筋 tɕiən³³

血管 ɕiɛ²⁴kõ⁴⁴

脉 mɛ²⁴

血脉 ɕiɛ²⁴mɛ²⁴

大腿 tɛ²¹tʰei⁴⁴

　大腿把子 tɛ²¹tʰei⁴⁴pa⁴⁵tsʅ⁰

大胯丫 tɛ²¹kʰua⁴⁵ŋa³³ 胯部

尾节骨 ui⁴⁴tɕiɛ²⁴ku²⁴

　尾巴根子 ui⁴⁴pa³³kən³³tsʅ⁰

小腿 ɕiɔ⁴⁴tʰei⁴⁴

　细腿 ɕi⁴⁵tʰei⁴⁴

腿巴肚子 tʰei⁴⁴pa³³təu⁴⁵tsʅ⁰ 腿肚子

小腿把子 ɕiɔ⁴⁴tʰei⁴⁴pa⁴⁵tsʅ⁰ 小腿

螺丝骨 nʊ²¹³sʅ³³ku²⁴ 脚踝骨

腿弯子 tʰei⁴⁴uæ̃³³tsʅ⁰ 大腿和小腿连接处

脚颈子 tɕyo²⁴tɕiən⁴⁴tsʅ⁰ 脚腕

脚后跟 tɕyo²⁴xəu²¹kən³³

打赤脚 ta⁴⁴tsʰʅ²⁴tɕyo²⁴

脚背 tɕyo²⁴pei⁴⁵

脚板 tɕyo²⁴pæ̃⁴⁴ 脚掌

脚板底 tɕyo²⁴pæ̃⁴⁴ti⁴⁴ 脚底

脚板心 tɕyo²⁴pæ̃⁴⁴ɕiən³³ 脚心

脚汁=圧=子 tɕyo²⁴tsʅ²⁴ŋa²⁴tsʅ⁰ 脚指头

脚丫 tɕyo²⁴ŋa³³ 脚趾缝

十一　病痛医疗

整病 tsən⁴⁴piən²¹ 治病

小毛病 ɕiɔ⁴⁴mɔ²¹³piən²¹

病好得 piən²¹xɔ⁴⁴tɛ⁰ 病好了

请郎中 tɕʰiən⁴⁴naŋ²¹³tsən³³

开药单子 kʰɛ³³yo²⁴tæ̃³³tsʅ⁰

偏方 pʰiĩ³³faŋ³³

土方子 tʰəu⁴⁴faŋ³³tsʅ⁰

畏寒 ui⁴⁵xæ̃²¹³

鸡眼子 tɕi³³ŋæ̃⁴⁴tsʅ⁰ 鸡眼

捡药 tɕiĩ⁴⁴yo²⁴ 抓药

买药 mɛ⁴⁴yo²⁴

中药房 tsən³³yo²⁴faŋ²¹³

西药房 ɕi³³yo²⁴faŋ²¹³

药引子 yo²⁴iən⁴⁴tsʅ⁰

炖药 tən⁴⁵yo²⁴

  熬药 ŋɔ²¹³yo²⁴

药膏子 yo²⁴kɔ³³tsʅ⁰ 西药，药膏

膏药 kɔ³³yo²⁴ 中药，敷上的

药粉子 yo²⁴fən⁴⁴tsʅ⁰ 药磨成的粉

搽药 tsa²¹³yo²⁴ 擦药

贴膏药 tʰiɛ²⁴kɔ³³yo²⁴

撕膏药 sʅ³³kɔ³³yo²⁴

  揭膏药 tɕiɛ²⁴kɔ³³yo²⁴

上药 saŋ²¹yo²⁴

发汗 fa²⁴xæ²¹

祛风 tɕʰy⁴⁵xən³³

祛寒 tɕʰy⁴⁵xæ²¹³

祛火 tɕʰy⁴⁵xʊ⁴⁴

祛湿 tɕʰy⁴⁵sʅ²⁴

祛痰 tɕʰy⁴⁵tæ²¹³

祛毒 tɕʰy⁴⁵təo²⁴

利湿 ni²⁴sʅ²⁴

利尿 ni²⁴niɔ²¹

利水 ni²⁴ɕy⁴⁴

疳积 kæ³³tɕi²⁴

挑疳积 tʰiɔ³³kæ³³tɕi²⁴ 选准特定部位和穴位，
    用针挑破来治疗小儿疳积

打食 ta⁴⁴sʅ²⁴ 消食

化积 xua⁴⁵tɕi²⁴

拔火罐 pa²⁴xʊ⁴⁴kõ⁴⁵

艾灸 ŋɛ²¹tɕiəu⁴⁴

发痧子 fa²⁴sa³³tsʅ⁰ 中暑

扯痧子 tsʰa⁴⁴sa³³tsʅ⁰ 拔痧

  拽痧子 tsuɛ⁴⁵sa³³tsʅ⁰

刮痧子 kua²⁴sa³³tsʅ⁰ 刮痧

受凉 səu²¹niaŋ²¹³ 着凉

乍寒乍热 tsa²¹xæ²¹³tsa²¹yɛ²⁴ 忽冷忽热

发冷 fa²⁴nən⁴⁴

脑壳痛 nɔ⁴⁴kʰɔ²⁴tʰən⁴⁵ 头疼

酒痣 tɕiəu⁴⁴tsʅ⁴⁵ 痘痘

齁痨病 xəu³³nɔ²¹³piən²¹ 哮喘

打酒摆子 ta⁴⁴tɕiəu⁴⁴pɛ⁴⁴tsʅ⁰ 发酒寒

起鸡皮皱 tɕʰi⁴⁴tɕi³³pi²¹³tsəu⁴⁵ 起鸡皮疙瘩

伤风 saŋ³³xən³³

感冒 kæ⁴⁴mɔ²¹

气喘 tɕʰi⁴⁵tɕʰyĩ⁴⁴

气管炎 tɕʰi⁴⁵kõ⁴⁴iĩ²¹³

生火气 sən³³xʊ⁴⁴tɕʰi⁴⁵ 上火

积食 tɕi²⁴sʅ²⁴

心门口疼 ɕiən³³mən²¹³kʰəu⁴⁴tʰən⁴⁵ 胸口疼

头昏 təu²¹³fən³³

晕车 yən³³tsʰa³³

晕船 yən³³tɕyĩ²¹³

牙齿痛 ŋa²¹³tsʰʅ⁴⁴tʰən⁴⁵

吊恶 tiɔ⁴⁵o²⁴ 恶心，干呕

呕得 ŋəu⁴⁴tɛ⁰ 吐了

禁嘴 tɕiən⁴⁵tsei⁴⁴ 忌口

塔=大肠根子 tʰa²⁴tɛ²¹tsaŋ²¹³kən³³tsʅ⁰ 脱肛

子宫下坠 tsʅ⁴⁴kən³³xa²¹tsui⁴⁵

人瘟 niən²¹³uən³³ 霍乱

发人瘟 fa²⁴niən²¹³uən³³ 发霍乱

上吐下屙 saŋ²¹tʰəu⁴⁴xa²¹ʊ³³ 上吐下泻

出麻花 tɕʰy²⁴ma²¹³xua³³ 出麻疹

出大花 tɕʰy²⁴tɛ²¹xua³³ 出天花

出水花 tɕʰy²⁴ɕy⁴⁴xua³³ 出水痘

种花花 tsən⁴⁵xua³³xua⁰ 种痘

伤寒 saŋ³³xæ²¹³

黄痨病 uaŋ²¹³nɔ²¹³piən²¹ 黄疸；肝炎

肺炎 fei⁴⁵iĩ²¹³

痨病 nɔ²¹³piən²¹ 肺结核

盲肠炎 maŋ²¹³tsaŋ²¹³iĩ²¹³

掼伤 kʰuæ⁴⁵saŋ³³ 跌伤

碰伤 pʰən⁴⁵saŋ³³

擦破皮得 tsʰa²⁴pʰʊ⁴⁵pi²¹³tɛ⁰ 擦破皮了

梭⁼一条痕 su³³i²⁴tiɔ²¹³xən²¹³ 刺个口子

刺戳得 tsʰɿ⁴⁵tsʰo²⁴tɛ⁰ 刺扎进肉里了

出血 tɕʰy²⁴ɕiE²⁴

淤血 y³³ɕiE²⁴

　紫血 tsɿ⁴⁴ɕiE²⁴

起痂子 tɕʰi⁴⁴ka³³tsɿ⁰ 结痂

　结屑子 tɕiE²⁴iĩ⁴⁴tsɿ⁰

砖口 tɕyĩ³³kʰəu⁴⁴ 皮肤皲裂后的一道道儿

开砖口 kʰɛ³³tɕyĩ³³kʰəu⁴⁴ 皮肤皲裂

寒巴气 xæ²¹³pa³³tɕʰi⁴⁵ 腮腺炎

生疮 sən³³tsʰaŋ³³

　生疔疮 sən³³tiən³³tsʰaŋ³³

生疖子 sən³³tɕiE²⁴tsɿ⁰ 生脓包

洋⁼子 iaŋ²¹³tsɿ⁰ 淋巴结

害洋⁼子 xɛ²¹iaŋ²¹³tsɿ⁰ 淋巴结肿大

　兴⁼服⁼子 ɕiən⁴⁵fu²⁴tsɿ⁰

痔疮 tsɿ⁴⁵tsʰaŋ³³

屁漏 pʰi⁴⁵nəu²¹ 直肠癌

疥疮 kɛ⁴⁵tsʰaŋ³³

癞子 nɛ²¹tsɿ⁰ 疮

痧痱子 sa³³fei⁴⁵tsɿ⁰ 痱子

痱子粉 fei⁴⁵tsɿ⁰fən⁴⁴

汗斑 xæ²¹pæ³³

猴子 xəu²¹³tsɿ⁰

雀斑 tɕʰyo²⁴pæ³³

酒刺 tɕiəu⁴⁴tsʰɿ⁴⁵ 粉刺

嘴巴臭 tsei⁴⁴pa³³tsʰəu⁴⁵ 口臭

粗颈子 tsʰəu³³tɕiən⁴⁴tsɿ⁰ 大脖子病

鼻子四⁼得 pi²⁴tsɿ⁰sɿ⁴⁵tɛ⁰ 鼻子不通

公鸭痨 kən³³ŋa²⁴nɔ²¹³ 公鸭嗓

独眼龙 tɔo²⁴ŋæ⁴⁴nən²¹³

眯眯眼 mi³³mi³³ŋæ⁴⁴ 近视眼

老光眼 nɔ⁴⁴kuaŋ³³ŋæ⁴⁴ 老花眼

遮巴眼 tsa³³pa³³ŋæ⁴⁴ 一种眼疾，不能见光，痒

猪头疯 tɕy³³təu²¹³xən³³ 癫痫

转筋 tɕyĩ⁴⁵tɕiən³³ 抽筋

　动筋 tən²¹tɕiən³³

中风 tsən⁴⁵xən³³

半边瘫 põ⁴⁵piĩ³³tʰæ³³ 瘫痪

　半截瘫 põ⁴⁵tɕiE²⁴tʰæ³³

发酒疯 fa²⁴tɕiəu⁴⁴xən³³

　发酒癫 fa²⁴tɕiəu⁴⁴tiĩ³³

发疯 fa²⁴xən³³

　发癫 fa²⁴tiĩ³³

地塔⁼子 ti²¹tʰa²⁴tsɿ⁰ 地衣

苍耳子 tsʰaŋ³³E⁴⁴tsɿ⁰

大麦冬 tɛ²¹mE²⁴tən³³

细麦冬 ɕi⁴⁵mE²⁴tən³³ 小麦冬

香附草 ɕiaŋ³³fu⁴⁵tsʰɔ⁴⁴

千年老鼠屎 tɕʰiĩ³³niĩ²¹³nɔ⁴⁴tɕʰy⁴⁴sɿ⁴⁴ 中药名，植物名天葵

辣蒿蓼子 na²⁴xɔ³³niɔ⁴⁵tsɿ⁰ 蓼草

　酒药子草 tɕiəu⁴⁴yo²⁴tsɿ⁰tsʰɔ⁴⁴

必ᵇ子参 pi²⁴tsʅ⁰sən³³ 主要用来补血气的参

合欢皮 xo²⁴xõ³³pi²¹³

蛮牯牛 mæ²¹³ku⁴⁴niəu²¹³ 夏枯草

蛤蟆草 xa²¹³ma²¹³tsʰɔ⁴⁴ 车前草

土牛膝 tʰəu⁴⁴niəu²¹³ɕi²⁴

灯笼果子 tən³³nən²¹³kʊ⁴⁴tsʅ⁰ 胡颓子

婆婆 pʊ²¹³pʊ²¹³ 蒲公英

红参 xən²¹³sən³³

百草霜 pɛ²⁴tsʰɔ⁴⁴suaŋ³³ 中药

十二　衣服穿戴

穿着 tɕʰyĩ³³tso²⁴

打扮 ta⁴⁴pæ⁴⁵

制服 tsʅ⁴⁵fu²⁴

中山装 tsən³³sæ̃³³tsaŋ³³

西服 ɕi³³fu²⁴

　西装 ɕi³³tsaŋ³³

长袍子 tsaŋ²¹³pɔ²¹³tsʅ⁰ 长袍

棉袍子 miĩ²¹³pɔ²¹³tsʅ⁰ 棉袍

单袍子 tæ̃³³pɔ²¹³tsʅ⁰ 单袍

马褂子 ma⁴⁴kua⁴⁵tsʅ⁰

外褂 uɛ²¹kua⁴⁵

外套 uɛ²¹tʰɔ⁴⁵

罩褂子 tsɔ⁴⁵kua⁴⁵tsʅ⁰

旗袍 tɕi²¹³pɔ²¹³

皮袄 pi²¹³ŋɔ⁴⁴

大衣 tɛ²¹i³³

短大衣 tõ⁴⁴tɛ²¹i³³

二五大衣 ɛ²¹u⁴⁴tɛ²¹i³³

衬衣 tsʰən⁴⁵i³³ 内衣

热褂子 yɛ²⁴kua⁴⁵tsʅ⁰ 夏天的外衣

衬褂子 tsʰən⁴⁵kua⁴⁵tsʅ⁰ 冬天穿着睡觉的衣服

套头衫 tʰɔ⁴⁵təu²¹³sæ̃³³ 棉毛衫

领褂子 niən⁴⁴kua⁴⁵tsʅ⁰ 坎肩

对襟子 tei⁴⁵tɕiən³³tsʅ⁰ 对襟衣

大襟牌子 tɛ²¹tɕiən³³pɛ²¹³tsʅ⁰ 大襟衣

大片 tɛ²¹pʰiĩ⁴⁵ 大襟

细片 ɕi⁴⁵pʰiĩ⁴⁵ 小襟

　小片 ɕiɔ⁴⁴pʰiĩ⁴⁵

背心子 pei⁴⁵ɕiən³³tsʅ⁰ 汗背心

衣领 i³³niən⁴⁴

袖筒子 ɕiəu⁴⁵tən²¹³tsʅ⁰ 袖子

长袖子 tsaŋ²¹³ɕiəu⁴⁵tsʅ⁰ 长袖

短袖子 tõ⁴⁴ɕiəu⁴⁵tsʅ⁰ 短袖

裤筒子 kʰu⁴⁵tən²¹³tsʅ⁰ 裤腿

下摆 xa²¹pɛ⁴⁴

布扣子 pu⁴⁵kʰəu⁴⁵tsʅ⁰

　本扣子 pən⁴⁴kʰəu⁴⁵tsʅ⁰

扣襻子 kʰəu⁴⁵pʰæ̃⁴⁵tsʅ⁰ 扣襻

洋扣子 iaŋ²¹³kʰəu⁴⁵tsʅ⁰ 现代的扣子

扣子眼 kʰəu⁴⁵tsʅ⁰ŋæ̃⁴⁴

捺扣 na²⁴kʰəu⁴⁵

母扣子 mʊ⁴⁴kʰəu⁴⁵tsʅ⁰

裙子 tɕyən²¹³tsʅ⁰

包裙 pɔ³³tɕyən²¹³

兜巴子 təu³³pa³³tsʅ⁰ 兜肚

单裤子 tæ̃³³kʰu⁴⁵tsʅ⁰ 只有一层的裤子

夹裤子 ka²⁴kʰu⁴⁵tsʅ⁰ 两层布的裤子

衬裤子 tsʰən⁴⁵kʰu⁴⁵tsʅ⁰ 里裤

裤头子 kʰu⁴⁵təu²¹³tsʅ⁰ 贴身穿的裤衩

　短裤子 tõ⁴⁴kʰu⁴⁵tsʅ⁰

蹬脚裤 tən³³tɕyo²⁴kʰu⁴⁵ 连脚裤

丫裆裤 ŋa³³taŋ⁴⁴kʰu⁴⁵ 开裆裤

围裆裤 nõ²¹³taŋ⁴⁴kʰu⁴⁵ 不开裆的裤子

蒙裆裤 mən²¹³taŋ⁴⁴kʰu⁴⁵

大裤头子 tɛ²¹kʰu⁴⁵təu²¹³tsʅ⁰ 穿在外面的短裤

扎腰裤 tsa²⁴iɔ³³kʰu⁴⁵

罩裤子 tsɔ⁴⁵kʰu⁴⁵tsʅ⁰ 外裤

裤兜 kʰu⁴⁵təu³³

裤腰 kʰu⁴⁵iɔ³³

裤襻子 kʰu⁴⁵pʰæ⁴⁵tsʅ⁰

裤带子 kʰu⁴⁵tɛ⁴⁵tsʅ⁰

共和帽子 kən⁴⁵xʊ²¹³mɔ²¹tsʅ⁰ 皮帽

礼帽 ni⁴⁴mɔ²¹

瓜皮帽 kua³³pi²¹³mɔ²¹

军帽 tɕyən³³mɔ²¹

四块瓦 sʅ⁴⁵kʰuɛ⁴⁵ua⁴⁴ 冬天戴的一种军帽

马虎帽 ma⁴⁴xu⁴⁴mɔ²¹ 只露眼睛的帽子

草帽 tsʰɔ⁴⁴mɔ²¹

帽招子 mɔ²¹tsɔ³³tsʅ⁰ 帽檐

枷枷子 ka³³ka³³tsʅ⁰ 围嘴儿，围裙

手套 səu⁴⁴tʰɔ⁴⁵

拉链 na³³niĩ²¹

拖鞋子 tʰo²⁴xɛ²¹³tsʅ⁰

靸鞋 sa²⁴xɛ²¹³ 室内穿的拖鞋

鞋靸子 xɛ²¹³sa²⁴tsʅ⁰ 可以在室外穿的拖鞋

棉鞋 miĩ²¹³xɛ²¹³

皮鞋 pi²¹³xɛ²¹³

响钉 ɕiaŋ⁴⁴tiən³³ 铁鞋掌

单鞋 tæ̃³³xɛ²¹³ 布鞋

草鞋 tsʰɔ⁴⁴xɛ²¹³

草鞋拔子 tsʰɔ⁴⁴xɛ²¹³pa²¹³tsʅ⁰ 做草鞋的工具

细脚鞋 ɕi⁴⁵tɕyo²⁴xɛ²¹³ 弓鞋

鞋带子 xɛ²¹³tɛ⁴⁵tsʅ⁰

鞋底 xɛ²¹³ti⁴⁴

鞋帮子 xɛ²¹³paŋ³³tsʅ⁰

楦头 ɕyĩ⁴⁵təu⁰

鞋拔子 xɛ²¹³pa²⁴tsʅ⁰

绱鞋子 saŋ²¹xɛ²¹³tsʅ⁰ 把鞋面与鞋底缝合

纳鞋底 na²⁴xɛ²¹³ti⁴⁴

剪鞋样子 tɕiĩ⁴⁴xɛ²¹³iaŋ²¹tsʅ⁰

胶鞋 tɕiɔ³³xɛ²¹³ 雨鞋

木屐子 mo²⁴tɕi³³tsʅ⁰ 皮做的，鞋底有钉防滑，

　　下雨下雪天穿，起胶鞋作用

鞋垫子 xɛ²¹³tiĩ²¹tsʅ⁰ 鞋垫

纳鞋垫子 na²⁴xɛ²¹³tiĩ²¹tsʅ⁰

裹脚带子 kʊ⁴⁴tɕyo²⁴tɛ⁴⁵tsʅ⁰

裹腿子 kʊ⁴⁴tʰei⁴⁴tsʅ⁰

绑腿子 paŋ⁴⁴tʰei⁴⁴tsʅ⁰

洋袜子 iaŋ²¹³ua²⁴tsʅ⁰ 新式袜子

长袜子 tsaŋ²¹³ua²⁴tsʅ⁰ 旧式袜子

尼龙袜子 ni²¹³nən²¹³ua²⁴tsʅ⁰ 丝袜

短袜头子 tõ⁴⁴ua²⁴təu²¹³tsʅ⁰ 袜子

袜带子 ua²⁴tɛ⁴⁵tsʅ⁰ 用来把袜子绑在腿上的布

　　带子

袜底 ua²⁴ti⁴⁴

量衣裳 niaŋ²¹³i³³saŋ⁰

做衣裳 tsəu⁴⁵i³³saŋ⁰

贴边 tʰiɛ²⁴piĩ³³

绲边 kuən⁴⁴piĩ³³

翘边 tɕʰiɔ⁴⁵piĩ³³

绞边 tɕiɔ⁴⁴piĩ³³

钉扣子 tiən⁴⁵kʰəu⁴⁵tsʅ⁰

绣花 ɕiəu⁴⁵xua³³

打补巴子 ta⁴⁴pu⁴⁴pa³³tsʅ⁰ 打补丁

连﹦衣裳 niĩ²¹³i³³saŋ⁰ 缝衣裳

洗一水 ɕi⁴⁴i²⁴ɕy⁴⁴ 洗一次水

漱水 tʰəu⁴⁴ɕy⁴⁴ 涮洗衣服

晒衣裳 sɛ⁴⁵i³³saŋ⁰

晾衣裳 naŋ²¹i³³saŋ⁰ 晾衣裳

浆衣裳 tɕiaŋ³³i³³saŋ⁰

烫衣裳 tʰaŋ⁴⁵i³³saŋ⁰ 熨烫衣裳

走形 tsəu⁴⁴ɕiən²¹³ 变形

烂布 nõ²¹pu⁴⁵

首饰 səu⁴⁴sʅ²⁴

项链 ɕiaŋ⁴⁵niĩ²¹

项箍 xæ̃²¹kʰu³³

长命锁 tsaŋ²¹³miən²¹su⁴⁴

兵针 piən³³tsən³³ 别针

簪子 tsæ̃³³tsʅ⁰

钗子 tsʰɛ³³tsʅ⁰

耳环 ᴇ⁴⁴fæ̃²¹³

耳坠子 ᴇ⁴⁴tsui⁴⁵tsʅ⁰ 耳坠

耳捂子 ᴇ⁴⁴u²¹tsʅ⁰ 耳套

眼镜子 ŋæ̃⁴⁴tɕiən⁴⁵tsʅ⁰ 眼镜

手表 səu⁴⁴piɔ⁴⁴

玉 y⁴⁵

胭脂 iĩ³³tsʅ³³

花粉 xua³³fən⁴⁴

斗笠 təu⁴⁴ni²⁴

蓑衣 su³³i³³

围裙子 ui²¹³tɕyən²¹³tsʅ⁰ 下身穿的蓑衣

雨披 y⁴⁴pʰi³³

雨衣 y⁴⁴i³³

十三　饮食

吃的东西 tɕʰia²⁴ti⁰tən³³ɕi³³ 食物

味道 ui²¹tɔ²¹

涩嘴 sᴇ²⁴tsei⁴⁴

　　节⁼嘴 tɕiᴇ²⁴tsei⁴⁴

剩饭 sən²¹fæ̃²¹

现饭 ɕiĩ²¹fæ̃²¹

早饭 tsɔ⁴⁴xuæ̃²¹

中饭 tsən³³xuæ̃²¹

夜饭 ia²¹xuæ̃²¹ 晚饭

烧酒 sɔ³³tɕiəu⁴⁴ 白酒

甜酒 tiĩ²¹³tɕiəu⁴⁴

甜酒娘子 tiĩ²¹³tɕiəu⁴⁴niaŋ²¹³tsʅ⁰ 酒酿

擂茶 nei²¹³tsa²¹³

凉茶 niaŋ²¹³tsa²¹³

二道茶 ᴇ²¹tɔ⁴⁵tsa²¹³

三茶 sæ̃³³tsa²¹³

稗子酒 pɛ²¹tsʅ³³tɕiəu⁴⁴

谷雨尖子 ku²⁴y⁴⁴tɕiĩ³³tsʅ⁰ 谷雨前摘的茶叶

酒药子 tɕiəu⁴⁴yo²⁴tsʅ⁰ 酒曲

半夜餐 põ⁴⁵ia²¹tsʰæ̃³³ 晚上十二点左右吃的饭

吃半夜餐 tɕʰia²⁴põ⁴⁵ia²¹tsʰæ̃³³

饮汤 iən⁴⁴tʰaŋ³³ 米汤

　米汤 mi⁴⁴tʰaŋ³³

米糊 mi⁴⁴xu²¹³

打糊 ta⁴⁴xu²¹³ 做米糊

滗米汤 pi²⁴mi⁴⁴tʰaŋ³³ 把米汤水倒出来

老粉 nɔ⁴⁴fən⁴⁴ 酵母

本面 pən⁴⁴miĩ²¹ 手工做的挂面

洋面 iaŋ²¹³miĩ²¹ 机器做的面条

面 miĩ²¹ 汤面

炒面 tsʰɔ⁴⁴miĩ²¹

锅巴 kʊ³³pa³³

烧饼 sɔ³³piən⁴⁴

饼干 piən⁴⁴kæ̃³³

粑粑 pa³³pa³³ 用米粉做的有馅儿的饼

蒸粑粑 tsən³³pa³³pa³³

糖油粑粑 taŋ²¹³iəu²¹³pa³³pa³³

蒿子粑粑 xɔ³³tsŋ⁰pa³³pa³³

发糕 fa²⁴kɔ³³ 用籼米粉做的，里面加有芝麻

发包子 fa²⁴pɔ³³tsŋ⁰ 用籼米粉做成的

月饼 yE²⁴piən⁴⁴

蛋糕 tæ̃²¹kɔ³³

豆腐干 təu²¹fu⁴⁴kæ̃³³

　干子 kæ̃³³tsŋ⁰

豆腐皮 təu²¹fu⁴⁴pi²¹³

腐竹 fu⁴⁴tsəo²⁴

千张 tɕʰiĩ³³tsaŋ³³

豆腐乳 təu²¹fu⁴⁴nəu⁴⁴

　猫豆腐 mɔ³³təu²¹fu⁴⁴

　霉豆腐 mei²¹³təu²¹fu⁴⁴

豆腐粿子 təu²¹fu⁴⁴kʊ⁴⁴tsŋ⁰ 炸好的豆腐块儿

观音豆腐 kõ³³iən³³təu²¹fu⁴⁴ 用腐婢树叶制成
　的豆腐

栎子豆腐 ni²⁴tsŋ⁰təu²¹fu⁰

柴栎豆腐 tsɛ²¹³ni²⁴təu²¹fu⁰ 用柴栎果做的豆
　腐，有点儿涩嘴

株栎豆腐 tɕy³³ni²⁴təu²¹fu⁰ 用株栎果做的豆腐，
　与柴栎豆腐相比更细腻一些，不涩嘴

锄⁼栎豆腐 tsəu²¹³ni²⁴təu²¹fu⁰ 用一种栎树果
　子做的豆腐。这种栎树的果子形状和株
　栎树结的果子差不多，圆形，但比株栎
　树果大

米豆腐 mi⁴⁴təu²¹fu⁰

豆腐棍子 təu²¹fu⁴⁴kuən⁴⁵tsŋ⁰ 形状像棍子一样
　的豆腐

观音叶子 kõ³³iən³³iE²⁴tsŋ⁰ 腐婢树叶

酱豆子 tɕiaŋ⁴⁵təu²¹tsŋ⁰ 豆豉

浇头 tɕiɔ³³təu²¹³ 臊子

汆肉 tsʰõ³³niəo²⁴ 做肉汤

腈肉 tɕiən³³niəo²⁴ 瘦肉

　腈肉子 tɕiən³³niəo²⁴tsŋ⁰

肥肉 xui²¹³niəo²⁴

　肥肉子 xui²¹³niəo²⁴tsŋ⁰

肉丁子 niəo²⁴tiən³³tsŋ⁰ 肉丁

肉片子 niəo²⁴pʰiĩ⁴⁵tsŋ⁰ 肉片

肉丝子 niəo²⁴sŋ³³tsŋ⁰ 肉丝

肉末子 niəo²⁴mo²⁴tsŋ⁰ 肉末

肉皮 niəo²⁴pi²¹³

里腈肉 ni⁴⁴tɕiən³³niəo²⁴ 里脊肉

刀口肉 tɔ³³kʰəu⁴⁴niəo²⁴

　腊头肉 tsɔ²¹³təu²¹³niəo²⁴

猪脚颈子 tɕy³³tɕyo²⁴tɕiən⁴⁴tsŋ⁰ 肘子

猪脚筋 tɕy³³tɕyo²⁴tɕiən³³ 猪蹄筋

剁肉 tʊ⁴⁵niəo²⁴

刀工肉 tɔ³³kən³³niəo²⁴ 作为屠夫工钱的一块肉

吃杀猪汤 tɕʰia²⁴sa²⁴tɕy³³tʰaŋ³³

猪肺 tɕy³³fei⁴⁵

猪大肠 tɕy³³tɛ²¹tsaŋ²¹³

猪细肠 tɕy³³ɕi⁴⁵tsaŋ²¹³

翻猪肠子 fæ̃³³tɕy³³tsaŋ²¹³tsŋ⁰ 把猪肠翻过来
　清洗

排骨 pɛ²¹³ku²⁴

龙节骨 nən²¹³tɕiE²⁴ku²⁴ 腔骨

桶子骨 tʰən⁴⁴tsŋ⁰ku²⁴

脆骨 tsʰei⁴⁵ku²⁴

猪腰子 tɕy³³iɔ³³tsŋ⁰

牛百叶 niəu²¹³pE²⁴iE²⁴

牛肚子 niəu²¹³təu⁴⁴tsŋ⁰ 毛肚

牛舌条 niəu²¹³sei⁴⁵tiɔ²¹³ 牛舌头

　牛舌子 niəu²¹³sei⁴⁵tsŋ⁰

鸡杂 tɕi³³tsa²⁴

　鸡杂碎 tɕi³³tsa²⁴sei⁴⁵

鸡血 tɕi³³ɕiɛ²⁴

鱼冻子 y²¹³tən⁴⁵tsɿ⁰ 凝结的鱼汤

寡鸡蛋 kua⁴⁴tɕi³³tæ̃²¹ 孵不出小鸡的鸡蛋

□咖得 kua⁴⁴ka⁰tE⁰ 鸡蛋坏了

蛋壳子 tæ̃²¹kʰo²⁴tsɿ⁰ 蛋壳

溏心蛋 taŋ²¹³ɕiən³³tæ̃²¹ 蛋黄没有完全熟的鸡蛋

大腿把子 tɛ²¹tʰei⁴⁴pa⁴⁵tsɿ⁰ 鸡腿

炒鸡蛋 tsʰɔ⁴⁴tɕi³³tæ̃²¹

荷包蛋 xʊ²¹³pɔ³³tæ̃²¹

白水蛋 pE²⁴ɕy⁴⁴tæ̃²¹

圂鸡蛋 nõ²¹³tɕi³³tæ̃²¹ 整个鸡蛋

茶叶蛋 tsa²¹³iE²⁴tæ̃²¹

　五香蛋 u⁴⁴ɕiaŋ³³tæ̃²¹

煎蛋 tɕiĩ⁴⁴tæ̃²¹

腌蛋 iĩ³³tɕi³³tæ̃²¹

　咸鸡蛋 xæ̃²¹³tɕi³³tæ̃²¹

香肠 ɕiaŋ³³tsɑŋ²¹³

小菜子 ɕiɔ⁴⁴tsʰɛ⁴⁵tsɿ⁰ 素菜

荤菜 fən³³tsʰɛ⁴⁵

腌菜 iĩ³³tsʰɛ⁴⁵

干腌菜 kæ̃³³iĩ³³tsʰɛ⁴⁵

粉丝 fən⁴⁴sɿ⁰

白木耳 pE²⁴mo²⁴E⁴⁴ 银耳

海带 xɛ⁴⁴tɛ⁴⁵

葛粉 ko²⁴fən⁴⁴

芡粉 tɕʰiĩ⁴⁵fən⁴⁴

装饭 tsaŋ³³fæ̃²¹ 盛饭

夹菜 ka²⁴tsʰɛ⁴⁵

打尖 ta⁴⁴tɕiĩ³³ 吃点心

吃点心 tɕʰia²⁴tiĩ⁴⁴ɕiən³³

吃上昼点心 tɕʰia²⁴saŋ²¹tsəu⁴⁵tiĩ⁴⁴ɕiən³³ 吃上午茶

吃下昼点心 tɕʰia²⁴xa²¹tsəu⁴⁵tiĩ⁴⁴ɕiən³³ 吃下午茶

零嘴 niən²¹³tsei⁴⁴ 零食

茶食 tsa²¹³sɿ²⁴ 茶点

茶食屉子 tsa²¹³sɿ²⁴tʰi⁴⁵tsɿ⁰ 茶点盒

作料 tso²⁴niɔ²¹

　相料 ɕiaŋ⁴⁵niɔ²¹

八角茴 pa²⁴ko²⁴fei²¹³

桂皮 kui⁴⁵pi²¹³

花椒 xua³³tɕiɔ³³

野胡椒 ia⁴⁴xu²¹³tɕiɔ³³

胡椒粉 xu²¹³tɕiɔ³³fən⁴⁴

荤油 fən³³iəu²¹³ 猪油

素油 səu⁴⁵iəu²¹³ 植物油

油渣子 iəu²¹³tsa³³tsɿ⁰ 肥肉榨油剩下的固体

花生油 xua³³sən³³iəu²¹³

黄豆油 uaŋ²¹³təu²¹iəu²¹³

茶油 tsa²¹³iəu²¹³

板油 pæ̃⁴⁴iəu²¹³ 猪的体腔内壁上呈板状的油脂

花油 xua²¹³iəu²¹³ 猪的肠肚外表上的油脂

油饼 iən²¹³piən⁴⁴ 油菜籽榨油剩下的渣

　菜籽饼 tsʰɛ⁴⁵tsɿ⁰piən⁴⁴

芝麻饼 tsɿ³³ma²¹³piən⁴⁴ 芝麻榨油剩下的渣

豆饼 təu²¹piən⁴⁴ 豆子榨油后剩下的渣

棉饼 miĩ²¹³piən⁴⁴ 棉籽榨油后剩下的渣

花生饼 xua³³sən³³piən⁴⁴ 花生榨油后剩下的渣

粗咸盐 tsʰəu³³xæ̃²¹³iĩ²¹³ 粗盐

细咸盐 ɕi⁴⁵xæ̃²¹³iĩ²¹³ 精盐

芝麻酱 tsɿ³³ma²¹³tɕiaŋ²¹

甜面酱 tiĩ²¹³miĩ²¹tɕiaŋ²¹

152

蚕豆酱 tsæ²¹³təu²¹tɕiaŋ²¹

辣椒酱 na²⁴tɕio³³tɕiaŋ²¹

卜˭辣椒 pʰu²⁴na²⁴tɕio³³ 腌制的整个辣椒

腌豆角子 iĩ³³təu²¹ko²⁴tsɿ⁰

辣椒血˭子 na²⁴tɕio³³ɕiE²⁴tsɿ⁰ 用新鲜的红辣椒切碎腌制而成

酱辣椒 tɕiaŋ⁴⁵na²⁴tɕio³³

酱板 tɕiaŋ⁴⁵pæ⁴⁴ 用面粉发酵后晾晒而成

洋生姜 iaŋ²¹³sən³³tɕiaŋ³³ 洋姜

糖姜 taŋ²¹³tɕiaŋ³³ 用糖泡制的姜

糖醋姜 taŋ²¹³tsʰəu⁴⁵tɕiaŋ³³

酱姜 tɕiaŋ⁴⁵tɕiaŋ³³

酱瓜 tɕiaŋ⁴⁵kua³³

辣椒油 na²⁴tɕio³³iəu²¹³

米粉 mi⁴⁴fən⁴⁴

山芋粉 sæ³³y²¹fən⁴⁴ 红薯粉

生粉 sən³³fən⁴⁴ 木薯粉

黄豆粉 uaŋ²¹³təu²¹fən⁴⁴

料酒 nio²¹tɕiəu⁴⁴

红糖 xən²¹³taŋ²¹³

砂塘 sa³³taŋ²¹³

　洋糖 iaŋ²¹³taŋ²¹³

　白砂糖 pE²⁴sa³³taŋ²¹³

冰糖 piən³³taŋ²¹³

糖精 taŋ²¹³tɕiən³³

花生糖 xua³³sən³³taŋ²¹³

芝麻糖 tsɿ³³ma²¹³taŋ²¹³

发米糖 fa²⁴mi⁴⁴taŋ²¹³ 蒸熟的糯米晾晒干后再炒，再加化了的糖稀拌匀而成

糖稀 taŋ²¹³ɕi³³ 糯米加麦芽熬制而成的一种糖

吃烟 tɕʰia²⁴iĩ³³ 抽烟

烟 iĩ³³

烟叶子 iĩ³³iE²⁴tsɿ⁰

烟丝 iĩ³³sɿ³³

水烟袋 ɕy⁴⁴iĩ³³tɛ²¹

烟袋子 iĩ³³tɛ²¹tsɿ⁰ 旱烟袋

烟袋头 iĩ³³tɛ²¹təu²¹³

烟袋窝子 iĩ³³tɛ²¹ʊ³³tsɿ⁰ 水烟袋上用来装烟丝的部件

烟袋嘴子 iĩ³³tɛ²¹tsei⁴⁴tsɿ⁰ 水烟袋上用来吸烟的部位

纸媒子 tsɿ⁴⁴mei²¹³tsɿ⁰ 纸媒，抽烟时用来引火的黄裱纸

三六裱纸 sæ³³nəo²⁴pio⁴⁴tsɿ⁴⁴ 用来做纸媒的纸，也可以用来做纸钱

火夹子 xʊ⁴⁴ka²⁴tsɿ⁰

打火石 ta⁴⁴xʊ⁴⁴sɿ²⁴

火刀 xʊ⁴⁴to³³

通条 tʰən³³tio²¹³ 用来通烟管的工具

烟油 iĩ³³iəu²¹³ 水烟袋里的液体沉积物

烟屎 iĩ³³sɿ⁴⁴ 水烟袋里的固体沉积物

烟盆子 iĩ³³pən²¹³tsɿ⁰ 装烟丝的金属盒

茶 tsa²¹³

兑茶 tei⁴⁵tsa²¹³ 往泡好的茶里加开水

烧菜 so³³tsʰɛ⁴⁵

烧锅 so³³kʊ³³

煮饭 tɕy⁴⁴fæ²¹

淘米 to²¹³mi⁴⁴

发面粉 fa²⁴miĩ²¹fən⁴⁴

发馍馍 fa²⁴mʊ²¹³mʊ⁰

和面粉 xʊ²¹³miĩ²¹fən⁴⁴

拣菜 tɕii⁴⁴tsʰɛ⁴⁵

打汤 ta⁴⁴tʰaŋ³³ 做汤

　氽汤 tsʰõ³³tʰaŋ³³

饭好得 fæ²¹xɔ⁴⁴tɛ⁰ 饭好了

饭熟得 fæ²¹səu⁴⁵tɛ⁰ 饭熟了

烧焦咖得 sɔ³³tɕiɔ³³ka⁰tɛ⁰ 烧焦了

馊得 səu³³tɛ⁰ 馊了

夹生饭 ka²⁴sən³³fæ²¹

吃饭得 tɕʰia²⁴fæ²¹tɛ⁰ 吃饭了

夹菜 ka²⁴tsʰɛ⁴⁵

瓦⁼汤 ua⁴⁴tʰɑŋ³³ 舀汤

接灶 tɕiɛ²⁴tsɔ⁴⁵ 过小年时祭灶接灶神爷

送灶 sən⁴⁵tsɔ⁴⁵ 过小年时祭灶送灶神爷

掸扬尘 tæ⁴⁴iaŋ²¹³tsən²¹³

拜年 pɛ⁴⁵niĩ²¹³

杀年猪 sa²⁴niĩ²¹³tɕy³³ 小年前后杀的、过年用的猪

打豆腐 ta⁴⁴təu²¹fu⁴⁴ 做豆腐

熬糖 ŋɔ²¹³tɑŋ²¹³ 旧时过年用糯米、红薯等来熬的糖

车塘 tsʰa³³tɑŋ²¹³ 把池塘里的水车干后抓鱼

吃零嘴 tɕʰia²⁴niən²¹³tsei⁴⁴ 吃零食

用筷子 iən²¹kʰuɛ⁴⁵tsʅ⁰

肉冇炖烂 niəo²⁴mɔ²¹tən⁴⁵næ²¹ 肉没有炖烂

唶不动 ŋa⁴⁵pu²⁴tən²¹ 咬不动

打饱嗝 ta⁴⁴pɔ⁴⁴kei³³

吃胀得 tɕʰia²⁴tsɑŋ⁴⁵tɛ⁰ 吃胀了

嘴巴莫味道 tsei⁴⁴pa³³mo²⁴ui²¹tɔ⁴⁵ 嘴里没味儿，味觉失灵，食欲不佳

十四 红白大事

红喜事 xən²¹³ɕi⁴⁴sʅ²¹

　喜事 ɕi⁴⁴sʅ²¹

亲事 tɕʰiən³³sʅ²¹

讨媳妇 tʰɔ⁴⁴ɕi²⁴fu⁰

娶亲 tɕʰy⁴⁴tɕʰiən³³

女家 ny⁴⁴ka³³ 女方家

　女方 ny⁴⁴fɑŋ³³

男家 næ²¹³ka³³ 男方家

　男方 næ²¹³fɑŋ³³

般配 pæ³³pʰei⁴⁵

年纪 niĩ²¹³tɕi⁴⁵

对亲家 tei²¹tɕʰiən⁴⁵ka³³ 结成亲家

　开亲 kʰɛ³³tɕʰiən³³

三媒六证 sæ³³mei²¹³nəo²⁴tsən⁴⁵ 三个媒人六个证人

送八字 sən⁴⁵pa²⁴tsʅ²¹

*合八字 xo²⁴pa²⁴tsʅ²¹

*压⁼庚 ŋa²⁴kən³³

定亲 tiən²¹tɕʰiən³³

定庚酒 tiən²¹kən³³tɕiəu⁴⁴ 订婚酒

　订婚酒 tiən⁴⁵fən³³tɕiəu⁴⁴

定庚礼 tiən²¹kən³³ni⁴⁴ 订婚礼

　订婚礼 tiən⁴⁵fən³³ni⁴⁴

　成事酒 tsən²¹³sʅ⁴⁵tɕiəu⁴⁴

看日子 kʰæ⁴⁵ni²⁴tsʅ⁰ 选择结婚的日子

　拣日子 kæ⁴⁴ni²⁴tsʅ⁰

*送日子 sən⁴⁵ni²⁴tsʅ⁰

　送日书 sən⁴⁵ni²⁴ɕy³³

*送日子酒 sən⁴⁵ni²⁴tsʅ⁰tɕiəu⁴⁴

喜日子 ɕi⁴⁴ni²⁴tsʅ⁰

起媒 tɕʰi⁴⁴mei²¹³ 成亲前一天去媒人家谢媒

　谢媒 ɕi⁴⁵mei²¹³

*待媒酒 tɛ⁴⁵mei²¹³tɕiəu⁴⁴

请帖 tɕʰiən⁴⁴tʰiɛ²⁴

喜仪簿 ɕi⁴⁴i²¹³pu²¹ 结婚时记人情往来的本子

*嫁姑娘 ka⁴⁵ku³³niɑŋ²¹³

嫁女 ka⁴⁵ny⁴⁴

过礼 kʊ⁴⁵ni⁴⁴ 结婚前女方把嫁妆送到男方家里

官席 kõ⁴⁴ɕi²⁴ 上头为大，下头为小的酒席

上亲 saŋ²¹tɕʰiən³³ 婚宴时称呼女方的亲戚

高亲 kɔ³³tɕʰiən³³ 把新娘送到新郎家的女方亲属

喜酒 ɕi⁴⁴tɕiəu⁴⁴

讨媳妇酒 tʰɔ⁴⁴ɕi²⁴fu²¹tɕiəu⁴⁴ 结婚时，男方办的酒席

嫁姑娘酒 ka⁴⁵ku³³niaŋ²¹³tɕiəu⁴⁴ 结婚时，女方办的酒席

喜烟 ɕi⁴⁴iĩ³³

喜糖 ɕi⁴⁴taŋ²¹³

喜果子 ɕi⁴⁴kʊ⁴⁴tsɿ⁰

*子孙粽子 tsɿ⁴⁴sən³³tsən⁴⁵tsɿ⁰

*麻篮 ma²¹³næ²¹³

*糖包 taŋ²¹³pɔ³³

*柏子鞋 pE²⁴tsɿ⁴⁴xɛ²¹³

接亲 tɕiE²⁴tɕʰiən³³

轿子 tɕiɔ²¹tsɿ⁰

*开门礼 kʰɛ³³mən²¹³ni⁴⁴

*发嫁 fa²⁴ka⁴⁵

发亲 fa²⁴tɕʰiən³³

*哭嫁 kʰu²⁴ka⁴⁵

*陪姑娘 pei²¹³ku³³niaŋ²¹³

抢早 tɕʰiaŋ⁴⁴tsɔ⁴⁴ 两家同一天结婚，比谁发嫁早，越早的越好

抬嫁妆 tɛ²¹³ka⁴⁵tsaŋ³³

搬嫁妆 põ³³ka⁴⁵tsaŋ³³

背新娘子 pei³³ɕiən³³niaŋ²¹³tsɿ⁰ 旧时婚礼，新娘子由新娘的哥哥或弟弟等背到婆家

喜幛 ɕi⁴⁴tsaŋ⁴⁵ 结婚时送的五颜六色的被面

挂喜幛 kua⁴⁵ɕi⁴⁴tsaŋ⁴⁵ 把喜幛挂起来展示

新娘房 ɕiən³³niaŋ²¹³faŋ²¹³ 洞房

闹新娘房 nɔ⁴⁵ɕiən³³niaŋ²¹³faŋ²¹³ 闹洞房

撒喜果子 sa⁴⁴ɕi⁴⁴kʊ⁴⁴tsɿ⁰ 撒帐

*绞脸 tɕiɔ⁴⁴niĩ⁴⁴

洗和气脸 ɕi⁴⁴xʊ²¹³tɕʰi⁴⁵niĩ⁴⁴ 结婚当天新娘和新郎轮流洗一把脸，同时有长辈在旁边说吉利话，寓意夫妻和和气气

盖头 kɛ⁴⁵təu²¹³

*挑盖头 tʰiɔ³³kɛ⁴⁵təu²¹³

*和气茶 xʊ²¹³tɕʰi⁴⁵tsa²¹³

散糖 sæ⁴⁵taŋ²¹³ 发喜糖

散烟 sæ⁴⁵iĩ³³ 发喜烟

万子糕 uæ²¹tsɿ⁴⁴kɔ³³ 印有"卐"形图案的片状糕

喜烛 ɕi⁴⁴tsəo²⁴

香案 ɕiaŋ³³ŋæ⁴⁵

拜天地 pɛ⁴⁵tʰiĩ³³ti²¹

拜祖宗 pɛ⁴⁵tsəu⁴⁴tsən³³

拜上人 pɛ⁴⁵saŋ²¹niən²¹³ 拜父母

拜长辈 pɛ⁴⁵tsaŋ⁴⁴pei⁴⁵

丢子孙筷子 tiəu³³tsɿ⁴⁴sən³³kʰuɛ⁴⁵tsɿ⁰ 新娘从娘家出发前，站在神龛前的凳子上往后丢筷子，寓意早生贵子，多子多福

双回门 suaŋ³³fei²¹³mən²¹³ 结婚第三天新娘新郎回娘家

改嫁 kɛ⁴⁴ka⁴⁵

填房 tiĩ²¹³faŋ²¹³

小生得 ɕiɔ⁴⁴sən³³tE⁰ 小产

遗腹子 i²¹³fu²⁴tsɿ⁰

奶头子 nɛ⁴⁴təu²¹³tsɿ⁰ 奶头

接生 tɕiɛ²⁴sən³³

胞衣子 pɔ³³i³³tsʅ⁰ 胎盘

　　紫河车 tsʅ⁴⁴xʋ²¹³tsʰa³³

　　胎盘 tʰɛ³³põ²¹³

脐带子 tɕi²¹³tɛ⁴⁵tsʅ⁰ 脐带

头一胎 təu²¹³i²⁴tʰɛ³³ 头胎

初生子 tsʰəu³³sən³³tsʅ⁰ 生的第一个孩子

抓周 tsua³³tsəu³³

吃奶唧 tɕia²⁴nɛ⁴⁴tɕi⁰ 吃奶

打胎 ta⁴⁴tʰɛ³³

赖⁼尿 nɛ²¹niɔ²¹ 尿床

过生日 kʋ⁴⁵sən³³ni²⁴

寿星公 səu²¹ɕiən³³kən³³

寿星婆 səu²¹ɕiən³³pʋ²¹

亡人 uaŋ²¹³zən²¹³ 逝者

理事先生 ni⁴⁴sʅ⁴⁵ɕiĩ³³sən³³ 红白喜事时管事
　　的人

白喜事 pɛ²⁴ɕi⁴⁴sʅ²¹ 丧事

做丧事 tsəu⁴⁵saŋ³³sʅ²¹

吃烂肉子 tɕia²⁴nɛ²¹niɔ²⁴tsʅ⁰ 白事办的酒席

上人 saŋ²¹zən²¹³ 对父母的总称

下人 xa²¹zən²¹³ 子女

吃斋饭 tɕia²⁴tsɛ³³fɛ²¹

落气 nɔ²⁴tɕʰi⁴⁵ 断气

断气得 tõ²¹tɕʰi⁴⁵tɛ⁰ 咽气了

*下榻 xa²¹tʰa²⁴

*停尸板 tiən²¹³sʅ³³pɛ⁴⁴

犯冲 fɛ⁴⁵tsʰən³³ 相冲，逝者下榻的时辰须和
　　死的时辰相顺

*把信 pa⁴⁴ɕiən⁴⁵

*吊孝 tiɔ⁴⁵ɕiɔ⁴⁵

花圈 xua³³tɕʰyĩ³³

送丧礼 sən⁴⁵saŋ³³ni⁴⁴

孝幛 ɕiɔ⁴⁵tsaŋ⁴⁵ 用来挂逝者遗像的白布

*引路灯 iən⁴⁴nəu²¹tən³³

　　脚灯 tɕyo²⁴tən³³

三腰五领 sɛ̃³³iɔ³³u⁴⁴niən⁴⁴ 逝者要穿三条寿裤
　　和五件寿衣

*入材 y²⁴tsɛ²¹³ 入敛

做斋 tsəu⁴⁵tsɛ³³ 做道场

打灰包 ta⁴⁴fei³³pɔ³³ 用大裱纸把石灰包住放入
　　棺材，一般多少岁包多少个，同时加上
　　天一个地一个

防潮 faŋ²¹³tsɔ²¹³

子孙被 tsʅ⁴⁴sən³³pei²¹ 放在棺材里的被子

封口 xən³³kʰəu⁴⁴ 用红纸把棺材封起来

打礼 ta⁴⁴ni⁴⁴ 孝子孝孙对前来吊唁的人磕头
　　还礼

守夜 səu⁴⁴ia²¹ 守灵

戴孝 tɛ⁴⁵ɕiɔ⁴⁵

披麻戴孝 pʰi³³ma²¹³tɛ⁴⁵ɕiɔ⁴⁵

孝名单子 ɕiɔ⁴⁵miən²¹³tɛ̃³³tsʅ⁰ 写有孝子名字的
　　单子

孝子 ɕiɔ⁴⁵tsʅ⁴⁴

孝孙 ɕiɔ⁴⁵sən³³

钉孝 tiən⁴⁵ɕiɔ⁴⁵ 在鞋上钉白布

*蒙孝 mən²¹ɕiɔ⁴⁵

*蒙全孝 mən²¹tɕyĩ²¹³ɕiɔ⁴⁵

*蒙半孝 mən²¹põ⁴⁵ɕiɔ⁴⁵

孝帽子 ɕiɔ⁴⁵mɔ²¹tsʅ⁰

*守孝 səu⁴⁴ɕiɔ⁴⁵

　　守灵 səu⁴⁴niən²¹³

*寿衣 səu²¹i³³

　　老衣 nɔ⁴⁴i³³

*寿帽 səu²¹mɔ²¹

　　老帽子 nɔ⁴⁴mɔ²¹tsʅ⁰

*寿鞋 səu²¹xɛ²¹³

　　老鞋 nɔ⁴⁴xɛ²¹³

麻绳 ma²¹³sən²¹³ 孝子用来系在腰间的麻制

　　绳子

开山 kʰɛ³³sæ̃³³ 孝子在开坟之前挖三锄

开山鸡 kʰɛ³³sæ̃³³tɕi³³ 开坟之前用来祭祀的

　　公鸡

账房先生 tsaŋ⁴⁵faŋ²¹³ɕiĩ³³sən³³（红白喜事时）

　　负责管账的人

主事的 tɕy⁴⁴sʅ²¹tiº 负责丧事的管事

半边人 põ⁴⁵piĩ³³niən²¹³ 死了丈夫或妻子的人

送葬 sən⁴⁵tsaŋ⁴⁵

*龙杠 nən²¹³kaŋ⁴⁵

子杠 tsʅ⁴⁴kaŋ⁴⁵ 抬棺材时横着的木杠，有

　　两根

子牛 tsʅ⁴⁴niəu²¹³ 绑在棺材上，有四根，四个

　　人抬的木杠

*千年被 tɕʰiĩ³³niĩ²¹³pei²¹

*登棺鸡 tən³³kõ³³tɕi³³

引路签子 iən⁴⁴nəu²¹tɕʰiĩ³³tsʅ⁰ 引魂幡

捧灵牌子 pʰən⁴⁴niən²¹³pɛ²¹³tsʅ⁰

*捧遗像 pʰən⁴⁴i²¹³ɕiaŋ⁴⁵

*散买路钱 sæ̃⁴⁵mɛ⁴⁴nəu²¹tɕiĩ²¹³

*哭丧 kʰu²⁴saŋ³³

*洗灵牌子 ɕi⁴⁴niən²¹³pɛ²¹³tsʅ⁰

扎屋 tsa²⁴u²⁴ 扎纸屋

吹鼓手 tsʰui³³ku⁴⁴səu⁴⁴

□□子 tɕʰia⁴⁴tɕʰia⁴⁴tsʅ⁰ 铙

供桌 kən⁴⁵tso²⁴

*解结 kɛ⁴⁴tɕiE²⁴

金桥 tɕiən³³tɕiɔ²¹³ 奈何桥

　　银桥 iən²¹³tɕiɔ²¹³

戒食 kɛ⁴⁵sʅ²⁴

*吃粥 tɕʰia²⁴tsəo²⁴

做道场 tsəu⁴⁵tɔ²¹tsʰaŋ⁴⁴

　　做法事 tsəu⁴⁵fa²⁴sʅ²¹

念十月怀胎 niĩ²¹sʅ²⁴yE²⁴xuɛ²¹³tʰɛ³³ 妇女去世

　　时道士念的经

　　血盆经 ɕiE²⁴pən²¹³tɕiən³³

孝歌子 ɕiɔ⁴⁵ku³³tsʅ⁰ 去世后的第三天晚上，

　　专门请唱孝歌的人来唱的歌

锯舌条 kei⁴⁵sei⁴⁵tiɔ²¹³ 割舌头。指喜欢骂人的

　　人，去世后会被割舌头

*开井 kʰɛ³³tɕiən⁴⁴

烧井眼 sɔ³³tɕiən⁴⁴ŋæ̃⁴⁴ 在坟穴里烧纸钱

*热井 yE²⁴tɕiən⁴⁴

烧发 sɔ³³fa²⁴ 在坟穴里烧芝麻秆，寓意节

　　节高

下井 xa²¹tɕiən⁴⁴ 把棺材放到坟穴里

*入土 y²⁴tʰəu⁴⁴

*填土 tiĩ²¹³tʰəu⁴⁴

回灵 fei²¹³niən²¹³ 出殡完之后，把灵牌带回

　　家，但不能按原路带回

祭品 tɕi⁴⁵pʰiən⁴⁴

*丢千年粮 tiəu³³tɕʰiĩ³³niĩ²¹³niaŋ²¹³

*入材 y²⁴tsɛ²¹³ 入殓

寿材桐子 səu²¹tsɛ²¹³tən²¹³tsʅ⁰ 用来做棺材的

　　木料

家主 tɕia³³tɕy⁴⁴ 办丧事时对孝子方的称呼

*过金桥 ku⁴⁵tɕiən³³tɕiɔ¹³

*八大金刚 pa²⁴tɛ²¹tɕiən³³kaŋ³³

*灵堂 niən²¹³taŋ²¹³

* 灵屋子 niən²¹³u²⁴tsʅ⁰ 灵屋

* 滴血 ti²⁴ɕiE²⁴

送七饭 sən⁴⁵tɕʰi²⁴fæ²¹ 每一个七去上坟送饭

头七 təu²¹³tɕʰi²⁴ 死后的第一个七天

　　一七 i²⁴tɕʰi²⁴

二七 E²¹tɕʰi²⁴ 死后的第二个七天

三七 sæ³³tɕʰi²⁴ 死后的第三个七天

四七 sʅ⁴⁵tɕʰi²⁴ 死后的第四个七天

五七 u⁴⁴tɕʰi²⁴ 死后的第五个七天

六七 nəo²⁴tɕʰi²⁴ 死后的第六个七天。此次上坟时的饭菜是由女儿做的。有"六七不吃家里饭"的说法

七七 tɕʰi²⁴tɕʰi²⁴ 死后的第七个七天

　　满七 mõ⁴⁴tɕʰi²⁴

做七 tsəu⁴⁵tɕʰi²⁴ 人死后，每隔七天祭拜一次，共七次

捡金 tɕiĩ⁴⁴tɕiən³³ 捡尸骨

金盒子 tɕiən³³xʊ²¹³tsʅ⁰ 装尸骨的坛子

* 子孙钉 tsʅ⁴⁴sən³³tiən³³

* 封殡 xən³³piən⁴⁵

抬重 tɛ²¹³tsən²¹ 抬棺材

合墓 xo²⁴mʊ⁴⁵

坟山 fən²¹³sæ³³

墓碑 mʊ⁴⁵pei³³

跳水 tʰiɔ⁴⁵ɕy⁴⁴ 投水

吊死 tiɔ⁴⁵sʅ⁴⁴

十五　信仰

卦 kua⁴⁵ 旧时占卜用，通常用两片竹片或木片制成

问卦 uən²¹kua⁴⁵ 跌卦以占吉凶

阴卦 iən³³kua⁴⁵ 两片均凸面朝下，主不吉

阳卦 iaŋ²¹³kua⁴⁵ 两片均凸面朝上，主吉

顺卦 ɕyən²¹kua⁴⁵ 一片凸面朝上，一片凸面朝下，主大吉。顺卦吉于阳卦，阳卦吉于阴卦

求签 tɕiəu²¹³tɕʰiĩ³³

抽签 tɕiəu²¹³tɕʰiĩ³³

签筒子 tɕʰiĩ³³tən²¹³tsʅ⁰ 装占卜用的签子的筒子

安家神 ŋæ³³tɕia³³sən²¹³ 出殡之后请专门的人士来测算家里是否顺利

签文 tɕʰiĩ³³uən²¹³

喊吓 xæ⁴⁴xE²⁴ 喊魂

收吓 səu³³xE²⁴ 收魂

许愿 ɕy⁴⁴yĩ²¹

还愿 xuæ²¹³yĩ²¹

巫婆 u³³pʊ²¹³

念经 niĩ²¹tɕiən³³

算命先生 sõ⁴⁵miən²¹ɕiĩ³³sən³³

看相先生 kʰæ⁴⁵ɕiaŋ⁴⁵ɕiĩ³³sən³³

测字 tsʰE²⁴tsʅ²¹ 看字判断运气

地理先生 ti²¹ni⁴⁴ɕiĩ³³sən³³ 看风水的人

看地 kʰæ⁴⁵ti²¹ 看风水

土地庙 tʰəu⁴⁴ti²¹miɔ²¹

关帝庙 kuæ³³ti²¹miɔ²¹

城隍庙 tsən²¹³uaŋ²¹³miɔ²¹

观音庙 kõ³³iən³³miɔ²¹

龙王庙 nən²¹³uaŋ²¹³miɔ²¹

观音 kõ³³iən³³

　　观音老母 kõ³³iən³³nɔ⁴⁴mʊ⁴⁴

阎王老子 niĩ²¹³uaŋ²¹³nɔ⁴⁴tsʅ⁰

　　五帝阎王 u⁴⁴ti⁴⁵niĩ²¹³uaŋ²¹³

生死簿 sən³³sʅ⁴⁴pu²¹

差鬼 tsʰɛ³³kui⁴⁴ 小鬼

阴差 iən³³tsʰɛ³³ 抓人的灵魂的小鬼

判官 pʰæ⁴⁵kõ³³

木鱼子 mo²⁴y²¹³tsʅ⁰ 木鱼

神龛子 sən²¹³kʰæ³³tsʅ⁰ 神龛

上供 saŋ²¹kən⁴⁵ 敬祖宗

蜡烛台 na²⁴tsəo²⁴tɛ²¹³

香油灯 ɕiaŋ³³iəu²¹³tən³³ 用香油做燃料的灯

香炉 ɕiaŋ³³nəu²¹³

烧香 sɔ³³ɕiaŋ³³

香 ɕiaŋ³³

箍子香 kʰu³³tsʅ⁰ɕiaŋ³³ 捆在一起不能拆开的香

千支香 tɕʰiĩ³³tsʅ³³ɕiaŋ³³ 千支左右的细香构成
    的一捆香，细香是散的，烧的时候可以
    分开，一支一支烧

香钱 ɕiaŋ³³tɕiĩ²¹³ 庙宇中进香信徒布施的费用

丢香钱 tiəu³³ɕiaŋ³³tɕiĩ²¹³ 给功德钱

赌咒 təu⁴⁴tsəu⁴⁵ 咒骂

祭祖 tɕi⁴⁵tsəu⁴⁴

三荤三素 sæ̃³³fən³³sæ̃³³səu⁴⁵ 祭祖时对菜品的
    要求

斋饭 tsɛ³³fæ̃²¹ 祭鬼神时的供品，一般是鱼、
    肉、蛋、饭、酒

斋饭碗 tsɛ³³fæ̃²¹õ⁴⁴ 装斋饭的碗

看门向 kʰæ̃⁴⁵mən²¹³ɕiaŋ⁴⁵

撞煞 tsaŋ⁴⁵sa²⁴ 撞邪了

    汤⁼煞得 tʰaŋ³³sa²⁴tɛ⁰

    汤⁼得鬼 tʰaŋ³³tɛ⁰kui⁴⁴

送煞 sən⁴⁵sa²⁴ 消除送走邪气

    送新宿 sən⁴⁵ɕiən³³ɕiəu⁴⁵

阴阳 iən³³iaŋ²¹³ 做送煞的人

    毛⁼法子 mɔ²¹³fa²⁴tsʅ⁰ 咒语

九龙水 tɕiəu⁴⁴nən²¹³ɕy⁴⁴ 念过咒语的水

十六　讼事

打官司 ta⁴⁴kõ³³sʅ³³

状纸 tsaŋ⁴⁵tsʅ⁴⁴

原告 yĩ²¹³kɔ⁴⁵

被告 pei²¹kɔ⁴⁵

告状 kɔ⁴⁵tsaŋ⁴⁵

升堂 sən³³taŋ²¹³

坐堂 tsʊ²¹taŋ²¹³

退堂 tʰui⁴⁵taŋ²¹³

过堂 kʊ⁴⁵taŋ²¹³

证人 tsən⁴⁵niən²¹³

对口供 tei⁴⁵kʰəu⁴⁴kən³³

家务事 ka³³u²¹sʅ²¹

刀笔 tɔ³³pi²⁴ 专门替别人写状子的人

苦打成招 kʰu⁴⁴ta⁴⁴tsən²¹³tsɔ³³

证词 tsən⁴⁵tsʅ²¹³

同伙 tən²¹³xʊ⁴⁴

同谋 tən²¹³mʊ²¹³

诬告 u³³kɔ⁴⁵

连累 niĩ²¹³nei²¹

牵连 tɕʰiĩ³³niĩ²¹³

保出来 pɔ⁴⁴tɕʰy²⁴nɛ⁰

押犯人 ŋa²⁴fæ̃²¹zən²¹³

清官 tɕʰiən³³kõ³³

糊涂官 xu²¹³təu²¹³kõ³³

罚款 fa²⁴kʰõ⁴⁴

用刑 iən²¹ɕiən²¹³

打板子 ta⁴⁴pæ̃⁴⁴tsʅ⁰

夹手指 ka²⁴səu⁴⁴tsʅ⁴⁴

老虎凳 nɔ⁴⁴fu⁴⁴tən⁴⁵

上老虎凳 saŋ²¹nɔ⁴⁴fu⁴⁴tən⁴⁵

拷打 kʰɔ⁴⁴ta⁴⁴

枷锁 ka³³sʊ⁴⁴

戴枷锁 tɛ⁴⁵ka³³sʊ⁴⁴

砍脑壳 kʰæ̃⁴⁴nɔ⁴⁴kʰɔ²⁴ 砍头

枪铳 tɕʰiaŋ³³tsʰən⁴⁵ 枪毙

　枪崩 tɕʰiaŋ³³pən³³

手铐子 sɘu⁴⁴kʰɔ⁴⁵tsʅ⁰

　手镣 sɘu⁴⁴niɔ²¹³

脚铐子 tɕyo²⁴kʰɔ⁴⁵tsʅ⁰

　脚镣 tɕyo²⁴niɔ²¹³

□起来 tʰia²⁴tɕʰi⁴⁴nɛ⁰ 捆起来

关起来 kuæ̃³³tɕʰi⁴⁴nɛ⁰

坐班房 tsu²¹pæ̃³³faŋ²¹³

立字据 ni²⁴tsʅ²¹tɕy⁴⁵

画押 xua²¹ŋa²⁴

　按手印 ŋæ̃⁴⁵sɘu⁴⁴iən⁴⁵

章 tsaŋ³³

私章 sʅ³³tsaŋ³³

公章 kən³³tsaŋ³³

十七　日常生活

洗手 ɕi⁴⁴sɘu⁴⁴

洗脸 ɕi⁴⁴niĩ⁴⁴

漱口 ɕy⁴⁵kʰəu⁴⁴

梳辫子 sɘu³³piĩ²¹tsʅ⁰ 梳头

剪指甲子 tɕiĩ⁴⁴tsʅ⁴⁴ka²⁴tsʅ⁰ 剪指甲

掏耳刀 ⁼tʰɔ³³ɛ⁴⁴tɔ³³ 掏耳朵

抹澡 ma²⁴tsɔ⁴⁴ 擦澡

淋澡 niən²¹³tsɔ⁴⁴

歇凉 ɕiɛ²⁴niaŋ²¹³

晒太阳 sɛ⁴⁵tʰɛ⁴⁵iaŋ²¹³

烘火 xən³³xʊ⁴⁴ 烤火

炙火 tsa²⁴xʊ⁴⁴

点灯 tiĩ⁴⁴tən³³

　点亮 tiĩ⁴⁴niaŋ²¹

灭灯 miɛ²⁴tən³³

　吹灯 tsʰui³³tən³³

开灯 kʰɛ³³tən³³

关灯 kuæ̃³³tən³³

歇下子 ɕiɛ²⁴xa²¹tsʅ⁰ 歇一下

　歇气 ɕiɛ²⁴tɕʰi⁴⁵

歇工 ɕiɛ²⁴kən³³

铺床 pʰu³³tsaŋ²¹³

困得 kʰuən⁴⁵tɛ⁰ 睡了

困着得 kʰuən⁴⁵tsɔ⁰tɛ⁰ 睡着了

困不着 kʰuən⁴⁵pu²⁴tsɔ²⁴ 睡不着

打中觉 ta⁴⁴tsən³³kɔ⁴⁵ 睡午觉

仰得困 niaŋ⁴⁴tɛ⁰kʰuən⁴⁵ 仰着睡

侧得困 tsɛ²⁴tɛ⁰kʰuən⁴⁵ 侧着睡

趴得困 pʰa³³tɛ⁰kʰuən⁴⁵ 趴着睡

翻身打滚 fæ̃³³sən³³ta⁴⁴kuən⁴⁴

入⁼得颈子 y²⁴tɛ⁰tɕiən⁴⁴tsʅ⁰ 落枕

讲梦话 kaŋ⁴⁴mən²¹xua²¹ 说梦话

鬼霉⁼得 kui⁴⁴mei²¹³tɛ⁰ 魇住了

　给梦人子重⁼得 kei⁴⁴mən²¹zən²¹³tsʅ⁰tsən²¹tɛ⁰

熬夜 ŋɔ²¹³ia²¹

到地里做事 tɔ⁴⁵ti²¹ni⁴⁴tsɘu⁴⁵sʅ²¹ 到地里干活

出勤 tɕʰy²⁴tɕiən²¹³

荡 taŋ²¹ 散步

打一杵 ta⁴⁴i²⁴tɕʰy⁴⁴ 歇担子

打颤 ta⁴⁴tsiĩ⁴⁵ 发抖

打贡⁼贡⁼子 ta⁴⁴kən⁴⁵kən⁰tsʅ⁰ 打冷战

卧⁼ ʊ⁴⁵ 烫

卧⁼手 ʊ⁴⁵sɘu⁴⁴ 烫手

十八 交际

回来得 xui²¹³nɛ²¹³tɛ⁰ 回来了

家来得 ka³³nɛ²¹³tɛ⁰ 回家了

　　回家得 xui²¹³ka³³tɛ⁰

回去得 xui²¹³tɕʰi⁴⁵tɛ⁰ 回去了

家去得 ka³³tɕʰi⁴⁵tɛ⁰ 回家去了

家去 ka³³tɕʰi⁰ 回家去

回去 xui²¹³tɕʰi⁴⁵

逛街 kuaŋ⁴⁵kɛ³³

买东西 mɛ⁴⁴tən³³ɕi³³

　　到处逛逛 tɔ⁴⁵tɕʰy⁴⁵kuaŋ⁴⁵kuaŋ⁴⁵

遇到 y²¹tɔ⁴⁵

请匠人 tɕʰiən⁴⁴tɕiaŋ²¹niən²¹³

来往 nɛ²¹³uaŋ⁴⁴

请客人 tɕʰiən⁴⁴kʰE²⁴niən²¹³

招待 tsɔ³³tɛ⁴⁵

男客 nã²¹³kʰE²⁴

女客 ny⁴⁴kʰE²⁴

送礼 sən⁴⁵ni⁴⁴

包喜钱 pɔ³³ɕi⁴⁴tɕiĩ²¹³

吃喜酒 tɕʰia²⁴ɕi⁴⁴tɕiəu⁴⁴

三朝酒 sã³³tsɔ³³tɕiəu⁴⁴ 小孩出生三天后办的酒席

满月酒 mõ⁴⁴yE²⁴tɕiəu⁴⁴

送月子礼 sən⁴⁵yE²⁴tsʅ⁰ni⁴⁴

　　送月婆子 sən⁴⁵yE²⁴pʊ²¹³tsʅ⁰

办寿酒 pã²¹səu²¹tɕiəu⁴⁴

寿礼 səu²¹ni⁴⁴

乔迁酒 tɕiɔ²¹³tɕʰiĩ³³tɕiəu⁴⁴

开学酒 kʰɛ³³ɕyo²⁴tɕiəu⁴⁴

贺礼 xʊ²¹ni⁴⁴

寿幛 səu²¹tsaŋ⁴⁵ 做寿时送的被面等

做客 tsəu⁴⁵kʰE²⁴

待客 tɛ⁴⁵kʰE²⁴

客气 kʰE²⁴tɕʰi⁴⁵

陪客人 pei²¹³kʰE²⁴niən²¹³

送客人 sən⁴⁵kʰE²⁴niən²¹³

摆酒席 pɛ⁴⁴tɕiəu⁴⁴ɕi²⁴

入座 y²⁴tsʊ²¹

上菜 saŋ²¹tsʰE⁴⁵

一席 i²⁴ɕi²⁴ 面对大门上边的位置

二席 E²¹ɕi²⁴ 面对大门下边的位置

三席 sã³³ɕi²⁴ 面对大门左边的位置

四席 sʅ⁴⁵ɕi²⁴ 面对大门右边的座位

干杯 kã³³pei³³ 平辈之间敬酒

敬酒 tɕiən⁴⁵tɕiəu⁴⁴ 下辈给长辈敬酒

划拳 xua²¹³tɕyiĩ²¹³

不和气 pu²⁴xʊ²¹³tɕʰi⁴⁵ 合不来

冤枉 yĩ³³uaŋ²¹

　　栽害 tse³³xɛ²¹

插嘴 tsʰa²⁴tsei⁴⁴

扯白 tsʰa⁴⁴pE²⁴ 聊天儿

扯卵谈 tsʰa⁴⁴nõ⁴⁴tã²¹³ 扯淡

摆架子 pɛ⁴⁴ka⁴⁵tsʅ⁰

　　摆大卵架子 pɛ⁴⁴tɛ²¹nõ⁴⁴ka⁴⁵tsʅ⁰

装疯卖傻 tsaŋ³³xən³³mɛ⁴⁵sa⁴⁴

看得起 kʰã⁴⁵tɛ²⁴tɕʰi⁴⁴

看不起 kʰã⁴⁵pu²⁴tɕʰi⁴⁴

答应 ta²⁴iən⁴⁵

不答应 pu²⁴ta²⁴iən⁴⁵

囩ᵇ出去 nõ²¹³tɕʰy²⁴tɕʰi⁴⁵ 捧出去

十九　商业

地契 ti²¹tɕʰi⁴⁵

交税 tɕiɔ³³sui⁴⁵

完税 õ²¹³sui⁴⁵

农业税 nən²¹³niᴇ²⁴sui⁴⁵

屠宰税 təu²¹³tsɛ⁴⁴sui⁴⁵

土地税 tʰəu⁴⁴ti²¹sui⁴⁵

人头税 zən²¹³təu²¹³sui⁴⁵

货郎子 xʊ⁴⁵naŋ²¹³tsʅ⁰ 货郎
　　货郎担子 xʊ⁴⁵naŋ²¹³tæ̃⁴⁵tsʅ⁰

拨浪鼓 po²⁴naŋ²¹ku⁴⁴

零钱 niən²¹³tɕiĩ²¹³

硬角子 ŋən²¹ko²⁴tsʅ⁰ 硬币

洋钱 iaŋ²¹³tɕiĩ²¹³ 银圆

大头洋钱 tɛ²¹təu²¹³iaŋ²¹³tɕiĩ²¹³ 上有袁世凯头
　　像的银圆

龙洋 nən²¹³iaŋ²¹³ 上有龙图案的银圆

一分钱 i²⁴fən³³tɕiĩ²¹³

一毛钱 i²⁴mɔ²¹³tɕiĩ²¹³

一块钱 i²⁴kʰuɛ⁴⁴tɕiĩ²¹³

十块钱 sʅ²⁴kʰuɛ⁴⁴tɕiĩ²¹³

一百块钱 i²⁴pᴇ²⁴kʰuɛ⁴⁴tɕiĩ²¹³

铜钱 tən²¹³tɕiĩ²¹³

铜钞⁼tən²¹³tsʰɔ⁴⁵ 中间没有孔的铜钱

字号 tsʅ²¹xɔ²¹

招牌 tsɔ³³pɛ²¹³

开店 kʰɛ³³tiĩ⁴⁵
　　开店铺 kʰɛ⁴⁴tiĩ⁴⁵pʰu⁴⁵

铺子 pʰu⁴⁵tsʅ⁰

肉铺 niəo²⁴pʰu⁴⁵

杂货铺 tsa²⁴xʊ⁴⁵pʰu⁴⁵

米铺 mi⁴⁴pʰu⁴⁵

布店 pu⁴⁵tiĩ⁴⁵

五金店 u⁴⁴tɕiən³³tiĩ⁴⁵

茶馆 tsa²¹³kõ⁴⁴

饭馆 fæ̃²¹kõ⁴⁴
　　饭店 fæ̃²¹tiĩ⁴⁵

铺板 pʰu⁴⁵pæ̃⁴⁴

摆摊子 pɛ⁴⁴tʰæ̃³³tsʅ⁰

剃头铺 tʰi⁴⁵təu²¹³pʰu⁴⁵

逛⁼胡子 kuaŋ⁴⁵fu²¹³tsʅ⁰ 刮胡子

逛⁼脸 kuaŋ⁴⁵niĩ⁴⁴ 刮脸

剃平头 tʰi⁴⁵piən²¹³təu²¹³

大平头 tɛ²¹piən²¹³təu²¹³

剃和尚头 tʰi⁴⁵xʊ²¹³saŋ⁴⁵təu²¹³ 剃光头

洗脑壳 ɕi⁴⁴nɔ⁴⁴kʰo²⁴

剃眉毛 tʰi⁴⁵mei²¹³mɔ²¹³

剪鼻毛 tɕiĩ⁴⁴pi²⁴mɔ²¹³

肉凳 niəo²⁴tən⁴⁵ 卖肉的案板

当铺 taŋ⁴⁵pʰu⁴⁵

租屋 tsəu³³u²⁴

开张 kʰɛ³³tsaŋ³³ 开业

歇店 ɕiᴇ²⁴tiĩ⁴⁵ 停止营业

开店门 kʰɛ³³tiĩ⁴⁵mən²¹³

关店门 kuæ̃³³tiĩ⁴⁵mən²¹³

盘点 põ²¹³tiĩ⁴⁴

柜台子 kui²¹tɛ²¹³tsʅ⁰

货架子 xʊ⁴⁵ka⁴⁵tsʅ⁰

站店的 tsæ̃⁴⁵tiĩ⁴⁵ti⁰ 售货员

开价 kʰɛ³³tɕia⁴⁵

还价 fæ̃²¹³tɕia⁴⁵

讨价 tʰɔ⁴⁴tɕia⁴⁵

包圈 pɔ³³nõ²¹³ 包圆儿

利息 ni²¹ɕi²⁴

押金 ŋa²⁴tɕiən³³

账房 tsaŋ⁴⁵faŋ²¹³

开支 kʰe³³tsʅ³³

　用费 iən²¹fei⁴⁵

保本 pɔ⁴⁴pən⁴⁴

赚钱 tsuæ²¹tɕiĩ²¹³

扳本 pæ³³pən⁴⁴ 扭亏为盈

进账 tɕiən⁴⁵tsaŋ⁴⁵ 记收入的账

出账 tɕʰy²⁴tsaŋ⁴⁵ 记支出的账

讨账 tʰɔ⁴⁴tsaŋ⁴⁵

差账 tsʰa³³tsaŋ⁴⁵

烂账 næ²¹tsaŋ⁴⁵

赖账 nɛ²¹tsaŋ⁴⁵

凭据 piən²¹³tɕy⁴⁵ 收据

存款 tsən²¹³kʰõ⁴⁴

木杆子秤 mo²⁴kæ⁴⁴tsʅ⁰tsʰən⁴⁵

戥子 tən⁴⁴tsʅ⁰ 称量贵重物品或某些药品的小秤

磅秤 paŋ⁴⁵tsʰən⁴⁵ 金属制，底座上有承重的金属板，用来称重的器具

盘子秤 põ²¹³tsʅ⁰tsʰən⁴⁵

秤杆子 tsʰən⁴⁵kæ⁴⁴tsʅ⁰

秤砣 tsʰən⁴⁵tʊ²¹³

秤星 tsʰən⁴⁵ɕiən³³ 秤杆上所刻的小圆点标志，按距离的远近以计算轻重

秤钩 tsʰən⁴⁵kəu³³

头纽 təu²¹³niəu⁴⁴ 称重物用的秤毫

二纽 ɛ²¹niəu⁴⁴ 称轻物用的秤毫

秤毫 tsʰən⁴⁵xɔ²¹³ 秤杆上手提的部分，多以绳索或皮条制成

秤纽 tsʰən⁴⁵niəu⁴⁴

伙 xʊ⁴⁴ 称重量时装东西的容器

连伙 niĩ²¹³xʊ⁴⁴ 称东西时包括容器的重量

毛重 mɔ²¹³tsən²¹

净重 tɕiən²¹tsən²¹

除伙 tɕy²¹³xʊ⁴⁴ 称东西时去除包装

秤红⁼得 tsʰən⁴⁵xən²¹³tɛ⁰ 秤尾上扬，重量很足

秤平得 tsʰən⁴⁵piən²¹³tɛ⁰ 秤尾是平的

秤溜得 tsʰən⁴⁵niəu³³tɛ⁰ 秤尾下垂，重量不足

小车子 ɕiɔ⁴⁴tsʰa³³tsʅ⁰ 轿车

　包车 pɔ³³tsʰa³³

三轮车 sæ³³nən²¹³tsʰa³³

摩托车 mʊ²¹³tʰo²⁴tsʰa³³

油票 iəu²¹³pʰiɔ⁴⁵

信封 ɕiən⁴⁵xən³³

信纸 ɕiən⁴⁵tsʅ⁴⁴

望远镜 uaŋ²¹yĩ⁴⁴tɕiən⁴⁵

二十　文化教育

画子 xua²¹tsʅ⁰ 画儿

旷课 kʰuaŋ⁴⁵kʰʊ⁴⁵

逃学 tɔ²¹³ɕyo²⁴

　躲学 tʊ⁴⁴ɕyo²⁴

学费 ɕyo²⁴fei⁴⁵

暑假 ɕy⁴⁴tɕia⁴⁵

寒假 xæ²¹³tɕia⁴⁵

农忙假 nən²¹³maŋ²¹³tɕia⁴⁵ 农忙季节放的假

请假 tɕʰiən⁴⁴tɕia⁴⁵

上课 saŋ²¹kʰʊ⁴⁵

下课 xa²¹kʰʊ⁴⁵

讲台 kaŋ⁴⁴te²¹³

粉笔 fən⁴⁴pi²⁴

黑板 xɛ²⁴pæ⁴⁴

点名簿 tiĩ⁴⁴miən²¹³pu²¹

橡皮胶 ɕiaŋ⁴⁵pi²¹³tɕiɔ³³

小刀子 ɕiɔ⁴⁴tɔ³³tsʅ⁰ 削铅笔刀

　铅笔刨子 kʰæ̃³³pi²⁴pɔ²¹tsʅ⁰

圆规 yĩ²¹³kui³³

三角尺 sæ̃³³ko²⁴tsʰʅ²⁴

簿子 pu²¹tsʅ⁰ 本子

作业簿子 tso²⁴niɛ²⁴pu²¹tsʅ⁰

大字簿子 tɛ²¹tsʅ²¹pu²¹tsʅ⁰

正楷簿子 tsən⁴⁵kʰɛ³³pu²¹tsʅ⁰

细楷簿子 ɕi⁴⁵kʰɛ³³pu²¹tsʅ⁰

描红簿子 miɔ²¹³xən²¹³pu²¹tsʅ⁰

墨盒子 mɛ²⁴xo²⁴tsʅ⁰ 用来放墨锭的盒子

黑墨 xɛ²⁴mɛ²⁴ 墨块

墨汁 mɛ²⁴tsʅ²⁴ 用来写毛笔字用的墨

墨水 mɛ²⁴ɕy⁴⁴

磨墨 mʊ²¹³mɛ²⁴

笔套子 pi²⁴tʰɔ⁴⁵tsʅ⁰ 笔帽

笔筒子 pi²⁴tən²¹³tsʅ⁰ 笔筒

搋笔 tʰiĩ⁴⁵pi²⁴ 把毛笔上的墨在砚台上弄匀

白字 pɛ²⁴tsʅ²¹

错笔字 tsʰʊ⁴⁵pi²⁴tsʅ²¹

读书人 təo²⁴ɕy³³niən²¹³

看书 kʰæ̃⁴⁵ɕy³³

背课 pei²¹kʰʊ⁴⁵ 背书

一百分 i²⁴pɛ²⁴fən³³

零蛋 niən²¹³tæ̃²¹ 零分

张榜 tsaŋ³³paŋ⁴⁴

第一名 ti²¹i²⁴miən²¹³

倒数第一名 tɔ⁴⁵səu⁴⁴ti²¹i²⁴miən²¹³

毕业 pi²⁴niɛ²⁴

正楷 tsən⁴⁵kʰɛ³³

细楷 ɕi⁴⁵kʰɛ³³

中楷 tsən³³kʰɛ³³

大写的 tɛ²¹ɕia⁴⁴ti⁰

小写的 ɕiɔ⁴⁴ɕia⁴⁴ti⁰

字帖 tsʅ²¹tʰiɛ²⁴

擦掉 tsʰa²⁴tiɔ⁴⁵

草稿 tsʰɔ⁴⁴kɔ⁴⁴

打草稿 ta⁴⁴tsʰɔ⁴⁴kɔ⁴⁴

抄写 tsʰɔ³³ɕia⁴⁴

点 tiĩ⁴⁴ 汉字笔画之一

横 xən²¹³ 汉字笔画之一

竖 ɕy⁴⁵ 汉字笔画之一

撇 pʰiɛ²⁴ 汉字笔画之一

捺 na²⁴ 汉字笔画之一

勾 kəu³³ 汉字笔画之一

笔画 pi²⁴xua²¹

偏旁 pʰiĩ³³paŋ²¹³

单人旁 tæ̃³³niən²¹³paŋ²¹³ "亻"

双人旁 suaŋ³³niən²¹³paŋ²¹³ "彳"

弯弓张 uæ̃³³kən³³tsaŋ³³ 指姓"张"

立早章 ni²⁴tsɔ⁴⁴tsaŋ³³ 指姓"章"

禾毛程 ʊ²¹³mɔ²¹³tsən²¹³ 指姓"程"

耳东陈 ɛ⁴⁴tən³³tsən²¹³ 指姓"陈"

宝盖头 pɔ⁴⁴kɛ⁴⁵təu²¹³ "宀"

竖心旁 ɕy⁴⁵ɕiən³³paŋ²¹³ "忄"

披毛旁 pʰi³³mɔ²¹³paŋ²¹³ "犭"

刮耳旁 kua²⁴ɛ⁴⁴paŋ²¹³ "阝"

反文旁 fæ̃⁴⁴uən²¹³paŋ²¹³ "攵"

提土旁 ti²¹³tʰəu⁴⁴paŋ²¹³ "扌"

提手旁 ti²¹³səu⁴⁴paŋ²¹³ "扌"

竹字头 tsəo²⁴tsʅ²¹təu²¹³ "⺮"

草字头 tsʰɔ⁴⁴tsʅ²¹təu²¹³ "艹"

火字旁 xʊ⁴⁴tsʐ²¹paŋ²¹³

四点水 sʐ⁴⁵tiĩ⁴⁴ɕy⁴⁴ "灬"

三点水 sæ̃³³tiĩ⁴⁴ɕy⁴⁴ "氵"

两点水 niaŋ⁴⁴tiĩ⁴⁴ɕy⁴⁴ "冫"

病字头 piən²¹tsʐ²¹təu²¹³ "疒"

走之旁 tsəu⁴⁴tsʐ³³paŋ²¹³ "辶"

绞丝旁 tɕiɔ⁴⁴sʐ³³pan²¹³ "纟"

木字旁 mo²⁴tsʐ²¹paŋ²¹³

口字旁 kʰəu⁴⁴tsʐ²¹paŋ²¹³

金字旁 tɕiən³³tsʐ²¹paŋ²¹³ "钅"

食字旁 sʐ²⁴tsʐ²¹paŋ²¹³ "饣"

月字旁 yᴇ²⁴tsʐ²¹paŋ²¹³

目字旁 mo²⁴tsʐ²¹paŋ²¹³

虫字旁 tsən²¹³tsʐ²¹paŋ²¹³

二十一　游戏

炮竹 pʰɔ⁴⁵tsəo²⁴ 鞭炮

弹子 tæ̃²¹tsʐ⁰

打弹子 ta⁴⁴tæ̃²¹tsʐ⁰

跳房子 tʰiɔ⁴⁵faŋ²¹³tsʐ⁰

踢毽子 tʰi²⁴tɕiĩ⁴⁵tsʐ⁰

吹泡泡 tsʰui³³pʰɔ⁴⁵pʰɔ⁴⁵

翻绳子 fæ̃³³sən²¹³tsʐ⁰

骨牌 ku²⁴pᴇ²¹³

推牌九 tʰui³³pᴇ²¹³tɕiəu⁴⁴ 一种骨牌游戏，以骨
　　牌点数大小分胜负

麻将 ma²¹³tɕiaŋ⁴⁵

色子 sᴇ²⁴tsʐ⁰

掷猴子 tsᴇ²⁴xəu²¹³tsʐ⁰ 掷骰子

抹⁼牌 ma²⁴pᴇ²¹³ 抓牌

押宝 ŋa²⁴pɔ⁴⁴

揭宝 tɕiᴇ²⁴pɔ⁴⁴

烟花 iĩ³³xua³³

放烟花 faŋ⁴⁵iĩ³³xua³³

下流坯 ˀxa²¹niəu²¹³pʰei³³ 打陀螺

抓石子 tsua³³sʐ²⁴tsʐ⁰ 将石子儿抛入空中，同
　　时抓起地上的石子，再用手心或手背接
　　住从空掉落的石子，接住者得分

打水漂 ta⁴⁴ɕy⁴⁴pʰiɔ³³

　　打漂漂子 ta⁴⁴pʰiɔ³³pʰiɔ³³tsʐ⁰

扳手腕 pæ̃³³səu⁴⁴õ⁴⁴

斗鸡 təu⁴⁵tɕi³³

打抱跤子 ta⁴⁴pɔ²¹kɔ³³tsʐ⁰ 摔跤

鹰子抓鸡 iən³³tsʐ⁰tsua³³tɕi³³ 老鹰抓小鸡
　　老鹰抓鸡 nɔ⁴⁴iən³³tsua³³tɕi³³

翻跟头 fæ̃³³kən³³təu²¹³

躲猫 tʊ⁴⁴mɔ³³ 捉迷藏

打划划子 ta⁴⁴xua²¹³xua²¹³tsʐ⁰ 游泳

踩水 tsʰɛ⁴⁴ɕy⁴⁴

拔河 pa²⁴xʊ²¹³

吃猛猛子 tɕʰia²⁴mən⁴⁴mən⁴⁴tsʐ⁰ 扎猛子

丢手捏子 tiəu³³səu⁴⁴niᴇ²⁴tsʐ⁰ 丢手绢儿

玩龙灯 uæ̃²¹³nən²¹³tən³³ 舞龙

舞狮子 u⁴⁴sʐ³³tsʐ⁰

踩高跷 tsʰɛ⁴⁴kɔ³³tɕʰiɔ³³

玩枪 uæ̃²¹³tɕʰiaŋ³³

土铳 tʰəu⁴⁴tsʰən⁴⁵

硝 ɕiɔ³³ 土铳用的火药

红缨枪 xən²¹³iən³³tɕʰiaŋ³³

跳秧歌舞 tʰiɔ⁴⁵iaŋ³³kʊ³³u⁴⁴

锣鼓 nʊ²¹³ku⁴⁴

腰鼓 iɔ³³ku⁴⁴

打腰鼓 ta⁴⁴iaŋ³³ku⁴⁴

变魔术 piĩ⁴⁵mʊ²¹³ɕy⁴⁵

下棋 xa²¹tɕi²¹³

象棋 ɕiaŋ⁴⁵tɕi²¹³

帅 suɛ⁴⁵

围棋 ui²¹³tɕi²¹³

打扑克 ta⁴⁴pu²¹³kʰE²⁴

梅花 mei²¹³xua³³ 扑克花色之一

红桃 xən²¹³tɔ²¹³ 扑克花色之一

方块 faŋ³³kʰuɛ⁴⁵ 扑克花色之一

黑桃 xE²⁴tɔ²¹³ 扑克花色之一

老K nɔ⁴⁴kʰɛ⁴⁴ 扑克牌K

皮蛋 pi²¹³tæ²¹ 扑克牌Q

丁勾 tiən³³kəu³³ 扑克牌J

尖子 tɕiĩ³³tsʅ⁰ 扑克牌A

大王 tɛ²¹uaŋ²¹³ 扑克牌大王

细王 ɕi⁴⁵uaŋ²¹³ 扑克牌小王

二子 E²¹tsʅ⁰ 扑克牌2

三子 sæ³³tsʅ⁰ 扑克牌3

四子 sʅ⁴⁵tsʅ⁰ 扑克牌4

五子 u⁴⁴tsʅ⁰ 扑克牌5

六子 nəo²⁴tsʅ⁰ 扑克牌6

七子 tɕʰi²⁴tsʅ⁰ 扑克牌7

八子 pa²⁴tsʅ⁰ 扑克牌8

九子 tɕiəu⁴⁴tsʅ⁰ 扑克牌9

十子 sʅ²⁴tsʅ⁰ 扑克牌10

打球 ta⁴⁴tɕiəu²¹³

打乒乓球 ta⁴⁴pʰiən³³paŋ³³tɕiəu²¹³

打台球 ta⁴⁴tɛ²¹³tɕiəu²¹³

篮球 næ²¹³tɕiəu²¹³

足球 tsəo²⁴tɕiəu²¹³

跳高 tʰiɔ⁴⁵kɔ³³

跳远 tʰiɔ⁴⁵yĩ⁴⁴

赛跑 sɛ⁴⁵pʰɔ⁴⁴

戏班子 ɕi⁴⁵pæ³³tsʅ⁰

戏子 ɕi⁴⁵tsʅ⁰

黄梅戏 xuaŋ²¹³mei²¹³ɕi⁴⁵

卢剧 nəu²¹³tɕy⁴⁵ 本地的一种戏

　倒倒戏 tɔ⁴⁵tɔ⁴⁵ɕi⁴⁵

花鼓戏 xua³³ku⁴⁴ɕi⁴⁵

戏台 ɕi⁴⁵tɛ²¹³

小生 ɕiɔ⁴⁴sən³³

小姐 ɕiɔ⁴⁴tɕi⁴⁴

书童 ɕy³³tən²¹³

公子 kən³³tsʅ⁰

少爷 sɔ⁴⁵i²¹³

老爷 nɔ⁴⁴i²¹³

花旦 xua³³tæ⁴⁵

老生 nɔ⁴⁴sən³³

丑旦 tsʰəu⁴⁴tæ⁴⁵

说大板书的 ɕyE²⁴tɛ²¹pæ⁴⁴ɕy³³ti⁰ 说书的人

　刮⁼书的 kua²⁴ɕy³³ti⁰

二十二　动作

爬起来 pa²¹³tɕʰi⁴⁴nɛ⁰

绊⁼跤子 pæ⁴⁵kɔ³³tsʅ⁰ 摔跤

绊⁼到地下 pæ⁴⁵tɔ⁴⁵ti²¹xa²¹ 摔倒在地上

恋⁼地 niĩ⁴⁵ti²¹ 小孩子在地上打滚撒娇

皮脸⁼ pi²¹³niĩ⁴⁴ 小孩在大人面前不停地哭闹

横搅 xõ²¹³tɕiɔ⁴⁴ 小孩哭闹不讲理

打汪⁼ ta⁴⁴uaŋ³³ 牛或者猪在水里、泥里打滚

放赖 faŋ⁴⁵nɛ²¹ 小孩子生气地在地上打滚

点头 tiĩ⁴⁴təu²¹³

　点脑壳 tiĩ⁴⁴nɔ⁴⁴kʰo²⁴

摇头 iɔ²¹³təu²¹³

抬脑壳 tɛ²¹³nɔ⁴⁴kʰo²⁴ 抬头

仰着 niaŋ⁴⁴tɛ⁰

控⁼得脑壳 kʰən⁴⁵tɛ⁰nɔ⁴⁴kʰo²⁴ 低着头

回头 xui²¹³təu²¹³

睁开 tsən³³kʰɛ³³

生⁼得眼睛 sən³³tɛ⁰ŋæ̃⁴⁴tɕiən³³ 瞪着眼睛

抿⁼得 miən⁴⁴tɛ⁰ 闭着（嘴巴）

翘嘴 tɕʰiɔ⁴⁵tsei⁴⁴ 噘嘴

举手 tɕy⁴⁴səu⁴⁴

摆手 pɛ⁴⁴səu⁴⁴

放手 faŋ⁴⁵səu⁴⁴

动手 tən²¹səu⁴⁴

拍巴掌 pʰɛ²⁴pa³³tsaŋ⁴⁴ 拍手

屏水 fu⁴⁴ɕy⁴⁴

扭 niəu⁴⁴

拽 tsuɛ⁴⁵

阵⁼tsən²¹ 按、摁

夺⁼to²⁴ 重重地放

梦⁼得 mən²¹tɛ⁰ 捂住

把屎 pa⁴⁴sʅ⁴⁴

把尿 pa⁴⁴niɔ²¹

端得 tõ³³tɛ⁰ 端着

扶得 fu²¹³tɛ⁰ 扶着

弹指 tæ̃²¹³tsʅ⁴⁴

阁⁼栗子 ko²⁴ni⁴⁵tsʅ⁰ 打栗暴，把手指弯曲起来敲击人头顶

捏拳头 niɛ²⁴tɕyĩ²¹³təu²¹³ 握拳头

插 tsʰa²⁴

抓痒 tsua³³iaŋ⁴⁴

抱毛毛 pɔ²¹mɔ²¹³mɔ²¹³ 抱小宝宝

打伞 ta⁴⁴sæ̃⁴⁴

按 ŋæ̃⁴⁵

□ pʰĩ⁴⁴ 蘸：～酱油

踮脚 tiĩ⁴⁴tɕyo²⁴

跺脚 tu⁴⁵tɕyo²⁴

踢脚 tʰi²⁴tɕyo²⁴

抖腿 təu⁴⁴tʰei⁴⁴

架腿 ka⁴⁵tʰei⁴⁴ 跷二郎腿

庞⁼腿 paŋ²¹³tʰei⁴⁴ 蜷腿

趴得困 pʰa³³tɛ⁰kʰuən⁴⁵ 趴着睡

弯腰 uæ̃³³iɔ³³

伸懒腰 tsʰən³³næ̃⁴⁴iɔ³³

叉腰 tsʰa³³iɔ³³

挺胸 tʰiən⁴⁴ɕiən³³

翘屁股 tɕʰiɔ⁴⁵pʰi⁴⁵ku⁴⁴

捶背 tsui²¹³pei⁴⁵

束⁼鼻涕浓 sɔ²⁴pi²⁴tʰi⁴⁵nən²¹³ 吸溜鼻涕

淌鼻涕 tʰaŋ⁴⁴pi²⁴tʰi⁴⁵ 流鼻涕

擦 tsʰa²⁴

扯布 tsʰa⁴⁴pu⁴⁵ 买布

蹲 tən³³

扯箍狼⁼子 tsʰa⁴⁴kʰu³³naŋ²¹³tsʅ⁰ 转圈儿

泼 pʰɛ²⁴ ～水

撕 sʅ³³

肯⁼过来 kʰən⁴⁴kʊ⁴⁵nɛ⁰ 倒扣

夺⁼章 to²⁴tsaŋ³³ 盖章

盖章 kɛ⁴⁵tsaŋ³³

移 i²¹³ 挪

捏 niɛ²⁴ 捻

贡⁼kən⁴⁵ 钻

嘲笑 tsɔ²¹³ɕiɔ⁴⁵

玩 uæ̃²¹³

吓怕 xɛ²⁴pʰa²⁴ 怕

欺负 tɕʰi³³fu⁴⁵

合伙打伴 kɛ²⁴xʊ⁴⁴ta⁴⁴põ²¹ 做伴儿

□酒 naŋ³³tɕiən⁴⁴ 劝酒

□人 naŋ³³niən²¹³ 腻人

嫌弃 ɕiĩ²¹³tɕʰi⁴⁵

带厌 tɛ⁴⁵iĩ⁴⁵ 不让人喜欢

估计 ku⁴⁴tɕi⁴⁵

　怕 pʰa⁴⁵

当心 taŋ³³ɕiən³³

着急 tso²⁴tɕi²⁴

放心 faŋ⁴⁵ɕiən³³

偏心 pʰiĩ³³ɕiən³³

恨不得 xən⁴⁵pu²⁴tɛ²⁴

巴不得 pa³³pu²⁴tɛ²⁴

怄气 ŋəu⁴⁵tɕʰi⁴⁵

受气 səu²¹tɕʰi⁴⁵

受罪 səu²¹tsei²¹

惯 kuæ̃⁴⁵ 娇惯

不作声 pu²⁴tsəu⁴⁵sən³³

回嘴 fei²¹³tsei⁴⁴

蛮不讲理 mæ̃²¹³pu²⁴kaŋ⁴⁴ni⁴⁴

讨骂 tʰɔ⁴⁴ma⁴⁵

讨打 tʰɔ⁴⁴ta⁴⁴

啰里啰唆 nʊ³³ni⁴⁴nʊ³³sʊ³³

冇得吃头 mɔ²¹tɛ²⁴tɕʰia²⁴təu²¹³ 不值得吃

冇得看头 mɔ²¹tɛ²⁴kʰæ̃⁴⁵təu²¹³ 不值得看

服侍 fu²⁴sɿ²¹ 照顾

敂气 tʰəu⁴⁴tɕʰi⁴⁵ 喘气

瓦 ˉua⁴⁴ 挖，剜

不止 pu²⁴tsɿ⁴⁴ 超过

二十三　位置

高服 ˉkɔ³³fu²⁴ 上面

顶高服 ˉtiən⁴⁴kɔ³³fu²⁴ 最上面

顶下头 tiən⁴⁴xa²¹təu²¹³ 最下面

顶前头 tiən⁴⁴tɕiĩ²¹³təu²¹³ 最前面

末了 mo²⁴niɔ⁴⁴ 最后，末尾

□对门 tɕʰia⁴⁵tei⁴⁵mən²¹³ 斜对门

眼前 ŋæ̃⁴⁴tɕiĩ²¹³

背后 pei²¹xəu²¹

以ˉ头 i⁴⁴təu²¹³ 里面

顶以ˉ头 tiən⁴⁴i⁴⁴təu²¹³ 最里面

顶外头 tiən⁴⁴uɛ²¹təu²¹³

正中看ˉtsən⁴⁵tsən³³kʰæ̃⁴⁵ 正中间

边上 piĩ³³saŋ²¹

地下 ti²¹xa²¹ 地上

天上 tʰiĩ³³saŋ²¹

山上 sæ̃³³saŋ²¹

路上 nəu²¹saŋ²¹

街上 kɛ³³saŋ²¹

墙上 tɕiaŋ²¹³saŋ²¹

门上 mən²¹³saŋ²¹

门高头 mən²¹³kɔ³³təu²¹³ 门的上方

桌子上 tso²⁴tsɿ⁰saŋ²¹

床上 tsaŋ²¹³saŋ²¹

床高头 tsaŋ²¹³kɔ³³təu²¹³ 床的上方

手里 səu⁴⁴ni⁴⁴

肚子里 təu⁴⁴tsɿ⁰ni⁴⁴

桌子下头 tso²⁴tsɿ⁰xa²¹təu²¹³

锅沿子 kʊ³³iĩ²¹³tsɿ⁰ 锅边沿

大门外 tɛ²¹mən²¹³uɛ²¹

门外 mən²¹³uɛ²¹

墙外 tɕiaŋ²¹³uɛ²¹

车子外头 tsʰa³³tsɿ⁰uɛ²¹təu²¹³

车子上头 tsʰa³³tsɿ⁰saŋ²¹təu²¹³

车子前头 tsʰa³³tsɿ⁰tɕiĩ²¹³təu²¹³

车子后头 tsʰa³³tsʅ⁰xəu²¹təu²¹³

山前头 sæ̃³³tɕiĩ²¹³təu²¹³

山后头 sæ̃³³xəu²¹təu²¹³

屋前头 u²⁴tɕiĩ²¹³təu²¹³

屋后头 u²⁴xəu²¹təu²¹³

屋背后 u²⁴pei⁴⁵xəu²¹

东 tən³³

南 næ̃²¹³

西 ɕi³³

北 pɛ²⁴

东南 tən³³næ̃²¹³

西北 ɕi³³pɛ²⁴

东北 tən³³pɛ²⁴

西南 ɕi³³næ̃²¹³

路边 nəu²¹piĩ³³

　路旁边 nəu²¹paŋ²¹³piĩ³³

桌子脚下 tso²⁴tsʅ⁰tɕyo²⁴xa²¹

床脚下 tsaŋ²¹³tɕyo²⁴xa²¹

楼下 nəu²¹³xa²¹

脚底下 tɕyo²⁴ti⁴⁴xa²¹

碗底 õ⁴⁴ti⁴⁴

　碗底子 õ⁴⁴ti⁴⁴tsʅ⁰

碗口 õ⁴⁴kʰəu⁴⁴

锅底 kʊ³³ti⁴⁴

　锅底子 kʊ³³ti⁴⁴tsʅ⁰

缸底 kaŋ³³ti⁴⁴

水底下 ɕy⁴⁴ti⁴⁴xa²¹

旁边 paŋ²¹³piĩ³³

边上 piĩ³³saŋ²¹ 附近

到以⁼头去 tɔ⁴⁵i⁴⁴təu²¹³tɕʰi⁴⁵ 到里头去

往以⁼走 uaŋ⁴⁴i⁴⁴tsəu⁴⁴ 往里走

往外走 uaŋ⁴⁴uɛ²¹tsəu⁴⁴

往东走 uaŋ⁴⁴tən³³tsəu⁴⁴

往西走 uaŋ⁴⁴ɕi³³tsəu⁴⁴

往回走 uaŋ⁴⁴fei²¹³tsəu⁴⁴

往前走 uaŋ⁴⁴tɕiĩ²¹³tsəu⁴⁴

往后走 uaŋ⁴⁴xəu²¹tsəu⁴⁴

往东 uaŋ⁴⁴tən³³

往西 uaŋ⁴⁴ɕi³³

往南 uaŋ⁴⁴næ̃²¹³

往北 uaŋ⁴⁴pɛ²⁴

从今以后 tsən²¹³tɕiən³³i⁴⁴xəu²¹

以内 i⁴⁴nei²¹

以外 i⁴⁴uɛ²¹

以来 i⁴⁴nɛ²¹³

以后 i⁴⁴xəu²¹

以前 i⁴⁴tɕiĩ²¹³

之间 tsʅ³³tɕiĩ³³

以上 i⁴⁴saŋ²¹

以下 i⁴⁴xa²¹

当面 taŋ³³miĩ²¹

背后 pei²¹xəu²¹

二十四　代词等

我人 ʊ⁴⁴niən²¹³ 我们

尔人 n⁴⁴niən²¹³ 你们

他人 tʰa³³niən²¹³ 他们

旁人 paŋ²¹³niən²¹³

自己 tsʅ²¹tɕi⁴⁴

我的 ʊ⁴⁴ti⁰

尔的 n⁴⁴ti⁰ 你的

他的 tʰa³³ti⁰

我人的 ʊ⁴⁴niən²¹³ti⁰ 我们的

　我们的 ʊ⁴⁴mən⁰ti⁰

尔人的 n⁴⁴niən²¹³ti⁰ 你们的

　　你们的 ni⁴⁴mən⁰ti⁰

他人的 tʰa³³niən²¹³ti⁰ 他们的

　　他们的 tʰa³³mən⁰ti⁰

我们两个 ʋ⁴⁴mən⁰niaŋ⁴⁴kʋ⁴⁵

他们两个 tʰa³³mən⁰niaŋ⁴⁴kʋ⁴⁵

尔们两个 n⁴⁴mən⁰niaŋ⁴⁴kʋ⁴⁵ 你们两个

夫妻两个 fu³³tɕʰi³³niaŋ⁴⁴kʋ⁴⁵

母子两个 mʋ⁴⁴tsʅ³³niaŋ⁴⁴kʋ⁴⁵

娘女两个 niaŋ²¹³y⁴⁴niaŋ⁴⁴kʋ⁴⁵ 母女两个

爷崽两个 ia²¹³tsɛ⁴⁴niaŋ⁴⁴kʋ⁴⁵ 父子两个

爷女两个 ia²¹³ny⁴⁴niaŋ⁴⁴kʋ⁴⁵ 父女两个

爹孙两个 tia³³sən³³niaŋ⁴⁴kʋ⁴⁵ 爷孙两个

婆媳两个 pʋ²¹³ɕi²⁴niaŋ⁴⁴kʋ⁴⁵

姑嫂两个 ku³³sɔ⁴⁴niaŋ⁴⁴kʋ⁴⁵

叔母两个 səo²⁴mʋ⁴⁴niaŋ⁴⁴kʋ⁴⁵

弟兄两个 ti²¹ɕiən³³niaŋ⁴⁴kʋ⁴⁵

姐妹两个 tɕia⁴⁴mei²¹niaŋ⁴⁴kʋ⁴⁵

姊妹两个 tsʅ⁴⁴mei²¹niaŋ⁴⁴kʋ⁴⁵

姑侄两个 ku³³tsʅ²⁴niaŋ⁴⁴kʋ⁴⁵

叔侄两个 səo²⁴tsʅ²⁴niaŋ⁴⁴kʋ⁴⁵

师徒两个 sʅ³³təu²¹³niaŋ⁴⁴kʋ⁴⁵

师徒们 sʅ³³təu²¹³mən⁰

姑嫂们 ku³³sɔ⁴⁴mən⁰

旁的 paŋ²¹³ti⁰ 别的

各⁼个 ko²⁴kʋ⁴⁵ 这个

隔⁼些 kɛ²⁴ɕia³³ 这些

　　各⁼些 ko²⁴ɕia³³

那些 nɛ⁴⁵ɕia³³

哪些 na⁴⁴ɕia³³

各⁼里 ko²⁴ni⁴⁴ 这里

哪里 na⁴⁴ni⁴⁴

隔⁼时候 kɛ²⁴sʅ²¹³xəu²¹ 这时候

各⁼时候 ko²⁴sʅ²¹³xəu²¹

那时候 nɛ⁴⁵sʅ²¹³xəu²¹

么时候 mʋ⁴⁴sʅ²¹³xəu²¹ 什么时候

　　么子时候 mʋ⁴⁴tsʅ⁰sʅ²¹³xəu²¹

各⁼样 ko²⁴iaŋ²¹ 这样

哪样 na⁴⁴iaŋ²¹

何里 xʋ²¹³ni⁴⁴ 为什么：你～不去

么子样 mʋ⁴⁴tsʅ⁰iaŋ²¹ 什么样

各⁼么 ko²⁴mʋ⁴⁴ 这么

那么 nɛ⁴⁵mʋ⁴⁴

么子东西 mʋ⁴⁴tsʅ⁰tən³³ɕi³³ 什么东西

　　么东西 mʋ⁴⁴tən³³ɕi³³

搞么东西 kɔ⁴⁴mʋ⁴⁴tən³³ɕi³³ 干什么

　　做么子事 tsəu⁴⁵mʋ⁴⁴tsʅ⁰sʅ²¹

　　做么事 tsəu⁴⁵mʋ⁴⁴sʅ²¹

多少 tʋ³³sɔ⁴⁴

几 tɕi⁴⁴

二十五　形容词

正经 tsən⁴⁵tɕiən³³ 正派

不错 pu²⁴tsʰʋ⁴⁵

差不多 tsʰa³³pu²⁴tʋ³³

不怎么样 pu²⁴tsən⁴⁴mʋ⁰iaŋ²¹

冇得么子用 mɔ²¹tɛ²⁴mʋ⁴⁴tsʅ⁰iən²¹ 没什么用

要不得 iɔ⁴⁵pu²⁴tɛ²⁴

冇良心 mɔ²¹niaŋ²¹³ɕiən³³ 没良心

不□腮 pu²⁴nia⁴⁵sɛ³³ 形容事情做得不好或人

　　品不好，没有肯定的说法

活泛 xo²⁴fɑ̃⁴⁵ 灵活

呆巴 ŋɛ²¹³pa³³ 形容学东西做事情很慢，不灵活

巧 tɕʰiɔ⁴⁴

犟 tɕiaŋ²¹ 固执

死头脑子 sʅ⁴⁴təu²¹³nɔ⁴⁴tsʅ⁰ 死心眼儿

老里拔＝风＝的 nɔ⁴⁴ni⁴⁴pa²⁴xən³³ti⁰ 傻乎乎的
　笨头笨脑的 pən²¹təu²¹³pən²¹nɔ⁴⁴ti⁰

一般化 i²⁴pæ³³xua⁴⁵ 一般

囫的 nõ²¹³ti⁰ 整个的，圆的

整 tsən⁴⁴

全 tɕyĩ²¹³

鼓 ku⁴⁴ 凸

洼 ua⁴⁵ 凹

凉快 niaŋ²¹³kʰuɛ⁴⁵

桥＝tɕiɔ²¹³ 因风干而变形

正宗 tsən⁴⁵tsən³³

整齐 tsən⁴⁴tɕi²¹³

好深 xɔ⁴⁴sən³³

老深的 nɔ⁴⁴sən³³ti⁰

好浅 xɔ⁴⁴tɕʰiĩ⁴⁴

老浅的 nɔ⁴⁴tɕʰiĩ⁴⁴ti⁰

顺心 ɕyən²¹ɕiən³³

正 tsən⁴⁵

好大 xɔ⁴⁴tɛ²¹

老大的 nɔ⁴⁴tɛ²¹ti⁰

蠻＝细的 mən³³ɕi⁴⁵ti⁰ 很细

老细的 nɔ⁴⁴ɕi⁴⁵ti⁰

老高的 nɔ⁴⁴kɔ³³ti⁰

矮矮的 ŋɛ⁴⁴ŋɛ⁴⁴ti⁰

好长 xɔ⁴⁴tsaŋ²¹³

老长的 nɔ⁴⁴tsaŋ²¹³ti⁰

好短 xɔ⁴⁴tõ⁴⁴

老短的 nɔ⁴⁴tõ⁴⁴ti⁰

好粗 xɔ⁴⁴tsʰəu³³

老粗的 nɔ⁴⁴tsʰəu³³ti⁰

老重的 nɔ⁴⁴tsən²¹ti⁰

　铁重的 tʰiɛ²⁴tsən²¹ti⁰

好重 xɔ⁴⁴tsən²¹

猫轻的 mɔ³³tɕʰiən³³ti⁰

老轻的 nɔ⁴⁴tɕʰiən³³ti⁰

老远的 nɔ⁴⁴yĩ⁴⁴ti⁰

好远 xɔ⁴⁴yĩ⁴⁴

好近 xɔ⁴⁴tɕiən²¹

老宽的 nɔ⁴⁴kʰõ³³ti⁰

蠻＝窄 mən³³tsE²⁴ 很窄

老厚的 nɔ⁴⁴xən²¹ti⁰

蠻＝枵 mən³³ɕiɔ³³ 很薄

圆的 yĩ²¹³ti⁰

金＝囫的 tɕiən³³nõ²¹³ti⁰ 很圆

扁的 piĩ⁴⁴ti⁰

扁扁的 piĩ⁴⁴piĩ⁴⁴ti⁰

方的 faŋ³³ti⁰

四四方方的 sɿ⁴⁵sɿ⁴⁵faŋ³³faŋ³³ti⁰

奋＝尖的 fən⁴⁵tɕiĩ³³ti⁰ 很尖

平平的 piən²¹³piən²¹³ti⁰

好陡 xɔ⁴⁴təu⁴⁴

笔直的 pi²⁴tsɿ²⁴ti⁰

弯弯的 uæ³³uæ³³ti⁰

好弯 xɔ⁴⁴uæ³³

整整齐齐的 tsən⁴⁴tsən⁴⁴tɕi²¹³tɕi²¹³ti⁰

笔直的 pi²⁴tsɿ⁴⁵ti⁰

笔陡的 pi²⁴təu⁴⁴ti⁰ 很陡

劲＝光的 tɕiən⁴⁵kuaŋ³³ti⁰ 很光滑

究＝囫的 tɕiəu³³nõ²¹³ti⁰ 很圆

壮 tsaŋ⁴⁵ 形容人结实肉多

滚壮的 kuən⁴⁴tsaŋ⁴⁵ti⁰ 很壮

刮＝瘦的 kua²⁴səu⁴⁵ti⁰ 很瘦

痴＝浑的 tsʰɿ³³fən²¹³ti⁰ 很浑浊

眩清的 ɕyĩ⁴⁵tɕʰiən³³ti⁰ 很清

铁老的 tʰiɛ²⁴nɔ⁴⁴ti⁰ 很老

巴□的 pa³³nia²⁴ti⁰ 很黏、很稠

通亮的 tʰən³³niaŋ²¹ti⁰ 很亮

漆黑的 tɕʰi²⁴xɛ²⁴ti⁰

焦干的 tɕiɔ³³kæ̃³³ti⁰

透湿的 tʰəu⁴⁵sʅ²⁴ti⁰

透潮的 tʰəu⁴⁵tsɔ²¹³ti⁰

痴⁼滑的 tsʰʅ³³ua⁴⁵ti⁰ 很滑

老厚的 nɔ⁴⁴xən²¹ti⁰ 形容茶浓或粥稠等

蠓⁼枵的 mən³³ɕiɔ³³ti⁰ 形容茶淡或者粥稀

生咸的 sən³³xæ̃²¹³ti⁰ 很咸

□淡的 pʰia⁴⁴tæ̃²¹ti⁰ 很淡

　□淡的 tɕʰiən³³tæ̃²¹ti⁰

铁硬的 tʰiɛ²⁴ŋən²¹ti⁰ 很硬

猫软的 mɔ³³yĩ⁴⁴ti⁰ 很软

稀烂的 ɕi³³næ̃²¹ti⁰ 很烂

蠓⁼碎的 mən³³sei⁴⁵ti⁰ 很碎

究⁼劳⁼的 tɕiəu³³nɔ²¹³ti⁰ 形容蔬菜脱水很严重

烧熟的 sɔ³³səu⁴⁵ti⁰ 很熟

半生烂熟的 põ⁴⁵sən³³næ̃²¹səu⁴⁵ti⁰ 半生不熟的

拍满的 pʰɛ²⁴mõ⁴⁴ti⁰ 形容菜种得很密、东西
　装得很满

□十⁼的 pʰa²⁴sʅ²⁴ti⁰ 形容塞得很满很紧

老稀的 nɔ⁴⁴ɕi³³ti⁰ 形容菜种得很稀

老巴巴的 nɔ⁴⁴pa³³pa³³ti⁰ 不嫩

年纪轻轻的 niĩ²¹³tɕi⁴⁵tɕʰiən³³tɕʰiən³³ti⁰ 很年轻

富⁼杂⁼fu⁴⁵tsa²⁴ 形容家具等结实

熬⁼实 ŋɔ²¹³sʅ²⁴ 形容老人身体结实

崭新的 tsæ̃⁴⁴ɕiən³³ti⁰

充⁼土⁼tsʰən³³tʰəu⁴⁴ 形容衣服很平整或人长
　得很端正

刊⁼kʰæ̃³³ 形容容器没有盛满

配头 pʰei⁴⁵təu²¹³ 担子两头重量相当

马虎大意 ma⁴⁴xu²¹³tɛ²¹i⁴⁵

躁 tsʰɔ⁴⁵

憨 xæ̃³³ 慢

发狠 fa²⁴xən⁴⁴ 努力、用功

漂亮 pʰiɔ⁴⁵niaŋ⁴⁵

打眼 ta⁴⁴ŋæ̃⁴⁴ 显眼、惹人注意

刮⁼毒 kua²⁴təo²⁴ 形容人非常的狠毒

一坦平洋 i²⁴tʰæ̃⁴⁴piən²¹³iaŋ²¹³ 形容非常的平坦

啰里巴唆的 nʊ³³ni⁴⁴pa³³sʊ³³ti⁰ 很啰唆

许多 ɕy⁴⁴tʊ³³

莫点点 mo²⁴tiæ̃⁴⁴tiæ̃⁴⁴ 很少

黑 xɛ²⁴（天）黑

　夜 ia²¹

慌 faŋ³³

凉丝丝的 niaŋ²¹³sʅ³³sʅ³³ti⁰ 有点儿冷

凉快 niaŋ²¹³kʰuɛ⁴⁵

干燥 kæ̃³³tsʰɔ⁴⁵

猫松的 mɔ³³sən³³ti⁰ 形容土等很松

　捞⁼松的 nɔ³³sən³³ti⁰

铁板的 tʰiɛ²⁴pæ̃⁴⁴ti⁰ 形容菜地等很硬，不好挖

绷脆的 pən³³tsʰei⁴⁵ti⁰ 很脆

温⁼酸的 uən³³sõ³³ti⁰ 很酸

酸酸的 sõ³³sõ³³ti⁰

温⁼臭的 uən³³tsʰəu⁴⁵ti⁰ 很臭

温⁼苦的 uən³³kʰu⁴⁴ti⁰ 很苦

温⁼腥的 uən³³ɕiən⁴⁵ti⁰ 很腥

鲜甜的 ɕiĩ³³tiĩ²¹³ti⁰ 很甜

　清甜的 tɕʰiən³³tiĩ²¹³ti⁰

透鲜的 tʰəu⁴⁵ɕiĩ³³ti⁰ 很鲜

喷香的 pʰən⁴⁵ɕiaŋ³³ti⁰

滚热的 kuən⁴⁴yɛ²⁴ti⁰ 很烫

滚卧﹦的 kuən^{44}ʊ^{45}ti^{0}

嘴巴干 tsei^{44}pa^{33}kæ̃^{33} 渴

麻 ma^{213} 麻木

□nia^{24} 累

胖墩墩的 pʰaŋ^{45}tən^{33}tən^{33}ti^{0}

硬叉﹦叉﹦的 ŋən^{21}tsʰa^{33}tsʰa^{33}ti^{0} 形容米饭不软

瘦胳﹦拉叽的 səu^{45}ka^{24}na^{33}tɕi^{33}ti^{0} 很瘦

拍饱的 pʰE^{24}pɔ^{44}ti^{0} 很饱

稀稀□□的 ɕi^{33}ɕi^{33}naŋ^{44}naŋ^{44}ti^{0} 形容坐得不
 集中

挤挤胳﹦胳﹦ tɕi^{44}tɕi^{44}ka^{24}ka^{24} 形容坐得很满

捞﹦空的 nɔ^{33}kʰən^{33}ti^{0} 很空

铁紧的 tʰiE^{24}tɕiən^{44}ti^{0} 很紧

一拆﹦平 i^{24}tsʰE^{24}piən^{213} 形容地很平

挡手挡脚 taŋ^{44}səu^{44}taŋ^{44}tɕyo^{24} 碍手碍脚
 碰手碰脚 pʰən^{45}səu^{44}pʰən^{45}tɕyo^{24}

便宜 piĩ^{213}i^{213}

值钱 tsʰɿ^{45}tɕiĩ^{213}

珍惜 tsən^{33}ɕi^{24}

舍得死 sa^{44}tE^{24}sɿ^{44} 拼命

死懒 sɿ^{44}næ̃^{44} 很懒

算小巴巴的 sõ^{45}ɕiɔ^{44}pa^{33}pa^{33}ti^{0} 小气
 算小 sõ^{45}ɕiɔ^{44}

苦巴巴的 kʰu^{44}pa^{33}pa^{33}ti^{0} 很穷

方便 xuaŋ^{33}piĩ^{21}

作孽 tso^{24}niE^{24} 可怜

耐浣 nɛ^{21}u^{45} 耐脏

经饿 tɕiən^{33}ʊ^{21} 耐饿

不经老 pu^{24}tɕiən^{33}nɔ^{44} 容易老

□xa^{44} 形容身体弱

淡红 tæ̃^{21}xən^{213}

粉红 fən^{44}xən^{213}

大红 tE^{21}xən^{213}

深红 sən^{33}xən^{213}

朱红 tɕy^{33}xən^{213}

枣红 tsɔ^{44}xən^{213}

通红的 tʰən^{33}xən^{213}ti^{0} 很红

天蓝 tʰiĩ^{33}næ̃

淡蓝 tæ̃^{21}næ̃

灰蓝 fei^{33}næ̃

深蓝 sən^{33}næ̃

淡绿 tæ̃^{21}nəo^{24}

深绿 sən^{33}nəo^{24}

碧绿 pi^{24}nəo^{24}

漆乌 tɕʰi^{24}u^{33} 很黑

漆黑 tɕʰi^{24}xE^{24}

乌黑 u^{33}xE^{24}

雪白 ɕiE^{24}pE^{24}

粉白 fən^{44}pE^{24} 苍白

灰白 fei^{33}pE^{24}

□白 tsa^{44}pE^{24} 脸色苍白不好

苍白 tsʰaŋ^{33}pE^{24}

灰黑 fei^{33}xE^{24}

银灰 iən^{213}fei^{33}

淡灰 tæ̃^{21}fei^{33}

深灰 sən^{33}fei^{33}

铁灰 tʰiE^{24}fei^{33}

淡黄 tæ̃^{21}uaŋ^{213}

深黄 sən^{33}uaŋ^{213}

通黄 tʰən^{33}uaŋ^{213} 很黄

金黄 tɕiən^{33}uaŋ^{213}

青色 tɕʰiən^{33}sE^{24}

紫青 tsɿ^{44}tɕʰiən^{33}

古铜 ku^{44}tən^{213}

二十六 副词等

好生 xɔ⁴⁴sən³³ 好好儿地

官~地 kõ³³ti⁰ 不停地

搭帮 ta²⁴paŋ³³ 多亏

头一 təu²¹³i²⁴ 千万，最重要的是（表恳切叮嘱）

刚好 tɕiaŋ³³xɔ⁴⁴ 正好

一向 i²⁴ɕiaŋ⁴⁵

已经 i⁴⁴tɕiən³³

经常 tɕiən³³tsaŋ²¹³

赶快 kæ̃⁴⁴kʰuɛ⁴⁵

趁早 tsʰən⁴⁵tsɔ⁴⁴

马上 ma⁴⁴saŋ²¹

忒 tʰei⁴⁵

非 fei³³ ~要去

    硬 ŋən²¹

净 tɕiən²¹ ~吃菜，不吃饭

    光 kuaŋ³³

一个人 i²⁴kʊ⁴⁵niən²¹³ 独自

一路 i²⁴nəu²¹ 一起

顺便 ɕyən²¹piĩ²¹

最后 tsei⁴⁵xəu²¹

根本 kən³³pən⁴⁴

确实 kʰo²⁴sɿ²⁴

瞎讲 xa²⁴kaŋ⁴⁴

    胡讲 fu²¹³kaŋ⁴⁴

    乱讲 nõ²¹kaŋ⁴⁴

先 ɕiĩ³³

另外 niən⁴⁵uɛ²¹

得亏 tɛ²⁴kʰui³³ 幸亏

大概 ta²¹kʰɛ⁴⁵

不要 pu²⁴iɔ⁴⁵

有点 iəu⁴⁴tiæ̃⁴⁵

非常 fei³³tsaŋ²¹³

特别 tʰE²⁴piE²⁴

二十七 次动词等

把 pa⁴⁴ ~衣服收进来

喊……叫…… xæ̃⁴⁴...tɕiɔ⁴⁵... 喊太阳叫日头

把……当…… pa⁴⁴...taŋ³³... 把他当哥哥

捞~nɔ³³ 被动标记

    给 kei⁴⁴

在 tsɛ²¹ ~城里工作

从 tsən²¹³

从小 tsən²¹³ɕiɔ⁴⁴

比 pi⁴⁴

望得 uaŋ²¹tE⁰ 看着：~我笑

照着 tsɔ⁴⁵ tE⁰ ~我做跟着我做

    顺得 ɕyən²¹tE⁰

跟得 kən³³tE⁰ 跟着

到 tɔ⁴⁵ ~哪里去

在 tsɛ²¹ 住~哪里

用 iən²¹ ~毛笔写字

帮 paŋ³³ 你~大家做饭

给我 kei⁴⁴ʋ⁴⁴ ~吃干净

的 ti⁰ 我~东西

二十八 量词

分 fən³³ 四~之一

成 tsən²¹³ 三~

串 tɕʰyĩ⁴⁵ 一~葡萄

顶 tiən⁴⁴ 一~帐子，一~帽子

屉~tʰi⁴⁵ 一~中药

堆 tei³³ 一~人

窝 ʋ³³ 一～蜜蜂

本 pən⁴⁴ 一～书

瓶 piən²¹³ 一～墨水

□ kʰuæ̃⁴⁴ 桄：一～线

枚 mei²¹³ 一～奖章

件 tɕiĩ²¹ 一～衣裳

套 tʰɔ⁴⁵ 一～衣服

间 kæ̃³³ 一～房子

道 tɔ⁴⁵ 堵：一～墙

门 mən²¹³ 一～亲事

棺 kõ³³ 一～坟

桌 tso²⁴ 一～菜

盘 põ²¹³ 一～棋

盆 pən²¹³ 一～水

盒 xo²⁴ 一～火柴

缸 kɑŋ³³ 一～米

坛 tæ̃²¹³ 一～酒

瓶 piən²¹³ 一～酒

杯 pei³³ 一～茶

壶 fu²¹³ 一～茶

锅 kʋ³³ 一～饭

屉 tʰi⁴⁵ 一～包子

　　笼 nən²¹³

碗 õ⁴⁴ 一～饭

部 pu²¹ 一～车子

　　班 pæ̃³³

架 ka⁴⁵ 一～飞机

卷 tɕyĩ⁴⁴ 一～纸

担 tæ̃⁴⁵ 一～水

坵 tɕʰiəu³³ 一～田

窑 iɔ²¹³ 一～瓦

片 pʰiĩ⁴⁵ 一～瓦

坨 tʋ²¹³ 一～泥巴

幅 fu⁴⁵ 一～画儿

滴 ti²⁴ 一～水

杆 kæ̃⁴⁴ 一～秤

　　把 pa⁴⁴

页 iE²⁴ 一～书

句 tɕy⁴⁵ 一～话

批 pʰi³³ 一～货

笔 pi²⁴ 一～钱

分 fən³³ 一～钱

二十九　数字等

十一 sɿ²⁴i²⁴

二十一 E²¹sɿ²⁴i²⁴

三十一 sæ̃³³sɿ²⁴i²⁴

四十 sɿ⁴⁵sɿ²⁴

四十一 sɿ⁴⁵sɿ²⁴i²⁴

五十 u⁴⁴sɿ²⁴

五十一 u⁴⁴sɿ²⁴i²⁴

六十 nəo²⁴sɿ²⁴

六十一 nəo²⁴sɿ²⁴i²⁴

七十 tɕʰi²⁴sɿ²⁴

七十一 tɕʰi²⁴sɿ²⁴i²⁴

八十 pa²⁴sɿ²⁴

八十一 pa²⁴sɿ²⁴i²⁴

九十 tɕiəu⁴⁴sɿ²⁴

九十一 tɕiəu⁴⁴sɿ²⁴i²⁴

一百一 i²⁴pE²⁴i²⁴

　一百一十 i²⁴pE²⁴i²⁴sɿ²⁴

　一百一十二 i²⁴pE²⁴i²⁴sɿ²⁴E²¹

　一百二 i²⁴pE²⁴E²¹

　　一百二十 i²⁴pE²⁴E²¹sɿ²⁴

一百三 i²⁴pɛ²⁴sæ̃³³

　　一百三十 i²⁴pɛ²⁴sæ̃³³sɿ²⁴

一百四 i²⁴pɛ²⁴sɿ⁴⁵

　　一百四十 i²⁴pɛ²⁴sɿ⁴⁵sɿ²⁴

二百五 ɛ²¹pɛ²⁴u⁴⁴

　　二百五十 ɛ²¹pɛ²⁴u⁴⁴sɿ²⁴

三百三 sæ̃³³pɛ²⁴sæ̃³³

　　三百三十 sæ̃³³pɛ²⁴sæ̃³³sɿ²⁴

一千一 i²⁴tɕʰiĩ³³i²⁴

　　一千一百 i²⁴tɕʰiĩ³³i²⁴pɛ²⁴

三千 sæ̃³³tɕʰiĩ³³

一万二 i²⁴uæ̃²¹ɛ²¹

　　一万二千 i²⁴uæ̃²¹ɛ²¹tɕʰiĩ³³

一万零五百 i²⁴uæ̃²¹niən²¹³u⁴⁴pɛ²⁴

两万五 niaŋ⁴⁴uæ̃²¹u⁴⁴

　　两万五千 niaŋ⁴⁴uæ̃²¹u⁴⁴tɕʰiĩ³³

两斤 niaŋ⁴⁴tɕiən³³

两厘 niaŋ⁴⁴ni²¹³

两丈 niaŋ⁴⁴tsaŋ²¹

两尺 niaŋ⁴⁴tsʰɿ²⁴

两寸 niaŋ⁴⁴tsʰən⁴⁵

两里 niaŋ⁴⁴ni⁴⁴

两年 niaŋ⁴⁴niĩ²¹³

两升 niaŋ⁴⁴sən³³

拃 tsa³³ 大拇指与食指张开的长度

　　□ ka²¹

庹 tʰo²⁴ 两臂张开的长度

抱 pɔ²¹ 两臂合围的长度

两万两千两百二十二块二毛二 niaŋ⁴⁴uæ̃²¹niaŋ⁴⁴tɕʰiĩ³³niaŋ⁴⁴pɛ²⁴ɛ²¹sɿ²⁴ɛ²¹kʰuɛ⁴⁴ɛ²¹mɔ²¹³ɛ²¹

两个 niaŋ⁴⁴kʊ⁴⁵

三个 sæ̃³³kʊ⁴⁵

好多个 xɔ⁴⁴tʊ³³kʊ⁴⁵

一点点 i²⁴tiæ̃⁴⁴tiæ̃⁴⁴

一些 i²⁴ɕia³³

好一些 xɔ⁴⁴i²⁴ɕia³³

十几个 sɿ²⁴tɕi⁴⁴kʊ⁴⁵

一百多个 i²⁴pɛ²⁴tʊ³³kʊ⁴⁵

十来个 sɿ²⁴nɛ⁰kʊ⁴⁵

半个 põ⁴⁵kʊ⁴⁵

一半 i²⁴põ⁴⁵

两半 niaŋ⁴⁴põ⁴⁵

一大半 i²⁴tɛ²¹põ⁴⁵

个半 kʊ⁴⁵põ⁴⁵ 一个半

左右 tsʊ⁴⁴iəu²¹

一干二净 i²⁴kæ̃³³ɛ²¹tɕiən²¹

一清二白 i²⁴tɕʰiən³³ɛ²¹pɛ²⁴

一清二楚 i²⁴tɕʰiən³³ɛ²¹tsʰəu⁴⁴

一刀两断 i²⁴tɔ³³niaŋ⁴⁴tõ⁴⁵

一举两得 i²⁴tɕy⁴⁴niaŋ⁴⁴tɛ²⁴

三番五次 sæ̃³³fæ̃³³u⁴⁴tsʰɿ⁴⁵

三天两头 sæ̃³³tʰiĩ³³niaŋ⁴⁴təu²¹³

三言两语 sæ̃³³iĩ²¹³niaŋ⁴⁴y⁴⁴

三心二意 sæ̃³³ɕiən³³ɛ²¹i⁴⁵

三长两短 sæ̃³³tsaŋ²¹³niaŋ⁴⁴tõ⁴⁴

四通八达 sɿ⁴⁵tʰən³³pa²⁴ta²⁴

四面八方 sɿ⁴⁵miĩ²¹pa²⁴faŋ³³

四邻八舍 sɿ⁴⁵niən²¹³pa²⁴sɛ²⁴

五湖四海 u⁴⁴fu²¹³sɿ⁴⁵xɛ⁴⁴

五花八门 u⁴⁴fa³³pa²⁴mən²¹³

七上八下 tɕʰi²⁴saŋ²¹pa²⁴xa²¹

乱七八糟 nõ²¹tɕʰi²⁴pa²⁴tsɔ³³

乌七八糟 u³³tɕʰi²⁴pa²⁴tsɔ³³

七嘴八舌 tɕʰi²⁴tsei⁴⁴pa²⁴sei⁴⁵

千辛万苦 tɕʰiĩ³³ɕiən³³uæ̃²¹kʰu⁴⁴

千家万户 tɕʰiĩ³³ka³³uæ̃²¹fu²¹

一号 i²⁴xɔ²¹

二号 ᴇ²¹xɔ²¹

三号 sæ̃³³xɔ²¹

四号 sɿ⁴⁵xɔ²¹

五号 u⁴⁴xɔ²¹

六号 nəo²⁴xɔ²¹

七号 tɕʰi²⁴xɔ²¹

八号 pa²⁴xɔ²¹

九号 tɕiəu⁴⁴xɔ²¹

十号 sɿ²⁴xɔ²¹

初一 tsʰəu³³i²⁴

初二 tsʰəu³³ᴇ²¹

初三 tsʰəu³³sæ̃³³

初四 tsʰəu³³sɿ⁴⁵

初五 tsʰəu³³u⁴⁴

初六 tsʰəu³³nəo²⁴

初七 tsʰəu³³tɕʰi²⁴

初八 tsʰəu³³pa²⁴

初九 tsʰəu³³tɕiəu⁴⁴

初十 tsʰəu³³sɿ²⁴

老大 nɔ⁴⁴tɛ²¹

老二 nɔ⁴⁴ᴇ²¹

老三 nɔ⁴⁴sæ̃³³

老四 nɔ⁴⁴sɿ⁴⁵

老五 nɔ⁴⁴u⁴⁴

老六 nɔ⁴⁴nəo²⁴

老七 nɔ⁴⁴tɕʰi²⁴

老八 nɔ⁴⁴pa²⁴

老九 nɔ⁴⁴tɕiəu⁴⁴

老十 nɔ⁴⁴sɿ²⁴

大哥 tɛ²¹kʊ³³

二哥 ᴇ²¹kʊ³³

三哥 sæ̃³³kʊ³³

一个 i²⁴kʊ⁴⁵

三个 sæ̃³³kʊ⁴⁵

四个 sɿ⁴⁵kʊ⁴⁵

五个 u⁴⁴kʊ⁴⁵

六个 nəo²⁴kʊ⁴⁵

七个 tɕʰi²⁴kʊ⁴⁵

八个 pa²⁴kʊ⁴⁵

九个 tɕiəu⁴⁴kʊ⁴⁵

十个 sɿ²⁴kʊ⁴⁵

第一 ti²¹i²⁴

第二 ti²¹ᴇ²¹

第三 ti²¹sæ̃³³

第四 ti²¹sɿ⁴⁵

第五 ti²¹u⁴⁴

第六 ti²¹nəo²⁴

第七 ti²¹tɕʰi²⁴

第八 ti²¹pa²⁴

第九 ti²¹tɕiəu⁴⁴

第十 ti²¹sɿ²⁴

第一个 ti²¹i²⁴kʊ⁴⁵

第二个 ti²¹ᴇ²¹kʊ⁴⁵

第三个 ti²¹sæ̃³³kʊ⁴⁵

第四个 ti²¹sɿ⁴⁵kʊ⁴⁵

第五个 ti²¹u⁴⁴kʊ⁴⁵

第六个 ti²¹nəo²⁴kʊ⁴⁵

第七个 ti²¹tɕʰi²⁴kʊ⁴⁵

第八个 ti²¹pa²⁴kʊ⁴⁵

第九个 ti²¹tɕiəu⁴⁴kʊ⁴⁵

第十个 ti²¹sɿ²⁴kʊ⁴⁵

甲 tɕia²⁴

乙 i²⁴

丙 piən⁴⁴

丁 tiən³³

戊 u⁴⁵

己 tɕi⁴⁴

庚 kən³³

辛 ɕiən³³

壬 zən²¹³

癸 kui⁴⁵

子 tsʅ⁴⁴

丑 tsʰəu⁴⁴

寅 iən²¹³

卯 mɔ⁴⁴

辰 sən²¹³

巳 tsʅ⁴⁵

午 u⁴⁴

未 ui⁴⁵

申 sən³³

酉 iəu⁴⁴

戌 ɕi²⁴

亥 xɛ⁴⁵

花甲子 xua³³tɕia²⁴tsʅ⁴⁴ 六十岁

第六章 语法

第一节

词法

一 词缀

(一)前缀

1. 名词前缀

南陵湘语的名词前缀和普通话大致相同,有"老[nɔ⁴⁴]""初[tsʰəu³³]""第[ti²¹]"等。加"老"的词语有:老师、老虎、老鹰、老鼠等。还有少数加"老"的词语和普通话不同,如:老鳖(鳖)、老□[ua³³]子(乌鸦)。

2. 形容词前缀

南陵湘语一些形容词前面可加表示程度性意义的词缀成分,如"老""□很[mən³³]"等。

加"老"的词语:老轻的、老重的、老厚的、老粗的、老短的、老高的、老细的。这些词语后面常加"的"。

加"□很[mən³³]"的词语:□很[mən³³]细的、□很[mən³³]窄的、□很[mən³³]枵。"□很[mən³³]"只能用于消极义的形容词前。

与"□很[mən³³]"类似的还有一个"瘟⁼"如:瘟⁼臭的、瘟⁼苦的、瘟⁼腥的。加"瘟⁼"的词语多形容不好的气味或味道,这种现象也见于江淮官话,应该是受到江淮官话的影响。

(二)后缀

1. 子[tsɿ⁰]

"子"是南陵湘语中出现频率非常高的一个词缀,普通话中很多不加词缀或者不用"子"缀的词,南陵湘语中都有"子"缀,这一点与长沙方言非常相似。下面从"子"缀词的构成和"子"缀的功能这两个方面来介绍南陵湘语的"子"缀。

（1）"子"缀词的构成

①附着在名词性语素后面，构成如下几类名词：

表人名词：孙子、哑巴子、外八子、侄儿子、继崽子。

表人体部位的名词：鼻子、眼珠子、手拐子、脸巴子、颈子、牙板子、手腕子、大腿巴子。

表动物的名词：蟹子、蜘蛛子、虾子、麻雀子、喜鹊子、苍蝇子、蜜蜂子、蜻蜓子、蝴蝶子、蚁子、虼蚤子、屹蚤子、饭蚊子。

表植物的名词：六谷子、李子、杏子、枣子、乌藨子、蕌子、洋芋子、菌子、松油子、谷子、板栗子、茅子。

表器具用品的名词：簸箕子、舞手子、滚轮子、牛兜子、簟子、帐子。

表食品的名词：粽子、饺子、肉丝子、肉丁子、猪肚子、猪肠子、小菜子。

时间名词：昨日子、夜下子、今日子、明日子。

其他：星子、罩子雾、坝子、河滩子。

②附着在动词性语素后面，主要构成指物名词，如：开山子、围子、筛子、起子、刨子、挑子。

③附着在形容词性语素后面，主要构成指人名词，如：聋子、麻子、矮子、瞎子、疯子、癫子、邪子、呆子、孬子。

④数字加"子"，只能用于扑克牌中的数字"一"到"十"，如：一子、二子、三子、四子、五子、六子、七子、八子、九子、十子。这种现象也见于江淮官话，但不见于湘语，应该是受江淮官话影响出现的。

（2）"子"缀词的功能

①区分词性

"子"后缀最主要的功能是名词化，一些动词性语素、形容词性语素或数字加上"子"缀后，就变成与其词义有关联的名词。如：起—起子、磨—磨子、孬—孬子、矮—矮子、二—二子、三—三子。

②增加色彩意义的功能

有些带"子"缀的词带有轻蔑嫌恶的感情色彩，如称呼某些具有生理缺陷的人：麻子、矮子、聋子、瞎子；对具有某种特征的人的贬称或蔑称，如：癫子、邪子、疯子、孬子。

③成词作用

一些词必须加"子"才能成立，删除"子"就不能作为词来使用，如：雀子、谷子、虾子、窗子、帐子、簟子。

2. 佬[nɔ⁴⁴]

"佬"附在一些名词性或动词性的结构后构成指人名词，在感情色彩方面都略带瞧不起或不喜欢的感情色彩。如：剃头佬、杀猪佬、财主佬、浙江佬、南陵佬、泾县佬、美国佬、日本佬、好吃佬、好哭佬、结巴佬。

3. 鬼[kui⁴⁴]

"鬼"附在形容词、动词性语素或结构后面构成名词，带有不喜欢的感情色彩，如：懒鬼、机灵鬼、好吃鬼、细鬼。

4. 头[təu⁰]

"头"附在动词性语素后构成名词，表示值得去做某事，如：吃头、看头、做头。

"头"也经常与表方位的语素组合，构成方位名词，如：高头、上头、下头、前头、后头、里头、外头、下头、边头。

二 形容词的生动形式

（一）AA式

由单音节形容词A重叠构成，通常后面加"的"，如：大大的、细细的、红红的、绿绿的、黑黑的、香香的、臭臭的、硬硬的、软软的、重重的、厚厚的、酸酸的、甜甜的、慢慢的、亮亮的。"AA的"做定语，表示程度适中，如：大大的苹果、甜甜的葡萄、厚厚的衣服、软软的被子，等等。

（二）ABB式

由单音节形容词带叠音后缀构成描摹状态的形容词生动形式，如：红扑扑的、红彤彤的、黑漆漆的、黑乎乎的、香喷喷的、臭烘烘的、硬邦邦的、软猫˜猫˜的、厚墩墩的、甜蜜蜜的、亮晶晶的。

（三）ABAB式

由双音节形容词重叠构成，通常后面也需要加"的"，表示程度很高，如：墨黑墨黑的、喷香喷香的、瘟臭瘟臭的、梆硬梆硬的、铁硬铁硬的、猫软猫软的、猫轻猫轻的、闷桴闷桴的、瘟酸瘟酸的、鲜甜鲜甜的、通亮通亮的、冰冷冰冷的、漆黑漆黑的。

三 重叠

（一）量词重叠

1. 单音节量词的重叠式为AA式，重叠之后表示遍指"每一"义，主要做主语、定语和状语。如：

他的细家伙个个都有出息。tʰa³³ti⁰ɕi⁴⁵tɕia³³xʊ⁴⁴kʊ⁴⁵kʊ⁴⁵təu³³iəu⁴⁴tɕʰy²⁴ɕi²⁴.

打牌他回回都赢。ta⁴⁴pɛ²¹³tʰa³³xui²¹³xui²¹³təu³³iən²¹³.

隔＝些鱼条条都蛮大。kɛ²⁴ɕia³³y²¹³tio²¹³tio²¹³təu³³mæ̃²¹³tɛ²¹.

2. 量词和"一"组合构成数量结构"一A"的重叠式为"一AA"，表示"每一"义，主要做主语或状语等，例如：

大家一个个的都不讲话。tɛ²¹ka³³i²⁴kʊ⁴⁵kʊ⁴⁵ti⁰təu³³pu²⁴kaŋ⁴⁴xua²¹.

办结婚酒，菜要一个个地上。pæ̃²¹tɕiɛ²⁴fən³³tɕiəu⁴⁴, tsʰɛ⁴⁵iɔ⁴⁵i²⁴kʊ⁴⁵kʊ⁴⁵ti⁰saŋ²¹.

饭要一口口地吃。fæ̃²¹iɔ⁴⁵i²⁴kʰəu⁴⁴kʰəu⁴⁴ti⁰tɕʰia²⁴.

碗要一只只地洗。õ⁴⁴iɔ⁴⁵i²⁴tsa²⁴tsa²⁴ti⁰ɕi⁴⁴.

"一AA"做补语，表示动作完成后的状态，后面一般要加"的"。如：

萝卜要切成一块块的。nʊ²¹³pʰu⁴⁵iɔ⁴⁵tɕʰiɛ²⁴tsən²¹³i²⁴kʰuɛ⁴⁵kʰuɛ⁴⁵ti⁰.

先把麻搓成一股股的。ɕiĩ³³pa⁴⁴ma²¹³tsʰʊ³³tsən²¹³i²⁴ku⁴⁴ku⁴⁴ti⁰.

"一AA"重叠式均可以换成"一A一A"重叠式，语法意义不变。

量词如果是不定量词，"一AA"重叠式表示"极小量"，如：

我就要一点点饭就够得。ʊ⁴⁴tɕiəu²¹iɔ⁴⁵i²⁴tiæ̃⁴⁴tiæ̃⁴⁵fæ̃²¹tɕiəu²¹kəu⁴⁵tɛ⁰.

3. 南陵湘语中，有一些双音节名词临时充当量词，与"一"可以构成"一AB一AB"重叠式，一般做状语，表示"逐一"，后面须有助词"地"，如：

一麻袋一麻袋地往车子上装。i²⁴ma²¹³tɛ²¹i²⁴ma²¹³tɛ²¹ti⁰uaŋ⁴⁴tsʰa³³tsɿ⁰saŋ²¹tsaŋ³³.

玉米一簸箕一簸箕地晒。y⁴⁵mi⁴⁴i²⁴pʊ⁴⁵tɕi³³i²⁴pʊ⁴⁵tɕi³³ti⁰sɛ⁴⁵.

4. 南陵湘语的量词后可以加"把"构成"A把（＋N）"式，表示概数，如"天把"表示"大约一天"，例如：

隔＝桩事天把就做好得。kɛ²⁴tsa²⁴sɿ²¹tʰiĩ³³pa⁴⁴tɕiəu²¹tsɔ⁴⁵xɔ⁴⁴tɛ⁰.

他去得年把得。tʰa³³tɕʰi⁴⁵tɛ⁰niĩ²¹³pa⁴⁴tɛ⁰.

百把块钱买不到么子东西。pɛ²⁴pa⁴⁴kʰuɛ⁴⁵tɕiĩ²¹³mɛ⁴⁴pu²⁴tɔ⁴⁵mʊ⁴⁴tsɿ⁰tən³³ɕi³³.

量词还可以构成"A把A"，意义与"A把"相同，例如：

亩把亩田，天把天就插完得。mʊ⁴⁴pa⁴⁴mʊ⁴⁴tiĩ²¹³, tʰiĩ³³pa⁴⁴tʰiĩ³³tɕiəu²¹tsʰa²⁴yĩ²¹³tɛ⁰.

（二）动词重叠

南陵湘语的动词重叠形式主要有以下几种。

1. AA式

由单音节动词A重叠构成，如"想想、走走、看看、写写"等，大部分单音节动词（非持续性动词、判断动词、能愿动词除外）都可以构成AA式，表示"时量短、动量小"。

出去走走。tɕʰy²⁴tɕʰi⁴⁵tsəu⁴⁴tsəu⁴⁴.

到屋里来坐坐。tɔ⁴⁵u²⁴ni⁴⁴nɛ²¹³tsʊ²¹tsʊ²¹.

先把饭热热。ɕiĩ³³pa⁴⁴fæ̃²¹yɛ²⁴yɛ²⁴.

2. AAB式

由动词性结构AB重叠A部分构成，AB为动宾结构，重叠式表示"短时、尝试"，如：烧烧饭、打打牌、扫扫地。

3. AABB式

由双音节动词AB分别重叠而成，表示两个动作反复、不断地交替进行，动作描述性强，和普通话相同。如：出出进进、来来去去、吃吃喝喝。

四　数量词

（一）概数表示法

南陵湘语表示概数的方法与普通话有同有异，主要有以下一些形式。

1. 数/量＋把（＋名词），表示对量少的大概估计。如：个把人、百把斤、千把人、万把块钱、亩把田。

2. 数/量＋把＋两＋数/量（＋名词），表示概数的少量，如：斤把两斤、亩把两亩田、里把两里路、个把两个人、回把两回。

（二）分数的表达

南陵湘语表示分数有三种方式：

数词＋成：五成 50%、九成 90%。

数词1＋股＋之＋数词2（数词1＞数词2，且都为一到十之间的整数）：三股之二 三分之二、三股之一 三分之一。

数词（限于"十"以下）＋折：四折＝40%、八五折＝85%、九五折＝95%。

五　代词

（一）人称代词

南陵湘语的人称代词跟普通话基本相同：人称代词单数形式分别是"我、尔、他"，复数标记用"人"或"们"，"人"是南陵湘语固有的复数标记，"们"是借来的。表示领属关系时，人称代词后面加"的"，南陵湘语的情况与普通话基本相同。

表6-1　南陵湘语人称代词表

人称＼范畴	单数	复数	主语	宾语	领属	
					单数	复数
第一身	我	我人/我们	我	我	我的	我人的/我们的
第二身	尔	尔人/你们	尔	尔	尔的	尔人的/尔们的
第三身	他	他人/他们	他	他	他的	他人的/他们的

（二）指示代词

南陵湘语指示代词的形式与普通话不太相同，主要是近指代词不同，远指代词基本相同，但受普通话的影响，近指代词"这"也进入到了南陵湘语中。除了"这"外，南陵湘语的近指代词形式来源于K系（即舌根塞音）声母，有两个语音形式，分别是[kɛ24]和[ko24]，暂时不清楚本字是不是"个"。根据鲍厚星等（1999：277）提供的材料，长沙方言的近指代词有三个语音形式，分别是[ko24]、[kai24]和[kei24]，用"咯"字记录。我们这里用"隔="代表[kɛ24]，"各="代表[ko24]。南陵湘语的"各="与长沙话的[ko24]属于同一来源，也是南陵的"湖南人"从祖籍地带来的。南陵湘语的"隔="与周边方言相同。《南陵县志·异地志》（2004：74—75）中提到"这曰格"。南陵湘语中的第三个近指代词"这"来源于普通话，"隔="是来源于周围方言还是从湖南方言带来的，不好确定，"各="是其固有的。下面具体看南陵湘语指示代词的情况，见表6-2。

表6-2　南陵湘语指示代词表

	近指	远指
个体、名物	隔=/各=	那
	隔=个/各=个	那个
处所	隔=里/各=里	那里
时间	隔=时候/各=时候	那时候
数量	隔=些/各=些	那些
程度	隔=么/各=么	那么
方式、性状	隔=样/各=样	那样
指示兼替代	隔=（是书）/各=（是书）	那（是书）

（三）疑问代词

南陵湘语中的疑问代词与普通话存在较大差异。南陵湘语中基本的疑问代词有"哪、么、何、好"，其他的疑问代词主要由这四个基本疑问代词构成，如"哪里、哪个、哪些、么子、何里、何的"等等。其中"哪里、哪些"与普通话的用法相同，下文不再详细介绍。下文主要介绍普通话中没有的疑问代词。

1. 哪个 [na⁴⁴kʊ⁰]

"哪个"主要用于问人，相当于"谁"，可以做主语、宾语、定语。例如：

哪个刚刚讲我老师得？ na⁴⁴kʊ⁰tɕiaŋ³³tɕiaŋ³³kaŋ⁴⁴ʊ⁴⁴nɔ⁴⁴sʅ³³tE⁰?

隔⁼是哪个写的诗？ kE²⁴sʅ²¹na⁴⁴kʊ⁰ɕia⁴⁴tiʰⁱ⁰sʅ³³?

上回是哪个请的客？ saŋ²¹xui²¹³sʅ²¹na⁴⁴kʊ⁰tɕʰiən⁴⁴tiʰⁱ⁰kʰE²⁴?

隔⁼是哪个的书？ kE²⁴sʅ²¹na⁴⁴kʊ⁰tiʰⁱ⁰ɕy³³?

"哪个"也可以用于任指和虚指，例如：

哪个晓得他愿不愿讲？ na⁴⁴kʊ⁰ɕiɔ⁴⁴tE⁰tʰa³³yĩ⁴⁵pu⁰yĩ⁴⁵kaŋ⁴⁴?

有得得，哪个叫你不早点点来！ mɔ²¹tE²⁴tE⁰, na⁴⁴kʊ⁰tɕiɔ⁴⁵n⁴⁴pu²⁴tsɔ⁴⁴tiæ̃⁴⁴tiæ̃⁴⁵nE⁰?

"哪个"也可以用来问物，是"哪一个"的省略。用于问人时，不能说"哪一个"，只能说"哪个"。如：

隔⁼个大，那个细，你看哪（一）个好？ kE²⁴kʊ⁴⁵tɛ²¹, nE⁴⁵kʊ⁰ɕi⁴⁵, n⁴⁴kʰæ̃⁴⁵na⁴⁴(iʰ²⁴)kʊ⁰xɔ⁴⁴?

2. 么子 [mʊ⁴⁴tsʅ⁰]

"么子"相当于普通话的"什么"，在南陵湘语中可以做主语、定语、宾语。"么子"加上一些名词性成分可以用来问人、问事物、问时间、问处所等等。例如：

隔⁼是么子？ kE²⁴sʅ²¹mʊ⁴⁴tsʅ⁰?（做宾语）

隔⁼是么子东西？ kE²⁴sʅ²¹mʊ⁴⁴tsʅ⁰təŋ³³ɕi³³?（做定语）

你各⁼时期出去做么子？ n⁴⁴kɔ²¹sʅ²¹tɕʰiʰⁱ⁰tɕʰy²⁴tɕʰi⁴⁵tsəu⁴⁵mʊ⁴⁴tsʅ⁰?（做宾语）

看你各⁼时期拿么子还人家。 kʰæ̃⁵⁵n⁴⁴kɔ²⁴sʅ²¹tɕʰiʰⁱ⁰na³³mʊ⁴⁴tsʅ⁰fæ̃²¹³niən²¹³ka⁰?（做宾语）

你要找么子人？ n⁴⁴iɔ⁴⁵tsɔ⁴⁴mʊ⁴⁴tsʅ⁰niən²¹³?（做定语）

他么子时候回来？ tʰa³³mʊ⁴⁴tsʅ⁰sʅ²¹xəu²¹xui²¹³nE⁰?（做定语）

捞⁼他□得一下昼，么子都冇做得成被他缠了一下午，什么都没做成。nɔ³³tʰa³³nia²⁴tE⁰i²⁴xa²¹tsəu⁴⁵, mʊ⁴⁴tsʅ⁰təu³³mɔ²¹tsəu⁴⁵tiʰⁱ⁰tsən²¹³.（做主语）

有得人么子都好办。 iəu⁴⁴tE⁰niən²¹³mʊ⁴⁴tsʅ⁰təu³³xɔ⁴⁴pæ̃²¹.（任指）

写字算账么子的，他都能行。 ɕia⁴⁴tsʅ²¹sõ⁴⁵tsaŋ⁴⁵mʊ⁴⁴tsʅ⁰tiʰⁱ⁰, tʰa³³təu³³nən²¹³ɕiən²¹³.（任指）

你把么子都当真的，我看冇得必要。 n⁴⁴pa⁴⁴mʊ⁴⁴tsʅ⁰təu³³taŋ³³tsən³³tiʰⁱ⁰, ʊ⁴⁴kʰæ̃⁴⁵mɔ²¹tE⁰pi²⁴iɔ⁴⁵.（任指）

柴米油盐么子东西都有的。tsɛ²¹³mi⁴⁴iəu²¹³iĩ²¹³mʊ⁴⁴tsʅ⁰tən³³ɕi⁰təu³³iəu⁴⁴ti⁰.（虚指）

么子啊？他叫你叫爸爸！mʊ⁴⁴tsʅ⁰a⁰? tʰa³³tɕiɔ⁴⁵n⁴⁴tɕiɔ⁴⁵pa²⁴pa⁰!（虚指）

3. 好 [xɔ⁴⁴]

南陵湘语中的"好"和普通话一样可以做程度副词用，也可以做疑问词。做疑问词用时，相当于普通话中的疑问词"多"，如：

那个东西有好重？nɛ⁴⁵kʊ⁴⁵tən³³ɕi³³iəu⁴⁴xɔ⁴⁴tsən²¹?

那只山有好高？nɛ⁴⁵tsa²⁴sæ̃³³iəu⁴⁴xɔ⁴⁴kɔ³³?

他人他们家搬来有好久了？tʰa³³niən²¹³ka³³põ³³nɛ²¹³iəu⁴⁴xɔ⁴⁴tɕiəu⁴⁴tE⁰?

他有好大了？tʰa³³iəu⁴⁴xɔ⁴⁴tE²¹tE⁰?

村里有好多人？tsʰən³³ni⁰iəu⁴⁴xɔ⁴⁴tʊ³³niən²¹³?

4. 何里 [ʊ²¹³ni⁰]

南陵湘语中的"何里"作为疑问代词相当于普通话中的"怎么""什么""怎么样""为什么"等。相当于普通话"什么"的用法如：

敢去！那有何里不敢呢？kæ̃⁴⁴tɕʰi⁴⁵! nɛ⁴⁵iəu⁴⁴ʊ²¹³ni⁰pu²⁴kæ̃⁴⁴nE⁰?

相当于普通话"怎么"的用法如：

何里搞啰？不是那么搞，要隔=么才对。ʊ²¹³ni⁰kɔ⁴⁴no⁰? pu²⁴sʅ²¹nɛ⁴⁵mʊ⁰kɔ⁴⁴, iɔ⁴⁵kE²⁴mʊ⁰tsɛ²¹³tei⁴⁵.

记得呢，何里记不得啰！tɕi⁴⁵tE⁰nE⁰, ʊ²¹³ni⁰tɕi⁴⁵pu²⁴tE²⁴no⁰!

你何里做起买卖来咖得？n⁴⁴ʊ²¹³ni⁰tsəu⁴⁵tɕʰi⁴⁴mɛ⁴⁴mɛ⁴⁵nɛ⁰ka⁰tE⁰?

相当于普通话的"怎么样"，例如：

隔=也不对，那也不对，你想何里？kE²⁴ia⁴⁴pu²⁴tei⁴⁵, nɛ⁴⁵ia⁴⁴pu²⁴tei⁴⁵, n⁴⁴ɕiaŋ⁴⁴ʊ²¹³ni⁰?

相当于普通话"为什么"的用法如：

我五点半就起来咖得，你何里七点得还不起来？

ʊ⁴⁴u⁴⁴tiĩ⁴⁴põ⁴⁵tɕiəu²¹tɕʰi⁴⁴nɛ²¹³ka⁰tE⁰, n⁴⁴ʊ²¹³ni⁰tɕʰi²⁴tiĩ⁴⁴tE⁰xa²¹³pu²⁴tɕʰi⁴⁴nɛ²¹³?

他刚刚踢咖得我一脚，不晓得是何里。

tʰa³³tɕiaŋ³³tɕiaŋ³³tʰi²⁴ka⁰tE⁰u⁴⁴i²⁴tɕyo²⁴, pu²⁴ɕiɔ⁴⁴tE⁰sʅ²¹ʊ²¹³ni⁰.

5. 何的 [ʊ²¹³ti⁰]

南陵湘语中的疑问代词"何的"与"何里"基本可以互换，相当于普通话的"怎么"，如：

不管何的忙，也要好好学习。pu²⁴kõ⁴⁴ʊ²¹³ti⁰maŋ²¹³, ia⁴⁴iɔ⁴⁵xɔ⁴⁴xɔ⁰ɕyo²⁴ɕi²⁴.

跌到地上得，何的寻也冇寻到掉地上了了，怎么找也没有找到。

tiE²⁴tɔ⁴⁵ti²¹saŋ²¹tE⁰, ʊ²¹³ni⁰tɕiən²¹³ia⁴⁴mɔ²¹tɕiən²¹³tɔ⁴⁵.

你何的能不把人当人？ n⁴⁴ʋ²¹³ti⁰nən²¹³pu²⁴pa⁴⁴niən²¹³taŋ⁵⁵niən²¹³?

我就是坐得不动，看你能把我何的搞。

ʋ⁴⁴tɕiəu²¹sɿ²¹tsu²¹tɛ⁰pu²⁴tən²¹, kʰæ⁴⁵n⁴⁴nən²¹³pa⁴⁴ʋ⁴⁴ʋ²¹³ti⁰kɔ⁴⁴.

我十几年前去过，不过冇何的闹，都记不清得我十几年前去过，不过没怎么玩，记不清了。

ʋ⁴⁴sɿ²⁴tɕi⁴⁴niĩ²¹³tɕiĩ²¹³tɕʰi⁴⁵kʋ⁴⁵, pu²⁴kʋ⁴⁵mɔ²¹ʋ²¹³ti⁰nɔ⁴⁵, təu³³tɕi⁴⁵pu²⁴tɕʰiən³³tɛ⁰.

我不晓得讲，何的也讲不过他。ʋ⁴⁴pu²⁴ɕiɔ⁴⁴tɛ⁰kaŋ⁴⁴, ʋ²¹³ti⁰ia⁴⁴kaŋ⁴⁴pu⁰kʋ⁴⁵tʰa³³.

相当于普通话"什么"的用法，例如：

何的啊？他叫你爸爸！ ʋ²¹³ti⁰a⁰? tʰa³³tɕiɔ⁵⁵n⁴⁴pa²⁴pa⁰!

相当于普通话的"怎么样"，例如：

这也不对，那也不对，你想何的？ kɛ²⁴ia⁴⁴pu²⁴tei⁴⁵, nɛ⁴⁵ia⁴⁴pu²⁴tei⁴⁵, n⁴⁴ɕiaŋ⁴⁴ʋ²¹³ti⁰?

相当于普通话的"为什么"，例如：

我五点半就起来咖得，你何的七点得还不起来？

ʋ⁴⁴u⁴⁴tiĩ⁴⁴põ⁴⁵tɕiəu²¹tɕʰi⁴⁴nɛ²¹³ka⁰tɛ⁰, n⁴⁴ʋ²¹³ti⁰tɕʰi²⁴tiĩ⁴⁴tɛ⁰xa²¹³pu²⁴tɕʰi⁴⁴nɛ²¹³?

他刚刚踢咖得我一脚，不晓得是何的。tʰa³³tɕiaŋ³³tɕiaŋ³³tʰi²⁴ka⁰tɛ⁰ʋ⁴⁴i²⁴tɕyo²⁴, pu²⁴ɕiɔ⁴⁴tɛ⁰sɿ²¹ʋ²¹³ti⁰.

六　体貌系统

（一）表示完成的动态助词

南陵湘语通过在动词后面添加"得、咖、咖得"等来表示动作的完成。下面详细介绍这三个词语的用法。

1. 得 [tɛ⁰]/咖得 [ka⁰tɛ⁰]

"得"在南陵湘语中可以用在动词后表示动作的完成。用在动词后面表完成的"得"有两种情况：一种是带宾语的，一种是不带宾语的。下面分别介绍。

（1）V+得+O

你跟他讲得隔‗桩事冇？n⁴⁴kən³³tʰa³³kaŋ⁴⁴tɛ⁰kɛ²⁴tsaŋ³³sɿ²¹mɔ²¹?

张三读得三本书。tsaŋ³³sæ³³təu²⁴tɛ⁰sæ³³pən⁴⁴ɕy³³.

张三病得一个月。tsaŋ³³sæ³³piən²¹tɛ⁰i²⁴kʋ⁴⁵yɛ²⁴.

张三昨日子吃得酒。tsaŋ³³sæ³³tsɔ²⁴ni²⁴tsɿ⁰tɕʰia²⁴tɛ⁰tɕiəu⁴⁴.

张三跑得三个小时步。tsaŋ³³sæ³³pʰɔ⁴⁴tɛ⁰sæ³³kʋ⁴⁵ɕiɔ⁴⁴sɿ²¹³pu²¹.

（2）V+得

昨日夜下子我捞‗雷声吓醒得昨晚我被雷声吓醒了。tsɔ²⁴ni²⁴ia²¹xa²¹tsɿ⁰ʋ⁴⁴nɔ³³nei²¹³sən³³xa²⁴ɕiən⁴⁴tɛ⁰.

菜买回来我就把它洗得。tsʰɛ⁴⁵mɛ⁴⁴xui²¹³nɛ²¹³ʊ⁴⁴tɕiəu²¹pa⁴⁴tʰa³³ɕi⁴⁴tɛ⁰.

那只杯子破得。nɛ⁴⁵tsa²⁴pei³³tsʅ⁰pʰʊ⁴⁵tɛ⁰.

南陵湘语中表动作完成的还有一个"咖得"，可以与"得"互换，如上述用"得"表完成的例句，都可以直接换成"咖得"，如：

（1）V + 咖得 + O

你跟他讲咖得隔＝桩事冇？n⁴⁴kən³³tʰa³³kaŋ⁴⁴ka⁰tɛ⁰kɛ²⁴tsaŋ³³sʅ²¹mɔ²¹?

张三读咖得三本书。tsaŋ³³sæ̃³³təo²⁴ka⁰tɛ⁰sæ̃³³pən⁴⁴ɕy³³.

张三病咖得一个月。tsaŋ³³sæ̃³³piən²¹ka⁰tɛ⁰i²⁴kʊ⁴⁵yɛ²⁴.

张三昨日子吃咖得酒。tsaŋ³³sæ̃³³tso²⁴ni²⁴tsʅ⁰tɕʰia²⁴ka⁰tɛ⁰tɕiəu⁴⁴.

张三跑咖得三个小时步。tsaŋ³³sæ̃³³pʰɔ⁴⁴ka⁰tɛ⁰sæ̃³³kʊ⁴⁵ɕiɔ⁴⁴sʅ²¹³pu²¹.

（2）V + 咖得

昨日夜下子我捞＝雷声吓醒咖得昨晚我被雷声吓醒了。tsəo²⁴ni²⁴ia²¹xa²¹tsʅ⁰ʊ⁴⁴nɔ³³nei²¹³sən³³xa²⁴ɕiən⁴⁴ka⁰tɛ⁰.

菜买回来我就把它洗咖得。tsʰɛ⁴⁵mɛ⁴⁴xui²¹³nɛ²¹³ʊ⁴⁴tɕiəu²¹pa⁴⁴tʰa³³ɕi⁴⁴ka⁰tɛ⁰.

那只杯子破咖得。nɛ⁴⁵tsa²⁴pei³³tsʅ⁰pʰʊ⁴⁵ka⁰tɛ⁰.

有些虽然能够互换，但是当地百姓觉得"咖得"比"得"更自然、更常用，如"他把橘子皮剥咖得"比"他把橘子皮剥得"更常用。"帽子给风吹走咖得"比"帽子给风吹走得"更常用。如果问发音人"他把橘子皮剥了"用南陵湘语怎么说，发音人会说"他把橘子皮剥咖得"，问可不可以说"他把橘子皮剥得"，发音人觉得这个句子也是可以说的。

"得"除了能用在动词后面表示动作的完成外，还可以用在形容词后表示状态的实现，例如：

隔＝条手巾太邋遢得。kɛ²⁴tiɔ²¹³səu⁴⁴tɕiən³³tʰɛ⁴⁵na²⁴tʰa²⁴tɛ⁰.

饭好得，快来吃吧。fæ̃²¹xɔ⁴⁴tɛ⁰, kʰuɛ⁴⁵nɛ²¹³tɕʰia²⁴pa⁰.

天差不多黑得。tʰiĩ³³tsʰa³³pu²⁴tʊ³³xɛ²⁴tɛ⁰.

这些例句中的"得"也都可以用"咖得"来替换，如：

隔＝条手巾太邋遢咖得。kɛ²⁴tiɔ²¹³səu⁴⁴tɕiən³³tʰɛ⁴⁵na²⁴tʰa²⁴ka⁰tɛ⁰.

饭好咖得，快来吃吧。fæ̃²¹xɔ⁴⁴ka⁰tɛ⁰, kʰuɛ⁴⁵nɛ²¹³tɕʰia²⁴pa⁰.

天差不多黑咖得。tʰiĩ³³tsʰa⁴⁵pu²⁴tʊ³³xɛ²⁴ka⁰tɛ⁰.

但意义上有细微差别，"咖得"更强调由一种状态变成另外一种状态。但并不是所有表状态的"得"都能用"咖得"替换的，如：

隔＝条手巾太邋遢得，甩掉它。kɛ²⁴tiɔ²¹³səu⁴⁴tɕiən³³tʰɛ⁴⁵na²⁴tʰa²⁴tɛ⁰, suɛ⁴⁴tiɔ⁴⁵tʰa³³.

感冒好多得。kæ̃⁴⁴mɔ²¹xɔ⁴⁴tʊ³³tɛ⁰.

不早得，快去吧！pu²⁴tsɔ⁴⁴tɛ⁰, kʰuɛ⁵⁵tɕʰi⁴⁵pa⁰!

这些句子中的"得"不能替换成"咖得"。这些句子中包含有程度副词"太"、程度补语"多"和否定副词"不"，这些都是强调形容词的状态或否定形容词所表示的某种状态的。上文我们提到"咖得"强调由一种状态变成另一种状态，这种意义是由"咖"带来的，而这些句子强调的是状态的程度或否定某种状态，因此，不能换成"咖得"。

"得"和"咖得"的用法非常复杂，我们暂时还不能很好地区分"得"和"咖得"，什么时候能用"得"和"咖得"，什么时候不能用"得"和"咖得"，什么情况下"得"和"咖得"不能替换，什么时候"得"和"咖得"可以替换，两者表意上有什么不同，以及造成这些差异的原因，等等。其实我们甚至不知道"得"和"咖得"的来源，这里的"得"和"咖得"都只是用同音字"得"和"咖"来记录。

2. 咖 [ka⁰]

南陵湘语中的"咖 [ka⁰]"也可以放在动词后面表示完成，但与"得""咖得"不同的是，"咖"不能出现在句末。如上述"V + 咖得 / 得 + O"的例句，都可以换成"咖"，如：

张三读咖三本书。tsaŋ³³sæ̃³³təɔ²⁴ka⁰sæ̃³³pən⁴⁴ɕy³³.

张三病咖一个月。tsaŋ³³sæ̃³³piən²¹ka⁰i²⁴ku⁴⁵yɛ²⁴.

张三昨日子吃咖酒。tsaŋ³³sæ̃³³tso²⁴ni²⁴tsʅ⁰tɕʰia²⁴ka⁰tɕiəu⁴⁴.

张三跑咖三个小时步。tsaŋ³³sæ̃³³pʰɔ⁴⁴ka⁰sæ̃³³ku⁴⁵ɕiɔ⁴⁴sʅ²¹³pu²¹.

但是"V + 咖得 / 得"的例句不能换成"咖"，如不能说：

*昨日夜下子我捞﹦雷声吓醒咖。tsəɔ²⁴ni²⁴ia²¹xa²¹tsʅ⁰⁴⁴nɔ³³nei²¹³sən³³xa²⁴ɕiən⁴⁴ka⁰.

*菜买回来我就把它洗咖。tsʰɛ⁴⁵mɛ⁴⁴xui²¹³nɛ²¹³ʊ⁴⁴tɕiəu²¹pa⁴⁴tʰa³³ɕi⁴⁴ka⁰.

*那只杯子破咖。nɛ⁴⁵tsa²⁴pei³³tsʅ⁰pʰʊ⁴⁵ka⁰.

"咖"不但可以替换"得"或"咖得"表示动作行为的完成，也可以用来替换结果补语"完""掉"等，如：

张三写完得作业得。tsaŋ³³sæ̃³³ɕia³³yĩ²¹³tɛ⁰tso²⁴iɛ²⁴tɛ⁰.

上句中的"完"可以换成"咖"，意思不变，如：

张三写咖得作业得。tsaŋ³³sæ̃³³ɕia³³ka⁰tɛ⁰tso²⁴iɛ²⁴tɛ⁰.

其他如"洗完衣服了"中的"完"可以换成"咖"，也可以换成"咖得"或"得"，如：

洗咖衣裳得。ɕi⁴⁴ka⁰i³³saŋ³³tɛ⁰.

洗咖得衣服得。ɕi⁴⁴ka⁰tɛ⁰i³³saŋ³³tɛ⁰.

洗得衣服得。ɕi⁴⁴tɛ⁰i³³saŋ³³tɛ⁰.

把上述句子中的"完"换成"咖"或"咖得"，意思完全一样，但把"完"换成"得"，意思则不同。"咖"或"咖得"强调的是"完了"，而"得"只是说明做了这件事情，但有没有完成不清楚。这是否说明这里的"咖"是做结果补语，并没有完全虚化成助词呢？但是"咖"也可以与结果补语"完"同现，如：

张三写完咖得作业得。tsaŋ³³sæ³³ɕia⁴⁴yĩ²¹³ka⁰tɛ⁰tso²⁴iɛ²⁴tɛ⁰.

但如果动词后面带的是其他补语，则不能用"咖得"，如：

张明捞ᵌ坏人抢走得一只包。tsaŋ³³miən²¹³nɔ³³xuɛ²¹niən²¹³tɕʰiaŋ⁴⁴tsəu⁴⁴tɛ⁰i²⁴tsa²⁴pɔ³³.

可以说：

张明捞ᵌ坏人抢走咖一只包。tsaŋ³³miən²¹³nɔ³³xuɛ²¹niən²¹³tɕʰiaŋ⁴⁴tsəu⁴⁴ka⁰i²⁴tsa²⁴pɔ³³.

不能说"张明被坏人抢走咖得一只包"。而如果动词后加"完"已经位于句末了，即动词后没有带宾语，则动词带"完"的后面只能用"得"和"咖得"来表示完成，不能用"咖"。如：

作业全写完得。tso²⁴iɛ²⁴tɕyĩ²¹³ɕia⁴⁴õ²¹³tɛ⁰.

作业全写完咖得。tso²⁴iɛ²⁴tɕyĩ²¹³ɕia⁴⁴õ²¹³ka⁰tɛ⁰.

上面简单地介绍了南陵湘语中"得""咖得"和"咖"的使用情况。但有一个很重要的问题前面没有提及，就是"咖得"只是"咖"与"得"的组合，也就是这两个动态助词只是在某些句子中一起出现呢？还是"咖得"已经是一个固定的、用法不同于"咖"和"得"的动态助词呢？我们倾向于第一种可能。因此，确切地说，南陵湘语中表示动作行为完成的动态助词只有两个，即"咖"和"得"。但上述对"咖"与"咖得"用法的比较，可以知道"咖"大致的限制条件。

长沙方言中也有两个很常用的动态助词"咖"和"哒"，分别对应南陵湘语的"咖"和"得"，这两个词的用法也非常复杂。根据鲁曼（2010）的研究，长沙话中"'咖'位于表示事件界限的层面，用来揭示事件发生或发展的界限、阶段或程度；而'哒'则处于语法体层面，用来标记事件状态转变的结束"。南陵湘语"咖"和"得"的用法与长沙话的"咖"与"哒"大致相同，但存在差异。

（二）进行体

南陵湘语主要是通过在动词前用一个由介词"在"和表处所的指示代词"这里/那里"构成的介词短语来表示动作行为正在进行。这个介词短语里的指示代词都是非重读音节，并非确指。整个句子的语义重心不是动作在"哪里"进行，而是强调动作"正在"进行。指示代词可以用近指代词"这里"，也可以用远指代词"那里"，基本可以互换。例如：

他们几个人在那里/隔ᵌ里讲话ₜₐ他们几个人正在说话。tʰa³³mən⁰tɕi⁴⁴ku⁵⁵niən²¹³tsɛ²¹nɛ⁴⁵ni⁰/kɛ²⁴ni⁰kaŋ⁴⁴xua²¹.

我在隔ᵌ里找，还有找到ₜₐ我正在找，还没有找到。ʋ⁴⁴tsɛ²¹kɛ²⁴ni⁰tsɔ⁴⁴, xa²¹³mɔ²¹tsɔ⁴⁴tɔ⁴⁵.

他在那里跟一个朋友讲话呢ₜₐ他正在和一个朋友说话呢。tʰa³³tsɛ²¹nɛ⁴⁵ni⁰kən³³i²⁴ku⁴⁵pən²¹³iəu⁰kaŋ⁴⁴ xua²¹nɛ⁰.

我冇在那里吃饭，我在那里扫地。ʋ⁴⁴mɔ²¹tsɛ²¹nɛ⁴⁵ni⁰tɕʰia²⁴fæ̃²¹, ʋ⁴⁴tsɛ²¹nɛ⁴⁵ni⁰sɔ⁴⁴ti²¹.

他在那里做么子？他仰ᵚ得床上在那里看书他在干什么？他躺在床上看书。tʰa³³tsɛ²¹nɛ⁴⁵ni⁰tsəu⁴⁵mʋ⁴⁴tsɿ⁰? tʰa³³niaŋ⁴⁴tɛ⁰tsaŋ²¹³saŋ⁰tsɛ²¹nɛ⁴⁵ni⁰kʰæ̃⁴⁵ɕy³³.

我在隔ᵚ里/那里跑，所以不冷我跑着呢，所以不觉得冷。ʋ⁴⁴tsɛ²¹kɛ²⁴ni⁰/nɛ⁴⁵ni⁰pʰɔ⁴⁴, sʋ⁴⁴i⁴⁴pu²⁴nən⁴⁴.

外头在那里落雨，要带伞。uɛ²¹təu²¹³tsɛ²¹nɛ⁴⁵ni⁰nɔ²⁴y⁴⁴, iɔ⁴⁵tɛ⁴⁵sæ̃⁴⁴.

受其他方言影响，也可以用"正在"或"在"表示动作正在进行，即可以省略"在"后面的指示代词，例如：

她正在写作业，你自己去闹吧。tʰa³³tsən⁴⁵tsɛ²¹ɕia⁴⁴tsɔ²⁴iɛ²⁴, n⁴⁴tsɿ²¹tɕi⁴⁴tɕʰi⁴⁵nɔ⁴⁵pa⁰.

他在做么子？ tʰa³³tsɛ²¹tsəu⁴⁵mʋ⁴⁴tsɿ⁰?

（三）持续体

南陵湘语主要是用助词"得"来表示动作、状态的持续，例如：

他手里捧得一只茶杯他手里拿着一个茶杯。tʰa³³səu⁴⁴ni⁰pʰən⁴⁴tɛ⁰i²⁴tsa²⁴tsa²¹³pei³³.

小明低得头，不讲话。ɕiɔ⁴⁴miən²¹³ti³³tɛ⁰təu²¹³, pu²⁴kaŋ⁴⁴xua²¹.

他人他们打得伞在街上走。tʰa³³niən⁰ta⁴⁴tɛ⁰sæ̃⁴⁴tsɛ²¹kɛ³³saŋ⁰tsəu⁴⁴.

戴得帽子找帽子。tɛ⁴⁵tɛ⁰mɔ²¹tsɿ³tsɔ⁴⁴mɔ²¹tsɿ⁰.

他喜欢站得吃。tʰa³³ɕi⁴⁴xõ³³tsæ̃⁴⁵tɛ⁰tɕʰia²⁴.

他靠得墙吃烟。tʰa³³kʰɔ⁴⁵tɛ⁰tɕiaŋ²¹³tɕʰia²⁴iĩ³³.

车上坐得两只外国人。tsʰa³³saŋ⁰tsʋ²¹tɛ⁰niæ̃⁴⁴tsa²⁴uɛ²¹kuɛ²⁴niən²¹³.

你坐得，我进去换衣裳。n⁴⁴tsʋ²¹tɛ⁰, ʋ⁴⁴tɕiən⁴⁵tɕʰi⁴⁵xõ²¹i³³saŋ⁰.

长沙方言的持续体也是用助词来表示的，表示动作、状态持续的助词有"哒[ta⁰]"和"得[tə⁰]"。

用"哒"表动作状态持续的，例如：

你好生坐哒啰你好好地坐着。

治哒治哒就好哒治着治着就好了。

用"得"表示动作状态持续的，例如：

有时候我爸爸挑得在前面走。

南陵湘语没有使用"哒"表示持续体的现象。长沙方言的"哒"和"得"的很多功能是交叉的，如"哒"可以用作表完成态、已然态以及表持续态的助词；"得"也可以充当表完成和持续态的助词。但长沙话中"哒"和"得"的功能在南陵湘语中都是用"得"来表达的。长沙方言中的"哒"和"得"语音很近，有可能这两个不同的助词在南陵湘语中发生了合流，变得同音了。

（四）经历体

南陵湘语主要用"V过"形式表示过去某个时间曾经经历过某个动作或某种变化。例如：

我吃过兔子肉，你吃过冇？ʊ⁴⁴tɕʰia²⁴kʊ⁴⁵tʰəu⁴⁵tsɿ⁰zəu²⁴, n⁴⁴tɕʰia²⁴kʊ⁰mɔ²¹ʔ

上小学中学都学过普通话。saŋ²¹ɕiɔ⁴⁴ɕyo²⁴tsən³³ɕyo²⁴təu³³ɕyo²⁴kʊ⁴⁵pʰu⁴⁴tʰən³³xua²¹.

隔ᵉ条牛拉过车，冇骑过人。kᴇ²⁴tio²¹³niəu²¹³na³³kʊ⁴⁵tsʰa³³, mɔ²¹tɕi²¹³kʊ⁴⁵niən²¹³.

你到北京去过冇？n⁴⁴tɔ⁴⁵pᴇ²⁴tɕiən³³tɕʰi⁴⁵kʊ⁰mɔ²¹ʔ

我十几年前去过北京。ʊ⁴⁴sɿ²⁴tɕi⁴⁴niĩ²¹³tɕiĩ²¹³tɕʰi⁴⁵kʊ⁴⁵pᴇ²⁴tɕiən³³.

隔ᵉ部电影他看过咖得。kᴇ²⁴pu²¹tiĩ⁴⁵iən⁴⁴tʰa³³kʰæ̃⁴⁵kʊ⁴⁵ka⁰tᴇ⁰.

我吃过螃蟹，你吃过冇？ʊ⁴⁴tɕʰia²⁴kʊ⁰paŋ²¹³xɛ⁴⁴, n⁴⁴tɕʰia²⁴kʊ⁴⁵mɔ²¹ʔ

他很多场子都去过，就是冇去过北京他去过很多地方，就是没有去过北京。tʰa³³xən⁴⁴tʊ³³tsʰaŋ⁴⁴tsɿ⁰təu³³tɕʰi⁴⁵kʊ⁰, tɕiəu²¹sɿ²¹mɔ²¹tɕʰi⁴⁵kʊ⁰pᴇ²⁴tɕiən³³.

（五）起始体

南陵湘语和普通话一样，是在动词、形容词后附加"起来""起……来"和"起"表示动作或变化的起始。下面分别介绍。

1. V + 起来

"V + 起来"表示开始某个动作，例如：

讲得讲得就笑起来得。kaŋ⁴⁴tᴇ⁰kaŋ⁴⁴tᴇ⁰tɕiəu²¹ɕiɔ⁴⁵tɕʰi⁰nᴇ⁰tᴇ⁰.

他人他们打起来得，你去劝一下。tʰa³³niən⁰ta⁴⁴tɕʰi⁰nᴇ⁰tᴇ⁰, n⁴⁴tɕʰi⁴⁵tɕʰyĩ⁴⁵i⁰xa²¹.

各ᵉ时期买汽车的人多起来得。ko²⁴sɿ²¹³tɕʰi³³mᴇ⁴⁴tɕʰi⁴⁵tsʰa³³tiᵒniən²¹³tʊ³³tɕʰi⁴⁴nᴇ⁰tᴇ⁰.

如果动词带有宾语，宾语嵌在"起"和"来"之间，组成嵌套式，例如：

客人还冇到他就吃起酒来咖得。kʰᴇ²⁴niən⁰xa²¹³mɔ²¹tɔ⁴⁵tʰa³³tɕiəu²¹tɕʰia²⁴tɕʰi⁴⁴tɕiəu⁴⁴nᴇ²¹³ka⁰tᴇ⁰.

你何里做起买卖来咖得？n⁴⁴ʊ²¹³niᵒtsəu⁴⁵tɕʰi⁴⁴mᴇ⁴⁴mᴇ⁴⁵nᴇ⁰ka⁰tᴇ⁰ʔ

他一高兴就唱起歌来得。tʰa³³i²⁴kɔ³³ɕiən⁴⁵tɕiəu²¹tsʰaŋ⁴⁵tɕʰi⁴⁴kʊ³³nᴇ²¹³tᴇ⁰.

2. V + 起

用"V起"表示起始时，通常在动词前有一个起始点。例如：

从明年算起。tsən²¹³mən²¹³niĩ²¹³sõ⁴⁵tɕʰi⁴⁴.

利息从月初算起。ni²⁴ɕi²⁴tsən²¹³yᴇ²⁴tsʰəu³³sõ⁴⁵tɕʰi⁴⁴.

从第一页看起。tsən²¹³ti²¹i²⁴iᴇ²⁴kʰæ̃⁴⁵tɕʰi⁴⁴.

不仅动词可以附加"起来"或"起"表示开始某个动作，形容词也可以附加"起来"

或"起"表示开始某种状态，如：

天冷起来得，要多穿点点衣裳。tʰiĩ³³nən⁴⁴tɕʰi⁴⁴nɛ⁰tɛ⁰, iɔ⁴⁵tʊ³³tɕʰyĩ³³tiæ⁴⁴tiæ⁴⁵i³³saŋ⁰.

天热起来得。tʰiĩ³³yɛ²⁴tɕʰi⁴⁴nɛ⁰tɛ⁰.

（六）尝试体

南陵湘语中主要有四种形式来表示动作量少或持续时间短，分别是：VV、V（一）下、VV看和V下看。下面分别介绍。

1. VV

动词重叠表示尝试，第一个动词念本音，第二个动词读轻声。例如：

星期日，在屋里看看电视，吃吃酒，冇出门。ɕiən³³tɕʰi³³ni²⁴, tsɛ²¹u²⁴ni⁰kʰæ⁴⁵kʰæ⁰tiĩ⁴⁵sɻ⁴⁵, tɕʰia²⁴tɕʰia⁰tɕiəu⁴⁴, mɔ²¹tɕʰy²⁴mən²¹³.

你猜猜，隔＝是么子。n⁴⁴tsʰɛ³³tsʰɛ⁰, kɛ²⁴sɻ²¹mʊ⁴⁴tsɻ⁰.

你先去看看。n⁴⁴ɕiĩ³³tɕʰi⁴⁵kʰæ⁴⁵kʰæ⁰.

我再想想。ʊ⁴⁴tsɛ⁴⁵ɕiaŋ⁴⁴ɕiaŋ⁰.

2. VV看

动词重叠后加"看"构成"VV看"，表示尝试。例如：

你走走看。n⁴⁴tsəu⁴⁴tsəu⁰kʰæ⁴⁵.

你写写看。n⁴⁴ɕia⁴⁴ɕia⁰kʰæ⁴⁵.

你们先商量商量看。n⁴⁴niən²¹³ɕiĩ³³saŋ³³niaŋ⁰saŋ³³niaŋ⁰kʰæ⁴⁵.

3. V（一）下

动词V后跟动量词"一下"构成"V（一）下"式，表示动作短暂或尝试，相当于普通话的"V一会儿、V一下"。例如：

我困咖得一下就醒咖得。ʊ⁴⁴kʰuən⁴⁵ka⁰tɛ⁰i²⁴xa²¹tɕiəu²¹ɕin⁰ka⁰tɛ⁰.

我离开一下，包袱要好好看得。ʊ⁴⁴ni²¹³kʰɛ³³i²¹xa²¹, pɔ³³fu²⁴iɔ⁴⁵xɔ⁴⁴xɔ⁴⁴kʰæ⁴⁵tɛ⁰.

他人他们打起来得，你去劝一下。tʰa³³niən⁰ta⁴⁴tɕʰi⁰nɛ⁰tɛ⁰, n⁴⁴tɕʰi⁴⁵tɕʰyĩ⁴⁵i²⁴xa²¹.

我走得，你两个还多坐一下。ʊ⁴⁴tsəu⁴⁴tɛ⁰, n⁴⁴niaŋ⁴⁴kʊ⁴⁵xa²¹³tʊ³³tsʊ²¹i²⁴xa²¹.

隔＝支毛笔是哪个的？我用一下。kɛ²⁴tsɻ³³mɔ²¹³pi²⁴sɻ²¹na⁴⁴kʊ⁴⁵ti⁰? ʊ⁴⁴iən²¹i²⁴xa²¹.

你把地板拖一下。n⁴⁴pa⁴⁴ti²¹pæ⁴⁴tʰʊ³³i²⁴xa²¹.

4. V下子看

"V下子"后面可以加"看"，短暂、尝试意味更重，例如：

你量下子看，隔＝么高够不够？ n⁴⁴niaŋ²¹³xa²¹tsɻ⁰kʰæ⁴⁵, kɛ²⁴mʊ⁰kɔ³³kəu⁴⁵pu⁰kəu⁴⁵?

你猜下子看，隔＝是么子？ n⁴⁴tsʰɛ³³xa²¹tsɻ⁰kʰæ⁴⁵, kɛ²⁴sɻ²¹mʊ⁴⁴tsɻ⁰?

七　语气词

（一）呢 [nɛ⁰]

"呢"作为语气词主要有三种用法：一是作为疑问标记；二是作为话题标记；三是用于陈述句句末，表示轻松的陈述语气。下面分别介绍这三种用法。

1.作为疑问标记的"呢"，例如：

你姓么子？我姓王，你呢？　n⁴⁴ɕiən⁴⁵mʊ⁴⁴tsʅ⁰? ʊ⁴⁴ɕiən⁴⁵uaŋ²¹³, n⁴⁴nɛ⁰?

你讲得好好，你还晓得讲些么子呢？　n⁴⁴kaŋ⁴⁴tɛ⁰xɔ⁴⁴xɔ⁴⁴, n⁴⁴xa²¹³ɕiɔ⁴⁴tɛ⁰kaŋ⁴⁴ɕiɔ⁰mʊ⁴⁴tsʅ⁰nɛ⁰?

2.作为话题标记的"呢"，例如：

白菜呢，他不喜欢吃。pɛ²⁴tsʰɛ⁴⁵nɛ⁰, tʰa³³pu²⁴ɕi⁴⁴xõ³³tɕʰia²⁴.

她呢，白菜不喜欢吃。tʰa³³nɛ⁰, pɛ²⁴tsʰɛ⁴⁵pu²⁴ɕi⁴⁴xõ³³tɕʰia²⁴.

水果呢，我最喜欢吃橘子。ɕy⁴⁴kʊ⁴⁴nɛ⁰, ʊ⁴⁴tsei⁴⁵ɕi⁴⁴xõ³³tɕʰia²⁴tɕy²⁴tsʅ⁰.

衣裳呢，她买得三件。i³³saŋ⁰nɛ⁰, tʰa³³mɛ⁴⁴tɛ⁰sæ̃³³tɕiĩ²¹.

他房里乱糟糟的，被呼呢被呼不折，桌子呢桌子不擦。tʰa³³xaŋ²¹³ni⁰nõ²¹tsɔ³³tsɔ³³ti⁰, pei²¹fu³³nɛ⁰pei²¹fu³³pu²⁴tsɛ²⁴, tsɔ²⁴tsʅ⁰nɛ⁰tsɔ²⁴tsʅ⁰pu²⁴tsʰa²⁴.

3.用于陈述句句末，表示轻松的陈述语气的"呢"，例如：

他在那里跟一个朋友讲话呢。tʰa³³tsɛ²¹nɛ⁴⁵ni⁰kən³³i²⁴kʊ⁴⁵pən²¹³iəu⁰kaŋ⁴⁴xua²¹nɛ⁰.

各⁼个时候还早呢，歇一下子再去吧。ko²⁴kʊ⁴⁵sʅ²¹xəu²¹xa²¹³tsɔ⁴⁴nɛ⁰, ɕiɛ²⁴i²⁴xa²¹tsʅ⁰tsɛ⁴⁵tɕʰi⁴⁵pa⁰.

隔⁼本书很好看呢。kɛ²⁴pən⁴⁴ɕy³³xən⁴⁴xɔ⁴⁴kʰæ⁴⁵nɛ⁰.

记得呢，何里记不得啰！　tɕi⁴⁵tɛ⁰nɛ⁰, ʊ²¹³ni⁰tɕi⁴⁵pu²⁴tɛ²⁴no⁰!

我跟他讲咖得呢，你莫要再讲得。ʊ⁴⁴kən³³tʰa³³kaŋ⁴⁴ka⁰tɛ⁰nɛ⁰, n⁴⁴mo²⁴iɔ⁴⁵tsɛ⁴⁵kaŋ⁴⁴tɛ⁰.

（二）得 [tɛ⁰]

"得"用于句末或分句句尾，表示陈述语气，肯定事态发生了变化，出现了新情况，或表示事态将有变化，并有成句作用，如果去掉"得"则不成句，近似普通话的"了₂"。例如：

实际上隔⁼个比那个好多得。sʅ²⁴tɕi⁴⁵saŋ²¹kɛ²⁴kʊ⁰pi⁴⁴nɛ⁴⁵kʊ⁰xɔ⁴⁴tʊ³³tɛ⁰.

他越走越快，我都跟不上得。tʰa³³yɛ²⁴tsəu⁴⁴yɛ²⁴kʰuɛ⁴⁵, ʊ⁴⁴təu³³kən³³pu⁰saŋ²¹tɛ⁰.

他看过得隔⁼部电影得。tʰa³³kʰæ⁴⁵kʊ⁰tɛ⁰kɛ²⁴pu²¹tiĩ⁴⁵iən⁴⁴tɛ⁰.

热死得。yɛ²⁴sʅ⁴⁴tɛ⁰.

我一高兴就唱起歌来得。ʊ⁴⁴i²⁴kɔ³³ɕiən⁴⁵tɕiəu²¹tsʰaŋ⁴⁵tɕʰi⁰kʊ³³nɛ⁰tɛ⁰.

安
徽
南
陵
湘
语

196

隔‐件衣裳太贵得，买不起。kɛ²⁴tɕiĩ²¹i³³saŋ⁰tʰɛ⁴⁵kui⁴⁵tɛ⁰, mɛ⁴⁴puʔtɕʰi⁴⁴.

老张刷墙刷咖一整天得。nɔ⁴⁴tsaŋ³³sua²⁴tɕiaŋ²¹³sua²⁴kaʔi²⁴tsən⁴⁴tʰiĩ³³tɛ⁰.

虽然上述有些例句可以用"咖得"来替换，但"咖得"不是一个语气词。如"热死得"的"得"替换成"咖得"表示的意义则完全不同，"热死咖得"表达的意思是某人因为太热而死了。

（三）啰 [noʔ]

"啰"是句末语气词，用于表达不同语气的句子中，表达不同的意义，主要有以下用法。

1.表示轻松的陈述语气或肯定事实的语气，例如：

讲错咖得冇事的，再讲一遍就是的啰。kaŋ⁴⁴tsʰʊ⁴⁵kaʔtɛ⁰mɔ²¹sʅ²¹tiʔ, tsɛ⁴⁵kaŋ⁴⁴i²⁴pʰiĩ⁴⁵tɕiəu²¹sʅ²¹tiʔnoʔ.

都几点得啰，何的还冇吃完饭？təu³³tɕi⁴⁴tiĩ⁴⁴tɛ⁰noʔ? ʊ²¹³tiʔxa²¹³mɔ²¹tɕʰia²⁴yĩ²¹³fæ²¹?

2.用于祈使句中，表商量语气，例如：

你把碗洗一下子啰。n⁴⁴pa⁴⁴õ⁴⁴ɕi⁴⁴i²⁴xa²¹tsʅʔnoʔ.

你吃咖饭再去啰。n⁴⁴tɕʰia²⁴kaʔfæ²¹tsɛ⁴⁵tɕʰi⁴⁵noʔ.

3.用于感叹句中，表示感叹语气，例如：

记得呢，何里不记得啰！tɕi⁴⁵tɛ⁰nɛ⁰, ʊ²¹³niʔpu²⁴tɕi⁴⁵tɛ²⁴noʔ!

都二十年啰！təu³³ɛ²¹sʅ²⁴niĩ²¹³noʔ!

好香啰！xɔ⁴⁴ɕiaŋ³³noʔ!

4.用于疑问句中，表示疑问，例如：

你找哪个啰？n⁴⁴tsɔ⁴⁴na⁴⁴kʊ⁴⁵noʔ?

我隔‐么做不对那么做也不对，那我应该何的搞啰？ʊ⁴⁴kɛ²⁴mʊʔtsəu⁴⁵pu²⁴tei⁴⁵, nɛ⁴⁵mʊʔtsəu⁴⁵ia⁴⁴pu²⁴tei⁴⁵, nɛ⁴⁵ʊ⁴⁴iən⁴⁵kɛ³³ʊ²¹³tiʔkɔ⁴⁴noʔ?

他已经回屋得，可是的啰？tʰa³³i⁴⁴tɕiən³³xui²¹u²⁴tɛ⁰, kʰʊ⁴⁴sʅ²¹tiʔnoʔ?

他在哪里吃的饭啰？tʰa³³tsɛ²¹na⁴⁴niʔtɕʰia²⁴tiʔfæ²¹noʔ?

你到哪里去啰？n⁴⁴tɔ⁴⁵na⁴⁴niʔtɕʰi⁴⁵noʔ?

何的搞啰？ʊ²¹³niʔkɔ⁴⁴noʔ?

你吃米饭还是吃馍馍啰？n⁴⁴tɕʰia²⁴mi⁴⁴fæ²¹xa²¹³sʅ²¹tɕʰia²⁴mʊ²¹³mʊ²¹³noʔ?

（四）吧 [paʔ]

"吧"是南陵湘语中常用的语气词之一，主要表示以下三种语气。

1.用于句末，表示商量、提议、祈使。例如：

你吃下看他做的点心再走吧。n⁴⁴tɕʰia²⁴xaʔkʰæ⁴⁵tʰa³³tsʊ⁴⁵tiʔtiĩ⁴⁴ɕiən³³tsɛ⁴⁵tsəu⁴⁴paʔ.

你才吃得一碗饭，还吃一碗吧。nⁿ⁴⁴tsɛ²¹³tɕʰia²⁴tᴇ⁰i²⁴õ⁴⁴xuæ²¹, xa²¹³tɕʰia²⁴i²⁴õ⁴⁴pa⁰.

先吃一杯茶再讲吧。ɕiĩ³³tɕʰia²⁴i²⁴pei³³tsa²¹³tsɛ⁴⁵kɑŋ⁴⁴pa⁰.

你先去吧，我们一下再去。n⁴⁴ɕiĩ³³tɕʰi⁴⁵pa⁰, ʋ⁴⁴mən⁰i²⁴xa²¹tsɛ⁴⁵tɕʰi⁴⁵.

2.用于句末，表示疑问或揣测。例如：

老师给得你一本厚书吧？nɔ⁴⁴sɿ³³kei⁴⁴tᴇ⁰n⁴⁴i²⁴pən⁴⁴xəu²¹ɕy⁴⁴pa⁰?

大概有五十多斤吧？tɛ²¹kʰɛ⁴⁵iəu⁴⁴u⁴⁴sɿ²⁴tʋ³³tɕiən³³pa⁰?

他刚才吃酒得吧？tʰa³³tɕiɑŋ³³tsɛ²¹³tɕʰia²⁴tɕiəu⁴⁴tᴇ⁰pa⁰?

扣子你钉好咖得吧？kʰəu⁴⁵tsɿ⁰n⁴⁴tiən⁴⁵xɔ⁴⁴ka⁰tᴇ⁰pa⁰?

车子还冇来吧？tsʰa³³tsɿ⁰xa²¹³mɔ²¹nɛ²¹³pa⁰?

3.在句末，表示不敢肯定。例如：

他还冇到吧。tʰa³³xa²¹³mɔ²¹tɔ⁴⁵pa⁰.

鸡蛋还冇熟吧。tɕi³³tæ²¹xa²¹³mɔ²¹səu⁴⁵pa⁰.

看下吧，各＝时期讲不准。kʰæ⁴⁵xa²¹pa⁰, ko²⁴sɿ²¹tɕʰi⁰kɑŋ⁴⁴pu²⁴tɕyən⁴⁴.

第二节

句法

一 疑问句

（一）特指问句

特指问句结构形式包含三个要素：疑问代词、疑问句调和语气词。其中疑问代词和疑问句调是必不可少的，而语气词可用也可不用。疑问信息由疑问代词承担，疑问代词代替了未知部分，说话人希望听话人就未知部分作答。南陵湘语这类句子的句调一般用升调。

南陵湘语中的特指问与普通话的特指问在形式上是一致的，区别在于所用的疑问代词不同。南陵湘语用于特指问句的疑问代词有"哪个、么子、好多、何里、何的"等，其中"哪个"相当于普通话的"谁"；"么子"相当于普通话的"什么"；"好多"相当于普通话的"多少"；"何里、何的"相当于普通话的"怎么""什么"，"何里"和"何的"可以互换，但"何的"的使用频率更高，更常用。具体例句如下：

隔ᵘ是哪个写的诗？ kɛ²⁴sɿ²¹na⁴⁴kʊ⁰ɕia⁴⁴ti⁰sɿ³³?

你要找哪个？ n⁴⁴iɔ⁴⁵tsɔ⁴⁴na⁴⁴kʊ⁰?

你姓么子？ n⁴⁴ɕiən⁴⁵mʊ⁴⁴tsɿ⁰?

在屋里做么子？ tsɛ²¹u²⁴ni⁰tsəu⁴⁵mʊ⁴⁴tsɿ⁰?

隔ᵘ是么子东西？ kɛ²⁴sɿ²¹mʊ⁴⁴tsɿ⁰tən³³ɕi⁰?

村里有好多人村里有多少人？ tsʰən³³ni⁰iəu⁴⁴xɔ⁴⁴tʊ³³niən²¹³?

要好多才有要多少才够？ iɔ⁴⁵xɔ⁴⁴tʊ³³tsɛ²¹³iəu⁴⁴?

隔ᵘ个东西有好重？ kɛ²⁴kʊ⁰tən³³ɕi⁰iəu⁴⁴xɔ⁴⁴tsən²¹?

你何的七点得还不起来你为什么七点了还不起来？ n⁴⁴ʊ²¹³ti⁰tɕʰi²⁴tiĩ⁴⁴tɛ⁰xa²¹³pu²⁴tɕʰi⁴⁴nɛ⁰?

你何的能不把人当人？ n⁴⁴ʋ²¹³ti⁰nən²¹³pu²⁴pa⁴⁴niən²¹³taŋ³³niən²¹³?

何的啊？ 他叫你爸爸什么啊？ 他叫你爸爸！ ʋ²¹³ti⁰a⁰? tʰa³³tɕiɔ⁴⁵n⁴⁴pa²⁴pa⁰!

你何里做起买卖来咖得你怎么做起买卖来了？ n⁴⁴ʋ²¹³ni⁰tsəu⁴⁵tɕʰi⁰mɛ⁴⁴mɛ⁴⁵nɛ⁰ka⁰tɛ⁰?

何里搞啰怎么办呢？ ʋ²¹³ni⁰kɔ⁴⁴no⁰?

（二）是非问句

南陵湘语中的是非问句比较少，普通话中的是非问句形式在南陵湘语中一般是以反复问句的形式出现。如"我要去买东西，你去吗？"这种是非问句在南陵湘语中采用反复问句的形式来提问，为"我要去买东西，你去不去？"南陵湘语中有少数是非问句，在结构上跟陈述句相同，以整句话为疑问对象，要求听话人对整个命题做出肯定或否定的回答。常见的格式是"S＋吧"。如：

扣子你钉好（咖）得吧？ kʰəu⁴⁵tsʅ⁰n⁴⁴tiən⁴⁵xɔ⁴⁴(ka⁰)tɛ⁰pa⁰?

老师给得你一本厚书吧？ nɔ⁴⁴sʅ³³kei⁴⁴tɛ⁰n⁴⁴i²⁴pən⁴⁴xəu²¹ɕy⁴⁴pa⁰?

他刚才吃酒得吧？ tʰa³³tɕiaŋ³³tsɛ²¹³tɕʰia²⁴tɕiəu⁴⁴tɛ⁰pa⁰?

这是一种说话人已经有所肯定或有所否定的问句，疑问信息的语法标记是疑问词"吧"。

（三）选择问句

选择问句是用复句的形式提出两种或几种看法，希望对方选择一种作答的疑问句。选择问句经常使用连词"还是"或者"（还）是……，还是……"来连接多个选择项，但也可以直接提供两种选择，不用连词连接。如：

你是吃米饭还是吃馍馍啰？ n⁴⁴sʅ²¹tɕʰia²⁴mi⁴⁴fæ²¹xa²¹³sʅ²¹tɕʰia²⁴mʊ²¹³mʊ⁰no⁰?

你吃米饭还是吃馍馍啰？ n⁴⁴tɕʰia²⁴mi⁴⁴fæ²¹xa²¹³sʅ²¹tɕʰia²⁴mʊ²¹³mʊ⁰no⁰?

你吃米饭吃馍馍？ n⁴⁴tɕʰia²⁴mi⁴⁴fæ²¹tɕʰia²⁴mʊ²¹³mʊ⁰?

你是吃烟呢，还是吃茶？ n⁴⁴sʅ²¹tɕʰia²⁴iĩ³³nɛ⁰, xa²¹³sʅ²¹tɕʰia²⁴tsa²¹³?

你吃烟还是吃茶？ n⁴⁴tɕʰia²⁴iĩ³³xa²¹³sʅ²¹tɕʰia²⁴tsa²¹³?

你吃烟吃茶？ n⁴⁴tɕʰia²⁴iĩ³³tɕʰia²⁴tsa²¹³?

坐那里吃好还是站那里吃好？ tsʊ²¹nɛ⁴⁵ni⁰tɕʰia²⁴xɔ⁴⁴xa²¹³sʅ²¹tsæ⁴⁵nɛ⁴⁵ni⁰tɕʰia²⁴xɔ⁴⁴?

是壮的好还是瘦的好？ sʅ²¹tsaŋ⁴⁵ti⁰xɔ⁴⁴xa²¹³sʅ²¹səu⁴⁵ti⁰xɔ⁴⁴?

你要这些还是那些？ n⁴⁴iɔ⁴⁵kɛ²⁴ɕia⁰xa²¹³sʅ²¹nɛ⁴⁵ɕia⁰?

南陵湘语的选择问句与普通话的选择问句的句法结构基本一致，与普通话不同的是供选择的选项可以不用连词连接。同时，南陵湘语的选择问句的选择末尾可以带语气词"啰"。

（四）反复问句

反复问句一般由谓语的肯定形式和否定形式并列的格式构成，即"VP＋neg＋VP"式及其变化形式"VP＋neg"式，但南陵湘语中除了"VP＋neg＋VP"式及变化形式外，还有一种反复问句形式为"可VP"式及其变化形式。其中最常用的是"VP＋neg"式。比如"你们吃有？"南陵湘语有以下几种说法（按常用度从高到低排列）：

你们吃有（有）？ $n^{44}niən^0tɕ^hia^{24}mɔ^{21}(iəu^{44})$?

你们吃有吃？ $n^{44}niən^0tɕ^hia^{24}mɔ^{21}tɕ^hia^{24}$?

你们可吃有吃？ $n^{44}niən^0k^hu^{44}tɕ^hia^{24}mɔ^{21}tɕ^hia^{24}$?

其中"可VP"式不见于湖南境内的湘语，根据李永明（1991：576），长沙话的正反问形式以"VP＋neg＋VP"式为主，如：

想不想去啰？ $ɕian^{42}pu^{13}ɕian^{42}k^hə^{55}lo^{33}$?

还有有得饭啰？ $xai^{13}iəu^{42}mau^{21}tə^0fan^{21}lo^{33}$?

你到过长沙冇？ $li^{42}tau^{55}ko^{55}tsan^{13}sa^{33}mau^{21}$?

南陵湘语中的"可VP"是受周围方言影响出现的句式，这种现象在安徽的江淮官话、祁门军话、绩溪方言等方言中都很常见，且是其最常用的反问句式，如根据赵日新（2019）提供的祁门军话材料，其常见的反问句式是"可VP"式，如：

可走？ $k^ho^{35}tsəu^{35}$?

可吃烟？ $k^ho^{35}tɕ^hi^{42}iɛ̃^{11}$?

他可叫你去了？ $t^ha^{11}k^ho^{35}tɕiəu^{21}ȵi^{35}k^hi^{213}na^0$?

可看电视？ $k^ho^{35}k^hã^{13}tiɛ̃^{13}ʂʅ^{213}$?

江淮官话如鲍红（2016：249—251）记录的安庆方言中"可VP"疑问句的使用情况，例句如：

苹果可吃了？

他可认得你？

这个问题可讨论着这个问题讨论了没有？

今朝可上课的今天去没去上课？

老李可当过老师？

1. "VP＋neg（＋VP）"式问句

"VP＋neg（＋VP）"式反复问句是用谓语或谓语的一部分构成肯定和否定的并列形式进行提问，要求听话人从肯定和否定的并列结构中选择其中的一方面作为回答。根据否定词的不同及其位置的不同，南陵湘语的反复问句可以分为两大类别："VP冇VP"式和"VP不VP"式。这两类格式有各自的使用范围："VP冇VP"式用于询问动作或事件是否已发生，或是用来询问某一性状是否产生等。"VP不VP"用于询问某种动作或事件是否将要发生，某一性状是否将要产生或发生变化，或者用来询问人的意愿。

A式："VP冇VP"式。如：

隔[⸗]桩事你跟他讲冇讲啰？ $kɛ^{24}tsaŋ^{33}sʅ^{21}n^{44}kən^{33}tʰa^{33}kaŋ^{44}mɔ^{21}kaŋ^{44}no^0$？

我吃过兔子肉，你吃过冇吃过？ $ʋ^{44}tɕʰia^{24}ku^{45}tʰəu^{45}tsʅ^0zəu^{24}, n^{44}tɕʰia^{24}ku^0mɔ^{21}tɕʰia^{24}ku^0$？

他吃咖得饭得，你吃冇吃？ $tʰa^{33}tɕʰia^{24}ka^0tɛ^0fæ̃^{21}tɛ^0, n^{44}tɕʰia^{24}mɔ^{21}tɕʰia^{24}$？

VP可以是动词、动宾短语、动补短语等。VP也可以是少数单音节的性质形容词，如：

饭熟冇熟？ $fæ̃^{21}səu^{45}mɔ^{21}səo^{45}$？

"VP冇VP"式也可以说成"VP冇"，且"VP冇"式比"VP冇VP"用得更多。例如：

你跟他讲得隔[⸗]桩事冇？ $n^{44}kən^{33}tʰa^{33}kaŋ^{44}tɛ^0kɛ^{24}tsaŋ^{33}sʅ^{21}mɔ^{21}$？

我吃过兔子肉，你吃过冇？ $ʋ^{44}tɕʰia^{24}ku^{45}tʰəu^{45}tsʅ^0zəu^{24}, n^{44}tɕʰia^{24}ku^0mɔ^{21}$？

你去过北京冇？ $n^{44}tɕʰi^{45}ku^0pɛ^0tɕiən^{33}mɔ^{21}$？

饭熟冇（有）？ $fæ̃^{21}səu^{45}mɔ^{21}(iəu^{44})$？

B式："VP不VP"式。如：

你平常吃不吃烟？ $n^{44}piən^{213}tsaŋ^{213}tɕʰia^{24}pu^0tɕʰia^{24}iĩ^{33}$？

你到底答不答应他？ $n^{44}tɔ^{45}ti^{44}ta^{24}iən^{45}pu^0ta^{24}iən^{45}tʰa^{33}$？

隔[⸗]点钱够不够用？ $kɛ^{24}tiæ̃^{45}tɕiĩ^{213}kəu^{45}pu^0kəu^{45}iən^{21}$？

"VP不VP"式也可以说成"VP不"式，例如：

你平常吃烟不？ $n^{44}piən^{213}tsaŋ^{213}tɕʰia^{24}iĩ^{33}pu^0$？

你到底答应他不？ $n^{44}tɔ^{45}ti^{44}ta^{24}iən^{45}tʰa^{33}pu^0$？

隔[⸗]点钱够用不？ $kɛ^{24}tiæ̃^{45}tɕiĩ^{213}kəu^{45}iən^{21}pu^0$？

"VP不VP"式比"VP不"用得更多。

2."可VP"式问句

南陵湘语"可[$kʰʋ^{44}$]"可以用在疑问句里表疑问，构成"可VP"式问句。

汉语的句子以说话时为参照点，从动作行为等是否发生的角度可以分为已然和未然两类：事件在说话之前或说话之时已经发生的或存在的句子为已然句；事件在说话之时尚未发生的句子为未然句。"已然"和"未然"主要是询问事件和状况的，都具有时体性，而表示静态的性质、状态的谓词性成分不具有时体性，因此无所谓已然或未然，可称为"中性时体"。

（1）"可VP"表未然或中性时体

①表未然时体

"可VP"用来询问未发生而将要发生的事，VP一般为动词或动词性短语。例如：

明朝王经理可会来公司？mən²¹³tsɔ³³uaŋ²¹³tɕiən³³ni⁴⁴kʰʊ⁴⁴xui²¹nɛ²¹³kən³³sʅ³³?

把你三天可做得好给你三天能不能做好？pa⁴⁴n⁴⁴sæ̃³³tʰiĩ³³kʰʊ⁴⁴tsəu⁴⁵tɛ⁰xɔ⁴⁴?

你可打算去？n⁴⁴kʰʊ⁴⁴ta⁴⁴sõ⁴⁵tɕʰi⁴⁵?

②表中性时体

用"可VP"，一般句末有语气词，也可省略。例如：

你可还会讲别的地方的话？n⁴⁴kʰʊ⁴⁴xa²¹³xui²¹kaŋ⁴⁴piɛ²⁴tiᵒti²¹faŋ³³tiᵒxua²¹?

可晓得讲普通话？kʰʊ⁴⁴ɕiɔ⁴⁴tɛᵒkaŋ⁴⁴pʰu⁴⁴tʰən³³xua²¹?

可是真的？kʰʊ⁴⁴sʅ²¹tsən³³tiᵒ?

来闻下看，这朵花可香？nɛ²¹³uən²¹³xa²¹kʰæ̃⁴⁵, kɛ²⁴tʊ⁴⁴xua³³kʰʊ⁴⁴ɕiaŋ³³?

隔ᵘ两个颜色可一样？kɛ²⁴niæ̃⁴⁴kʊ⁴⁵ŋæ̃²¹³sɛ²⁴kʰʊ⁴⁴i²⁴iaŋ²¹?

③表已然或曾然

A.表已然。"可VP得"用来询问某一动作或事件是否已经发生，也可用来询问某一性状或情况是否已经产生或发生了变化。例如：

老张可来得？nɔ⁴⁴tsaŋ³³kʰʊ⁴⁴nɛ²¹³tɛᵒ?

他吃饭得，你可吃咖得？tʰa³³tɕʰia²⁴fæ̃²¹tɛᵒ, n⁴⁴kʰʊ⁴⁴tɕʰia²⁴kaᵒtɛᵒ?

可听清楚得？kʰʊ⁴⁴tʰiən⁴⁵tɕʰiən³³tsʰəu⁴⁴tɛᵒ?

各ᵘ个事他可晓得？kɔ²⁴kʊ⁴⁵sʅ²¹tʰa³³kʰʊ⁴⁴ɕiɔ⁴⁴tɛᵒ?

B.表曾然。用于询问曾经发生过的动作或事件。句中有表示经历态的动态助词"过"。例如：

你可去过北京？n⁴⁴kʰʊ⁴⁴tɕʰi⁴⁵kʊ⁴⁵pɛ²⁴tɕiən³³?

（2）带有"可"的正反问句形式，例如：

你人可吃有吃你们吃了没有？n⁴⁴niən⁰kʰʊ⁴⁴tɕʰia²⁴mɔ²¹tɕʰia²⁴?

你舅舅可讲你得有？n⁴⁴tɕiəu⁴⁵tɕiəu⁰kʰʊ⁴⁴kaŋ⁴⁴n⁴⁴tɛᵒmɔ²¹?

你可喜欢吃橘子不？n⁴⁴kʰʊ⁴⁴ɕi⁴⁴xõ³³tɕʰia²⁴tɕy²⁴tsʅᵒpu²⁴?

可晓得不晓得讲普通话？kʰʊ⁴⁴ɕiɔ⁴⁴tɛᵒpuᵒɕiɔ⁴⁴tɛᵒkaŋ⁴⁴pʰu⁴⁴tʰən³³xua²¹?

老张可来有来？nɔ⁴⁴tsaŋ³³kʰʊ⁴⁴nɛ²¹³mɔ²¹nɛ²¹³?

隔ᵘ朵花可香不香？kɛ²⁴tʊ⁴⁴xua³³kʰʊ⁴⁴ɕiaŋ³³pu²⁴ɕiaŋ³³?

二　比较句

南陵湘语的比较句主要有两种：一是差比句；二是等比句。差比句的语序结构主要是"比较主体 + 比较标记 + 比较基准 + 比较结果"，如：

你比我高，他比你还要高。n⁴⁴pi⁴⁴ʊ⁴⁴kɔ³³, tʰa³³pi⁴⁴n⁴⁴xa²¹³iɔ⁴⁵kɔ³³.

隔⁼个比那个好些。kɛ²⁴kʊ⁰pi⁴⁴nɛ⁴⁵kʊ⁰xɔ⁴⁴ɕia⁰.

实际上隔⁼个比那个好多得。sʅ²⁴tɕi⁴⁵saŋ²¹kɛ²⁴kʊ⁰pi⁴⁴nɛ⁴⁵kʊ⁰xɔ⁴⁴tʊ³³tɛ⁰.

明朝的天肯定比今朝的天好。mən²¹³tsɔ³³tiᵗtʰiĩ³³kʰən⁴⁴tiən²¹pi⁴⁴kən³³tsɔ³³tiᵗtʰiĩ³³xɔ⁴⁴.

以上例句中比较主体分别是"你、这个、明朝的天",比较标记都是"比",比较基准分别是"我、那个、今朝的天",比较结果分别是"高、好",比较结果后面还可以有表示比较结果程度的成分,分别是"些、多"。

差比句的否定形式与肯定形式的差比句结构相同,比较标记常用"冇得、不如",例如:

今朝天冇得昨日的好。kən³³tsɔ³³tʰiĩ³³mɔ²¹tɛ²⁴tsɔ²⁴ni²⁴tiᵗxɔ⁴⁴.

那个屋冇得隔⁼个屋好。nɛ⁴⁵kʊ⁰u²⁴mɔ²¹tɛ²⁴kɛ²⁴kʊ⁰u²⁴xɔ⁴⁴.

我不如他那么聪明。ʊ⁴⁴pu²⁴y²¹³tʰa³³nɛ⁴⁵mʊ⁰tsʰən³³miən⁰.

我冇得他聪明。ʊ⁴⁴mɔ²¹tɛ²⁴tʰa³³tsʰən³³miən²¹³.

但差比句的否定形式也可以通过在比较标记"比"之前或之后加否定词"不"来表示,例如:

我比不上你。ʊ⁴⁴pi⁴⁴pu⁰saŋ²¹n⁴⁴.

他不比你高些。tʰa³³pu²⁴pi⁴⁴n⁴⁴kɔ³³ɕia⁰.

除了上述的有标记差比句之外,南陵湘语还有一些比较固定的句式表示比较关系。主要有"VP + 不过 + NP""VP + NP + 不过""VP + 得过 + NP""VP + 得 + NP + 过""(跟)……差不多 / (不)一样"等,例如:

老王跟老张一样高。nɔ⁴⁴uaŋ²¹³kən³³nɔ⁴⁴tsaŋ³³i²⁴iaŋ²¹kɔ³³.

隔⁼个大,那个细,两个不一样大。kɛ²⁴kʊ⁰tɛ²¹, nɛ⁴⁵kʊ⁰ɕi⁴⁵, niæ⁴⁴kʊ⁴⁵pu²⁴i²⁴iɑŋ²¹tɛ²¹.

你高过我。n⁴⁴kɔ³³kʊ⁴⁵ʊ⁴⁴.

我讲不过他,随便哪个都讲不过他。ʊ⁴⁴kaŋ⁴⁴pu⁰kʊ⁴⁵tʰa³³, sei²¹³piĩ⁴⁵na⁴⁴kʊ⁴⁵təu³³kaŋ⁴⁴pu⁰kʊ⁴⁵tʰa³³.

我讲他不过,随便哪个都讲他不过。ʊ⁴⁴kaŋ⁴⁴tʰa³³pu⁰kʊ⁴⁵, sei²¹³piĩ⁴⁵na⁴⁴kʊ⁴⁵təu³³kaŋ⁴⁴tʰa³³pu⁰kʊ⁴⁵.

你讲得过他。n⁴⁴kaŋ⁴⁴tɛ⁰kʊ⁴⁵tʰa³³.

你讲得他过。n⁴⁴kaŋ⁴⁴tɛ⁰tʰa³³kʊ⁴⁵.

三 宾语和补语的顺序

当动词后面既有宾语又有补语时,在宾语和补语的顺序上,南陵湘语和普通话有共同点,也有不同点。不同之处在于南陵湘语宾语和补语的位置比普通话更灵活,如普通话

"你说得过他"和"你说不过他"之类的说法，在南陵湘语中的表述有：

你讲得过他。n⁴⁴kaŋ⁴⁴tɛ⁰kʊ⁴⁵tʰa³³.

你讲得他过。n⁴⁴kaŋ⁴⁴tɛ⁰tʰa³³kʊ⁴⁵.

他讲不过我。tʰa³³kaŋ⁴⁴puʊkʊ⁴⁵ʊ⁴⁴.

他讲我不过。tʰa³³kaŋ⁴⁴ʊ⁴⁴puʊkʊ⁴⁵.

南陵湘语中宾语在补语前和宾语在补语后是两种常用的句式，但南陵湘语中没有宾语位于否定副词后和宾语位于补语标记"得"之前的说法，而这两种说法在安徽境内的方言中是比较常见的，如祁门军话（赵日新 2019）：

我打他得过。ŋo³⁵ta³⁵tʰa¹¹tɛ⁰ko²¹³.

我打不他过。ŋo³⁵ta³⁵puʊtʰa¹¹ko²¹³.

绩溪、荆州方言也是如此（赵日新 2015：285），如：

我打不渠过。

我打渠得过。

四　处置句

南陵湘语的处置句与普通话常用的处置句基本一致，语法意义也基本一致。根据"把"字句动词后接成分的情况，南陵湘语"把"字句大致可以分为两类。一类是谓语动词后面不带宾语的"把"字句，其结构是"S＋把＋O＋VP"，例如：

你把碗洗一下子啰。n⁴⁴pa⁴⁴õ⁴⁴ɕi⁴⁴i²⁴xa²¹tsʅ⁰no⁰.

他把橘子剥得皮，不过冇吃。tʰa³³pa⁴⁴tɕy²⁴tsʅ⁰po²⁴tɛ⁰pi²¹³, pu²⁴kʊ⁴⁵mɔ²¹tɕʰia²⁴.

莫把茶杯子打碎得。mo²⁴pa⁴⁴tsa²¹³pei³³tsʅ⁰ta⁴⁴sei⁴⁵tɛ⁰.

你快把隔=碗饭吃得。n⁴⁴kʰuɛ⁴⁵pa⁴⁴kɛ²⁴õ⁴⁴fæ̃²¹tɕʰia²⁴tɛ⁰.

另一类是谓语动词后面带宾语的"把"字句，例如：

你何的能把人不当人？n⁴⁴ʊ²¹³tiⁿnən²¹³pa⁴⁴niən²¹³pu²⁴taŋ³³niən²¹³?

把那个东西递把我。pa⁴⁴nɛ⁴⁵kʊ⁰tən³³ɕi⁰ti⁴⁵pa⁴⁴ʊ⁴⁴.

快去把书还把他。kʰuɛ⁴⁵tɕʰi⁴⁵pa⁴⁴ɕy³³fæ̃²¹³pa⁴⁴tʰa³³.

有些场子把太阳叫日头。iəu⁴⁴ɕiaⁿtsʰaŋ⁴⁴tsʅ⁰pa⁴⁴tʰɛ⁴⁵iaŋ⁰tɕiɔ⁴⁵ni²⁴təu⁰.

根据张小克（2002）的研究，长沙方言介引处置对象的介词有"把"和"拿"，其中把字句的用法也分为两类，与南陵湘语同。例如"S＋把＋O＋VP"型把字句：

你把门关哒啰。

我把喉咙都喊嘶哒。

长沙话把"青蛙"叫"蛤蟆"。

谓语动词后面带宾语的"把"字句，如：

我叔叔把书咸捐把他母校哒。

等我走的时候，我把钥匙留把你。

南陵湘语与长沙方言不同的是，没有使用"拿"做标记的处置式。

南陵湘语的"把"不但能用作介词介引出处置的对象，还可以用作动词，表给予义，例如：

把你三天可做得好？　pa⁴⁴n⁴⁴sæ³³tʰĩ³³kʰʊ⁴⁴tsəu⁴⁵tɛ⁰xɔ⁴⁴?

老张把得我一千块钱。nɔ⁴⁴tsaŋ³³pa⁴⁴tɛ⁰ʊ⁴⁴i²⁴tɕʰĩ³³kʰuɛ⁴⁴tɕĩ²¹³.

我把你的书是我教中学的舅舅写的。ʊ⁴⁴pa⁴⁴n⁴⁴ti⁰ɕy³³sʅ²¹ʊ⁴⁴kɔ⁴⁵tsən³³ɕyo²⁴ti⁰tɕiəu⁴⁵tɕiəu⁰ɕia⁴⁴ti⁰.

南陵湘语处置标记的"把"就是来源于"给予"义的"把"。根据王健（2004）的研究，很多方言中表示给予义的动词同时也可以表示处置义，这种现象分布很广，涵盖了中原官话、江淮官话、西南官话、客家话、湘语、粤北土话等方言。湖南境内的长沙方言也是如此，处置标记的"把"同时也可以做"给予"义动词使用，如：把本书我给我一本书。

五　被动句

南陵湘语的被动句在句子格式上与普通话的被动句基本一致，语法意义也相同，只是所用的被动标记不同。普通话中常用的被动标记是"被、给、叫、让"等，南陵湘语中的被动标记有"捞ᵪ[nɔ³³]、给[kei⁴⁴]、被[pei⁴⁵]"。南陵湘语被动句的结构为"NP1＋被动标记＋NP2＋VP"，NP1是受事，NP2是动作的发出者，VP是动词性短语，被动标记用于介引动作的施事。

被动标记"被"在南陵湘语中用得很少，是受普通话影响借入到南陵湘语中的，例句：
张明的包被坏人抢走得。tsaŋ³³miən²¹³ti⁰pɔ³³pei⁴⁵xuɛ²¹niən²¹³tɕʰiaŋ⁴⁴tsəu⁴⁴tɛ⁰.

被动标记"给"在南陵湘语中的使用频率比"被"高，例如：
帽子给风刮掉得。mɔ²¹tsʅ⁰kei⁴⁴xən³³kua²⁴tiɔ⁴⁵tɛ⁰.

张明给坏人抢走得一只包。tsaŋ³³miən²¹³kei⁴⁴xuɛ²¹niən²¹³tɕʰiaŋ⁴⁴tsəu⁴⁴tɛ⁰i²⁴tsa²⁴pɔ³³.

老张给风刮走得草帽。nɔ⁴⁴tsaŋ³³kei⁴⁴xən³³kua²⁴tsəu⁴⁴tɛ⁰tsʰɔ⁴⁴mɔ²¹.

南陵湘语中最常用的被动标记是"捞ᵪ"，本字尚不清楚。例如：
他捞ᵪ他姆妈母亲讲哭咖得。tʰa³³nɔ³³tʰa³³m⁴⁴ma⁰kaŋ⁴⁴kʰu²⁴ka⁰tɛ⁰.

所有的书信下都捞ᵪ火烧掉咖得。sʊ⁴⁴iəu⁴⁴ti⁰ɕy³³ɕiən⁴⁵xa²¹nɔ³³xʊ⁴⁴sɔ³³tiɔ⁴⁵ka⁰tɛ⁰.

我捞ᵪ村长批评得。ʊ⁴⁴nɔ³³tsʰən³³tsaŋ⁴⁴pʰi³³piən²¹³tɛ⁰.

细鸡捞ᵪ黄鼠狼给/把唔走咖得小鸡被黄鼠狼给叼走了。ɕi⁴⁵tɕi³³nɔ³³uaŋ²¹³tɕʰy⁴⁴naŋ²¹³kei⁴⁴/

pa⁴⁴ŋa⁴⁵tsəu⁴⁴ka⁰tɛ⁰.

捞ᵊ雨沰得个全身透湿。nɔ³³y⁴⁴to²⁴tɛ⁰kʊ⁴⁵tɕyĩ²¹³sən³³tʰəu⁴⁵sʅ²⁴.

不仅南陵湘语用"捞ᵊ"做被动标记，长沙方言也用"捞ᵊ"做被动标记，只是长沙话除了"捞ᵊ"外，根据张小克（2002）的研究，长沙方言中引入施事的被动标记还有"把得、仰、送把、送得、送得把"等，且这些被动标记词在长沙话中是通用的，可以互相替换。长沙话不用"给"做被动标记，湖南境内的其他湘语一般也不用"给"做被动标记。根据伍云姬（2009）的研究，湖南方言表被动意义的介词使用"给"的主要用于湘南一带，也即湘南土话区，这里是双方言区，通行西南官话和土话。我们认为南陵湘语中的被动标记"给"不是本方言中固有的，是从周边方言中借进来的，但进入时间比"被"早，使用频率也更高。这些被动标记词，只有"捞ᵊ"是南陵湘语中本来就有的，是湖南移民从原居地带来的。

六　双宾句

普通话双宾句按动词的意义可以分成三类：①表示给予或取得（送他一张电影票；借我一台电脑）；②表示言说（问他几句话）；③表示称说（叫我姐姐）。南陵湘语也可以按照动词的意义分为三类。

第一类，给予或取得类，例如：

哪个把鹅卵牴搬走，我就把哪个十块钱谁把石头搬走我就给谁十块钱。na⁴⁴kʊ⁴⁵pa⁴⁴ʊ²¹³nʊ²¹³ku⁴⁴põ³³tsəu⁴⁴, ʊ⁴⁴tɕiəu²¹pa⁴⁴na⁴⁴kʊ⁴⁵sʅ²⁴kʰuɛ⁴⁴tɕiĩ²¹³.

老张把得我一千块钱老张给了我一千块钱。nɔ⁴⁴tsaŋ³³pa⁴⁴tɛ⁰ʊ⁴⁴i²⁴tɕʰiĩ³³kʰuɛ⁴⁴tɕĩ²¹³.

他把咖得我三斤橘子他给了我三斤橘子。tʰa³³pa⁴⁴ka⁰tɛ⁰ʊ⁴⁴sæ̃³³tɕiən³³tɕy²⁴tsʅ⁰.

我上个月借他三百块钱。ʊ⁴⁴saŋ²¹kʊ⁴⁵yɛ²⁴tɕia⁴⁵tɛ⁰tʰa³³sæ̃³³pɛ²⁴kʰuɛ⁴⁴tɕiĩ²¹³.

哪个猜出来我就奖哪个十块钱谁猜出来我就奖励谁十块钱。na⁴⁴kʊ⁰tsʰɛ³³tɕʰy²⁴nɛ²¹³ʊ⁴⁴tɕiəu²¹tɕiaŋ⁴⁴na⁴⁴kʊ⁴⁵sʅ²⁴kʰuɛ⁴⁴tɕiĩ²¹³.

第二类，言说类，例如：

你告诉他隔ᵊ件事得啰？n⁴⁴kɔ⁴⁵səu⁴⁵tʰa³³kɛ²⁴tsaŋ³³sʅ²¹tɛ⁰no⁰?

第三类，称呼类，例如：

他喊我舅舅。tʰa³³xæ̃⁴⁴ʊ⁴⁴tɕiəu⁴⁵tɕiəu⁰.

南陵湘语双宾句的语序与普通话相同，但第一类给予义的双宾句，在南陵湘语中还有一种表达方式，即：V＋物＋把/给＋人，也就是第一个动词后面带指物名词做宾语，再用"把/给"接与事，其实是一种连动句。如：

我马上就把咖得钱把他我马上就给了他钱。ʊ⁴⁴ma⁴⁴saŋ²¹tɕiəu²¹pa⁴⁴ka⁰tɛ⁰tɕiĩ²¹³pa⁴⁴tʰa³³.

拿本书把我_{给我一本书}。na³³pən⁴⁴ɕy³³pa⁴⁴ʊ⁴⁴.

把三本书把/给他_{给他三本书}。pa⁴⁴sæ̃³³pən⁴⁴ɕy³³pa⁴⁴/kei⁴⁴tʰa³³.

从我们掌握的南陵湘语的材料来看，这种格式比双宾句更常用。给予类的双宾句应该是从权威方言借来的，这也可以从湖南境内的湘语得到证明。普通话中给予类的双宾句在湘语中有两种表述方式，一种是用动词带双宾语的形式，但语序与普通话不同，如我们调查所得的湖南冷水江方言：

畀本书我_{给我一本书}。pɛ³³pin²¹fy³³ʊ²¹.

拿十块钱我_{给我十块钱}。lɛ³³ɕi⁴⁵kʰuA²¹sɪ̃¹³ʊ²¹.

借本书渠_{借他一本书}。tsiA⁴⁵pin²¹fy³³tɕi²¹.

另一种表示方式是：给予类动词＋NP＋到＋N，如：

畀本书到我。pɛ³³pin²¹fy³³tɑ⁴⁵ʊ²¹.

奖励一台电脑到你_{奖励你一台电脑}。tsiã²¹li⁴⁵i³³dɛ¹³dĩ²⁴lɑ²¹tɑ⁴⁵n²¹.

湖南境内的湘语是没有"给我一本书"这样的组合顺序的，即"动词＋人宾语＋物宾语"的组合顺序。据此，我们认为南陵湘语中"动词＋人宾语＋物宾语"这样的双宾句是受权威方言的影响而产生的。

第七章　语法例句

第一节

《中国语言资源调查手册·汉语方言》

本节 50 个例句，取自教育部语言文字信息管理司、中国语言资源保护研究中心编《中国语言资源调查手册·汉语方言》（商务印书馆，2016）第 171—178 页。各个例句的调查要点，请参看第 162—170 页 "各例句调查要点"。

01　小张昨天钓了一条大鱼，我没有钓到鱼。

tso²⁴ni²⁴ɕiɔ⁴⁴tsaŋ³³tiɔ⁴⁵tɛ⁰i²⁴tiɔ²¹³tɛ²¹y²¹³, ʋ⁴⁴mɔ²¹tiɔ⁴⁵tɔ⁰.

昨 日 小 张　钓 得 一 条 大鱼，我 冇 钓 到。

ɕiɔ³³tsaŋ³³tso²⁴ni²⁴tiɔ⁴⁵tɛ⁰i²⁴tiɔ²¹³tɛ²¹y²¹³, ʋ⁴⁴mɔ²¹tiɔ⁴⁵tɔ⁰.

小 张　昨 日 钓 得 一 条 大鱼，我 冇 钓 到。

02　a. 你平时抽烟吗？ b. 不，我不抽烟。

a. n⁴⁴piən²¹³tsaŋ²¹³tɕʰia²⁴pu⁰tɕʰia²⁴iĩ³³?

你 平 常 吃 不 吃 烟？

b. ʋ⁴⁴pu²⁴tɕʰia²⁴iĩ³³.

我 不 吃 烟。

a. n⁴⁴piən²¹³tsaŋ²¹³kʰʋ⁴⁴tɕʰia²⁴iĩ³³?

你 平 常 可 吃 烟？

b. ʋ⁴⁴pu²⁴tɕʰia²⁴iĩ³³.

我 不 吃 烟。

a. n⁴⁴piən²¹³tsaŋ²¹³tɕʰia²⁴iĩ³³pu²⁴?

你 平 常 吃 烟 不？

b. pu²⁴, ʋ⁴⁴pu²⁴tɕʰia²⁴iĩ³³.

不，我 不 吃 烟。

03　a．你告诉他这件事了吗？ b．是，我告诉他了。

a. n⁴⁴kʰʊ⁴⁴kən³³tʰa³³kaŋ⁴⁴kɛ²⁴tsaŋ³³sʅ²¹tɛ⁰no⁰?

　　你 可 　跟 　他 讲 　隔＝桩 　事 得 啰？

b. sʅ²¹ti⁰, ʊ⁴⁴kən³³tʰa³³kaŋ⁴⁴tɛ⁰nɛ⁰.

　　是 的,我 跟 　他 讲 　得 呢。

a. n⁴⁴kən³³tʰa³³kaŋ⁴⁴tɛ⁰kɛ²⁴tsaŋ³³sʅ²¹mɔ²¹?

　　你 跟 　他 讲 　得隔＝桩 　事 冇？

b. sʅ²¹ti⁰, ʊ⁴⁴kən³³tʰa³³kaŋ⁴⁴tɛ⁰nɛ⁰.

　　是 的,我 跟 　他 讲 　得 呢。

a. kɛ²⁴tsaŋ³³sʅ²¹n⁴⁴kən³³mɔ²¹kən³³tʰa³³kaŋ⁴⁴no⁰?

　　隔＝桩 　事你 跟 冇 跟 　他 讲 啰?

b. sʅ²¹ti⁰, ʊ⁴⁴kən³³tʰa³³kaŋ⁴⁴tɛ⁰nɛ⁰.

　　是 的,我 跟 　他 讲 　得 呢。

04　你吃米饭还是吃馒头？

n⁴⁴sʅ²¹tɕʰia²⁴mi⁴⁴fæ̃²¹xa²¹³sʅ²¹tɕʰia²⁴mʊ²¹³mʊ²¹³no⁰?

你是 吃 　米 饭 还 是 吃 　馍 馍 啰?

n⁴⁴tɕʰia²⁴mi⁴⁴fæ̃²¹xa²¹³sʅ²¹tɕʰia²⁴mʊ²¹³mʊ²¹³no⁰?

你 吃 　米 饭还 是 吃 　馍 馍 啰?

n⁴⁴tɕʰia²⁴mi⁴⁴fæ̃²¹tɕʰia²⁴mʊ²¹³mʊ²¹³?

你 吃 　米 饭 吃 　馍 馍?

05　你到底答应不答应他？

n⁴⁴tɔ⁴⁵ti⁴⁴ta²⁴pu⁰ta²⁴iən⁴⁵tʰa³³?

你 到 底 答 不 答 应 他?

n⁴⁴tɔ⁴⁵ti⁴⁴kʰʊ⁴⁴ta²⁴iən⁴⁵tʰa³³?

你 到 底 可 　答 应 他?

n⁴⁴tɔ⁴⁵ti⁴⁴ta²⁴iən⁴⁵tʰa³³pu⁰?

你 到 底 答 应 他 不?

06　a．叫小强一起去电影院看《刘三姐》。

　　b．这部电影他看过了。/ 他这部电影看过了。/ 他看过这部电影了。

a. xæ⁴⁴ɕiɔ⁴⁴tɕiaŋ²¹³i²⁴tɕʰi⁴⁴kʰei⁴⁵tiĩ⁴⁵iəu⁴⁴yĩ⁴⁵kʰæ̃⁴⁵niəu²¹³sæ̃³³tɕia⁴⁴.

　　喊 　小 强 　一 起 去 　电 影 院 看《刘 　三 姐》。

b. kɛ²⁴pu⁴⁵tiĩ⁴⁵iən⁴⁴tʰa³³kʰæ̃⁴⁵kʊ⁴⁵tɛ⁰.

　　隔⁼部 电 影 他 看 过 得。

a. xæ̃⁴⁴ɕiɔ⁴⁴tɕiaŋ²¹³i²⁴tɕʰi⁴⁴tɔ⁴⁵⁴⁵tiĩ⁴⁵iən⁴⁴yĩ⁴⁵kʰæ̃⁴⁵niəu²¹³sæ̃³³tɕia⁴⁴.

　　喊 小 强 一起 到 电 影 院 看《刘 三 姐》。

b. tʰa³³kʰæ̃⁴⁵kʊ⁴⁵kɛ²⁴pu⁴⁵tiĩ⁴⁵iən⁴⁴tɛ⁰.

　　他 看 过 隔⁼部 电 影 得。

a. xæ̃⁴⁴ɕiɔ⁴⁴tɕiaŋ²¹³i²⁴tɕʰi⁴⁴kʰei⁴⁵tiĩ⁴⁵iən⁴⁴yĩ⁴⁵kʰei⁴⁵kʰæ̃⁴⁵niəu²¹³sæ̃³³tɕia⁴⁴.

212

　　喊 小 强 一起 去 电 影 院 去 看《刘 三 姐》。

b. tʰa³³kɛ²⁴pu⁴⁵tiĩ⁴⁵iən⁴⁴kʰæ̃⁴⁵kʊ⁴⁵tɛ⁰.

　　他 隔⁼部 电 影 看 过 得。

07　你把碗洗一下。

　　n̩⁴⁴pa⁴⁴õ⁴⁴ɕi⁴⁴i²⁴xa⁰tsʅ⁰no⁰.

　　你 把 碗 洗 一 下子 啰。

　　n̩⁴⁴pa⁴⁴õ⁴⁴ɕi⁴⁴xa⁰tsʅ⁰.

　　你 把 碗 洗 下子。

08　他把橘子剥了皮，但是没吃。

　　tʰa³³pa⁴⁴tɕy²⁴tsʅ⁰po²⁴tɛ⁰pi²¹³, pu²⁴kʊ⁴⁵mɔ²¹tɕʰia²⁴.

　　他 把 橘 子 剥 得皮，不 过 有 吃。

　　tʰa³³pa⁴⁴tɕy²⁴tsʅ⁰pi²¹³po²⁴tɛ⁰, pu²⁴kʊ⁴⁵mɔ²¹tɕʰia²⁴.

　　他 把 橘 子 皮 剥 得，不 过 有 吃。

09　他们把教室都装上了空调。

　　tʰa³³mən⁰pa⁴⁴tɕiɔ⁴⁵sʅ²⁴xa²¹ŋæ̃³³saŋ²¹tɛ⁰kʰən³³tiɔ²¹³.

　　他 们 把 教 室 下⁼安 上 得空 调。

　　tʰa³³mən⁰pa⁴⁴tɕiɔ⁴⁵sʅ²⁴xa²¹ŋæ̃³³tɛ⁰kʰən³³tiɔ²¹³.

　　他 们 把 教 室 下⁼安 得空 调。

10　帽子被风吹走了。

　　mɔ²¹tsʅ⁰kei⁴⁴xən³³kua²⁴tiɔ⁴⁵tɛ⁰.

　　帽 子 给 风 刮 掉 得。

11　张明被坏人抢走了一个包，人也差点儿被打伤。

　　tsaŋ³³miən²¹³kei⁴⁴xuɛ²¹niən²¹³tɕʰiaŋ⁴⁴tsəu⁴⁴tɛ⁰i²⁴tsa²⁴pɔ³³, niən²¹³ia⁴⁴tsʰa³³tiæ̃⁴⁵tiæ̃⁴⁵pei⁴⁵ta⁴⁴saŋ³³.

　　张 明 给 坏 人 抢 走 得一只 包，人 也 差 点点 被 打伤。

　　tsaŋ³³miən²¹³ti⁰pɔ³³pei⁴⁵xuɛ²¹niən²¹³tɕʰiaŋ⁴⁴tsəu⁴⁴tɛ⁰, niən²¹³ia⁴⁴tsʰa³³tiæ̃⁴⁵pei⁴⁵ta⁴⁴saŋ³³.

　　张 明 的包被坏 人 抢 走 得，人 也 差 点 被 打伤。

12　快要下雨了，你们别出去了。

　　kʰuɛ⁴⁵iɔ⁴⁵no²⁴y⁴⁴tE⁰, n⁴⁴mən⁰mo²⁴tɕʰy²⁴kʰei⁴⁵tE⁰.

　　快　要落雨得,你们　莫　出　去　得。

13　这毛巾很脏了，扔了它吧。

　　kE²⁴tiɔ²¹³səu⁴⁴tɕiən³³tʰɛ⁴⁵na²⁴tʰa²⁴tE⁰, suɛ⁴⁴tiɔ⁴⁵tʰa³³.

　　隔⁼条　手　巾　太 邋 遢 得,甩 掉 它。

　　kE²⁴səu⁴⁴tɕiən³³tʰɛ⁴⁵na²⁴tʰa²⁴tE⁰, suɛ⁴⁴tiɔ⁴⁵tʰa³³.

　　隔⁼手　巾　太 邋 遢 得,甩 掉 它。

14　我们是在车站买的车票。

　　ʋ⁴⁴mən⁰sʅ²¹tsɛ²¹tsʰa³³tsæ̃²¹mɛ⁴⁴ti⁰tsʰa³³pʰiɔ⁴⁵.

　　我 们 是 在 车 站 买 的 车 票。

　　ʋ⁴⁴mən⁰sʅ²¹tsɛ²¹tsʰa³³tsæ̃²¹mɛ⁴⁴tsʰa³³pʰiɔ⁴⁵ti⁰.

　　我 们 是 在 车 站 买 车 票　的。

15　墙上贴着一张地图。

　　tɕiaŋ²¹³saŋ⁰tʰiE²⁴tE⁰i²⁴tsaŋ³³ti²¹təu²¹³.

　　墙　　上 贴 得一张　地 图。

　　pi²⁴kɔ³³xu⁰tʰiE²⁴tE⁰i²⁴tsaŋ³³ti²¹təu²¹³.

　　壁 高 呼⁼贴 得一张　地 图。

16　床上躺着一个老人。

　　tsaŋ²¹³saŋ⁰kʰuən⁴⁵tE⁰i²⁴tsa²⁴nɔ⁴⁴niən²¹³.

　　床　　上 困　得一只 老 人。

17　河里游着好多小鱼。

　　xʋ²¹³ni⁰iəu²¹³tE⁰xɔ⁴⁴tʋ³³ɕiɔ⁴⁴y²¹³.

　　河 里游　得好 多 小 鱼。

　　xʋ²¹³ni⁰xɔ⁴⁴tʋ³³ɕiɔ⁴⁴y²¹³tsɛ²¹iəu²¹³.

　　河 里好 多 小 鱼 在 游。

18　前面走来了一个胖胖的小男孩。

　　tɕiĩ²¹³təu⁰tsəu⁴⁴nɛ⁰tE⁰i²⁴tsa²⁴pʰaŋ⁴⁵pʰaŋ⁴⁵ti⁰ɕi⁴⁵ŋa²¹³tɕi⁰.

　　前　头 走　来 得一只 胖　胖　的 细 伢 唧。

　　tɕiĩ²¹³təu⁰tsəu⁴⁴nɛ⁰i²⁴tsa²⁴pʰaŋ⁴⁵pʰaŋ⁴⁵ti⁰ɕi⁴⁵ŋa²¹³tɕi⁰.

　　前　头 走　来 一只 胖　胖　的 细 伢 唧。

19　他家一下子死了三头猪。

tʰa³³u²⁴ni⁰i²⁴xa⁰tsʅ⁰sʅ⁴⁴ka⁰sæ³³tsa²⁴tɕy³³.

他 屋 里 一 下 子 死 咖 三 只 猪。

tʰa³³u²⁴ni⁰i²⁴xa⁰tsʅ⁰sʅ⁴⁴tiɔ⁴⁵ka⁰sæ³³tsa²⁴tɕy³³.

他 屋 里 一 下 子 死 掉 咖 三 只 猪。

20　这辆汽车要开到广州去。

kɛ²⁴kua⁴⁵tɕʰi⁴⁵tsʰa³³iɔ⁴⁵kʰɛ³³tɔ⁴⁵kuaŋ⁴⁴tsəu³³kʰei⁴⁵.

隔⁼挂 汽 车 要 开 到 广 州 去。

21　学生们坐汽车坐了两整天了。

ɕyo²⁴sən³³mən⁰tsʊ²¹tɕʰi⁴⁵tsʰa³³tsʊ²¹tɛ⁰niæ⁴⁴tsən⁴⁴tʰiĩ³³tɛ⁰.

学 生 们 坐 汽 车 坐 得 两 整 天 得。

22　你尝尝他做的点心再走吧。

n⁴⁴tɕʰia²⁴xa⁰kʰæ⁴⁵tʰa³³tsʊ⁴⁵tiʔtiĩ⁴⁴ɕiən³³tsɛ⁴⁵tsəu⁴⁴pa⁰.

你 吃 下 看 他 做 的 点 心 再 走 吧。

n⁴⁴tɕʰia²⁴xɔ⁰tʰa³³tsʊ⁴⁵tiʔtiĩ⁴⁴ɕiən³³tsɛ⁴⁵tsəu⁴⁴pa⁰.

你 吃 好⁼他 做 的 点 心 再 走 吧。

23　a．你在唱什么？ b．我没在唱，我放着录音呢。

a. n⁴⁴tsɛ²¹tsʰaŋ⁴⁵mʊ⁴⁴tsʅ⁰tɕia³³xʊ⁴⁴?

你 在 唱 么 子 家 伙?

b. ʊ⁴⁴mɔ²¹tsʰaŋ⁴⁵nɛ⁰, ʊ⁴⁴tsɛ²¹faŋ⁴⁵nəo²⁴iən³³.

我 冇 唱 呢, 我 在 放 录 音。

a. n⁴⁴tsɛ²¹tsʰaŋ⁴⁵mʊ⁴⁴tɕia³³xʊ⁴⁴?

你 在 唱 么 家 伙?

b. ʊ⁴⁴mɔ²¹tsʰaŋ⁴⁵nɛ⁰, ʊ⁴⁴tsɛ²¹faŋ⁴⁵nəo²⁴iən³³.

我 冇 唱 呢, 我 在 放 录 音。

24　a．我吃过兔子肉，你吃过没有？ b．没有，我没吃过。

a. ʊ⁴⁴tɕʰia²⁴kʊ⁴⁵tʰəu⁴⁵tsʅ⁰zəu²⁴, n⁴⁴tɕʰia²⁴kʊ⁰mɔ²¹?

我 吃 过 兔 子 肉, 你 吃 过 冇?

b. ʊ⁴⁴mɔ²¹tɕʰia²⁴kʊ⁴⁵.

我 冇 吃 过。

a. ʊ⁴⁴tɕʰia²⁴kʊ⁴⁵tʰəu⁴⁵tsʅ⁰zəu²⁴, n⁴⁴tɕʰia²⁴kʊ⁰mɔ²¹tɕʰia²⁴kʊ⁴⁵?

我 吃 过 兔 子 肉, 你 吃 过 冇 吃 过?

　　b. ʋ⁴⁴mɔ²¹tɕʰia²⁴kʊ⁴⁵.

　　　我 冇 吃 过。

a. tʰəu⁴⁵tsʅ⁰zəu²⁴ʋ⁴⁴tɕʰia²⁴kʊ⁴⁵, n⁴⁴kʰʋ⁴⁴tɕʰia²⁴kʊ⁰mɔ²¹?　　b. ʋ⁴⁴mɔ²¹tɕʰia²⁴kʊ⁴⁵.

　兔 子 肉 我 吃 过，你 可 吃 过 冇?　　我 冇 吃 过。

25　我洗过澡了，今天不打篮球了。

ʋ⁴⁴tsɔ⁴⁴ɕi⁴⁴ka⁰tᴇ⁰, kən³³tsɔ⁰pu²⁴ta⁴⁴næ²¹³tɕiəu²¹³tᴇ⁰.

我 澡 洗 咖 得, 今 朝 不 打 篮 球 得。

ʋ⁴⁴ɕi⁴⁴ka⁰tsɔ⁴⁴tᴇ⁰, kən³³tsɔ⁰næ²¹³tɕiəu²¹³pu²⁴ta⁴⁴tᴇ⁰.

我 洗 咖 澡 得, 今 朝 篮 球 不 打 得。

26　我算得太快算错了，让我重新算一遍。

ʋ⁴⁴sõ⁴⁵tᴇ⁰tʰɛ⁴⁵kʰuɛ⁴⁵sõ⁴⁵tsʰʋ⁴⁵tᴇ⁰, zaŋ²¹ʋ⁴⁴tsɛ⁴⁵sõ⁴⁵i²⁴pʰĩĩ⁴⁵.

我 算 得 太 快 算 错 得, 让 我 再 算 一 遍。

27　他一高兴就唱起歌来了。

tʰa³³i²⁴kɔ³³ɕiən⁴⁵tɕiəu²¹tsʰaŋ⁴⁵tɕʰi⁴⁴kʊ³³nᴇ²¹³tᴇ⁰.

他 一 高 兴 就 唱 起 歌 来 得。

28　谁刚才议论我老师来着?

na⁴⁴kʊ⁴⁵tɕiaŋ³³tsɛ²¹³kaŋ⁴⁴ʋ⁴⁴nɔ⁴⁴sʅ³³tᴇ⁰?

哪 个 刚 才 讲 我 老 师 得?

na⁴⁴kʊ⁴⁵tɕiaŋ³³tɕiaŋ³³kaŋ⁴⁴ʋ⁴⁴nɔ⁴⁴sʅ³³tᴇ⁰?

哪 个 刚 刚 讲 我 老 师 得?

29　只写了一半，还得写下去。

tsʅ⁴⁴ɕia⁴⁴tᴇ⁰i²⁴põ⁴⁵, xa²¹³iɔ⁴⁵ɕia⁴⁴xa²¹tɕʰi⁴⁵.

只 写 得 一 半 还 要 写 下 去。

tsʅ⁴⁴ɕia⁴⁴tᴇ⁰i²⁴põ⁴⁵, xa²¹³iɔ⁴⁵uaŋ²¹xa²¹ɕia⁴⁴.

只 写 得 一 半, 还 要 往 下 写。

30　你才吃了一碗米饭，再吃一碗吧。

n⁴⁴tsɛ²¹³tɕʰia²⁴tᴇ⁰i²⁴õ⁴⁴fæ²¹, xa²¹³tɕʰia²⁴i²⁴õ⁴⁴pa⁰.

你 才 吃 得 一 碗 饭, 还 吃 一 碗 吧。

31　让孩子们先走，你再把展览仔仔细细地看一遍。

zaŋ²¹ɕi⁴⁵tɕia³³xʊ⁴⁴mən⁰ɕiĩ³³tsəu⁴⁴, n⁴⁴tsɛ⁴⁵pa⁴⁴tsæ⁴⁴næ⁴⁴xɔ⁴⁴xɔ⁴⁴ti⁰kʰæ⁴⁵i²⁴pʰĩĩ⁴⁵.

让 细 家 伙 们 先 走, 你 再 把 展 览 好 好 地 看 一 遍。

216

32　他在电视机前看着看着睡着了。

tʰa³³tsɛ²¹tiĩ⁴⁵sʅ⁴⁵tɕi³³tɕiĩ²¹³kʰæ⁴⁵tɛ⁰kʰæ⁴⁵tɛ⁰kʰuən⁴⁵tso²⁴tɛ⁰.

他 在 电视机 前　看 得 看 得 困　着 得。

33　你算算看，这点钱够不够花？

n⁴⁴sõ⁴⁵xa⁰kʰæ⁴⁵, kɛ²⁴tiæ⁴⁵tɕiĩ²¹³kəu⁴⁵pu⁰kəu⁴⁵iən²¹?

你 算 下 看，　隔⁼点 钱 够 不 够 用?

n⁴⁴sõ⁴⁵sõ⁴⁵kʰæ⁴⁵, kɛ²⁴tiæ⁴⁵tɕiĩ²¹³kʰʊ⁴⁴kəu⁴⁵iən²¹?

你 算 算 看，　隔⁼点 钱 可 够 用?

n⁴⁴sõ⁴⁵xa⁰kʰæ⁴⁵, kɛ²⁴tiæ⁴⁵tɕiĩ²¹³kəu⁴⁵iən²¹pu²⁴?

你 算 下 看，　隔⁼点 钱 够 用 不?

34　老师给了你一本很厚的书吧?

nɔ⁴⁴sʅ³³kei⁴⁴tɛ⁰n⁴⁴i²⁴pən⁴⁴xəu²¹ɕy⁴⁴pa⁰?

老 师 给 得 你 一本 厚 书 吧?

nɔ⁴⁴sʅ³³kei⁴⁴tɛ⁰n⁴⁴i²⁴pən⁴⁴nɔ⁴⁴xəu²¹ti⁰ɕy⁴⁴pa⁰?

老 师 给 得 你 一本 老 厚 的 书 吧?

35　那个卖药的骗了他一千块钱呢。

nɛ⁴⁵kʊ⁴⁵mɛ⁴⁵yo²⁴ti⁰pʰiĩ⁴⁵tɛ⁰tʰa³³i²⁴tɕʰiĩ³³kʰuɛ⁴⁴tɕiĩ²¹³.

那 个 卖 药 的 骗 得 他 一 千　块 钱。

36　a. 我上个月借了他三百块钱。（借入）b. 我上个月借了他三百块钱。（借出）

a. ʊ⁴⁴saŋ²¹kʊ⁴⁵yɛ²⁴tɕia⁴⁵tɛ⁰tʰa³³sæ³³pɛ²⁴kʰuɛ⁴⁴tɕiĩ²¹³.

我 上 个 月 借 得 他 三 百 块　钱。

b. ʊ⁴⁴saŋ²¹kʊ⁴⁵yɛ²⁴tɕia⁴⁵pa⁴⁴tʰa³³sæ³³pɛ²⁴kʰuɛ⁴⁴tɕiĩ²¹³.

我 上 个 月 借 把 他 三 百 块　钱。

37　a. 王先生的刀开得很好。（施事）b. 王先生的刀开得很好。（受事）

a. uaŋ²¹³ɕiĩ³³sən³³ti⁰tɔ³³kʰɛ³³ti⁰mæ²¹³xɔ⁴⁴.

王 先 生 的刀 开 的 蛮　好。

b. uaŋ²¹³ɕiĩ³³sən³³ti⁰tɔ³³kʰɛ³³ti⁰mæ²¹³xɔ⁴⁴.

王 先 生 的刀 开 的 蛮　好。

38　我不能怪人家，只能怪自己。

ʊ⁴⁴pu²⁴nən²¹³kuɛ⁴⁵niən²¹³ka⁰, tsʅ⁴⁴nən²¹³kuɛ⁴⁵tsʅ²¹ka³³.

我 不 能 怪 人　家, 只 能 怪 自 家。

ʋ⁴⁴kuɛ⁴⁵pu²⁴tɛ²⁴niən²¹³ka⁰, tsʅ⁴⁴nən²¹³kuɛ⁴⁵tsʅ²¹ka³³.

我 怪 不 得 人 家，只 能 怪 自 家。

39 a. 明天王经理会来公司吗？ b. 我看他不会来。

a. mən²¹³tsɔ³³uaŋ²¹³tɕiən³³ni⁴⁴xui²¹pu²⁴xui²¹nɛ²¹³kən³³sʅ³³?

明 朝 王 经 理 会 不 会 来 公 司？

b. ʋ⁴⁴kʰæ⁴⁵tʰa³³pu²⁴tɛ²⁴nɛ²¹³.

我 看 他 不 得 来。

a. mən²¹³tsɔ³³uaŋ²¹³tɕiən³³ni⁴⁴kʰʋ⁴⁴xui²¹nɛ²¹³kən³³sʅ³³?

明 朝 王 经 理 可 会 来 公 司？

b. ʋ⁴⁴kʰæ⁴⁵tʰa³³pu²⁴xui²¹nɛ²¹³.

我 看 他 不 会 来。

a. mən²¹³tsɔ³³uaŋ²¹³tɕiən³³ni⁴⁴xui²¹nɛ²¹³kən³³sʅ³³mɔ²¹?

明 朝 王 经 理 会 来 公 司 冇？

b. ʋ⁴⁴kʰæ⁴⁵tʰa³³pu²⁴xui²¹nɛ²¹³.

我 看 他 不 会 来。

40 我们用什么车从南京往这里运家具呢？

ʋ⁴⁴mən⁰iən²¹mʋ⁴⁴tsʅ⁰tsʰa³³tsən²¹³næ²¹³tɕiən³³uaŋ²¹kɛ²⁴ni⁰yən⁴⁵ka³³tɕy⁴⁵?

我 们 用 么 子 车 从 南 京 往 隔=里 运 家 具？

41 他像个病人似的靠在沙发上。

tʰa³³tɕiaŋ²¹i²⁴kʋ⁴⁵piən²¹niən²¹³i²⁴iaŋ²¹kʰɔ⁴⁵tsɛ⁰sa³³fa²⁴saŋ⁰.

他 像 一 个 病 人 一 样 靠 在 沙 发 上。

tʰa³³kən³³i²⁴kʋ⁴⁵piən²¹niən²¹³i²⁴iaŋ²¹kʰɔ⁴⁵tsɛ⁰sa³³fa²⁴saŋ⁰.

他 跟 一 个 病 人 一 样 靠 在 沙 发 上。

42 这么干活连小伙子都会累坏的。

kɛ²⁴mʋ⁰tsʋ⁴⁵sʅ²¹tɕiəu²¹sʅ²¹ɕiɔ⁴⁴xʋ⁴⁴tsʅ⁰ia⁴⁴xui²¹nei²¹xuɛ²¹ti⁰.

隔=么 做 事 就 是 小 伙 子 也 会 累 坏 的。

43 他跳上末班车走了。我迟到一步，只能自己慢慢走回学校了。

tʰa³³tʰiɔ⁴⁵saŋ⁰mo²⁴pæ³³tsʰa³³tsəu⁴⁴tɛ⁰. ʋ⁴⁴nɛ²¹³ŋæ⁴⁵tɛ⁰, tsʅ⁴⁴nən²¹³tsʅ²¹ka³³mæ²¹mæ²¹tsəu⁴⁴

他 跳 上 末 班 车 走 得，我 来 晏 得，只 能 自 家 慢 慢 走

xui²¹³ɕyo²⁴ɕiɔ⁴⁵.

回 学 校。

44 这是谁写的诗？谁猜出来我就奖励谁十块钱。

kɛ²⁴sʅ²¹na⁴⁴kʊ⁰ɕia⁴⁴ti⁰sʅ³³? na⁴⁴kʊ⁰tsʰɛ³³tɕʰy²⁴nɛ²¹³ʊ⁴⁴tɕiəu²¹tɕiaŋ⁴⁴na⁴⁴kʊ⁴⁵sʅ²⁴kʰuɛ⁴⁴tɕiĩ²¹³.

隔=是 哪 个 写 的 诗? 哪 个 猜 出 来 我就 奖 哪 个 十 块 钱。

kɛ²⁴sʅ²¹na⁴⁴kʊ⁰ɕia⁴⁴ti⁰sʅ³³? na⁴⁴kʊ⁰tsʰɛ³³tɕʰy²⁴nɛ²¹³ʊ⁴⁴tɕiəu²¹tɕiaŋ⁴⁴tʰa³³sʅ²⁴kʰuɛ⁴⁴tɕiĩ²¹³.

隔=是 哪 个 写 的 诗? 哪 个 猜 出 来 我就 奖 他 十 块 钱。

45 我给你的书是我教中学的舅舅写的。

ʊ⁴⁴pa⁴⁴n⁴⁴ti⁰ɕy³³sʅ²¹ʊ⁴⁴kɔ⁴⁵tsən³³ɕyo²⁴ti⁰tɕiəu⁴⁵tɕiəu⁰ɕia⁴⁴ti⁰.

我 把 你 的 书 是 我 教 中 学 的 舅 舅 写 的。

46 你比我高，他比你还要高。

n⁴⁴pi⁴⁴ʊ⁴⁴kɔ³³, tʰa³³pi⁴⁴n⁴⁴xa²¹³iɔ⁴⁵kɔ³³.

你 比 我 高， 他 比 你 还 要 高。

n⁴⁴pi⁴⁴ʊ⁴⁴kɔ³³, tʰa³³pi⁴⁴n⁴⁴xa²¹³kɔ³³.

你 比 我 高， 他 比 你 还 高。

47 老王跟老张一样高。

nɔ⁴⁴uaŋ²¹³kən³³nɔ⁴⁴tsaŋ³³i²⁴iaŋ²¹kɔ³³.

老 王 跟 老 张 一 样 高。

nɔ⁴⁴uaŋ²¹³kən³³nɔ⁴⁴tsaŋ³³i²⁴iaŋ²¹ti⁰kɔ³³.

老 王 跟 老 张 一 样 的 高。

48 我走了，你们俩再多坐一会儿。

ʊ⁴⁴tsəu⁴⁴tɛ⁰, n⁴⁴niaŋ⁴⁴kʊ⁴⁵tsɛ⁴⁵tʊ³³tsʊ²¹i²⁴xa²¹.

我 走 得，你 两 个 再 多 坐 一 下。

ʊ⁴⁴tsəu⁴⁴tɛ⁰, n⁴⁴niaŋ⁴⁴kʊ⁴⁵xa²¹³tʊ³³tsʊ²¹i²⁴xa²¹.

我 走 得，你 两 个 还 多 坐 一 下。

49 我说不过他，谁都说不过这个家伙。

ʊ⁴⁴kaŋ⁴⁴pu⁰kʊ⁴⁵tʰa³³, sei²¹³piĩ⁴⁵na⁴⁴kʊ⁴⁵təu³³kaŋ⁴⁴pu⁰kʊ⁴⁵tʰa³³.

我 讲 不 过 他，随 便 哪 个 都 讲 不 过 他。

ʊ⁴⁴kaŋ⁴⁴tʰa³³pu⁰kʊ⁴⁵, sei²¹³piĩ⁴⁵na⁴⁴kʊ⁴⁵təu³³kaŋ⁴⁴tʰa³³pu⁰kʊ⁴⁵.

我 讲 他 不 过，随 便 哪 个 都 讲 他 不 过。

ʊ⁴⁴kaŋ⁴⁴pu⁰kʊ⁴⁵tʰa³³, na⁴⁴kʊ⁴⁵təu³³kaŋ⁴⁴pu⁰kʊ⁴⁵tʰa³³.

我 讲 不 过 他，哪 个 都 讲 不 过 他。

50 　　上次只买了一本书，今天要多买几本。

sɑŋ²¹xui²¹³tsʅ⁴⁴mɛ⁴⁴tɛ⁰i²⁴pən⁴⁴ɕy³³, kən³³tsɔ³³iɔ⁴⁵tʊ³³mɛ⁴⁴tɕi⁴⁴pən⁴⁴.

上　回　只　买　得一本　书，今　朝　要　多　买　几　本。

第二节

《汉语方言语法调查例句》

    本节语法例句共248句，总称为《汉语方言语法调查例句》，可以作为《中国语言资源调查手册·汉语方言》50个语法例句的补充。这些例句根据以下几个来源综合：（1）中国社会科学院语言研究所方言组《方言调查词汇表》第31部分"语法"，参看《方言》1981：201—203；（2）丁声树《方言调查词汇手册》第18部分，参看《方言》1989：91—97；（3）中国社会科学院语言研究所"汉语方言重点调查"（1988—1992）课题组编印的"语法调查例句"（油印本）；（4）中国社会科学院A类重大研究课题"中国濒危语言方言调查研究与新编《中国语言地图集》"（2002—2007）编印的"词汇语法调查条目"（油印本）；（5）根据通行语法著作适当选取的其他一些语法例句。

001   **这句话用湖南话怎么说？**

    kɛ^{24}tɕɣ^{45}xua^{21}iən^{21}fu^{213}næ^{213}xua^{21}ʋ^{213}ti^{0}kaŋ^{44}ti^0?

    隔 ＝ 句 话 用 湖 南 话 何 的 讲 的？

002   **你还会说别的地方的话吗？**

    n^{44}kʰʋ^{44}xa^{213}xui^{21}kaŋ^{44}piɛ^{24}ti^{0}ti^{21}faŋ^{33}ti^{0}xua^{21}?

    你 可 还 会 讲 别 的 地 方 的 话？

    n^{44}xa^{213}xui^{21}pu^{24}xui^{21}kaŋ^{44}piɛ^{24}ti^{0}ti^{21}faŋ^{33}ti^{0}xua^{21}?

    你 还 会 不 会 讲 别 的 地 方 的 话？

    n^{44}kʰʋ^{44}xa^{213}xui^{21}pu^{24}xui^{21}kaŋ^{44}piɛ^{24}ti^{0}ti^{21}faŋ^{33}ti^{0}xua^{21}?

    你 可 还 会 不 会 讲 别 的 地 方 的 话？

003   **不会了，我从小就没出过门，只会说湖南话。**

    pu^{24}xui^{21}tɛ^0, ʋ^{44}tsən^{213}ɕi^{45}sɿ^{21}xəu^{21}tɕiən^{21}mo^{21}tɕʰy^{24}ku^{45}mən^{213}, tsɿ^{24}ɕio^{44}tɛ^{0}kaŋ^{44}fu^{213}næ^{213}xua^{21}.

    不 会 得，我 从 细 时 候 就 冇 出 过 门， 只 晓 得 讲 湖 南 话。

pu²⁴xui²¹nɛ⁰, ʋ⁴⁴tsən²¹³ɕi⁴⁵sʅ²¹xəu²¹tɕiən²¹mɔ²¹tɕʰy²⁴mən²¹³kʊ⁴⁵, tsʅ²⁴ɕiɔ⁴⁴tɛ⁰kaŋ⁴⁴fu²¹³nɛ̃²¹³xua²¹.

不 会 了，我 从　细 时 候 就　冇 出 门　过，只 晓 得 讲 湖 南 话。

004　会，还会说南陵话，不过说得不怎么好。

xui²¹tiⁿⁿɛ⁰, xa²¹³ɕiɔ⁴⁴tɛ⁰kaŋ⁴⁴nɛ̃¹³niən⁰xua²¹, pu²⁴kʊ⁴⁵kaŋ⁴⁴tiⁿpu²⁴nɛ⁴⁵mʊ⁰xɔ⁴⁴.

会 的 呢，还 晓 得 讲 南 陵 话， 不 过 讲 的 不 那 么 好。

005　会说普通话吗？

kʰʊ⁴⁴ɕiɔ⁴⁴tɛ⁰kaŋ⁴⁴pʰu⁴⁴tʰən³³xua²¹?

可　晓 得 讲 普 通　话？

kʰʊ⁴⁴ɕiɔ⁴⁴tɛ⁰puⁿⁿɕiɔ⁴⁴tɛ⁰kaŋ⁴⁴pʰu⁴⁴tʰən³³xua²¹?

可 晓 得 不 晓 得 讲　普 通 话？

kʰʊ⁴⁴ɕiɔ⁴⁴puⁿⁿɕiɔ⁴⁴tɛ⁰kaŋ⁴⁴pʰu⁴⁴tʰən³³xua²¹?

可　晓 不 晓 得 讲 普 通 话？

006　不会说，没有学过。

pu²⁴ɕiɔ⁴⁴tɛ⁰kaŋ⁴⁴, mɔ²¹ɕyo²⁴kʊ⁴⁵.

不　晓 得 讲，　冇 学 过。

007　会说一点儿，不标准就是了。

ɕiɔ⁴⁴tɛ⁰kaŋ⁴⁴i²⁴tiɛ̃⁴⁴tiɛ⁴⁵, pu²⁴piɔ³³tɕyən⁴⁴tɕiəu²¹sʅ²¹tiⁿ.

晓 得 讲　一 点 点， 不 标 准　就　是 的。

ɕiɔ⁴⁴tɛ⁰kaŋ⁴⁴i²⁴tiɛ̃⁴⁴tiɛ⁴⁵, tɕiəu²¹sʅ²¹pu²⁴piɔ³³tɕyən⁴⁴.

晓 得 讲　一 点 点， 就　是 不 标 准。

008　在什么地方学的普通话？

tsɛ²¹mʊ⁴⁴tsʰaŋ⁴⁴tsʅⁿⁿɕyo²⁴tiⁿpʰu⁴⁴tʰən³³xua²¹?

在 么 场　子 学 的 普 通　话？

009　上小学中学都学普通话。

saŋ²¹ɕiɔ⁴⁴ɕyo²⁴tsən³³ɕyo²⁴təu³³ɕyo²⁴kʊ⁴⁵pʰu⁴⁴tʰən³³xua²¹.

上　小　学 中　学 都 学 过 普 通 话。

010　谁呀？我是老王。

na⁴⁴kʊ⁴⁵a⁰? ʋ⁴⁴sʅ²¹nɔ⁴⁴uaŋ²¹³.

哪 个 啊？我 是 老　王。

011　您贵姓？我姓王，您呢？

nⁿ⁴⁴ɕiən⁴⁵mʊ⁴⁴tsʅⁿ? ʋ⁴⁴ɕiən⁴⁵uaŋ²¹³, nⁿ⁴⁴nɛ⁰?

你 姓　么　子？我 姓　王，　你 呢？

012 **我也姓王，咱俩都姓王。**

ʋ⁴⁴ia⁴⁴ɕiən⁴⁵uaŋ²¹³, ʋ⁴⁴niæ⁴⁴kʋ⁴⁵təu³³ɕiən⁴⁵uaŋ²¹³.

我 也 姓 王， 我 两 个 都 姓 王。

013 **巧了，他也姓王，本来是一家嘛。**

tsən³³tɕʰiɔ⁴⁴, tʰa³³ia⁴⁴ɕiən⁴⁵uaŋ²¹³, pən⁴⁴nɛ²¹sɿ²¹i²⁴ka³³.

真 巧， 他 也 姓 王， 本 来 是 一 家。

014 **老张来了吗？说好他也来的！**

nɔ⁴⁴tsaŋ³³kʰʋ⁴⁴nɛ²¹³tɛ⁰? kaŋ⁴⁴xɔ⁴⁴tʰa³³ia⁴⁴nɛ²¹³ti⁰!

老 张 可 来 得？讲 好 他 也 来 的！

nɔ⁴⁴tsaŋ³³kʰʋ⁴⁴nɛ²¹³mɔ²¹nɛ²¹³? kaŋ⁴⁴xɔ⁴⁴tʰa³³ia⁴⁴nɛ²¹³ti⁰!

老 张 可 来 冇 来？ 讲 好 他 也 来 的！

nɔ⁴⁴tsaŋ³³nɛ²¹³ka⁰mɔ²¹? kaŋ⁴⁴xɔ⁴⁴tʰa³³ia⁴⁴nɛ²¹³ti⁰!

老 张 来 咖 冇？ 讲 好 他 也 来 的！

nɔ⁴⁴tsaŋ³³nɛ²¹³ka⁰tɛ⁰mɔ²¹? kaŋ⁴⁴xɔ⁴⁴tʰa³³ia⁴⁴nɛ²¹³ti⁰!

老 张 来 咖 得 冇？ 讲 好 他 也 来 的！

015 **他没来，还没到吧。**

tʰa³³mɔ²¹nɛ²¹³, xa²¹³mɔ²¹tɔ⁴⁵pa⁰.

他 冇 来， 还 冇 到 吧。

016 **他上哪儿了？还在家里呢。**

tʰa³³tɔ⁴⁵na⁴⁴ni⁰tɕʰi⁴⁵tɛ⁰? xa²¹³tsɛ²¹u²⁴ni⁰.

他 到 哪 里 去 得？还 在 屋 里。

017 **在家做什么？在家吃饭呢。**

tsɛ²¹u²⁴ni⁰tsəu⁴⁵mʋ⁴⁴tsɿ⁰? tsɛ²¹u²⁴ni⁰tɕʰia²⁴fæ²¹.

在 屋 里 做 么 子？ 在 屋 里 吃 饭。

018 **都几点了，怎么还没吃完？**

təu³³tɕi⁴⁴tiĩ⁴⁴tɛ⁰no⁰? ʋ²¹³ti⁰xa²¹³mɔ²¹tɕʰia²⁴yĩ²¹³?

都 几 点 得 啰？ 何 的 还 冇 吃 完？

təu³³mʋ⁴⁴tsɿ⁰sɿ²¹³xəu⁰tɛ⁰, ʋ²¹³ti⁰xa²¹³mɔ²¹tɕʰia²⁴yĩ²¹³?

都 么 子 时 候 得，何 的 还 冇 吃 完？

019 **还没有呢，再有一会儿就吃完了。**

xa²¹³mɔ²¹nɛ⁰, tsɛ⁴⁵iəu⁴⁴i²⁴xa²¹tsɿ⁰tɕiəu²¹tɕʰia²⁴yĩ²¹³tɛ⁰.

还 冇 呢， 再 有 一 下 子 就 吃 完 得。

020　他在哪儿吃的饭？

tʰa³³tsɛ²¹na⁴⁴ni⁰tɕʰia²⁴ti⁰fæ̃²¹no⁰?

他　在　哪里　吃　的饭　啰？

021　他是在我家吃的饭。

tʰa³³sɿ²¹tsɛ²¹ʋ⁴⁴u²⁴ni⁰tɕʰia²⁴ti⁰fæ̃²¹nɛ⁰.

他　是　在我屋里吃　的饭　呢。

022　真的吗？真的，他是在我家吃的饭。

kʰʋ⁴⁴sɿ²¹tsən³³ti⁰? tsən³³ti⁰, tʰa³³sɿ²¹tsɛ²¹ʋ⁴⁴u²⁴ni⁰tɕʰia²⁴ti⁰fæ̃²¹.

可　是真　的? 真　的, 他是在我屋里吃　的饭。

023　先喝一杯茶再说吧！

ɕiĩ³³tɕʰia²⁴i²⁴pei³³tsa²¹³tsɛ⁴⁵kaŋ⁴⁴pa⁰!

先　吃　一杯　茶　再讲　吧!

tɕʰia²⁴pei³³tsa²¹³kʰæ̃⁴⁵tsɛ⁴⁵kaŋ⁴⁴!

吃　杯茶　看　再讲!

024　说好了就走的，怎么半天了还不走？

kaŋ⁴⁴xɔ⁴⁴tɛ⁰tɕiəu²¹tsəu⁴⁴ti⁰, ʋ²¹³ni⁰pɔ̃⁴⁵tʰiĩ³³tɛ⁰xa²¹³pu²⁴tsəu⁴⁴?

讲　好得就　　走　的, 何里半天　得还　不　走?

025　他磨磨蹭蹭的，做什么呢？

tʰa³³mæ̃²¹tʰən³³tʰən³³ti⁰tsɛ²¹tsʋ⁴⁵mʋ⁴⁴tsɿ⁰tən³³ɕi⁰?

他　慢　通　通　的在做　么　子东　西?

026　他正在那儿跟一个朋友说话呢。

tʰa³³tsɛ²¹nɛ⁴⁵ni⁰kən³³i²⁴kʋ⁴⁵pən²¹³iəu⁰kaŋ⁴⁴xua²¹nɛ⁰.

他　在　那里跟　一个朋　友讲　话　呢。

027　还没说完啊？催他快点儿！

xa²¹³mɔ²¹kaŋ⁴⁴yĩ²¹³na⁰? tsʰei³³tʰa³³kaŋ⁴⁴kʰuɛ⁴⁵i²⁴tiæ̃⁴⁴tiæ̃⁴⁵!

还　冇讲　完　哪? 催　他讲　快　一点点!

028　好，好，他就来了。

xɔ⁴⁴, xɔ⁴⁴, tʰa³³tɕiəu²¹nɛ²¹³ka⁰tɛ⁰.

好, 好, 他就　来　咖得。

029　你上哪儿去？我上街去。

n⁴⁴tɔ⁴⁵na⁴⁴ni⁰tɕʰi⁴⁵no⁰? ʋ⁴⁴saŋ²¹kɛ³³tɕʰi⁴⁵nɛ⁰.

你到哪　里去　啰? 我上　街去　呢。

n⁴⁴tɔ⁴⁵na⁴⁴ni⁰tɕʰi⁴⁵no⁰⁰? ʊ⁴⁴tɔ⁴⁵kɛ³³saŋ²¹tɕʰi⁴⁵.

你 到 哪 里 去 啰? 我 到 街 上 去。

030 你多会儿去? 我马上就去。

n⁴⁴mʊ⁴⁴sʅ²¹³xəu²¹tɕʰi⁴⁵? ʊ⁴⁴ma⁴⁴saŋ²¹tɕiəu²¹tɕʰi⁴⁵.

你 么 时 候 去? 我 马 上 就 去。

031 做什么去呀? 家里来客人了, 买点儿菜去。

n⁴⁴tɕʰi⁴⁵tsəu⁴⁵mʊ⁴⁴sʅ²¹? u²⁴ni⁰nɛ²¹³tE⁰kʰE²⁴niən²¹³tE⁰, tɕʰi⁴⁵mɛ⁴⁴tiæ̃⁴⁴tsʰɛ⁴⁵.

你 去 做 么 事? 屋 里 来 得 客 人 得, 去 买 点 菜。

n⁴⁴tsəu⁴⁵mʊ⁴⁴tsʅ²¹tɕʰi⁴⁵? u²⁴ni⁰nɛ²¹³kʰE²⁴niən²¹³tE⁰, tɕʰi⁴⁵mɛ⁴⁴tiæ̃⁴⁴tsʰɛ⁴⁵.

你 做 么 子 去? 屋 里 来 客 人 得, 去 买 点 菜。

032 你先去吧, 我们一会儿再去。

n⁴⁴ɕiĩ³³tɕʰi⁴⁵pa⁰, ʊ⁴⁴mən⁰i²⁴xa²¹tsʅ⁰tsɛ⁴⁵tɕʰi⁴⁵.

你 先 去 吧, 我 们 一 下 子 再 去。

033 好好儿走, 别跑! 小心摔跤了。

xɔ⁴⁴xɔ⁴⁴ti⁰tsəu⁴⁴, mo²⁴iɔ⁴⁵pʰɔ⁴⁴! ɕiɔ⁴⁴ɕiən³³kʰuæ̃⁴⁵tɔ⁴⁴tE⁰.

好 好 的 走, 莫 要 跑! 小 心 掼 倒 得。

034 小心点儿, 不然的话摔下去爬都爬不起来。

ɕiɔ⁴⁴ɕiən³³tiĩ⁴⁴, pu²⁴zæ̃²¹³tiE²⁴xa²¹tɕʰi⁴⁵pa²¹³təu³³pa²¹³pu²⁴tɕʰi⁴⁴nɛ⁰.

小 心 点, 不 然 跌 下 去 爬 都 爬 不 起 来。

035 不早了, 快去吧!

pu²⁴tsɔ⁴⁴tE⁰, kʰuɛ⁴⁵tɕʰi⁴⁵pa⁰!

不 早 得, 快 去 吧!

036 这会儿还早呢, 过一会儿再去吧。

ko²⁴kʊ⁴⁵sʅ²¹³xəu²¹xa²¹³tsɔ⁴⁴nɛ⁰, ɕiE²⁴i²⁴xa²¹tsʅ⁰tsɛ⁴⁵tɕʰi⁴⁵pa⁰.

各=个 时 候 还 早 呢, 歇 一 下 子 再 去 吧。

037 吃了饭再去好不好?

tɕʰia²⁴ka⁰tE⁰fæ̃²¹tsɛ⁴⁵tɕʰi⁴⁵xɔ⁴⁴pu²⁴xɔ⁴⁴?

吃 咖 得 饭 再 去 好 不 好?

tɕʰia²⁴ka⁰fæ̃²¹tsɛ⁴⁵tɕʰi⁴⁵xɔ⁴⁴pu²⁴xɔ⁴⁴?

吃 咖 饭 再 去 好 不 好?

tɕʰia²⁴tE⁰fæ̃²¹tsɛ⁴⁵tɕʰi⁴⁵kʰʊ⁴⁴xɔ⁴⁴?

吃 得 饭 再 去 可 好?

038　不行，那可就来不及了。

pu²⁴ɕiən²¹³, nɛ⁴⁵tɕiəu²¹nɛ²¹³pu²⁴tɕi²⁴tɛ⁰.

不 行，　那就　　来 不 及 得。

pu²⁴xɔ⁴⁴, nɛ⁴⁵tɕiəu²¹nɛ²¹³pu²⁴tɕi²⁴tɛ⁰.

不 好，那 就　　来 不 及 得。

039　不管你去不去，反正我是要去的。

pu²⁴kõ⁴⁴n⁴⁴tɕʰi⁴⁵pu⁰tɕʰi⁴⁵, kɔ³³ti³³ʊ⁴⁴sɿ²¹iɔ⁴⁵tɕʰi⁴⁵ti⁰.

不 管 你去 不去，　高 低 我是 要 去 的。

sei²¹³n⁴⁴tɕʰi⁴⁵pu⁰tɕʰi⁴⁵, kɔ³³ti³³ʊ⁴⁴sɿ²¹iɔ⁴⁵tɕʰi⁴⁵ti⁰.

随 你去 不去，　高 低 我是 要 去 的。

kõ⁴⁴n⁴⁴tɕʰi⁴⁵pu⁰tɕʰi⁴⁵, kɔ³³ti³³ʊ⁴⁴sɿ²¹iɔ⁴⁵tɕʰi⁴⁵ti⁰.

管 你去 不去，　高 低 我是 要 去 的。

040　你爱去不去。你爱去就去，不爱去就不去。

kõ⁴⁴n⁴⁴tɕʰi⁴⁵pu⁰tɕʰi⁴⁵. n⁴⁴kɔ³³ɕiən⁴⁵tɕʰi⁴⁵tɕiəu²¹tɕʰi⁴⁵, pu²⁴kɔ³³ɕiən⁴⁵tɕʰi⁴⁵tɕiəu²¹pu²⁴tɕʰi⁴⁵.

管 你去 不去。你高 兴　去 就　去，不 高 兴 去 就　不去。

041　那我非去不可！

nɛ⁴⁵ʊ⁴⁴xui³³tɕʰi⁴⁵pu²⁴kʰʊ⁴⁴!

那 我 非 去　不 可！

nɛ⁴⁵ʊ⁴⁴xui³³iɔ⁴⁵tɕʰi⁴⁵!

那 我 非 要 去！

042　那个东西不在那儿，也不在这儿。

nɛ⁴⁵kʊ⁴⁵tən³³ɕi⁰pu²⁴tsɛ²¹nɛ⁴⁵ni⁰, ia⁴⁴pu²⁴tsɛ²¹kɛ²⁴ni⁰.

那 个 东 西不 在 那 里，也 不 在 隔ᵘ里。

043　那到底在哪儿？

nɛ⁴⁵tɔ⁴⁵ti⁴⁴tsɛ²¹na⁴⁴ni⁰nɔ⁰?

那 到 底 在 哪 里 啰？

044　我也说不清楚，你问他去！

ʊ⁴⁴ia⁴⁴kaŋ⁴⁴pu²⁴tɕʰiən³³tsʰəu⁴⁴, n⁴⁴uən²¹tʰa³³tɕʰi⁴⁵!

我 也 讲 不 清　楚，　你 问 他 去！

045　怎么办呢？不是那么办，要这么办才对。

ʊ²¹³ti⁰kɔ⁴⁴nɔ⁰? pu²⁴sɿ²¹nɛ⁴⁵mʊ⁰kɔ⁴⁴ti⁰, iɔ⁴⁵kɛ²⁴mʊ⁰kɔ⁴⁴tsɛ²¹³tei⁴⁵.

何 的 搞 啰？不 是 那 么 搞 的，要 隔ᵘ么 搞 才　对。

ʋ²¹³niºkɔ⁴⁴noº? pu²⁴sɿ²¹nɛ⁴⁵mʋºkɔ⁴⁴, iɔ⁴⁵kɛ²⁴mʋºkɔ⁴⁴tsɛ²¹³tei⁴⁵.

何 里 搞 啰? 不 是 那 么 搞, 要 隔＝么 搞 才 对.

046　要多少才够呢?

iɔ⁴⁵xɔ⁴⁴tʋ³³tsɛ²¹³kəu⁴⁵?

要 好 多 才 够?

iɔ⁴⁵xɔ⁴⁴tʋ³³tsɛ²¹³iəu⁴⁴?

要 好 多 才 有?

047　太多了，要不了那么多，只要这么多就够了。

tʰɛ⁴⁵tʋ³³xən⁴⁴tɛº, pu²⁴iɔ⁴⁵nɛ⁴⁵mʋºtʋ³³, tsɿ²⁴iɔ⁴⁵kɛ²⁴mʋºtʋ³³tɕiəu²¹iəu⁴⁴tɛº.

太 多 很 得, 不 要 那 么 多, 只 要 隔＝么 多 就 有 得.

tʋ³³xən⁴⁴tɛº, iɔ⁴⁵pu²⁴niɔ⁴⁴nɛ⁴⁵mʋºtʋ³³, tsɿ²⁴iɔ⁴⁵kɛ²⁴mʋºtʋ³³tɕiəu²¹kəu⁴⁵kaºtɛº.

多 很 得, 要 不 了 那 么 多, 只 要 隔＝么 多 就 够 咖 得.

048　不管怎么忙，也得好好儿学习。

pu²⁴kõ⁴⁴ʋ²¹³tiºmaŋ²¹³, ia⁴⁴iɔ⁴⁵xɔ⁴⁴xɔºɕyo²⁴ɕi²⁴.

不 管 何 的 忙, 也 要 好 好 学 习.

sei²¹³piĩ⁴⁵ʋ²¹³tiºmaŋ²¹³, ia⁴⁴iɔ⁴⁵xɔ⁴⁴xɔºɕyo²⁴ɕi²⁴.

随 便 何 的 忙, 也 要 好 好 学 习.

049　闻闻这朵花香不香?

nɛ²¹³uən²¹³xa²¹tsɿº, kɛ²⁴tʋ⁴⁴xua³³ɕiaŋ³³pu²⁴ɕiaŋ³³?

来 闻 下 子, 隔＝朵 花 香 不 香?

nɛ²¹³uən²¹³xa²¹kʰæ̃⁴⁵, kɛ²⁴tʋ⁴⁴xua³³kʰʋ⁴⁴ɕiaŋ³³?

来 闻 下 看, 隔＝朵 花 可 香?

nɛ²¹³uən²¹³xa²¹tsɿº, kɛ²⁴tʋ⁴⁴xua³³kʰʋ⁴⁴ɕiaŋ³³pu²⁴ɕiaŋ³³?

来 闻 下 子, 隔＝朵 花 可 香 不 香?

050　好香呀，是不是?

xɔ⁴⁴ɕiaŋ³³noº, kʰʋ⁴⁴sɿ²¹tiº?

好 香 啰, 可 是 的?

xɔ⁴⁴ɕiaŋ³³noº, kʰʋ⁴⁴sɿ²¹pu²⁴sɿ²¹?

好 香 啰, 可 是 不 是?

051　你是抽烟呢，还是喝茶?

n⁴⁴sɿ²¹tɕʰia²⁴iĩ³³nɛº, xa²¹³sɿ²¹tɕʰia²⁴tsa²¹³?

你 是 吃 烟 呢, 还 是 吃 茶?

nⁿ⁴⁴tɕʰia²⁴iĩ³³xa²¹³sʅ²¹tɕʰia²⁴tsa²¹³?

你 吃　烟 还　是 吃　茶?

nⁿ⁴⁴tɕʰia²⁴iĩ³³tɕʰia²⁴tsa²¹³?

你 吃　烟 吃　茶?

052　烟也好，茶也好，我都不喜欢。

iĩ³³ia⁴⁴xɔ⁴⁴, tsa²¹³ia⁴⁴xɔ⁴⁴, ʋ⁴⁴təu³³pu²⁴ɕi⁴⁴xõ³³.

烟也好， 茶　也好，我 都　不 喜欢。

iĩ³³ia⁴⁴xɔ⁴⁴, tsa²¹³ia⁴⁴xɔ⁴⁴, ʋ⁴⁴təu³³pu²⁴ɕi⁴⁴xõ³³.

烟也好， 茶　也 好，我 都　不 喜欢。

053　医生叫你多睡一睡，抽烟喝茶都不行。

nⁿaŋ²¹³tsən³³iɔ⁴⁵nⁿ⁴⁴tʊ³³kʰuən⁴⁵xa²¹tsʅ⁰, tɕʰia²⁴iĩ³³tɕʰia²⁴tsa²¹³təu³³pu²⁴ɕiən²¹³.

郎　中 要你 多困 下子, 吃　烟吃　茶 都　不 行。

nⁿaŋ²¹³tsən³³iɔ⁴⁵nⁿ⁴⁴tʊ³³kʰuən⁴⁵xa²¹tsʅ⁰, tɕʰia²⁴iĩ³³tɕʰia²⁴tsa²¹³təu³³pu²⁴iɔ⁴⁵.

郎　中 要你 多困 下子, 吃　烟吃　茶 都　不 要。

054　咱们一边走一边说。

ʋ⁴⁴mən⁰i²⁴piĩ³³tsəu⁴⁴i²⁴piĩ³³kaŋ⁴⁴.

我们 一边 走　一 边讲。

ʋ⁴⁴mən⁰piĩ³³tsəu⁴⁴piĩ³³kaŋ⁴⁴.

我们 边走　边 讲。

ʋ⁴⁴mən⁰tɛ⁴⁵tsəu⁴⁴tɛ⁴⁵kaŋ⁴⁴.

我们 带走 带讲。

055　这个东西好是好，就是太贵了。

ko²⁴kʊ⁴⁵tən³³ɕi⁰xɔ⁴⁴sʅ⁰xɔ⁴⁴, tɕiəu²¹sʅ²¹tʰɛ⁴⁵kui⁴⁵tɛ⁰.

各ᵈ个 东 西好 是好, 就　 是太 贵 得。

056　这个东西虽说贵了点儿，不过挺结实的。

kɛ²⁴kʊ⁴⁵tən³³ɕi⁰kui⁴⁵sʅ²¹kui⁴⁵tɛ⁰tiĩ⁴⁴, pu²⁴kʊ⁴⁵mæ̃²¹³nⁿɔ²¹³sʅ²⁴ti⁰.

隔ᵈ个 东 西贵 是贵 得点, 不 过 蛮　牢 实 的。

057　他今年多大了?

tʰa³³kən³³niĩ⁰tʊ³³tɛ²¹tɛ⁰?

他 今　年多 大 得?

058　也就是三十来岁吧。

ia⁴⁴tɕiəu²¹sʅ²¹sæ̃³³sʅ²⁴nⁿɛ⁰sei⁴⁵.

也 就　是 三 十 来岁。

227

ia⁴⁴tɕiəu²¹sɿ²¹sæ̃³³sɿ²⁴sei⁴⁵saŋ²¹xa²¹.

也 就 是 三 十 岁 上 下。

059 看上去不过三十多岁的样子。

kʰæ̃⁴⁵tɕʰi⁰nɛ⁰pu²⁴kʊ⁴⁵sæ̃³³sɿ²⁴tʊ³³sei⁴⁵ti⁰iaŋ²¹tsɿ⁰.

看 起 来不 过 三 十 多 岁 的 样 子。

060 这个东西有多重呢?

kɛ²⁴kʊ⁴⁵tən³³ɕi⁰iəu⁴⁴tʊ³³tsən²¹?

隔⁼个 东 西 有 多 重?

061 怕有五十多斤吧。

tɛ²¹kʰɛ⁴⁵iəu⁴⁴u⁴⁴sɿ²⁴tʊ³³tɕiən³³pa⁰.

大概 有 五 十 多 斤 吧。

pʰa⁴⁵iəu⁴⁴u⁴⁴sɿ²⁴tʊ³³tɕiən³³pa⁰.

怕 有 五 十 多 斤 吧。

062 我五点半就起来了, 你怎么七点了还不起来?

ʋ⁴⁴u⁴⁴tiĩ⁴⁴põ⁴⁵tɕiəu²¹tɕʰi⁴⁴nɛ²¹³tɛ⁰, n⁴⁴ʋ²¹³ti⁰tɕʰi²⁴tiĩ⁴⁴tɛ⁰xa²¹³pu²⁴tɕʰi⁴⁴nɛ²¹³?

我 五点 半 就 起 来 得,你何 的 七 点 得还 不 起 来?

ʋ⁴⁴u⁴⁴tiĩ⁴⁴põ⁴⁵tɕiəu²¹tɕʰi⁴⁴nɛ²¹³ka⁰tɛ⁰, n⁴⁴ʋ²¹³ti⁰tɕʰi²⁴tiĩ⁴⁴tɛ⁰xa²¹³pu²⁴tɕʰi⁴⁴nɛ²¹³?

我 五点 半 就 起 来 咖得,你何 的 七 点 得还 不 起 来?

063 三四个人盖一床被。一床被盖三四个人。

sæ̃³³sɿ⁴⁵kʊ⁴⁵niən²¹³kɛ⁴⁵i²⁴tsaŋ²¹³pei²¹tsɿ⁰. i²⁴tsaŋ²¹³pei²¹tsɿ⁰kɛ⁴⁵sæ̃³³sɿ⁴⁵kʊ⁴⁵niən²¹³.

三 四 个 人 盖 一 床 被 子。一 床 被 子盖 三 四 个 人。

064 一个大饼夹一根油条。一根油条外加一个大饼。

i²⁴kʊ⁴⁵tɛ²¹piən⁴⁴ka²⁴i²⁴kən³³iəu²¹³tiɔ²¹³. i²⁴kən³³iəu²¹³tiɔ²¹³uɛ²¹tɕia³³i²⁴kʊ⁴⁵tɛ²¹piən⁴⁴.

一 个 大 饼 夹一根 油 条。一 根 油 条 外加 一 个 大 饼。

065 两个人坐一张凳子。一张凳子坐了两个人。

niæ̃⁴⁴kʊ⁴⁵niən²¹³tsʊ²¹i²⁴tiɔ²¹³pæ̃⁴⁴tən⁴⁵. i²⁴tiɔ²¹³pæ̃⁴⁴tən⁴⁵tsʊ²¹tɛ⁰niæ̃⁴⁴kʊ⁴⁵niən²¹³.

两 个 人 坐 一条 板 凳。一 条 板 凳 坐 得两 个 人。

066 一辆车装三千斤麦子。三千斤麦子刚好够装一辆车。

i²⁴pu²¹tsʰa³³tsɿ⁰tsaŋ³³sæ̃³³tɕʰiĩ³³tɕiən³³mɛ²⁴tsɿ⁰. sæ̃³³tɕʰiĩ³³tɕiən³³mɛ²⁴tsɿ⁰tɕiaŋ³³xɔ⁴⁴kəu⁴⁵

一 部 车 子 装 三 千 斤 麦 子。三 千 斤 麦 子刚 好 够

tsaŋ³³i²⁴pu²¹tsʰa³³.

装 一 部 车。

067　十个人吃一锅饭。一锅饭吃十个人。

sʅ²⁴kʊ⁴⁵niən²¹³tɕʰia²⁴i²⁴kʊ³³fæ²¹. i²⁴kʊ³³fæ²¹kəu⁴⁵tɕʰia²⁴sʅ²⁴kʊ⁴⁵niən²¹³.

十 个 人　 吃　一 锅 饭。一 锅 饭 够 吃　 十 个 人。

068　十个人吃不了这锅饭。这锅饭吃不了十个人。

sʅ²⁴kʊ⁴⁵niən²¹³tɕʰia²⁴pu²⁴tiɔ⁴⁵kᴇ²⁴kʊ³³fæ²¹. kᴇ²⁴kʊ³³fæ²¹tɕʰia²⁴pu²⁴niɔ⁴⁴sʅ²⁴kʊ⁴⁵niən²¹³.

十 个 人　 吃　不 掉 隔⁼锅 饭。隔⁼锅 饭 吃　不 了 十 个 人。

069　这个屋子住不下十个人。

kᴇ²⁴kʊ⁴⁵u²⁴ɕiᴇ²⁴pu²⁴xa²¹sʅ²⁴kʊ⁴⁵niən²¹³.

隔⁼个 屋 歇 不 下 十 个 人。

070　小屋堆东西，大屋住人。

ɕi⁴⁵u²⁴tei³³tən³³ɕi⁰, tᴇ²¹u²⁴ɕiᴇ²⁴niən²¹³.

细 屋 堆　东 西，大 屋 歇 人。

071　他们几个人正说着话呢。

tʰa³³mən⁰tɕi⁴⁴kʊ⁴⁵niən²¹³tsɛ²¹nɛ⁴⁵ni⁰kaŋ⁴⁴xua²¹.

他 们 几 个 人　 在 那 里 讲 话。

tʰa³³mən⁰tɕi⁴⁴kʊ⁴⁵niən²¹³tsɛ²¹kᴇ²⁴ni⁰kaŋ⁴⁴xua²¹.

他 们 几 个 人　 在 隔⁼里 讲 话。

072　桌上放着一碗水，小心别碰倒了。

tso²⁴saŋ⁰faŋ⁴⁵tᴇ⁰i²⁴ɔ̃⁴⁴ɕy⁴⁴, xɔ⁴⁴sən³³piᴇ²⁴pʰən⁴⁵pʰᴇ²⁴ka⁰tᴇ⁰.

桌 上 放 得 一 碗 水，好 生 别 碰　泼 咖 得。

073　门口站着一帮人，在说着什么。

mən²¹³kʰəu⁴⁴tsæ⁴⁵tᴇ⁰i²⁴paŋ³³niən²¹³, tsɛ²¹kaŋ⁴⁴mʊ⁴⁴tsʅ⁰tən³³ɕi⁰.

门　 口　站 得 一 帮 人，　在 讲 么 子 东 西。

074　坐着吃好，还是站着吃好？

tsʊ²¹tᴇ⁰tɕʰia²⁴xɔ⁴⁴, xa²¹³sʅ²¹tsæ⁴⁵tᴇ⁰tɕʰia²⁴xɔ⁴⁴?

坐 得 吃　好，还 是 站 得 吃　 好？

tsʊ²¹nɛ⁴⁵ni⁰tɕʰia²⁴xɔ⁴⁴, xa²¹³sʅ²¹tsæ⁴⁵nɛ⁴⁵ni⁰tɕʰia²⁴xɔ⁴⁴?

坐 那 里 吃　好，还 是 站 那 里 吃　 好？

075　想着说，不要抢着说。

ɕiaŋ⁴⁴tᴇ⁰kaŋ⁴⁴, mo²⁴iɔ⁴⁵tɕʰiaŋ⁴⁴tᴇ⁰kaŋ⁴⁴.

想　 得 讲，莫 要 抢　 得 讲。

076 说着说着就笑起来了。

kaŋ⁴⁴tɛ⁰kaŋ⁴⁴tɛ⁰tɕiəu²¹ɕiɔ⁴⁵tɕʰi⁰nɛ⁰tɛ⁰.

讲　得讲　得就　　笑　起来得。

kaŋ⁴⁴a⁰kaŋ⁴⁴ti⁰tɕiəu²¹ɕiɔ⁴⁵tɕʰi⁰nɛ⁰tɛ⁰.

讲　啊讲　的就　　笑　起来得。

077 别怕！你大着胆子说吧。

mo²⁴iɔ⁴⁵pʰa⁴⁵! n⁴⁴faŋ⁴⁵kʰɛ³³tæ⁴⁴tsη⁰kaŋ⁴⁴pa⁰.

莫　要怕！你放　开　胆子讲　吧。

078 这个东西重着呢，足有一百来斤。

kɛ²⁴kʊ⁴⁵tən³³ɕi⁰tsən²¹ti⁰xən⁴⁴, tsəɔ²⁴tsəɔ²⁴iəu⁴⁴i²⁴pɛ²⁴nɛ⁰tɕiən³³.

隔＝个东　西重　的很，　足　足　有一百来斤。

079 他对人可好着呢。

tʰa³³tei⁴⁵niən²¹³xən⁴⁴xɔ⁴⁴.

他对人　　很　好。

080 这小伙子可有劲着呢。

kɛ²⁴kʊ⁴⁵xəu²¹sən³³xən⁴⁴iəu⁴⁴tɕiən⁴⁵.

隔＝个后　生很　有　劲。

081 别跑，你给我站着！

mo²⁴iɔ⁴⁵ pʰɔ⁴⁴, n⁴⁴tɛ⁴⁵ʊ⁴⁴tsæ⁴⁵tɛ⁰.

莫　要跑，你带我站　得！

082 下雨了，路上小心着！

no²⁴y⁴⁴tɛ⁰, nəu²¹saŋ²¹ɕiɔ⁴⁴ɕiən³³tiæ⁴⁴tiæ⁴⁵!

落雨得，路上　小心　点点！

083 点着火了。着凉了。

xʊ⁴⁴tiĩ⁴⁴niĩ²¹³tɛ⁰. səu²¹niaŋ²¹³tɛ⁰.

火点燃　得。受　凉　得。

084 甭着急，慢慢儿来。

mo²⁴iɔ⁴⁵tɕi²⁴, mæ²¹mæ²¹nɛ⁰.

莫　要急，慢　慢　来。

085 我正在这儿找着，还没找着。

ʊ⁴⁴tsɛ²¹kɛ²⁴ni⁰tsɔ⁴⁴, xa²¹³mɔ²¹tsɔ⁴⁴tɔ⁴⁵.

我在隔＝里找，还有　找　到。

086　她呀，可厉害着呢!

tʰa³³a⁰, kʰʊ⁴⁴ni⁴⁵xɛ⁴⁵tɛ⁰!

她 啊，可 厉害 得!

tʰa³³xən⁴⁴ni⁴⁵xɛ⁴⁵!

她 很 厉害!

087　这本书好看着呢。

kɛ²⁴pən⁴⁴ɕy³³xən⁴⁴xɔ⁴⁴kʰæ̃⁴⁵nɛ⁰.

隔 本 书 很 好看 呢。

088　饭好了，快来吃吧。

fæ̃²¹xɔ⁴⁴ka⁰tɛ⁰, kʰuɛ⁴⁵nɛ²¹³tɕʰia²⁴pa⁰.

饭 好 咖 得，快 来 吃 吧。

fæ̃²¹xɔ⁴⁴tɛ⁰, kʰuɛ⁴⁵nɛ²¹³tɕʰia²⁴pa⁰.

饭 好 得，快 来 吃 吧。

089　锅里还有饭没有? 你去看一看。

kʊ³³ni⁰kʰʊ⁴⁴iəu⁴⁴fæ̃²¹tɛ⁰no⁰? n⁴⁴tɕʰi⁴⁵kʰæ̃⁴⁵kʰæ̃⁰.

锅 里 可 有 饭 得 啰? 你 去 看 看。

kʊ³³ni⁰kʰʊ⁴⁴iəu⁴⁴fæ̃²¹mɔ²¹tɛ⁰fæ̃²¹? n⁴⁴tɕʰi⁴⁵kʰæ̃⁴⁵kʰæ̃⁰.

锅 里 可 有 饭 冇 得 饭? 你 去 看 看。

090　我去看了，没有饭了。

ʊ⁴⁴tɕʰi⁴⁵kʰæ̃⁴⁵tɛ⁰, mɔ²¹tɛ⁰fæ̃²¹tɛ⁰.

我 去 看 得，冇 得 饭 得。

091　就剩一点儿了，吃了得了。

tɕiəu²¹sən²¹i²⁴tiæ̃⁴⁴tiæ̃⁴⁵, tɕʰia²⁴ka⁰sõ⁴⁵tɛ⁰.

就 剩 一 点 点，吃 咖 算 得。

092　吃了饭要慢慢儿地走，别跑，小心肚子疼。

tɕʰia²⁴ka⁰tɛ⁰fæ̃²¹iɔ⁴⁵mæ̃²¹mæ̃²¹ti⁰tsəu⁴⁴, mo²⁴iɔ⁴⁵pʰɔ⁴⁴, ɕiɔ⁴⁴ɕiən³³təu⁴⁴tsʅ⁰tʰən⁴⁵.

吃 咖 得 饭 要 慢 慢 地 走，莫 要 跑，小 心 肚 子 痛。

tɕʰia²⁴ka⁰fæ̃²¹iɔ⁴⁵mæ̃²¹mæ̃²¹ti⁰tsəu⁴⁴, mo²⁴iɔ⁴⁵pʰɔ⁴⁴, ɕiɔ⁴⁴ɕiən³³təu⁴⁴tsʅ⁰tʰən⁴⁵.

吃 咖 饭 要 慢 慢 的 走，莫 要 跑，小 心 肚 子 痛。

093　他吃了饭了，你吃了饭没有呢?

tʰa³³tɕʰia²⁴ka⁰tɛ⁰fæ̃²¹tɛ⁰, n⁴⁴tɕʰia²⁴mɔ²¹tɕʰia²⁴?

他 吃 咖 得 饭 得，你 吃 冇 吃?

tʰa³³tɕʰia²⁴tE⁰fæ̃²¹tE⁰, n⁴⁴tɕʰia²⁴tE⁰mɔ²¹iəu⁴⁴?

他 吃 得饭得,你吃 得冇 有?

tʰa³³tɕʰia²⁴tE⁰fæ̃²¹tE⁰, n⁴⁴tɕʰia²⁴ka⁰tE⁰mɔ²¹tɕʰia²⁴no⁰?

他 吃 得饭得,你吃 咖得冇 吃 啰?

tʰa³³tɕʰia²⁴ka⁰fæ̃²¹tE⁰, n⁴⁴kʰʊ⁴⁴tɕʰia²⁴ka⁰tE⁰?

他 吃 咖饭得,你可 吃 咖得?

tʰa³³tɕʰia²⁴fæ̃²¹tE⁰, n⁴⁴kʰʊ⁴⁴tɕʰia²⁴mɔ²¹tɕʰia²⁴?

他 吃 饭得,你可 吃 冇 吃?

tʰa³³fæ̃²¹tɕʰia²⁴ka⁰tE⁰, n⁴⁴kʰʊ⁴⁴tɕʰia²⁴ka⁰tE⁰?

他 饭 吃 咖得,你可 吃 咖得?

094 **我喝了茶还是渴。**

ʊ⁴⁴tɕʰia²⁴ka⁰tE⁰tsa²¹³xa²¹³sɿ²¹kæ̃³³.

我 吃 咖得茶 还 是 干。

ʊ⁴⁴tɕʰia²⁴tE⁰tsa²¹³xa²¹³sɿ²¹kæ̃³³.

我 吃 得茶 还 是 干。

095 **我吃了晚饭,出去溜达了一会儿,回来就睡下了,还做了个梦。**

ʊ⁴⁴tɕʰia²⁴ka⁰ia²¹fæ̃²¹, tɕʰy²⁴tɕʰi⁴⁵nɔ⁴⁵tE⁰i²⁴xa²¹, xui²¹³nɛ⁰tɕiəu²¹kʰuən⁴⁵ka⁰tE⁰, xa²¹³tsəu⁴⁵

我 吃 咖夜饭, 出 去 闹 得一下, 回 来就 困 咖得,还 做

tE⁰i²⁴kʊ⁴⁵mən²¹.

得一个 梦。

ʊ⁴⁴tɕʰia²⁴tE⁰ia²¹fæ̃²¹, tɕʰy²⁴tɕʰi⁴⁵nɔ⁴⁵tE⁰i²⁴xa²¹, xui²¹³nɛ⁰tɕiəu²¹kʰuən⁴⁵ka⁰tE⁰, xa²¹³tsəu⁴⁵

我 吃 得夜饭, 出 去 闹 得一下, 回 来就 困 咖得,还 做

tE⁰i²⁴kʊ⁴⁵mən²¹.

得一个 梦。

ʊ⁴⁴tɕʰia²⁴tE⁰ia²¹fæ̃²¹, tɕʰy²⁴tɕʰi⁴⁵nɔ⁴⁵tE⁰i²⁴xa²¹, xui²¹³nɛ⁰tɕiəu²¹kʰuən⁴⁵tE⁰, xa²¹³tsəu⁴⁵ka⁰i²⁴

我 吃 得夜饭, 出 去 闹 得一下, 回 来就 困 得,还 做 咖一

kʊ⁴⁵mən²¹.

个 梦。

096 **吃了这碗饭再说。**

tɕʰia²⁴ka⁰tE⁰kE²⁴õ⁴⁴fæ̃²¹tsɛ⁴⁵kɑŋ⁴⁴.

吃 咖得隔⁼碗饭 再 讲。

tɕʰia²⁴ka⁰kɛ²⁴õ⁴⁴fæ̃²¹tsɛ⁴⁵kaŋ⁴⁴.

吃　咖隔⁼碗饭 再 讲。

tɕʰia²⁴tɛ⁰kɛ²⁴õ⁴⁴fæ̃²¹tsɛ⁴⁵kaŋ⁴⁴.

吃　得隔⁼碗饭 再 讲。

097　我昨天照了相了。

ʋ⁴⁴tso²⁴ni⁰tsɔ⁴⁵tɛ⁰ɕiaŋ⁴⁵tɛ⁰.

我 昨 日 照 得相　得。

ʋ⁴⁴tso²⁴ni⁰tsɔ⁴⁵ka⁰ɕiaŋ⁴⁵tɛ⁰.

我昨 日 照 咖相　得。

tso²⁴ni⁰ʋ⁴⁴tsɔ⁴⁵ka⁰tɛ⁰ɕiaŋ⁴⁵tɛ⁰.

昨 日我 照 咖得相　得。

098　有了人，什么事都好办。

iəu⁴⁴tɛ⁰niən²¹³, mʋ⁴⁴tsʅ⁰sʅ²¹təu³³xɔ⁴⁴pæ̃²¹.

有 得人，　么 子事都 好 办。

099　不要把茶杯打碎了。

mo²⁴iɔ⁴⁵pa⁴⁴tsa²¹³pei³³tsʅ⁰ta⁴⁴sei⁴⁵ka⁰tɛ⁰.

莫 要把茶 杯 子打碎 咖得。

mo²⁴iɔ⁴⁵pa⁴⁴tsa²¹³pei³³tsʅ⁰ta⁴⁴sei⁴⁵tɛ⁰.

莫 要把茶 杯 子打碎 得。

100　你快把这碗饭吃了，饭都凉了。

n⁴⁴kʰuɛ⁴⁵pa⁴⁴kɛ²⁴õ⁴⁴fæ̃²¹tɕʰia²⁴ka⁰tɛ⁰, fæ̃²¹təu³³niaŋ²¹³ka⁰tɛ⁰.

你快　把隔⁼碗饭吃　咖得,饭 都 凉　咖得。

n⁴⁴kʰuɛ⁴⁵pa⁴⁴kɛ²⁴õ⁴⁴fæ̃²¹tɕʰia²⁴ka⁰, fæ̃²¹təu³³niaŋ²¹³tɛ⁰.

你快　把隔⁼碗饭吃　咖,饭都凉　得。

n⁴⁴kʰuɛ⁴⁵tɕʰia²⁴tɛ⁰kɛ²⁴õ⁴⁴fæ̃²¹, fæ̃²¹təu³³niaŋ²¹³ka⁰tɛ⁰.

你快　吃 得隔⁼碗饭,饭都凉　咖得。

101　下雨了。雨不下了，天晴开了。

no²⁴y⁴⁴tɛ⁰. y⁴⁴pu²⁴no²⁴tɛ⁰, tʰiĩ³³kʰɛ³³naŋ⁴⁴saŋ⁴⁴tɛ⁰.

落 雨得。雨不 落 得,天 开 朗 爽 得。

y⁴⁴pu²⁴no²⁴tɛ⁰, tʰiĩ³³tɕiən²¹³ka⁰tɛ⁰.

雨不 落 得,天 晴　咖得。

102 打了一下。去了一趟。

ta⁴⁴tɛ⁰i²⁴xa²¹. tɕʰi⁴⁵tɛ⁰i²⁴tʰɑŋ⁴⁵.

打 得一下。去 得一趟。

ta⁴⁴ka⁰tɛ⁰i²⁴xa²¹. tɕʰi⁴⁵ka⁰tɛ⁰i²⁴tʰɑŋ⁴⁵.

打 咖 得一下。去 咖 得一趟。

ta⁴⁴ka⁰i²⁴xa²¹. tɕʰi⁴⁵ka⁰i²⁴tʰɑŋ⁴⁵.

打 咖一下。去 咖一趟。

103 晚了就不好了，咱们快点儿走吧！

ŋæ̃⁴⁵tɛ⁰tɕiəu²¹pu²⁴xɔ⁴⁴tɛ⁰, ʋ⁴⁴mən⁰kʰuɛ⁴⁵tiæ̃⁴⁴tiæ̃⁴⁵tsəu⁴⁴pa⁰!

晏 得就 不 好 得,我们 快 点 点 走 吧!

104 给你三天时间做得了做不了？

pa⁴⁴n⁴⁴sæ̃³³tʰiĩ³³tsəu⁴⁵tɛ⁰niɔ⁴⁴tsəu⁴⁵pu⁰niɔ⁴⁴?

把 你 三 天 做 得了 做 不 了?

pa⁴⁴n⁴⁴sæ̃³³tʰiĩ³³kʰʋ⁴⁴tsəu⁴⁵tɛ⁰xɔ⁴⁴?

把 你 三 天 可 做 得好?

pa⁴⁴n⁴⁴sæ̃³³tʰiĩ³³kʰʋ⁴⁴tsəu⁴⁵tɛ⁰xɔ⁴⁴tsəu⁴⁵pu⁰xɔ⁴⁴?

把 你 三 天 可 做 得好 做 不好?

105 你做得了，我做不了。

n⁴⁴tsəu⁴⁵tɛ⁰niɔ⁴⁴, ʋ⁴⁴tsəu⁴⁵pu²⁴niɔ⁴⁴.

你 做 得了,我 做 不 了。

106 你骗不了我。

n⁴⁴pʰiĩ⁴⁵pu²⁴niɔ⁴⁴ʋ⁴⁴.

你 骗 不 了 我。

n⁴⁴pʰiĩ⁴⁵ʋ⁴⁴pu²⁴niɔ⁴⁴.

你 骗 我 不 了。

107 了了这桩事情再说。

niɔ⁴⁴ka⁰tɛ⁰kɛ²⁴tsaŋ³³sʅ²¹tsɛ⁴⁵kaŋ⁴⁴.

了 咖得隔ᐵ桩 事再 讲。

niɔ⁴⁴ka⁰kɛ²⁴tsaŋ³³sʅ²¹tsɛ⁴⁵kaŋ⁴⁴.

了 咖隔ᐵ桩 事再 讲。

108 这间房没住过人。

kɛ²⁴kʋ⁴⁵faŋ²¹³kæ̃³³mɔ²¹ɕiɛ²⁴kʋ⁴⁵niən²¹³.

隔ᐵ个 房 间 冇 歇过 人。

109　这牛拉过车，没骑过人。

kɛ²⁴tiɔ²¹³niəu²¹³na³³kʊ⁴⁵tsʰa³³, mɔ²¹tɕi²¹³kʊ⁴⁵niən²¹³.

隔＝条　牛　拉过　车，　冇　骑过　人。

kɛ²⁴tiɔ²¹³niəu²¹³tsʰa³³na³³kʊ⁴⁵, niən²¹³mɔ²¹tɕi²¹³kʊ⁴⁵.

隔＝条　牛　　车　拉过，人　　冇　骑　过。

110　这小马还没骑过人，你小心点儿。

kɛ²⁴kʊ⁴⁵ɕi⁵⁵ma⁴⁴xa²¹³mɔ²¹tɕi²¹³kʊ⁴⁵niən²¹³, n⁴⁴ɕiɔ⁴⁴ɕiən³³tiæ⁴⁴.

隔＝个细马还　冇　骑过人，　你小心　点。

ko²⁴kʊ⁴⁵ɕi⁵⁵ma⁴⁴xa²¹³mɔ²¹tɛ⁰niən²¹³tɕi²¹³kʊ⁴⁵, n⁴⁴ɕiɔ⁴⁴ɕiən³³tiæ⁴⁴.

各＝个细马还　冇　得人　骑　过，你小心　点。

111　丢在街上了。搁在桌上了。

tiəu³³tsɛ²¹kɛ³³saŋ²¹tɛ⁰. faŋ⁴⁵tso²⁴tsʅ⁰saŋ²¹tɛ⁰.

丢　在　街　上得。放桌子上得。

tiəu³³tsɛ²¹kɛ³³saŋ²¹tɛ⁰. faŋ⁴⁵tsɛ²¹tso²⁴tsʅ⁰saŋ²¹tɛ⁰.

丢　在　街　上得。放在桌子上得。

112　掉到地上了，怎么都没找着。

tiɛ²⁴tɔ⁴⁵ti²¹xa²¹tɛ⁰, ʊ²¹³ni⁰tɕiən²¹³ia⁴⁴mɔ²¹tɕiən²¹³tɔ⁴⁵.

跌　到地下得，何里寻　也冇寻　到。

113　今晚别走了，就在我家住下吧！

kən³³ni⁰ia²¹xa²¹tsʅ⁰mo²⁴tsəu⁴⁴tɛ⁰, tɕiəu²¹tsɛ²¹ʊ⁴⁴u²⁴ni⁰ɕiɛ²⁴!

今　日夜下子莫　走　得，就　在我屋里歇！

114　这些果子吃得吃不得？

kɛ²⁴ɕia⁰kʊ⁴⁴tsʅ⁰kʰʊ⁴⁴tɕʰia²⁴tɛ⁰tɕʰia²⁴pu²⁴tɛ⁰?

隔＝些果　子　可　吃　得吃　不得？

kɛ²⁴ɕia⁰kʊ⁴⁴tsʅ⁰tɕʰia²⁴tɛ⁰tɕʰia²⁴pu²⁴tɛ⁰?

隔＝些果　子吃　得吃　不得？

kɛ²⁴ɕia⁰kʊ⁴⁴tsʅ⁰kʰʊ⁴⁴tɕʰia²⁴tɛ⁰?

隔＝些果　子可　吃　得？

115　这是熟的，吃得。那是生的，吃不得。

kɛ²⁴sʅ²¹səo²⁴ti⁰, tɕʰia²⁴tɛ⁰. nɛ⁴⁵sʅ²¹sən³³ti⁰, tɕʰia²⁴pu²⁴tɛ⁰.

隔＝是熟　的，吃　得。那是生　的，吃　不得。

kɛ²⁴sʅ²¹səo²⁴ti⁰, nən²¹³tɕʰia²⁴. nɛ⁴⁵sʅ²¹sən³³ti⁰, pu²⁴nən²¹³tɕʰia²⁴.

隔⁼是 熟 的, 能 吃。 那 是 生 的, 不 能 吃。

116 你们来得了来不了?

n⁴⁴niən⁰nɛ²¹³tɛ⁰niɔ⁴⁴nɛ²¹³pu²⁴niɔ⁴⁴?

你 人 来 得 了 来 不 了?

n⁴⁴niən⁰kʰʊ⁴⁴nɛ²¹³tɛ⁰niɔ⁴⁴nɛ²¹³pu²⁴niɔ⁴⁴?

你 人 可 来 得 了 来 不 了?

n⁴⁴niən⁰kʰʊ⁴⁴nɛ²¹³tɛ⁰niɔ⁴⁴?

你 人 可 来 得 了?

117 我没事,来得了,他太忙,来不了。

ʊ⁴⁴mɔ²¹tɛ⁰sʅ²¹, nɛ²¹³tɛ⁰niɔ⁴⁴, tʰa³³tʰɛ⁴⁵maŋ²¹³, nɛ²¹³pu²⁴niɔ⁴⁴.

我 冇 得 事, 来 得 了, 他 太 忙, 来 不 了。

118 这个东西很重,拿得动拿不动?

kɛ²⁴kʊ⁴⁵tən³³ɕi⁰xən⁴⁴tsən²¹, kʰʊ⁴⁴na³³tɛ⁰tɕʰi⁴⁴na³³pu²⁴tɕʰi⁴⁴?

隔⁼个 东 西 很 重, 可 拿 得 起 拿 不 起?

kɛ²⁴kʊ⁴⁵tən³³ɕi⁰xən⁴⁴tsən²¹, na³³tɛ⁰tɕʰi⁴⁴na³³pu²⁴tɕʰi⁴⁴?

隔⁼个 东 西 很 重, 拿 得 起 拿 不 起?

kɛ²⁴kʊ⁴⁵tən³³ɕi⁰xən⁴⁴tsən²¹, kʰʊ⁴⁴na³³tɛ⁰tɕʰi⁴⁴?

隔⁼个 东 西 很 重, 可 拿 得 起?

kɛ²⁴kʊ⁴⁵tən³³ɕi⁰xən⁴⁴tsən²¹, na³³tɛ⁰tɕʰi⁴⁴pu⁰?

隔⁼个 东 西 很 重, 拿 得 起 不?

kɛ²⁴kʊ⁴⁵tən³³ɕi⁰xən⁴⁴tsən²¹, na³³pu²⁴na³³tɛ⁰tɕʰi⁴⁴?

隔⁼个 东 西 很 重, 拿 不 拿 得 起?

119 我拿得动,他拿不动。

ʊ⁴⁴na³³tɛ⁰tɕʰi⁴⁴, tʰa³³na³³pu²⁴tɕʰi⁴⁴.

我 拿 得 起, 他 拿 不 起。

120 真不轻,重得连我都拿不动了。

tsən³³pu²⁴tɕʰiən³³tɕʰiɔ⁴⁴, tsən²¹tɛ⁰niĩ²¹³ʊ⁴⁴ia⁴⁴na³³pu²⁴tɕʰi⁴⁴tɛ⁰.

真 不 轻 巧, 重 得 连 我 也 拿 不 起 得。

121 他手巧,画得很好看。

tʰa³³səu⁴⁴tɕʰiɔ⁴⁴, xua²¹tɛ⁰xən⁴⁴xɔ⁴⁴.

他 手 巧, 画 得 很 好。

236

tʰa³³səu⁴⁴tɕʰiɔ⁴⁴, xua²¹tɛ⁰xɔ⁴⁴xɔ⁴⁴kʰæ̃⁴⁵.

他 手 巧， 画 得 好 好 看。

122 他忙得很，忙得连吃过饭没有都忘了。

tʰa³³maŋ²¹³tɛ⁰xən⁴⁴, niĩ²¹³tɕʰia²⁴ku⁰fæ̃²¹mɔ²¹tɕʰia²⁴ku⁴⁵fæ̃²¹təu³³uaŋ²¹tɕi⁴⁵ka⁰tɛ⁰.

他 忙 得 很， 连 吃 过饭 有 吃 过饭 都 忘 记 咖得。

123 你看他急得，急得脸都红了。

n⁴⁴kʰæ̃⁴⁵tʰa³³tɕi²⁴tɛ⁰, niĩ⁴⁴təu³³xən²¹³ka⁰tɛ⁰.

你看 他 急得，脸 都 红 咖得。

124 你说得很好，你还会说些什么呢？

n⁴⁴kaŋ⁴⁴tɛ⁰xən⁴⁴xɔ⁴⁴, n⁴⁴xa²¹³ɕiɔ⁴⁴tɛ⁰kaŋ⁴⁴ɕiamɔ⁴⁴tsɿ⁰nɛ⁰?

你 讲 得很 好，你 还 晓 得讲 些 么 子呢？

125 说得到，做得了，真棒！

kaŋ⁴⁴tɛ⁰tɔ⁴⁵, tsəu⁴⁵tɛ⁰niɔ⁴⁴, tsən³³niɔ⁴⁴pu²⁴tɕʰi⁴⁴!

讲 得到，做 得了， 真 了 不 起！

126 这个事情说得说不得呀？

kɛ²⁴ku⁴⁵sɿ²¹kʰʊ⁴⁴kaŋ⁴⁴tɛ⁰kaŋ⁴⁴puˀtɛ⁰?

隔˭个 事 可 讲 得讲 不得？

kɛ²⁴ku⁴⁵sɿ²¹kaŋ⁴⁴tɛ⁰kaŋ⁴⁴puˀtɛ⁰?

隔˭个 事 讲 得讲 不得？

kɛ²⁴ku⁴⁵sɿ²¹kʰʊ⁴⁴kaŋ⁴⁴tɛ⁰?

隔˭个 事 可 讲 得？

127 他说得快不快？听清楚了吗？

tʰa³³kaŋ⁴⁴tɛ⁰kʰuɛ⁴⁵pu²⁴kʰuɛ⁴⁵? tʰiən⁴⁵tɕʰiən³³tsʰəu⁴⁴tɛ⁰mɔ²¹?

他 讲 得快 不快？ 听 清 楚 得有？

tʰa³³kaŋ⁴⁴tɛ⁰kʰʊ⁴⁴kʰuɛ⁴⁵? kʰʊ⁴⁴tʰiən⁴⁵tɕʰiən³³tsʰəu⁴⁴tɛ⁰?

他 讲 得可 快？ 可听 清 楚 得？

tʰa³³kaŋ⁴⁴tɛ⁰kʰʊ⁴⁴kʰuɛ⁴⁵pu²⁴kʰuɛ⁴⁵? kʰʊ⁴⁴tʰiən⁴⁵tɕʰiən³³tsʰəu⁴⁴tɛ⁰?

他 讲 得可 快 不快？ 可听 清 楚 得？

128 他说得快不快？只有五分钟时间了。

tʰa³³kaŋ⁴⁴tɛ⁰kʰuɛ⁴⁵pu²⁴kʰuɛ⁴⁵? tsɿ²⁴iəu⁴⁴u⁴⁴fən³³tsən³³tɛ⁰.

他 讲 得快 不快？ 只 有 五 分 钟 得。

129　这是他的书。

kɛ²⁴sŋ²¹tʰa³³ti⁰ɕy³³.

隔⁼是　他　的书。

130　那本书是他哥哥的。

nɛ⁴⁵pən⁴⁴ɕy³³sŋ²¹tʰa³³kʊ³³kʊ⁰ti⁰.

那　本　书　是　他　哥　哥　的。

131　桌子上的书是谁的？是老王的。

tso²⁴tsŋ⁰saŋ²¹ti⁰ɕy³³sŋ²¹na⁴⁴kʊ⁴⁵ti⁰? sŋ²¹nɔ⁴⁴uaŋ²¹³ti⁰.

桌　子上　的书　是　哪　个　的？是　老　王　的。

132　屋子里坐着很多人，看书的看书，看报的看报，写字的写字。

u²⁴ni⁰tsʊ²¹tɛ⁰xɔ⁴⁴tʊ³³niən²¹³, kʰæ̃⁴⁵ɕy³³ti⁰kʰæ̃⁴⁵ɕy³³, kʰæ̃⁴⁵pɔ⁴⁵ti⁰kʰæ̃⁴⁵pɔ⁴⁵, ɕia³³tsŋ²¹ti⁰ɕia³³tsŋ²¹.

屋里坐　得　好多人，　看书　的看书，看报的看报，写字的写字。

u²⁴ni⁰xɔ⁴⁴tʊ³³niən²¹³tsʊ²¹nɛ⁴⁵ni⁰, kʰæ̃⁴⁵ɕy³³ti⁰kʰæ̃⁴⁵ɕy³³, kʰæ̃⁴⁵pɔ⁴⁵ti⁰kʰæ̃⁴⁵pɔ⁴⁵, ɕia³³tsŋ²¹ti⁰

屋里好多人　　坐那里，看书的看　书，看报的看　报，写字的

ɕia³³tsŋ²¹.

写　字。

133　要说他的好话，不要说他的坏话。

iɔ⁴⁵kaŋ⁴⁴tʰa³³ti⁰xɔ⁴⁴xua²¹, mo²⁴kaŋ⁴⁴tʰa³³ti⁰xuɛ²¹xua²¹.

要讲　他　的　好话，　莫讲　他　的　坏　话。

134　上次是谁请的客？是我请的。

saŋ²¹xui²¹³sŋ²¹na⁴⁴kʊ⁴⁵tɕʰiən⁴⁴ti⁰kʰɛ²⁴? sŋ²¹ʊ⁴⁴tɕʰiən⁴⁴ti⁰.

上　回　是　哪　个　请　的客？是　我　请　的。

saŋ²¹xui²¹³sŋ²¹na⁴⁴kʊ⁴⁵tɕʰiən⁴⁴kʰɛ²⁴ti⁰? sŋ²¹ʊ⁴⁴tɕʰiən⁴⁴ti⁰.

上　回　是　哪　个　请　客　的？是　我　请　的。

135　你是哪年来的？

n⁴⁴sŋ²¹na⁴⁴nĩĩ²¹³nɛ²¹³ti⁰?

你　是　哪　年　来　的？

136　我是前年到的北京。

ʊ⁴⁴sŋ²¹tɕĩĩ²¹³nĩĩ²¹³tɔ⁴⁵pɛ²⁴tɕiən³³ti⁰.

我　是　前　年　到北京　的。

ʊ⁴⁴sŋ²¹tɕĩĩ²¹³nĩĩ²¹³tɔ⁴⁵ti⁰pɛ²⁴tɕiən³³.

我　是　前　年　到的北京。

137 **你说的是谁？**

n⁴⁴kaŋ⁴⁴ti⁰sʅ²¹na⁴⁴kʋ⁴⁵?

你 讲 的 是 哪 个？

138 **我反正不是说的你。**

ʋ⁴⁴kɔ³³ti³³pu²⁴sʅ²¹kaŋ⁴⁴n⁴⁴.

我 高 低 不 是 讲 你。

139 **他那天是见的老张，不是见的老王。**

tʰa³³nɛ⁴⁵tʰiĩ³³tɕiĩ⁴⁵ti⁰sʅ²¹nɔ⁴⁴tsaŋ³³, pu²⁴sʅ²¹nɔ⁴⁴uaŋ²¹³.

他 那 天 见 的 是 老 张， 不 是 老 王。

140 **只要他肯来，我就没的说了。**

tsʅ²⁴iɔ⁴⁵tʰa³³kʰən⁴⁴nɛ²¹³, ʋ⁴⁴tɕiəu²¹mɔ²¹tɛ²⁴kaŋ⁴⁴ti⁰.

只 要 他 肯 来， 我 就 有 得 讲 的。

tsʅ²⁴iɔ⁴⁵tʰa³³kʰən⁴⁴nɛ²¹³, ʋ⁴⁴tɕiəu²¹mɔ²¹tɛ²⁴kaŋ⁴⁴tɛ⁰.

只 要 他 肯 来， 我 就 有 得 讲 得。

141 **以前是有的做，没的吃。**

i⁴⁴tɕiĩ²¹³sʅ²¹iəu⁴⁴tɛ⁰tsəu⁴⁵, mɔ²¹tɛ⁰tɕʰia²⁴.

以 前 是 有 得 做， 冇 得 吃。

142 **现在是有的做，也有的吃。**

kɔ²⁴sʅ²¹³tɕʰi³³sʅ²¹iəu⁴⁴tɛ⁰tsəu⁴⁵, ia⁴⁴iəu⁴⁴tɛ⁰tɕʰia²⁴.

各＝时 期 是 有 得 做， 也 有 得 吃。

143 **上街买个蒜啊葱的，也方便。**

saŋ²¹kɛ³³mɛ⁴⁴kʋ⁴⁵sõ⁴⁵na⁰, tsʰən³³na⁰, ia⁴⁴faŋ³³piĩ²¹.

上 街 买 个 蒜 啦， 葱 啦， 也 方 便。

saŋ²¹kɛ³³mɛ⁴⁴kʋ⁴⁵sõ⁴⁵a⁰tsʰən³³ti⁰, ia⁴⁴faŋ³³piĩ²¹.

上 街 买 个 蒜 啊 葱 的，也 方 便。

144 **柴米油盐什么的，都有的是。**

tsɛ²¹³mi⁴⁴iəu²¹³iĩ²¹³mʋ⁴⁴tsʅ⁰tən³³ɕi⁰təu³³iəu⁴⁴ti⁰.

柴 米 油 盐 么 子 东 西 都 有 的。

tsɛ²¹³mi⁴⁴iəu²¹³iĩ²¹³mʋ⁴⁴tsʅ⁰təu³³ɕi⁰iəu⁴⁴ti⁰sʅ²¹.

柴 米 油 盐 么 子 东 西 有 的 是。

145 **写字算账什么的，他都能行。**

ɕia⁴⁴tsʅ²¹sõ⁴⁵tsaŋ⁴⁵mʋ⁴⁴tsʅ⁰ti⁰, tʰa³³təu³³nən²¹³ɕiən²¹³.

写 字 算 账 么 子的，他 都 能 行。

146　把那个东西递给我。

pa⁴⁴nɛ⁴⁵kʊ⁰tən³³ɕi⁰ti⁴⁵pa⁴⁴ʊ⁴⁴.

把 那 个 东 西递 把 我。

147　是他把那个杯子打碎了。

sɿ²¹tʰa³³pa⁴⁴nɛ⁴⁵kʊ⁰pei³³tsɿ⁰ta⁴⁴sei⁴⁵ka⁰tɛ⁰.

是 他 把 那 个 杯 子打 碎 咖得。

sɿ²¹tʰa³³pa⁴⁴nɛ⁴⁵kʊ⁰pei³³tsɿ⁰ta⁴⁴sei⁴⁵tiɔ⁴⁵tɛ⁰.

是 他 把 那 个 杯 子打 碎 掉 得。

148　把人家脑袋都打出血了，你还笑！

pa⁴⁴niən²¹³ka⁰nɔ⁴⁴kʰo²⁴təu³³ta⁴⁴tɕʰy²⁴ɕiɛ²⁴tɛ⁰, n⁴⁴xa²¹³ɕiɔ⁴⁵!

把 人 家脑 壳 都 打出 血 得，你 还 笑！

149　快去把书还给他。

kʰuɛ⁴⁵tɕʰi⁴⁵pa⁴⁴ɕy³³fæ̃²¹³pa⁴⁴tʰa³³.

快 去 把书 还 把 他。

150　我真后悔当时没把他留住。

ʊ⁴⁴tsən³³ŋɔ⁴⁵xui⁴⁴taŋ³³sɿ²¹³mɔ²¹pa⁴⁴tʰa³³niəu²¹³tɕy²¹.

我 真 懊悔 当 时 冇 把 他 留 住。

ʊ⁴⁴tsən³³ŋɔ⁴⁵xui⁴⁴taŋ³³sɿ²¹³mɔ²¹niəu²¹³tɕy²¹tʰa³³.

我 真 懊悔 当 时 冇 留 住 他。

151　你怎么能不把人当人呢？

n⁴⁴ʊ²¹³ti⁰nən²¹³pu²⁴pa⁴⁴niən²¹³taŋ³³niən²¹³?

你 何 的能 不 把 人 当 人？

n⁴⁴ʊ²¹³ti⁰nən²¹³pa⁴⁴niən²¹³pu²⁴taŋ³³niən²¹³?

你 何 的能 把 人 不 当 人？

152　有的地方管太阳叫日头。

iəu⁴⁴ɕia⁰tsʰaŋ⁴⁴tsɿ⁰pa⁴⁴tʰɛ⁴⁵iaŋ⁰tɕiɔ⁴⁵ni²⁴təu⁰.

有 些 场 子把 太 阳 叫 日 头。

iəu⁴⁴ɕia⁰tsʰaŋ⁴⁴tsɿ⁰tɕiɔ⁴⁵tʰɛ⁴⁵iaŋ⁰ui²¹³ni²⁴təu⁰.

有 些 场 子叫 太 阳 为 日 头。

153　什么？她管你叫爸爸！

mʊ⁴⁴tsɿ⁰a⁰? tʰa³³tɕiɔ⁴⁵n⁴⁴tɕiɔ⁴⁵pa²⁴pa⁰!

么 子啊？她 叫 你 叫 爸 爸！

ʊ²¹³tiˀºaˀ? tʰa³³tɕiɔ⁴⁵n⁴⁴pa²⁴paº!

何 的 啊? 他 叫 你 爸 爸!

154　你拿什么都当真的，我看没必要。

n⁴⁴pa⁴⁴mʊ⁴⁴tsʅºtəu³³taŋ⁴⁵tsən³³tiº, ʊ⁴⁴kʰæ⁴⁵mɔ²¹tEºpi²⁴iɔ⁴⁵.

你 把 么 子 都 当 真 的,我 看 有 得 必 要。

155　真拿他没办法，烦死我了。

tsən³³na³³tʰa³³mɔ²¹pæ̃²¹fa²⁴, fæ̃²¹³sʅ⁴⁴ʊ⁴⁴tEº.

真 拿 他 有 办 法, 烦 死 我 得。

tei⁴⁵tʰa³³ʊ⁴⁴tsən³³mɔ²¹pæ̃²¹fa²⁴, fæ̃²¹³sʅ⁴⁴ʊ⁴⁴tEº.

对 他 我 真 有 办 法, 烦 死 我 得。

156　看你现在拿什么还人家。

kʰæ⁴⁵n⁴⁴kɔ²⁴sʅ²¹³tɕʰiºna³³mʊ⁴⁴tsʅºfæ̃²¹³niən²¹³kaº.

看 你 各=时 期 拿 么 子 还 人 家。

157　他被妈妈说哭了。

tʰa³³nɔ³³tʰa³³m⁴⁴maºkaŋ⁴⁴kʰu²⁴tEº.

他 捞=他 姆 妈 讲 哭 得。

158　所有的书信都被火烧了，一点儿剩的都没有。

sʊ⁴⁴iəu⁴⁴tiºɕy³³ɕiən⁴⁵xa²¹nɔ³³xʊ⁴⁴sɔ³³tiɔ⁴⁵tEº, i²⁴tiæ̃⁴⁴mɔ²¹sən²¹.

所 有 的 书 信 下=捞=火 烧 掉 得,一 点 有 剩。

sʊ⁴⁴iəu⁴⁴tiºɕy³³ɕiən⁴⁵xa²¹nɔ³³xʊ⁴⁴sɔ³³tiɔ⁴⁵kaºtEº, i²⁴tiæ̃⁴⁴sən²¹tiºtəu³³mɔ²¹tE²⁴.

所 有 的 书 信 下=捞=火 烧 掉 咖 得,一 点 剩 的 都 有 得。

159　被他缠了一下午，什么都没做成。

nɔ³³tʰa³³nia²⁴tEºi²⁴xa²¹tsəu⁴⁵, mʊ⁴⁴tsʅºtəu³³mɔ²¹tsəu⁴⁵tiºtsən²¹³.

捞=他 □ 得一下 昼, 么 子 都 有 做 的 成。

160　让人给打懵了，一下子没明白过来。

nɔ³³niən²¹³kaºta⁴⁴fən³³kaºtEº, i²⁴xa²¹tsʅºmɔ²¹ɕiaŋ⁴⁴kʊ⁴⁵nɛ²¹³.

捞=人 家打 昏 咖 得,一 下 子 有 想 过 来。

161　给雨淋了个浑身湿透。

nɔ³³y⁴⁴tɔ²⁴tEºkʊ⁴⁵tɕyĩ²¹³sən³³tʰəu⁴⁵sʅ²⁴.

捞=雨 沃 得个 全 身 透 湿。

162　给我一本书。给他三本书。

pa⁴⁴pən⁴⁴ɕy³³pa⁴⁴ʊ⁴⁴. pa⁴⁴sæ̃³³pən⁴⁴ɕy³³pa⁴⁴tʰa³³.

把 本 书 把 我。把 三 本 书 把 他。

na³³pən⁴⁴ɕy³³pa⁴⁴ʊ⁴⁴. na³³sæ̃³³pən⁴⁴ɕy³³pa⁴⁴tʰa³³.

拿　本　书　把　我。拿　三　本　　书　把　他。

163 **这里没有书，书在那里。**

kɛ²⁴ni⁰mɔ²¹tɛ⁰ɕy³³, ɕy³³tsɛ²¹nɛ⁴⁵ni⁰.

隔ᵇ里　冇　得　书，书　在　那　里。

164 **叫他快来找我。**

xæ̃⁴⁴tʰa³³kʰuɛ⁴⁵tiĩ⁴⁴nɛ²¹³tsɔ⁴⁴ʊ⁴⁴.

喊　他　快　　点　来　找　我。

165 **赶快把他请来。**

kæ̃⁴⁴kʰuɛ⁴⁵pa⁴⁴tʰa³³tɕʰiən⁴⁴nɛ²¹³.

赶　快　把　他　请　　来。

166 **我写了条子请病假。**

ʊ⁴⁴ɕia⁴⁴tɛ⁰i²⁴tsɑŋ³³tiɔ²¹³tsʅ⁰tɕʰiən⁴⁴piən²¹tɕia⁴⁴.

我　写　得一张　　条　子　请　　病　假。

ʊ⁴⁴ɕia⁴⁴ka⁰tɛ⁰i²⁴tsɑŋ³³tiɔ²¹³tsʅ⁰tɕʰiən⁴⁴piən²¹tɕia⁴⁴.

我　写　咖得一张　　条　子　请　　病　　假。

167 **我上街买了份报纸看。**

ʊ⁴⁴sɑŋ²¹kɛ³³mɛ⁴⁴tɛ⁰fən²¹pɔ⁴⁵tsʅ⁴⁴nɛ⁰kʰæ̃⁴⁵.

我　上　街　买　得份　报　纸　来　看。

ʊ⁴⁴sɑŋ²¹kɛ³³mɛ⁴⁴ka⁰fən²¹pɔ⁴⁵tsʅ⁴⁴kʰæ̃⁴⁵.

我　上　街　买　咖份　报　纸　看。

168 **我笑着躲开了他。**

ʊ⁴⁴ɕiɔ⁴⁵tɛ⁰tʊ⁴⁴kʰɛ³³tɛ⁰tʰa³³.

我　笑　得　躲　开　得　他。

ʊ⁴⁴ɕiɔ⁴⁵tɛ⁰tʊ⁴⁴kʰɛ³³tʰa³³tɛ⁰.

我　笑　得　躲　开　他　得。

169 **我抬起头笑了一下。**

ʊ⁴⁴tɛ²¹³tɕʰi⁴⁴təu²¹³nɛ⁰ɕiɔ⁴⁵tɛ⁰i²⁴xa²¹.

我　抬　起　头　来　笑　得一下。

ʊ⁴⁴tɛ²¹³tɕʰi⁴⁴nɔ⁴⁴kʰo²⁴nɛ⁰ɕiɔ⁴⁵ka⁰tɛ⁰i²⁴xa²¹.

我　抬　起　脑　壳　来　笑　咖得一下。

170 **我就是坐着不动，看你能把我怎么着。**

ʋ⁴⁴tɕiəu²¹sʅ²¹tsʋ²¹tɛ⁰pu²⁴tən²¹, kʰæ⁴⁵n⁴⁴nən²¹³pa⁴⁴ʋ⁴⁴ʋ²¹³ti⁰kɔ⁴⁴.

我 就 是 坐 得 不 动, 看 你 能 把 我 何 的 搞。

171 **她照顾病人很细心。**

tʰa³³fu²⁴sʅ²¹piən²¹niən²¹³tsʅ⁰xən⁴⁴ɕi⁴⁵ɕiən³³.

他 服 侍 病 人 子 很 细 心。

172 **他接过苹果就咬了一口。**

tʰa³³tɕiɛ²⁴kʋ⁴⁵piən²¹³kʋ⁴⁴tɕiəu²¹ŋa⁴⁵ka⁰tɛ⁰i²⁴kʰəu⁴⁴.

他 接 过 苹 果 就 啃 咖 得一口。

tʰa³³tɕiɛ²⁴kʋ⁴⁵piən²¹³kʋ⁴⁴tɕiəu²¹ŋa⁴⁵ka⁰i²⁴kʰəu⁴⁴.

他 接 过 苹 果 就 啃 咖 一口。

173 **他的一番话使在场的所有人都流下了眼泪。**

tʰa³³ti⁰i²⁴ɕia³³xua²¹zaŋ²¹sʋ⁴⁴iəu⁴⁴tsɛ²¹tsʰaŋ⁴⁴ti⁰niən²¹³xa²¹tia²⁴tɛŋæ⁴⁴tɕiən³³ɕy⁴⁴.

他 的 一些 话 让 所 有 在 场 的 人 下‾滴 得 眼 睛 水。

tʰa³³ti⁰i²⁴ɕia³³xua²¹zaŋ²¹sʋ⁴⁴iəu⁴⁴tsɛ²¹tsʰaŋ⁴⁴ti⁰niən²¹³xa²¹tia²⁴ŋæ⁴⁴tɕiən³³ɕy⁴⁴tɛ⁰.

他 的 一些 话 让 所 有 在 场 的 人 下‾滴 眼 睛 水 得。

174 **我们请他唱了一首歌。**

ʋ⁴⁴niən⁰tɕʰiən⁴⁴tʰa³³tsʰaŋ⁴⁵ka⁰tɛ⁰i²⁴səu⁴⁴kʋ³³.

我 人 请 他 唱 咖 得一首 歌。

175 **我有几个亲戚在外地做工。**

ʋ⁴⁴iəu⁴⁴tɕi⁴⁴kʋ⁴⁵tɕʰiən³³tɕʰi²⁴tsɛ²¹uɛ²¹təu⁰ta⁴⁴kən³³.

我 有 几 个 亲 戚 在 外 头 打 工。

176 **他整天都陪着我说话。**

tʰa³³i²⁴tʰiĩ³³tɔ⁴⁵ia²¹xa²¹pei²¹³tɛ⁰ʋ⁴⁴kaŋ⁴⁴xua²¹.

他 一 天 到 夜 下‾陪 得 我 讲 话。

177 **我骂他是个大笨蛋，他居然不恼火。**

ʋ⁴⁴ma²¹tʰa³³sʅ²¹kʋ⁴⁵tɛ²¹sa⁴⁴pɔ³³, tʰa³³xa²¹³pu²⁴fa²⁴xʋ⁴⁴.

我 骂 他 是 个 大 傻 包, 他 还 不 发 火。

178 **他把钱一扔，二话不说，转身就走。**

tʰa³³pa⁴⁴tɕiĩ²¹³i²⁴suɛ⁴⁴tɛ⁰, ɛ²¹xua²¹mɔ²¹kaŋ⁴⁴, tɕyĩ⁴⁴sən³³tɕiəu²¹tsəu⁴⁴.

他 把 钱 一 甩 得,二 话 冇 讲, 转 身 就 走。

179　我该不该来呢?

ʋ⁴⁴kɛ³³nɛ²¹³pu²⁴kɛ³³nɛ²¹³?

我 该 来 不 该 来?

ʋ⁴⁴kʰʋ³³kɛ³³nɛ²¹³pu²⁴kɛ³³nɛ²¹³?

我 可 该 来 不 该 来?

ʋ⁴⁴kɛ³³nɛ²¹³pu²⁴?

我 该 来 不?

ʋ⁴⁴kʰʋ⁴⁴kɛ³³nɛ²¹³?

我 可 该 来?

180　你来也行,不来也行。

n⁴⁴nɛ²¹³ia⁴⁴iɔ⁴⁵tɛ⁰, pu²⁴nɛ²¹³ia⁴⁴iɔ⁴⁵tɛ⁰.

你来 也 要 得,不 来 也 要 得。

181　要我说,你就不应该来。

tsɔ⁴⁵ʋ⁴⁴kaŋ⁴⁴, n⁴⁴tɕiəu²¹pu²⁴iən⁴⁵kɛ³³nɛ²¹³.

照我讲,你就 不 应 该 来。

182　你能不能来?

n⁴⁴nən²¹³pu²⁴nən²¹³nɛ²¹³?

你能 不 能 来?

n⁴⁴nən²¹³nɛ²¹³pu⁰?

你能 来 不?

n⁴⁴kʰʋ⁴⁴nən²¹³nɛ²¹³?

你 可 能 来?

n⁴⁴kʰʋ⁴⁴nən²¹³nɛ²¹³pu²⁴nən²¹³nɛ²¹³?

你 可 能 来 不 能 来?

183　看看吧,现在说不准。

kʰæ⁴⁵xa²¹pa⁰, ko²⁴sŋ²¹³tɕʰi⁰kaŋ⁴⁴pu²⁴tɕyən⁴⁴.

看 下 吧,各=时 期 讲 不 准。

184　能来就来,不能来就不来。

nən²¹³nɛ²¹³tɕiəu²¹nɛ²¹³, pu²⁴nən²¹³nɛ²¹³tɕiəu²¹pu²⁴nɛ²¹³.

能 来 就 来,不 能 来 就 不来。

185　你打算不打算去?

n⁴⁴ta⁴⁴pu²⁴ta⁴⁴sõ⁴⁵tɕʰi⁴⁵?

你打 不 打算 去?

n⁴⁴ta⁴⁴sõ⁴⁵tɕʰi⁴⁵pu⁰?

你 打 算 去　不?

n⁴⁴kʰʊ⁴⁴ta⁴⁴sõ⁴⁵tɕʰi⁴⁵?

你 可　打 算 去?

186　去呀! 谁说我不打算去?

　　tɕʰi⁴⁵ia⁰! na⁴⁴kʊ⁴⁵kaŋ⁴⁴ʊ⁴⁵pu²⁴ta⁴⁴sõ⁴⁵tɕʰi⁴⁵?

　　去　呀!哪 个 讲　我 不 打 算 去?

187　他一个人敢去吗?

　　tʰa³³i²⁴kʊ⁴⁵niən²¹³kʰʊ⁴⁴kæ̃⁴⁴tɕʰi⁴⁵?

　　他 一 个 人　可 敢 去?

　　tʰa³³i²⁴kʊ⁴⁵niən²¹³kæ̃⁴⁴tɕʰi⁴⁵pu²⁴?

　　他 一 个 人　敢 去 不?

　　tʰa³³i²⁴kʊ⁴⁵niən²¹³kæ̃⁴⁴pu²⁴kæ̃⁴⁴tɕʰi⁴⁵?

　　他 一 个 人　敢 不 敢 去?

　　tʰa³³i²⁴kʊ⁴⁵niən²¹³kæ̃⁴⁴tɕʰi⁴⁵pu²⁴kæ̃⁴⁴tɕʰi⁴⁵?

　　他 一 个 人　敢 去 不 敢 去?

188　敢! 那有什么不敢的?

　　kæ̃⁴⁴tɕʰi⁴⁵! nɛ⁴⁵iəu⁴⁴ʊ²¹³ni⁰pu²⁴kæ̃⁴⁴nɛ⁰?

　　敢 去!　那 有 何 里 不 敢 呢?

189　他到底愿不愿意说?

　　tʰa³³tɔ⁴⁵ti⁴⁴yĩ⁴⁵pu⁰yĩ⁴⁵kaŋ⁴⁴?

　　他 到 底 愿 不 愿 讲?

　　tʰa³³tɔ⁴⁵ti⁴⁴kʰʊ⁴⁴yĩ⁴⁵kaŋ⁴⁴?

　　他 到 底 可　愿 讲?

　　tʰa³³tɔ⁴⁵ti⁴⁴kʰʊ⁴⁴yĩ⁴⁵kaŋ⁴⁴pu²⁴?

　　他 到 底 可　愿 讲　不?

　　tʰa³³tɔ⁴⁵ti⁴⁴kʰʊ⁴⁴yĩ⁴⁵pu⁰yĩ⁴⁵kaŋ⁴⁴?

　　他 到 底 可　愿 不 愿 讲?

　　tʰa³³tɔ⁴⁵ti⁴⁴yĩ⁴⁵ kaŋ⁴⁴pu²⁴?

　　他 到 底 愿 讲　不?

190　谁知道他愿意不愿意说?

　　na⁴⁴kʊ⁴⁵ɕiɔ⁴⁴tɛ⁰tʰa³³yĩ⁴⁵pu⁰yĩ⁴⁵kaŋ⁴⁴?

　　哪 个 晓 得 他 愿 不 愿 讲?

na⁴⁴kʊ⁴⁵ɕiɔ⁴⁴tɛ⁰tʰa³³kʰʊ⁴⁴yĩ⁴⁵kaŋ⁴⁴?

哪 个 晓 得 他 可 愿 讲?

na⁴⁴kʊ⁴⁵ɕiɔ⁴⁴tɛ⁰tʰa³³yĩ⁴⁵kaŋ⁴⁴pu²⁴?

哪 个 晓 得 他 愿 讲 不?

191 愿意说得说，不愿意说也得说。

yĩ⁴⁵kaŋ⁴⁴iɔ⁴⁵kaŋ⁴⁴, pu²⁴yĩ⁴⁵kaŋ⁴⁴ia⁴⁴iɔ⁴⁵kaŋ⁴⁴.

愿 讲 要 讲, 不 愿 讲 也 要 讲。

192 反正我得让他说，不说不行。

kɔ³³ti³³ʊ⁴⁴iɔ⁴⁵zaŋ²¹tʰa³³kaŋ⁴⁴, pu²⁴kaŋ⁴⁴iɔ⁴⁵pu²⁴tɛ²⁴.

高 低 我 要 让 他 讲, 不 讲 要 不 得。

193 还有没有饭吃?

xa²¹³iəu⁴⁴mɔ²¹iəu⁴⁴fæ̃²¹tɕʰia²⁴?

还 有 冇 有 饭 吃?

xa²¹³iəu⁴⁴fæ̃²¹tɕʰia²⁴mɔ²¹?

还 有 饭 吃 冇?

kʰʊ⁴⁴xa²¹³iəu⁴⁴fæ̃²¹tɕʰia²⁴?

可 还 有 饭 吃?

kʰʊ⁴⁴xa²¹³iəu⁴⁴fæ̃²¹tɕʰia²⁴mɔ²¹?

可 还 有 饭 吃 冇?

194 有，刚吃呢。

iəu⁴⁴nɛ⁰, tɕiaŋ³³tɕiaŋ³³tɕʰia²⁴.

有 呢, 刚 刚 吃。

iəu⁴⁴nɛ⁰, tɕiaŋ³³tsɛ²¹nɛ⁴⁵ni⁰tɕʰia²⁴.

有 呢, 刚 在 那 里 吃。

iəuɛi⁴⁴nɛ⁰, tɕiaŋ³³tsɛ²¹kɛ²⁴ni⁰tɕʰia²⁴.

有 呢, 刚 在 隔͞ 里 吃。

195 没有了，谁叫你不早来!

mɔ²¹tɛ²⁴tɛ⁰, na⁴⁴kʊ⁴⁵tɕiɔ⁴⁵n⁴⁴pu²⁴tsɔ⁴⁴tiæ̃⁴⁴tiæ̃⁴⁵nɛ²¹³!

冇 得 得, 哪 个 叫 你 不 早 点 点 来!

196 你去过北京吗? 我没去过。

n⁴⁴tɔ⁴⁵pɛ²⁴tɕiən³³tɕʰi⁴⁵kʊ⁰mɔ²¹? ʊ⁴⁴mɔ²¹tɕʰi⁴⁵kʊ⁴⁵.

你 到 北 京 去 过 冇? 我 冇 去 过。

n⁴⁴tɕʰi⁴⁵kʊ⁴⁵pE²⁴tɕiən³³mɔ²¹? ʋ⁴⁴mɔ²¹tɕʰi⁴⁵kʊ⁴⁵.

你 去 过 北 京 有? 我 冇 去 过。

n⁴⁴kʰʊ⁴⁴tɕʰi⁴⁵kʊ⁴⁵pE²⁴tɕiən³³? ʋ⁴⁴mɔ²¹tɕʰi⁴⁵kʊ⁴⁵.

你 可 去 过 北 京? 我 冇 去 过。

n⁴⁴kʰʊ⁴⁴tɕʰi⁴⁵kʊ⁴⁵pE²⁴tɕiən³³mɔ²¹? ʋ⁴⁴mɔ²¹tɕʰi⁴⁵kʊ⁴⁵.

你 可 去 过 北 京 有? 我 冇 去 过。

197 我十几年前去过，可没怎么玩，都没印象了。

ʋ⁴⁴sʅ²⁴tɕi⁴⁴niĩ²¹³tɕiĩ²¹³tɕʰi⁴⁵kʊ⁴⁵, pu²⁴kʊ⁴⁵mɔ²¹ʋ²¹³ti⁰nɔ⁴⁵, təu³³tɕi⁴⁵pu²⁴tɕʰiən³³tE⁰.

我 十 几 年 前 去 过, 不 过 冇 何 的 闹, 都 记 不 清 得。

198 这件事他知道不知道？

ko²⁴kʊ⁴⁵sʅ²¹tʰa³³ɕiɔ⁴⁴tE²⁴pu²⁴ɕiɔ⁴⁴tE²⁴?

各ᵋ个 事 他 晓 得 不 晓 得?

ko²⁴kʊ⁴⁵sʅ²¹tʰa³³ɕiɔ⁴⁴pu²⁴ɕiɔ⁴⁴tE²⁴?

各ᵋ个 事 他 晓 不 晓 得?

ko²⁴kʊ⁴⁵sʅ²¹tʰa³³ɕiɔ⁴⁴tE⁰pu²⁴?

各ᵋ个 事 他 晓 得 不?

ko²⁴kʊ⁴⁵sʅ²¹tʰa³³kʰʊ⁴⁴ɕiɔ⁴⁴tE²⁴?

各ᵋ个 事 他 可 晓 得?

ko²⁴kʊ⁴⁵sʅ²¹tʰa³³kʰʊ⁴⁴ɕiɔ⁴⁴pu²⁴ɕiɔ⁴⁴tE²⁴?

各ᵋ个 事 他 可 晓 不 晓 得?

199 这件事他肯定知道。

ko²⁴kʊ⁴⁵sʅ²¹tʰa³³kʰən²¹tiən²¹ɕiɔ⁴⁴tE⁰.

各ᵋ个 事 他 肯 定 晓 得。

200 据我了解，他好像不知道。

i³³ʋ⁴⁴niɔ⁴⁴kɛ⁴⁴, tʰa³³xɔ⁴⁴tɕiaŋ²¹pu²⁴ɕiɔ⁴⁴tE²⁴.

依 我 了 解, 他 好 像 不 晓 得。

201 这些字你认得不认得？

kE²⁴ɕia³³tsʅ²¹n⁴⁴niən²¹pu²⁴niən²¹tE²⁴?

隔ᵋ些 字 你 认 不 认 得?

kE²⁴ɕia³³tsʅ²¹n⁴⁴niən²¹tE⁰pu²⁴?

隔ᵋ些 字 你 认 得 不?

kE²⁴ɕia³³tsʅ²¹n⁴⁴kʰʊ⁴⁴niən²¹tE²⁴?

隔ᵋ些 字 你 可 认 得?

kɛ²⁴ɕia³³tsʅ²¹n⁴⁴kʰʊ⁴⁴niən²¹pu²⁴niən²¹tɛ²⁴?

隔＝些 字 你 可 认 不 认 得?

202　我一个大字也不认得。

ʊ⁴⁴i²⁴kʊ⁴⁵tɛ²¹tsʅ²¹xa²¹niən²¹pu²⁴tɛ²⁴.

我 一 个 大 字 下＝认 不 得。

ʊ⁴⁴i²⁴kʊ⁴⁵tɛ²¹tsʅ²¹xa²¹pu²⁴niən²¹tɛ²⁴.

我 一 个 大 字 下＝不 认 得。

203　只有这个字我不认得，其他字都认得。

tsʅ²⁴iəu⁴⁴kɛ²⁴tsa²⁴tsʅ²¹ʊ⁴⁴pu²⁴niən²¹tɛ²⁴, tɕi²¹³tʰa³³təu³³niən²¹tɛ²⁴.

只 有 隔＝只 字 我 不 认 得, 其 他 都 认 得。

tsʅ²⁴iəu⁴⁴kɛ²⁴tsa²⁴tsʅ²¹ʊ⁴⁴niən²¹pu²⁴tɛ²⁴, tɕi²¹³tʰa³³təu³³niən²¹tɛ²⁴.

只 有 隔＝只 字 我 认 不 得, 其 他 都 认 得。

204　你还记得不记得我了?

n⁴⁴xa²¹³tɕi⁴⁵pu²⁴tɕi⁴⁵tɛ⁰ʊ⁴⁴?

你 还 记 不 记 得我?

n⁴⁴xa²¹³tɕi⁴⁵tɛ⁰ʊ⁴⁴pu²⁴?

你 还 记 得我 不?

n⁴⁴kʰʊ⁴⁴xa²¹³tɕi⁴⁵tɛ⁰ʊ⁴⁴?

你 可 还 记 得我?

205　记得，怎么能不记得！

tɕi⁴⁵tɛ⁰nɛ⁰, ʊ²¹³ni⁰pu²⁴tɕi⁴⁵tɛ²⁴no⁰!

记 得 呢, 何 里 不 记 得 啰!

tɕi⁴⁵tɛ⁰nɛ⁰, ʊ²¹³ni⁰tɕi⁴⁵pu²⁴tɛ²⁴no⁰!

记 得 呢, 何 里 记 不 得 啰!

206　我忘了，一点都不记得了。

ʊ⁴⁴uaŋ²¹tɕi⁴⁵tɛ⁰, i²⁴tiæ̃⁴⁴tiæ̃⁴⁵təu³³tɕi⁴⁵pu⁰tɛ²⁴tɛ⁰.

我 忘 记 得, 一 点 点 都 记 不 得 得。

ʊ⁴⁴uaŋ²¹ka⁰tɛ⁰nɛ⁰, i²⁴tiæ̃⁴⁴tiæ̃⁴⁵təu³³pu²⁴tɕi⁴⁵tɛ²⁴tɛ⁰.

我 忘 咖 得 呢, 一 点 点 都 不 记 得 得。(不能说"我忘记咖得")

207　你在前边走，我在后边走。

n⁴⁴tsɛ²¹tɕiĩ²¹³təu⁰tsəu⁴⁴, ʊ⁴⁴tsɛ²¹xəu²¹təu⁰tsəu⁴⁴.

你 在 前 头 走, 我 在 后 头 走。

n⁴⁴tsəu⁴⁴tɕiĩ²¹³təu⁰, ʋ⁴⁴tsəu⁴⁴xəu²¹təu⁰.

你 走　前　头，我 走　后　头。

208　我告诉他了，你不用再说了。

ʋ⁴⁴kən³³tʰa³³kɑŋ⁴⁴tᴇ⁰, n⁴⁴mo²⁴iɔ⁴⁵tsɛ⁴⁵kɑŋ⁴⁴tᴇ⁰.

我 跟　他 讲　得，你 莫 要 再 讲　得。

209　这个大，那个小，你看哪个好?

kᴇ²⁴kʋ⁴⁵tɛ²¹, nɛ⁴⁵kʋ⁰ɕi⁴⁵, n⁴⁴kʰæ̃⁴⁵na⁴⁴kʋ⁴⁵xɔ⁴⁴?

隔⁼个 大，那 个 细，你 看　哪个 好?

210　这个比那个好。

kᴇ²⁴kʋ⁰pi⁴⁴nɛ⁴⁵kʋ⁰xɔ⁴⁴ɕia⁰.

隔⁼个 比 那 个 好　些。

kᴇ²⁴kʋ⁰xɔ⁴⁴kʋ⁴⁵nɛ⁴⁵kʋ⁴⁵.

隔⁼个 好 过 那 个。

211　那个没有这个好，差多了。

nɛ⁴⁵kʋ⁰mɔ²¹tᴇ²⁴kᴇ²⁴kʋ⁰xɔ⁴⁴, tsʰa³³tᴇ⁰tʋ³³.

那 个 冇 得 隔⁼个 好，差　得多。

212　要我说这两个都好。

i³³ʋ⁴⁴kɑŋ⁴⁴kᴇ²⁴niæ̃⁴⁴kʋ⁴⁵xa²¹xɔ⁴⁴.

依我 讲　隔⁼两　个 下⁼好。

213　其实这个比那个好多了。

sɿ²⁴tɕi⁴⁵sɑŋ²¹kᴇ²⁴kʋ⁰pi⁴⁴nɛ⁴⁵kʋ⁰xɔ⁴⁴tʋ³³tᴇ⁰.

实 际 上　隔⁼个 比 那 个 好 多 得。

214　今天的天气没有昨天好。

kən³³tsɔ³³tiᵘtʰiĩ³³mɔ²¹tᴇ²⁴tsɔ²⁴ni²⁴tiᵘxɔ⁴⁴.

今　朝　的 天 冇 得 昨 日 的 好。

215　昨天的天气比今天好多了。

tsɔ²⁴ni²⁴tiᵘtʰiĩ³³pi⁴⁴kən³³tsɔ³³tiᵘxɔ⁴⁴tʋ³³tᴇ⁰.

昨 日 的 天 比 今　朝　的 好 多 得。

216　明天的天气肯定比今天好。

mən²¹³tsɔ³³tiᵘtʰiĩ³³kʰən⁴⁴tiən²¹pi⁴⁴kən³³tsɔ³³tiᵘxɔ⁴⁴.

明　朝　的 天 肯　定　比 今　朝　的 好。

217 那个房子没有这个房子好。

nɛ⁴⁵kʊ⁰u²⁴mɔ²¹tɛ²⁴kɛ²⁴kʊ⁰u²⁴xɔ⁴⁴.

那 个 屋 冇 得 隔= 个 屋 好。

218 这些房子不如那些房子好。

kɛ²⁴ɕia³³u²⁴mɔ²¹tɛ²⁴nɛ⁴⁵ɕia³³u²⁴xɔ⁴⁴.

隔= 些 屋 冇 得 那 些 屋 好。

219 这个有那个大没有？

kɛ²⁴kʊ⁰iəu⁴⁴nɛ⁴⁵kʊ⁰tɛ²¹pu²⁴?

隔= 个 有 那 个 大 不？

kɛ²⁴kʊ⁰kʰʊ⁴⁴iəu⁴⁴nɛ⁴⁵kʊ⁰tɛ²¹?

隔= 个 可 有 那 个 大？

220 这个跟那个一般大。

kɛ²⁴kʊ⁰kən³³nɛ⁴⁵kʊ⁰i²⁴iaŋ²¹ti⁰tɛ²¹.

隔= 个 跟 那 个 一样 的 大。

221 这个比那个小了一点点儿，不怎么看得出来。

kɛ²⁴kʊ⁰pi⁴⁴nɛ⁴⁵kʊ⁰ɕi⁴⁵tɛ⁰i²⁴tiæ̃⁴⁴tiæ̃⁴⁵, pu²⁴tʰɛ⁴⁵kʰæ̃⁴⁵tɛ⁰tɕʰy²⁴nɛ²¹³.

隔= 个 比 那 个 细 得 一点 点, 不 太 看 得出 来。

222 这个大，那个小，两个不一般大。

kɛ²⁴kʊ⁰tɛ²¹, nɛ⁴⁵kʊ⁰ɕi⁴⁵, niæ̃⁴⁴kʊ⁰pu²⁴i²⁴iaŋ²¹tɛ²¹.

隔= 个 大, 那 个 细, 两 个 不 一样 大。

223 这个跟那个大小一样，分不出来。

kɛ²⁴kʊ⁰kən³³nɛ⁴⁵kʊ⁰tɛ²¹ɕi⁴⁵i²⁴iaŋ²¹, fən³³pu²⁴tɕʰy²⁴nɛ²¹³.

隔= 个 跟 那 个 大 细 一样, 分 不 出 来。

kɛ²⁴kʊ⁰kən³³nɛ⁴⁵kʊ⁰i²⁴iaŋ²¹tɛ²¹ɕi⁴⁵, fən³³pu²⁴tɕʰy²⁴nɛ²¹³.

隔= 个 跟 那 个 一样 大 细, 分 不 出 来。

224 这个人比那个人高。

kɛ²⁴kʊ⁰niən²¹³pi⁴⁴nɛ⁴⁵kʊ⁰niən²¹³kɔ³³ɕia⁰.

隔= 个 人 比那 个 人 高 些。

225 是高一点儿，可是没有那个人胖。

kʰo²⁴sɿ²⁴sɿ²¹kɔ³³i²⁴tiæ̃⁴⁴tiæ̃⁴⁵, pu²⁴kʊ⁴⁵mɔ²¹tɛ⁰nɛ⁴⁵kʊ⁰niən²¹³tsaŋ⁴⁵.

确 实 是 高 一 点 点, 不 过 冇 得那 个 人 壮。

226 他们一般高，我看不出谁高谁矮。

tʰa³³niən⁰i²⁴iaŋ²¹ti⁰kɔ³³, ʊ⁴⁴kʰæ⁴⁵pu²⁴tɕʰy²⁴nɛ²¹³na⁴⁴kʊ⁴⁵kɔ³³na⁴⁴kʊ⁴⁵ŋɛ⁴⁴.

他 人 一样 的 高，我 看 不 出 来 哪个 高 哪个 矮。

227 胖的好还是瘦的好？

sʅ²¹tsaŋ⁴⁵ti⁰xɔ⁴⁴xa²¹³sʅ²¹səu⁴⁵ti⁰xɔ⁴⁴?

是 壮 的 好 还 是 瘦 的 好？

228 瘦的比胖的好。

səu⁴⁵ti⁰pi⁴⁴tsaŋ⁴⁵ti⁰xɔ⁴⁴.

瘦 的 比 壮 的 好。

229 瘦的胖的都不好，不瘦不胖最好。

səu⁴⁵ti⁰tsaŋ⁴⁵ti⁰xa²¹pu²⁴xɔ⁴⁴, pu²⁴səu⁴⁵pu²⁴tsaŋ⁴⁵tsei⁴⁵xɔ⁴⁴.

瘦 的 壮 的 下= 不 好，不 瘦 不 壮 最 好。

230 这个东西没有那个东西好用。

kɛ²⁴kʊ⁰tən³³ɕi⁰mɔ²¹tɛ⁰nɛ⁴⁵kʊ⁰tən³³ɕi⁰xɔ⁴⁴iən²¹.

隔= 个 东 西 冇 得 那 个 东 西 好 用。

231 这两种颜色一样吗？

kɛ²⁴niæ̃⁴⁴kʊ⁴⁵ŋæ̃²¹³sɛ²⁴i²⁴iaŋ²¹pu²⁴?

隔= 两 个 颜 色 一样 不？

kɛ²⁴niæ̃⁴⁴kʊ⁴⁵ŋæ̃²¹³sɛ²⁴kʰʊ⁴⁴i²⁴iaŋ²¹?

隔= 两 个 颜 色 可 一样？

kɛ²⁴niæ̃⁴⁴kʊ⁴⁵ŋæ̃²¹³sɛ²⁴i²⁴pu²⁴i²⁴iaŋ²¹?

隔= 两 个 颜 色 一 不 一样？

232 不一样，一种色淡，一种色浓。

pu²⁴i²⁴iaŋ²¹, i²⁴kʊ⁴⁵ŋæ̃²¹³sɛ²⁴tæ̃²¹, i²⁴kʊ⁴⁵ŋæ̃²¹³sɛ²⁴sən³³.

不 一样，一 个 颜 色 淡，一 个 颜 色 深。

233 这种颜色比那种颜色淡多了，你都看不出来？

kɛ²⁴kʊ⁴⁵ŋæ̃²¹³sɛ²⁴pi⁴⁴nɛ⁴⁵kʊ⁰ŋæ̃²¹³sɛ²⁴tæ̃²¹tʊ³³tɛ⁰, n⁴⁴təu³³kʰæ⁴⁵pu⁰tɕʰy²⁴nɛ²¹³?

隔= 个 颜 色 比 那 个 颜 色 淡 多 得，你 都 看 不 出 来？

234 你看看现在，现在的日子比过去强多了。

n⁴⁴kʰæ⁴⁵kʰæ⁴⁵, ko²⁴sʅ²¹³tɕʰi⁰ti⁰ni²⁴tsʅ⁰pi⁴⁴kʊ⁵⁵tɕʰi⁴⁵ti⁰tɕiaŋ²¹³tʊ³³tɛ⁰.

你 看 看，各= 时 期 的 日 子 比 过 去 的 强 多 得。

235 以后的日子比现在更好。

tɕiən³³xəu²¹ti⁰ni²⁴tsʅ⁰pi⁴⁴ko²⁴sʅ²¹³tɕʰi⁰kən⁴⁵xɔ⁴⁴.

今　后　的日子比各＝时　期　更　好。

236 好好干吧，这日子一天比一天好。

fa²⁴xən⁴⁴ti⁰tsəu⁴⁵, ko²⁴kʊ⁰ni²⁴tsʅ⁰i²⁴tʰiĩ³³pi⁴⁴i²⁴tʰiĩ³³xɔ⁴⁴.

发　狠　地做，　各＝个日子一天　比一天　好。

fa²⁴xən⁴⁴ti⁰tsəu⁴⁵, ko²⁴kʊ⁰ni²⁴tsʅ⁰i²⁴tʰiĩ³³xɔ⁴⁴kʊ⁴⁵i²⁴tʰiĩ³³.

发　狠　地做，　各＝个日子一天　好　过一天。

237 这些年的生活一年比一年好，越来越好。

kE²⁴ɕia⁰niĩ²¹³ti⁰sən³³xo²⁴i²⁴niĩ²¹³pi⁴⁴i²⁴niĩ²¹³xɔ⁴⁴, yE²⁴nɛ²¹³yE²⁴xɔ⁴⁴.

隔＝些年　的生　活一年　比一年　好，越来　越好。

238 咱兄弟俩比一比谁跑得快。

ʊ⁴⁴niən⁰niæ⁴⁴ti²¹ɕiən³³pi⁴⁴xa²¹kʰæ̃⁴⁵na⁴⁴kʊ⁴⁵pʰɔ⁴⁴tE⁰kʰuɛ⁴⁵.

我人　两　弟兄　比下看　哪个　跑　得快。

239 我比不上你，你跑得比我快。

ʊ⁴⁴pi⁴⁴pu⁰saŋ²¹n⁴⁴, n⁴⁴pʰɔ⁴⁴tE⁰pi⁴⁴ʊ⁴⁴kʰuɛ⁴⁵.

我比　不上你，你跑　得比我快。

ʊ⁴⁴pi⁴⁴pu⁰saŋ²¹n⁴⁴, n⁴⁴pi⁴⁴ʊ⁴⁴pʰɔ⁴⁴tE⁰kʰuɛ⁴⁵.

我比　不上你，你比我跑　得快。

240 他跑得比我还快，一个比一个跑得快。

tʰa³³pʰɔ⁴⁴tE⁰pi⁴⁴ʊ⁴⁴xa²¹³kʰuɛ⁴⁵, i²⁴kʊ⁴⁵pi⁴⁴i²⁴kʊ⁴⁵pʰɔ⁴⁴tE⁰kʰuɛ⁴⁵.

他　跑　得比我还　快，　一个比一个跑　得快。

tʰa³³pi⁴⁴ʊ⁴⁴pʰɔ⁴⁴tE⁰xa²¹³kʰuɛ⁴⁵, i²⁴kʊ⁴⁵pi⁴⁴i²⁴kʊ⁴⁵pʰɔ⁴⁴tE⁰kʰuɛ⁴⁵.

他　比我跑　得还　快，　一个　比一个跑　得快。

241 他比我吃得多，干得也多。

tʰa³³pi⁴⁴ʊ⁴⁴tɕʰia²⁴tE⁰tʊ³³, tsəu⁴⁵tE⁰ia⁴⁴tʊ³³.

他　比我吃　得多，　做　得也多。

tʰa³³tɕʰia²⁴tE⁰pi⁴⁴ʊ⁴⁴tʊ³³, tsəu⁴⁵tE⁰ia⁴⁴tʊ³³.

他　吃　得比我多，　做　得也多。

242 他干起活来，比谁都快。

tʰa³³tsəu⁴⁵tɕʰi⁰sʅ²¹nɛ⁰pi⁴⁴na⁴⁴kʊ⁰xa²¹/təu³³kʰuɛ⁴⁵.

他　做　起事来比哪　个下＝/都　快。

243　说了一遍，又说一遍，不知说了多少遍。

kaŋ⁴⁴ka⁰tɛ⁰i²⁴pʰiĩ⁴⁵, iəu²¹kaŋ⁴⁴i²⁴pʰiĩ⁴⁵, pu²⁴ɕiɔ⁴⁴tɛ⁰kaŋ⁴⁴ka⁰tɛ⁰xɔ⁴⁴tʊ³³pʰiĩ⁴⁵.

讲　咖得一遍，又　讲　一遍，不　晓得讲　咖得好多遍。

kaŋ⁴⁴ka⁰i²⁴pʰiĩ⁴⁵, iəu²¹kaŋ⁴⁴i²⁴pʰiĩ⁴⁵, pu²⁴ɕiɔ⁴⁴tɛ⁰kaŋ⁴⁴tɛ⁰xɔ⁴⁴tʊ³³pʰiĩ⁴⁵.

讲　咖一遍，又　讲　一遍，不　晓得讲　得好多遍。

kaŋ⁴⁴ka⁰tɛ⁰i²⁴pʰiĩ⁴⁵, iəu²¹kaŋ⁴⁴i²⁴pʰiĩ⁴⁵, pu²⁴ɕiɔ⁴⁴tɛ⁰kaŋ⁴⁴ka⁰xɔ⁴⁴tʊ³³pʰiĩ⁴⁵.

讲　咖得一遍，又　讲　一遍，不　晓得讲　咖好多遍。

kaŋ⁴⁴ka⁰tɛ⁰i²⁴pʰiĩ⁴⁵, iəu²¹kaŋ⁴⁴i²⁴pʰiĩ⁴⁵, kaŋ⁴⁴tɛ⁰pu²⁴ɕiɔ⁴⁴tɛ⁰xɔ⁴⁴tʊ³³pʰiĩ⁴⁵.

讲　咖得一遍，又　讲　一遍，讲　得不　晓得好多遍。

244　我嘴笨，怎么也说不过他。

ʋ⁴⁴pu²⁴ɕiɔ⁴⁴tɛ⁰kaŋ⁴⁴, ʋ²¹³ti⁰ia⁴⁴kaŋ⁴⁴pu⁰kʊ⁴⁵tʰa³³.

我不　晓得讲，何的也讲　不过他。

ʋ⁴⁴pu²⁴ɕiɔ⁴⁴tɛ⁰kaŋ⁴⁴, ʋ²¹³ti⁰ia⁴⁴kaŋ⁴⁴tʰa³³pu⁰kʊ⁴⁵.

我不　晓得讲，何的也讲　他不过。

245　他走得越来越快，我都跟不上了。

tʰa³³tsəu⁴⁴tɛ⁰yɛ²⁴nɛ²¹³yɛ²⁴kʰuɛ⁴⁵, ʋ⁴⁴təu³³kən³³pu⁰saŋ²¹tɛ⁰.

他走　得越来越快，我都跟　不上得。

tʰa³³yɛ²⁴tsəu⁴⁴yɛ²⁴kʰuɛ⁴⁵, ʋ⁴⁴təu³³kən³³pu⁰saŋ²¹tɛ⁰.

他越走　越快，我都跟　不上得。

246　越走越快，越说越快。

yɛ²⁴tsəu⁴⁴yɛ²⁴kʰuɛ⁴⁵, yɛ²⁴kaŋ⁴⁴yɛ²⁴kʰuɛ⁴⁵.

越　走　越快，　越讲　越快。

247　慢慢说，一句一句地说。

mæ̃²¹mæ̃²¹ti⁰kaŋ⁴⁴, i²⁴tɕy⁴⁵i²⁴tɕy⁴⁵ti⁰kaŋ⁴⁴.

慢　慢　地讲，一句　一句　地讲。

第八章

话语材料

第一节

俗语谚语

1. tən^{33}kaŋ^{45}ni^{24}təu^{213}, ɕi^{33}kaŋ^{45}y^{44}.

   东 虹 日 头， 西 虹 雨。

2. tən^{33}tsʰa^{44}ɕi^{33}xo^{24}, iəu^{44}y^{44}pu^{24}no^{24}, næ̃^{213}tsʰa^{44}xʊ^{44}mən^{213}kʰɛ^{33}, pɛ^{24}tsʰa^{44}iəu^{44}y^{44}nɛ^{213}.

   东 扯 西 霍⁼， 有 雨 不 落， 南 扯 火 门 开， 北 扯 有 雨 来。

3. ni^{24}tən^{33}tɕiən^{213}, pi^{213}tɕiaŋ^{21}ti^{0}pu^{213}pu^{213}iɔ^{45}kən^{33}niən^{213}.

   立 冬 晴， 皮 匠 的 婆 婆 要 跟 人。立冬日天晴，做雨靴的匠人老婆要跟别人跑了。

   意思是立冬日天晴预示来年雨水少。

4. sæ̃^{33}tɕiəu^{44}tʰiĩ^{33}pu^{24}nən^{44}, iəu^{44}tiĩ^{44}kən^{45}zən^{213}; sæ̃^{33}fu^{24}tʰiĩ^{33}pu^{24}yɛ^{24}, iəu^{44}tiĩ^{44}mən^{45}zən^{213}.

   三 九 天 不 冷， 有 点 更⁼ 人； 三 伏 天 不 热， 有 点 闷 人。三九天不冷，有点让人打哆嗦；三伏天不热，天气有点闷热。

5. mɔ^{213}mɔ^{0}xɔ^{44}, mɔ^{213}mɔ^{0}xuɛ^{21}, mɔ^{213}mɔ^{0}ʊ^{33}sʅ^{44}tɕiəu^{21}ma^{213}nɛ^{45}nɛ^{45}.

   毛 毛 好， 毛 毛 坏， 毛 毛 屙 屎 就 麻⁼ 赖⁼ 赖⁼。宝宝好，宝宝坏，宝宝解大便都臭烘烘。

   kən^{33}tɕi^{33}kʰæ̃^{45}, mʊ^{44}tɕi^{33}tsuɛ^{45}, i^{24}tsuɛ^{45}tɕiəu^{21}tsuɛ^{45}tɔ^{0}ta^{21}mən^{213}uɛ^{45}.

   公 鸡 看， 母 鸡 拽， 一 拽 就 拽 到 大 门 外。

6. iəu^{44}tɕiĩ^{213}mɔ^{21}tɕiĩ^{213}xui^{213}ka^{33}kʊ^{45}niĩ^{213}.

   有 钱 冇 钱 回 家 过 年。

7. tɛ^{21}xæ̃^{213}ɕiɔ^{44}xæ̃^{213}sa^{24}tɕy^{33}kʊ^{45}niĩ^{213}.

   大 寒 小 寒 杀 猪 过 年。

8. $ʮE^{24}niaŋ^{21}pa^{33}pa^{0}$, $tsəu^{44}tɕiən^{45}tʰa^{33}ka^{33}$, $tʰa^{33}ka^{33}tʰəu^{45}tsʅ^{0}$, $tɕʰia^{24}ʋ^{44}ka^{0}təu^{45}tsʅ^{0}$,

    月 亮 粑 粑,走 进 他 家,他 家 兔 子,吃 我 家 豆 子,

    $ʋ^{44}iɔ^{45}ta^{44}tʰa^{33}$, $tʰa^{33}xæ̃^{44}ʋ^{44}tɕiəu^{45}tɕiəu^{0}$.

    我 要 打 他, 他 喊 我 舅 舅。

9. $tsʰəu^{33}i^{24}tsɛ^{44}$, $tsʰəu^{33}E^{21}naŋ^{213}$, $tsʰəu^{33}sæ̃^{33}tsʰəu^{33}sʅ^{45}pʰɔ^{44}mõ^{44}taŋ^{213}$.

    初 一崽, 初 二郎, 初 三 初 四跑 满 堂。

10. $i^{24}nʋ^{213}tɕiən^{213}$, $E^{21}nʋ^{213}fu^{45}$, $sæ̃^{33}nʋ^{213}sʅ^{45}nʋ^{213}kʰɛ^{33}taŋ^{45}pʰu^{45}$, $u^{44}nʋ^{213}nəo^{24}nʋ^{213}pei^{33}tsaŋ^{213}tɛ^{21}$,

    一 脶 穷, 二 脶 富,三 脶 四 脶 开 当 铺, 五 脶 六 脶 背 长 带,

    $tɕʰi^{24}nʋ^{213}pa^{24}nʋ^{213}kæ̃^{44}ŋa^{24}pʋ^{213}$, $tɕiəu^{44}nʋ^{213}sʅ^{24}nʋ^{213}tiĩ^{44}tsaŋ^{45}yĩ^{213}$.

    七 脶 八 脶 赶 鸭 婆, 九 脶 十 脶 点 状 元。

第二节

歌谣

1. sɿ²⁴pa²⁴sei⁴⁵ta²¹tɕi⁴⁴, tsəu³³sei⁴⁵naŋ²¹³, tʰo²⁴i²⁴tʰo²⁴xɛ²¹³pɔ²¹saŋ²¹tsaŋ²¹³,

   十 八 岁 大 姐，周 岁 郎， 脱 衣 脱 鞋 抱 上 床，

   pu²⁴kʰæ̃⁴⁵tɔ²¹³u²⁴kən³³pʊ²¹³miĩ⁴⁵nɛ²¹³, tɕi⁴⁴kʊ⁴⁵fən⁴⁵no²⁴ta⁴⁴saŋ²¹tsaŋ²¹³.

   不 看 桃 屋①公 婆 面 来， 几 个 粪˭落˭②打 上 床。

   n⁴⁴tsʊ⁴⁵ɛ²¹³nɛ²¹³, ʊ⁴⁴tsʊ⁴⁵niaŋ²¹³.

   你 做 儿 来， 我 做 娘。

2. ɕiɔ⁴⁴ma²¹³tɕʰyo²⁴, u²⁴saŋ²¹no²⁴, tɕi³³na³³ka³³na³³ma²¹na⁴⁴kʊ⁴⁵, ma²¹n⁴⁴tsɛ⁴⁴, xui²¹taŋ³³ka³³,

   小 麻 雀， 屋 上 落， 基˭拉家˭啦骂 哪 个， 骂 你 崽， 会 当 家，

   ma²¹n⁴⁴ɕi²⁴fu⁴⁵xui²¹tsʊ⁴⁵xua³³, zɿ²⁴ni⁰tsʊ⁴⁵ti⁰ʊ²¹³mɔ²¹³yɛ²⁴, uæ̃⁴⁴saŋ²¹tsʊ⁴⁵ti⁰mʊ⁴⁴tæ̃³³xua³³.

   骂 你 媳 妇 会 做 花， 日 里 做 的 鹅 毛 月，晚 上 做 的 牡 丹 花。

   mʊ⁴⁴tæ̃³³xua³³, i²⁴kʊ⁴⁵ʊ²¹³, i²⁴fei³³fei³³tɔ⁴⁵tɕiəu⁴⁴tɕiaŋ³³xʊ²¹³, tɕiəu⁴⁴tɕiaŋ³³xʊ²¹³ku³³niaŋ²¹³tʊ³³,

   牡 丹 花， 一 个 鹅， 一飞飞 到 九 江 河， 九 江 河 姑 娘 多，

   piĩ³³kæ̃⁴⁵xo²⁴piĩ³³tsʰaŋ⁴⁵kʊ³³, tsʰaŋ⁴⁵tɕʰi⁴⁴kʊ³³nɛ²¹³tʰiĩ³³ sɿ²¹tʰiĩ³³, ɕi²⁴fu⁴⁵tɕi²¹³ma⁴⁴kən³³kən³³tɕʰiĩ³³,

   边 干 活 边 唱 歌，唱 起 歌 来，天 是 天， 媳 妇 骑 马 公 公 牵，

   i²⁴tɕʰiĩ³³tɕʰiĩ³³tɔ⁴⁵ɕi²⁴fu⁴⁵kʰa⁴⁵tsɔ²¹³ti⁰tʰiĩ³³.

   一 牵 牵 到 媳 妇 胯 朝 的 天。

---

① 桃屋：厅堂。

② 粪˭落：巴掌。

3. yɛ²⁴niaŋ²¹tsəu⁴⁴, ʊ⁴⁴iɛ⁴⁴tsəu⁴⁴, ʊ⁴⁴tɛ⁴⁵yɛ²⁴niaŋ²¹pei³³pa³³təu⁴⁴, i²⁴pei³³pei³³tɔ⁴⁵tsən²¹³mən²¹³kʰəu⁴⁴,
月 亮 走, 我也 走, 我带月 亮 背 扒斗, 一背 背 到城 门 口,
ta⁴⁴kʰɛ⁴⁴tsən²¹³mən²¹³tsa²⁴sʅ²⁴niəu³³, sʅ²⁴niəu³³kɔ³³təu⁰i²⁴tʊ²¹³iəu²¹³, sæ̃³³kʊ⁴⁵ta²¹tɕi⁴⁴xui²¹səu³³təu²¹³,
打 开 城 门 摘石榴, 石榴 高 头一坨 油, 三个大姐会 梳头,
ta²¹tɕi⁴⁴səu³³ti⁰põ²¹³põ²¹³tɕiəu⁴⁵, ɛ²¹tɕi⁴⁴səu³³ti⁰tsʰa²⁴xua³³təu²¹³, sæ̃³³tɕi⁴⁴pu²⁴xui²¹səu³³,
大姐梳 的盘 盘 救⁼, 二姐 梳 的插 花 头, 三 姐 不 会 梳,
tsʊ⁴⁴i²⁴səu³³nɛ²¹³iəu²¹i²⁴səu³³, səu³³kʊ⁴⁵sʅ²¹³tsʅ⁰kuən⁴⁴ɕiəu⁴⁵tɕiəu²¹³.
左 一梳 来 右 一梳, 梳 个 狮子滚 绣 球。

4. ɕiaŋ⁴⁴naŋ²¹³ɕiaŋ⁴⁴tɛ⁰kʊ⁴⁵pu²⁴nɛ²¹fæ̃²¹³, i²⁴kʰəu⁴⁴ɕiĩ³³ɕiɛ²⁴i²⁴kʰəu⁴⁴tæ̃²¹³;
想 郎 想 得个不 耐烦, 一口 鲜血 一口 痰;
ɕiaŋ⁴⁴naŋ²¹³ɕiaŋ⁴⁴tɛ⁰kʊ⁴⁵tɕyo²⁴ta⁴⁴niəu³³, pa²¹³tɕʰi⁴⁴nɛ²¹³i²⁴kɔ³³iəu²¹i²⁴kɔ³³.
想 郎 想 得个 脚 打 溜, 爬 起 来 一跤 又 一跤。
ɕiaŋ⁴⁴naŋ²¹³ɕiaŋ⁴⁴tɛ⁰kʊ⁴⁵pu²⁴nɛ²¹fæ̃²¹³, i²⁴kʰəu⁴⁴ɕiĩ³³ɕiɛ²⁴i²⁴kʰəu⁴⁴tæ̃²¹³;
想 郎 想 得个不 耐烦, 一口 鲜血 一口 痰;
ɕiaŋ⁴⁴naŋ²¹³ɕiaŋ⁴⁴tɛ⁰kʊ⁴⁵tɕyo²⁴ta⁴⁴niəu³³, pa²¹³tɕʰi⁴⁴nɛ²¹³i²⁴kɔ³³iəu²¹i²⁴kɔ³³.
想 郎 想 得个 脚 打 溜, 爬 起 来 一跤 又 一跤。

5. ɕiə⁴⁴ɕiə⁴⁴ŋa²¹³, tɛ⁴⁵təu⁴⁴ni²⁴, tɕiĩ⁴⁴nʊ²¹³sʅ³³pa⁴⁴ŋa²⁴tɕʰia²⁴,
小 小 伢, 带 斗 笠, 捡 螺 蛳 把①鸭 吃,
ŋa²⁴sən³³tæ̃²¹pa⁴⁴ʊ⁴⁴tɕʰia²⁴, ʊ⁴⁴ʊ³³sʅ⁴⁴pa⁴⁴kəu⁴⁴tɕʰia²⁴.
鸭 生 蛋把我吃, 我 屙屎把狗 吃。

6. kɛ⁴⁵təu²¹³no²⁴tsaŋ²¹³, xɔ⁴⁴a⁰, tsʅ⁴⁴sən³³mõ⁴⁴taŋ²¹³; kɛ⁴⁵təu²¹³no²⁴kui²¹, xɔ⁴⁴a⁰, iən²¹³xua²¹³fu⁴⁵kui⁴⁵,
盖头 落床, 好 啊,子孙 满 堂; 盖头 落柜, 好 啊,荣 华 富贵,
xɔ⁴⁴a⁰.
好 啊。

7. 送郎 sən⁴⁵naŋ²¹³
sən⁴⁵naŋ²¹³sən⁴⁵tɔ⁴⁵xuaŋ²¹³mən²¹³piĩ³³, tsɔ²⁴xu³³ti⁰tɕiən²¹³kʊ³³xɔ⁴⁴tɕi⁴⁴piĩ²¹. ʊ⁴⁴ti⁰kʊ³³, ni⁴⁴tɕʰi³³tsʅ⁰
送 郎 送 到房 门 边, 招 呼 的情 哥好几遍。我的哥, 你妻 子

① 把:给。

mən²¹³kʰəu⁴⁴mo²⁴ɕyE²⁴tsən³³, pən²¹³iəu⁴⁴mən²¹³kʰəu⁴⁴mo²⁴ɕyE²⁴ti⁰tɕia⁴⁴, tɕiəu⁴⁴ɕi²⁴ti⁰tsaŋ²¹³tsən³³mo²⁴
门　口　莫　说　真，　朋　友　门　口　莫　说　的　假，　酒　席　的　场　中　莫

pa⁴⁴tɕi⁴⁴nɛ⁰kʰua³³.
把　姐　来　夸。

　　ʋ⁴⁴sən⁴⁵naŋ²¹³sən⁴⁵tɔ⁴⁵tɔ²¹³u²⁴tsən³³, iəu²¹³y²¹³saŋ²¹təu⁰ti⁰tsəu⁴⁴tsən³³ɕiɔ⁴⁵iən²¹³iən⁰. ʋ⁴⁴ti⁰kʋ³³,
　　我　送　郎　送　到　桃　屋　中，　犹　如　上　头　的　祖　宗　笑　吟　吟。我　的　哥，

kən³³pʋ²¹³kʰæ⁴⁵tɕiĩ⁴⁵pu⁴⁵uən²¹sʅ²¹, səɔ²⁴mʋ⁴⁴xʋ²¹³tsʅ⁰kʰæ⁴⁵tɕiĩ⁴⁵pu⁴⁵tsʋ⁴⁵sən³³, pa²⁴ɕiĩ³³ti⁰pʰiɔ³³xɛ⁴⁴ɕiĩ⁴⁵
公　婆　看　见　不　问　事，　叔　母　和⁼子①看　见　不　做　声，　八　仙　的　飘　海　显

sən²¹³tʰən⁴⁴.
神　通。

　　ʋ⁴⁴sən⁴⁵naŋ²¹³sən⁴⁵tɔ⁴⁵kɛ³³tɕi⁰piĩ³³, ma²¹³y⁴⁴tsʅ⁰ɕi⁴⁵io⁰ɕi⁴⁵io⁰pu²⁴tɕiĩ⁴⁵nɛ⁰tʰiĩ³³. ʋ⁴⁴tsʋ⁴⁴
　　我　送　郎　送　到　阶　级②边，麻　雨　子　细　哟　细　哟　不　见　了　天。我　左

səu⁴⁴tɛ⁴⁵naŋ²¹³kʋ³³tsʰən³³tɕʰi⁴⁴sæ⁴⁴, iəu²¹sən⁴⁴tɛ⁴⁵naŋ²¹³kʋ³³tsa²⁴tɕʰi⁴⁴ti⁰i³³, suaŋ³³səu⁴⁴ti⁰
手　代　郎　哥　撑　起　伞，　右　手　代　郎　哥　扎　起　的　衣，双　手　的

tɕʰiĩ³³kʋ³³ɕia²¹kɛ³³tɕi⁰.
牵　哥　下　阶　级。

　　ʋ⁴⁴sən⁴⁵naŋ²¹³sən⁴⁵tɔ⁴⁵ʋ²¹³tʰaŋ²¹³tsən³³, tsɔ³³xu³³ti⁰tɕiən²¹³kʋ³³xɔ⁴⁴tɕi⁴⁴sən³³. ʋ⁴⁴ti⁰kʋ³³, ni⁴⁴næ²¹³
　　我　送　郎　送　到　禾　堂③中，　招　呼　的　情　哥　好　几　声。我　的　哥，你　南

xuən³³təu²¹³saŋ⁰sɔ⁴⁴ɕi⁴⁴tsɔ⁴⁴, pE²⁴xuən³³təu²¹³saŋ²¹sʅ²¹sɔ⁴⁴tsʰən²¹³ti⁰niaŋ²¹³, ni⁴⁴nɔ⁴⁴nɛ²¹³ti⁰xɛ²¹iE⁰
风　头　上　少　洗　澡，　北　风　头　上　是　少　乘　的　凉，　你　老　来　的　害　嘞

piən²¹nɔ⁰u²¹³yo²⁴o⁰xuaŋ³³.
病　啰　无　药　哦方。

　　ʋ⁴⁴sən⁴⁵naŋ²¹³sən⁴⁵tɔ⁴⁵tsəɔ²⁴yĩ²¹³kʰʋ³³, səu⁴⁴fu²¹³tsəɔ²⁴tsʅ⁰xæ⁴⁴tɕiən²¹³kʋ³³. ʋ⁴⁴ti⁰kʋ³³, ni⁴⁴kʰæ⁴⁵
　　我　送　郎　送　到　竹　园　窠④，手　扶　竹　子　喊　情　哥。我　的　哥，你　看

tsəɔ²⁴tsʅ⁰xɔ⁴⁴kʰæ⁴⁵tɕiE²⁴tɕiE²⁴kʰən³³, ui²¹³zən²¹³mo²⁴ɕiɔ⁴⁵tsəɔ²⁴tsʅ⁰u²¹³iəu⁴⁴ti⁰ɕiən³³, tsʋ⁴⁵kʋ⁴⁵ti⁰
竹　子　好　看　节　节　空，　为　人　莫　笑　竹　子　无　有　的　心，　做　过　的

sʅ²¹tɕiən²¹³mo²⁴uaŋ²¹nE⁰pən⁴⁴.
事　情　莫　忘　了　本。

---

① 叔母和⁼子：妯娌。

② 阶级：屋檐下的过道。

③ 禾堂：晒稻谷的场地。

④ 竹园窠：竹园里。

sən⁴⁵naŋ²¹³sən⁴⁵tɔ⁴⁵ma²¹³sʅ²⁴tɕiɔ²¹³, tɛ²¹³təu²¹³kʰæ⁴⁵tɕĩ⁴⁵naŋ²¹³ti⁰u²⁴ĩ²¹³nɔ²¹, ʊ⁴⁴ɕiən³³

送　郎　送　到　麻　石　桥，　抬　头　看　见　郎　的屋檐脑˭,我　心

ni⁰　iəu²¹ɕiaŋ⁴⁴pa⁴⁴ni⁴⁴sən⁴⁵tɔ⁴⁵nɛ⁴⁵kʊ⁴⁵u²⁴, iəu²¹pʰa⁴⁵ni⁴⁴na⁴⁵tɕʰi³³tsʅ⁰kən³³ʊ⁴⁴tɕiE²⁴yĩ³³

里　又　想　把　你　送　到　那　个　屋，又　怕　你　那　妻　子　跟　我　结　冤

ti⁰　tsəu²¹³, ŋæ̃⁴⁴ɕy⁴⁴ti⁰uaŋ³³nɛ⁰uaŋ³³nɔ⁰kʊ³³xui²¹³o⁰　təu²¹³.

的　仇，　眼　水　的汪　来　汪　啰　哥　回　哟头。

8. tɕʰyĩ⁴⁵tɕiəu⁴⁴kʊ³³ 劝酒歌

i²⁴pei³³tsʅ⁰tɕiəu⁴⁴tɕʰyĩ⁴⁵tɕiən²¹³kʊ³³, tɕʰyĩ⁴⁵ʊ⁴⁴ti⁰tɕiən²¹³kʊ³³iɔ⁴⁵tʰɔ⁴⁴tɕʰiən³³, ʊ⁴⁴ti⁰kʊ³³, ni³³

一杯　子　酒　劝　情　哥，劝　我　的情　哥要　讨　亲，　我　的哥，你

sæ̃³³sʅ²⁴sei⁴⁵tʰɔ⁴⁴tɕʰiən³³pu⁴⁵ui²¹³nɔ⁴⁴, ni⁴⁴sʅ⁴⁵sʅ²⁴sei⁴⁵tʰɔ⁴⁴tɕʰiən³³yE²⁴pʰiĩ³³ɕi³³, tɕiaŋ³³tɕiĩ²¹³mɛ⁴⁴

三　十　岁　讨亲　不　为　老，你四　十　岁讨　亲　月　偏　西，将　钱　买

ma⁴⁴piE²⁴zən²¹³tɕi²¹³.

马　别　人　骑。

E²¹pei³³tsʅ⁰tɕiəu⁴⁴tɕʰyĩ⁴⁵tɕiən²¹³kʊ³³, tɕʰyĩ⁴⁵ʊ⁴⁴ti⁰tɕiən²¹³kʊ³³iɔ⁴⁵tʰɔ⁴⁴tɕʰiən³³, ʊ⁴⁴ti⁰kʊ³³, ni⁴⁴tɕy⁴⁴

二杯　子　酒　劝　情　哥，劝　我　的情　哥要　讨　亲，　我　的哥，你　煮

tsəo²⁴tɕʰi⁴⁵tiɔ⁴⁵niaŋ²¹³xuæ̃²¹ti⁰mi⁴⁴, ni⁴⁴piɔ²¹³tɕʰiən³³tɕʰi⁴⁵tiɔ⁴⁵tʰɔ⁴⁴tɕʰiən³³ti⁰tɕiĩ²¹³, təu²¹fu⁰ti⁰

粥　吃　掉　量　饭　的米，你　嫖　亲　吃　掉讨　亲　的钱，　豆　腐的

põ²¹³tsən²¹³niəo²⁴tɕia⁴⁵tɕiĩ²¹³.

盘　成　肉　价　钱。

sæ̃³³pei³³tsʅ⁰tɕiəu⁴⁴tɕʰyĩ⁴⁵tɕiən²¹³kʊ³³, tɕʰyĩ⁴⁵ʊ⁴⁴tɕiən²¹³kʊ³³iɔ⁴⁵tʰɔ⁴⁴tɕʰiən³³, ʊ⁴⁴ti⁰kʊ³³, sæ̃³³yE²⁴ni⁰

三杯　子酒　劝　情　哥，劝　我情　哥要　讨　亲，　我　的哥，三　月　里

tɔ²¹³xua³³xən²¹³pu⁴⁵tɕiəu⁴⁴, nɔ²⁴y⁴⁴tɕʰyĩ³³xɛ²¹³i²⁴sʅ²¹³ɕiən³³, zən²¹³tɕia³³ti⁰tɕʰi³³tsʅ⁰i²⁴tsaŋ²¹³kʰən³³

桃　花　红　不　久，　落　雨　穿　鞋　一时　新，　人　家　的妻　子一场　空。

sʅ⁴⁵pei³³tsʅ⁰tɕiəu⁴⁴tɕʰyĩ⁴⁵tɕiən²¹³kʊ³³, tɕʰyĩ⁴⁵ʊ⁴⁴tɕiən²¹³kʊ³³iɔ⁴⁵tʰɔ⁴⁴tɕʰiən³³, ʊ⁴⁴ti⁰kʊ³³, ni⁴⁴kʰæ̃⁴⁵tsʅ²¹

四杯　子　酒　劝　情　哥，劝　我情　哥要　讨　亲，　我　的哥，你　看　自

tɕi³³tɕʰi³³tsʅ⁰tɕi⁴⁴tʊ³³xɔ⁴⁴, zən²¹³tɕia³³ti⁰tɕʰi³³tsʅ⁰xɔ⁴⁴pi⁴⁴sʅ²¹na⁴⁵ŋæ̃⁴⁴miĩ²¹tɕiĩ²¹³ti⁰xua³³, tɔ⁴⁵nɔ⁴⁴təu³³pu⁴⁵

己妻　子儿　多　好，人　家　的妻　子好比　是　那眼　面　前　的花，到老　都　不

nən²¹³tsən²¹³ti⁰tɕia³³.

能　成　的家。

u⁴⁴pei³³tsʅ⁰tɕiəu⁴⁴tɕʰyĩ⁴⁵tɕiən²¹³kʊ³³, tɕʰyĩ⁴⁵ʊ⁴⁴tɕiən²¹³kʊ³³iɔ⁴⁵tʰɔ⁴⁴tɕʰiən³³, ʊ⁴⁴ti⁰kʊ³³, ni⁴⁴kʰæ̃⁴⁵

五　杯　子酒　劝　情　哥，劝　我　情　哥要　讨亲，　我的哥，你　看

tsʅ²¹tɕi³³tɕʰi³³tsʅ⁰sʅ²¹tɕi⁴⁴tu³³xɔ⁴⁴, zən²¹³tɕia³³ti⁰tɕʰi³³tsʅ⁰xɔ⁴⁴pi⁴⁴sʅ²¹na⁴⁴ua⁴⁴u²⁴təu²¹³saŋ²¹ti⁰suaŋ³³,

自　己妻　子是　几　多　好，人　家　的妻　子好比是那 瓦　屋头　上　的霜，

tʰɛ⁴⁵iaŋ²¹³ti⁰i²⁴tɕʰy²⁴pu²⁴tɕiəu⁴⁴tsaŋ²¹³.

太阳　的一出　不久　长。

nəo²⁴pei³³tsʅ⁰tɕiəu⁴⁴tɕʰyĩ⁴⁵tɕiən²¹³kʊ³³, tɕʰyĩ⁴⁵ʊ⁴⁴tɕiən²¹³kʊ³³iɔ⁴⁵tʰɔ⁴⁴tɕʰiən³³, ʊ⁴⁴ti⁰kʊ³³, ni⁴⁴iɔ⁴⁵tʰɔ⁴⁴

六　杯　子酒　劝　情　哥，劝　我　情　哥要　讨亲，　我的哥，你要　讨

tɕʰiən³³, ʊ⁴⁴tsʊ⁴⁵ni⁴⁴ti⁰xɛ²¹³, tsʊ⁴⁵ni⁴⁴ti⁰tɕy³³, tsʊ⁴⁵ni⁴⁴ti⁰iaŋ²¹³, tsʊ⁴⁵ni⁴⁴ti⁰pɛ⁴⁵taŋ²¹³ti⁰xɛ²¹³tsʅ⁰

亲，　我做你的鞋，　做你的猪，　做你的羊，　做你的拜　堂　的鞋　子

iəu⁴⁴niaŋ⁴⁴suaŋ³³.

有两　双。

tɕʰi²⁴pei³³tsʅ⁰tɕiəu⁴⁴tɕʰyĩ⁴⁵tɕiən²¹³kʊ³³, tɕʰyĩ⁴⁵ʊ⁴⁴tɕiən²¹³kʊ³³iɔ⁴⁵tʰɔ⁴⁴tɕʰiən³³, ʊ⁴⁴ti⁰kʊ³³, ni⁴⁴iɔ⁴⁵tʰɔ⁴⁴

七　杯　子酒　劝　情　哥，劝　我　情　哥要　讨亲，　我的哥，你要　讨

tɕʰiən³³, ʊ⁴⁴tsʊ⁴⁵ni⁴⁴ti⁰tɕiən³³, ʊ⁴⁴tsʊ⁴⁵ni⁴⁴ti⁰iən²¹³, ʊ⁴⁴tsʊ⁴⁵ni⁴⁴ti⁰xua³³xua⁰tɕiɔ²¹tsʅ⁰iəu⁴⁴i²⁴tiən⁴⁴.

亲，　我做你的金，　我做你的银，　我做你的花　花　轿　子有　一顶。

9. 想姐 ɕiaŋ⁴⁴tɕi⁴⁴

ia³³tɕʰyo²⁴tsʅ⁰tɕiɔ⁴⁵, xən²¹³sɛ³³sɛ³³, tɕiĩ²¹³sæ̃³³ni⁰tɕiɔ⁴⁵tɔ⁴⁵xəu²¹sæ̃³³nɛ²¹³, tɕiĩ²¹³sæ̃³³tɕiɔ⁴⁵tɔ⁴⁵

鸦雀　子叫，红　腮腮，前　山里叫　到　后　山来，　前　山叫　到

mɔ²¹kʰæ̃⁴⁵tɕiĩ⁴⁵tɕi⁴⁴tʰiɔ³³ɕy⁴⁴, xəu²¹sæ̃³³tɕiɔ⁴⁵tɔ⁴⁵mɔ²¹kʰæ̃⁴⁵tɕiĩ⁴⁵tɕi⁴⁴pɔ²¹ti⁰tsɛ²¹³.mɔ²⁴xui²¹sʅ²¹

冇　看　见姐挑　水，后　山叫　到冇　看　见姐抱　的柴。莫会是

tɕiən²¹³tɕi⁴⁴tən²¹niɔ⁰xuɛ²¹³, tən²¹niɔ⁰xuɛ²¹³, tən²¹niɔ⁰ti⁰xuɛ²¹³, niən³³tiĩ⁴⁴ni⁴⁴u²⁴sən⁴⁵tɛ²⁴nɛ²¹³,

情　姐动了怀，　动了怀，　动了的怀，　拎　点礼物送得来，

xuaŋ⁴⁵tsɛ⁴⁵tɕi⁴⁴ti⁰xən²¹³tɕʰi²⁴tsɔ²⁴tsʅ⁰saŋ⁰.kuaŋ⁴⁴ti⁰kuaŋ⁴⁴, pa²¹³ti⁰pa²¹³, næ̃²¹³ui²¹³ʊ⁴⁴tɕiən²¹³kʊ³³

放　在姐的红　漆　桌子上。滚　的滚，　爬　的爬，　难为我情　哥

sən⁴⁵kɔ²⁴ɕia³³, ʊ⁴⁴tiəu³³nɔ⁰tsʰʅ⁴⁴xua⁴⁵mɔ²⁴ɕyɛ²⁴tʰa³³, səu⁴⁴ti²¹³miən²¹³tən³³kʰæ̃⁴⁵ua²¹³ua²¹³.

送　各㐆些，我丢　了此话莫学他，手　提明　灯看娃　娃。

ʊ⁴⁴ti⁰tɕi⁴⁴, ni⁴⁴kʰæ̃⁴⁵tʰa³³sei⁴⁵tsʅ⁰tɕiĩ³³tɕiĩ³³xɔ⁴⁴ɕiaŋ⁴⁵tɕi⁴⁴, mei²¹³mɔ²¹³uæ̃³³uæ̃³³sʅ²¹xɔ⁴⁴ɕiaŋ⁴⁵

我的姐，你看　他舌　子尖　尖　好像　姐，眉　毛　弯　弯　是好像

tiⁿnaŋ²¹³, ʋ⁴⁴ɕiən³³ɕiaŋ⁴⁴tiⁿua²¹³ua²¹³tɕyĩ⁴⁵xui²¹³xuæ²¹³. ʋ⁴⁴tɕiᴇ²⁴na⁴⁵kʋ⁴⁵xua²¹, xui²¹³na⁴⁵kʋ⁴⁵
的郎，　我心　想　的娃娃转　回　还。　我接那个话，回　那个

iən³³, tɕiən²¹³na⁴⁵kʋ⁴⁵ɕyᴇ²⁴xua²¹sɔ⁴⁴tsʰən³³miən²¹³.
音，情　那个说　话　少聪　明。

ʋ⁴⁴tiⁿkʋ³³, ni⁴⁴kʰæ⁴⁵tʰa³³sei⁴⁵tsʅ⁴⁴tɕiĩ³³tɕiĩ³³sʅ²¹xɔ⁴⁴ɕiaŋ⁴⁵tɕi⁴⁴, mei²¹³mɔ²¹³uæ³³uæ³³sʅ²¹xɔ⁴⁴
我的哥，你看　他舌子尖　尖　是好像　姐，眉　毛　弯弯是好

ɕiaŋ²¹³tiⁿnaŋ²¹³, na⁴⁵ui²¹³tiⁿua²¹³ua²¹³tɕyĩ⁴⁵xui²¹³xuæ²¹³.
像　的郎，　那为的娃娃转　回　还。

ʋ⁴⁴tɕiᴇ²⁴tɕi⁴⁴xua²¹, xui²¹³tɕi⁴⁴iən³³, tɕiən²¹³tɕi⁴⁴tiⁿɕyᴇ²⁴tiⁿxua²¹sɔ⁴⁴tsʰən³³miən²¹³.ʋ⁴⁴tiⁿtɕi⁴⁴, ʋ⁴⁴
我接　姐话，回　姐音，情　姐的说　的话　少聪　明。　我的姐，我

ui²¹³ni⁴⁴tsəu⁴⁴kʋ⁴⁵tʋ³³sɔ⁴⁴uæ³³uæ³³tiᴇ²⁴tiᴇ²⁴tiⁿnəu²¹, ʋ⁴⁴ui²¹³ni⁴⁴səu²¹kʋ⁴⁵tʋ³³sɔ⁴⁴nən⁴⁴saŋ³³tiⁿxuən³³,
为你走　过多少弯　弯叠　叠　的路，我为你受　过多少冷　伤　的风，

ʋ⁴⁴tʰiɔ³³sæ³³tiⁿsʅ²⁴xɛ⁴⁴i²⁴tsaŋ²¹³kʰən³³.
我挑　山　的石海一场　空。

10. 约姐 yo²⁴tɕi⁴⁴

tɕiən²¹³tɕi⁴⁴ɕia²¹xʋ²¹³ɕi⁴⁴tən²¹³xɔ³³, ɕi⁴⁴tᴇ²⁴kʋ⁴⁵tən²¹³xɔ³³mõ⁴⁴xʋ²¹³pʰiɔ³³, y²¹tɔ⁴⁵na⁴⁵tsʰən³³tɕyĩ²¹³tiⁿ
情　姐下河洗茼　蒿，洗得个茼　蒿满河飘，　遇到那撑　船　的

kʋ³³kʋ³³kʰæ⁴⁵tɕiĩ⁴⁵nᴇⁿniɔⁿ, uæ³³tɕʰi⁴⁴tɕyĩ²¹³, tsʰa²⁴tɕʰi⁴⁴tiⁿkɔ³³, tɕʰiən³³tɕʰiən³³tiⁿpɔ²¹tɕʰi⁴⁴tɕi⁴⁴tiⁿiɔ³³
哥　哥看　见呢了，弯起船，　插　起的篙，轻　轻　地抱起姐的腰。

ʋ⁴⁴xæ⁴⁴sən³³tɕiən²¹³kʋ³³mo²⁴iɔ⁴⁵tɕʰiən³³, ʋ⁴⁴tɕia³³tiⁿtsaŋ²¹xʋ³³pi⁴⁴ni⁴⁴sən⁴⁵sʅ²⁴xuən³³.ʋ⁴⁴tiⁿkʋ³³,
我喊声情　哥莫要亲，　我家的丈　夫比你胜　十分。　我的哥，

ʋ⁴⁴tɕia³³iəu⁴⁴niaŋ²¹³tiĩ²¹³pa²⁴pᴇ²⁴mʋ⁴⁴, ɕy⁴⁵tɕʰi⁴⁴niaŋ²¹³tiĩ²¹³kɔ³³saŋ⁴⁵tiⁿtʰiĩ³³, ni⁴⁴na⁴⁵kʋ⁴⁵næ²¹tɕyĩ²¹³tsʅ⁴⁵
我家有良　田八百亩，竖起良　田高上　得天，你那个烂船　值

tɕi⁴⁴kʋ⁴⁵næ²¹tən²¹³tɕiĩ²¹³.tɕiən²¹³na⁴⁵kʋ⁴⁵ta⁴⁴sæ³³tiĩ⁴⁵niⁿnᴇⁿ, tɕyo²⁴saŋ²¹tiⁿtɕʰyĩ³³saŋ²¹uaⁿyən²¹³nɔⁿxɛ²¹³
几个烂铜　钱。情　那个打伞店里来，脚　上　的穿　上挖⁼云⁼啰鞋。

ʋ⁴⁴tiⁿkʋ³³, ni⁴⁴i²⁴u²¹³tɕia⁴⁴tɕia⁴⁴, ᴇ²¹u²¹³mei²¹, ni⁴⁴sæ³³u²¹³sɔ⁴⁴tsʅⁿ, sʅ²¹sʅ⁴⁵u²¹³tiⁿtɕʰi³³, ni⁴⁴
我的哥，你一无姐　姐，二无妹，　你三无嫂子，是四无的妻，你

tɕyo²⁴saŋ²¹tiⁿxɛ²¹³tsʅⁿna⁴⁴nᴇ²¹³tiⁿ?
脚　上　的鞋子哪来　的?

ʋ⁴⁴tɕiɛ²⁴tɕi⁴⁴xua²¹, xui²¹³tɕi⁴⁴iən³³, tɕiən²¹³tɕi⁴⁴ti⁰ ɕyɛ²⁴xua²¹sɔ⁴⁴tsʰən³³miən²¹³. ʋ⁴⁴ti⁰ tɕi⁴⁴, ʋ⁴⁴i²⁴

我 接 姐 话，回 姐 音，情　姐 的 说 话 少 聪　明。 我 的 姐，我 一

u²¹³tɕia⁴⁴tɕia⁴⁴, ɛ²¹ u²¹³ mei²¹, ʋ⁴⁴sæ̃³³ u²¹³sɔ⁴⁴ tsʅ⁰, sʅ⁴⁵u²¹³ti⁰ tɕʰi³³, ʋ⁴⁴ tɕyo²⁴saŋ²¹ti⁰ xɛ²¹³ tsʅ⁰

无 姐 姐，二 无　妹，我 三 无嫂子，四 无 的 妻，我 脚　上　的 鞋　子

mɛ⁴⁴ nɛ²¹³ ti⁰.

买 来 的。

tɕiən²¹³kʋ³³ɕyɛ²⁴xua⁴⁵mo²⁴tsʰa⁴⁵piɛ²⁴, ni⁴⁴tɕyo²⁴saŋ²¹ti⁰ xɛ²¹³tsʅ⁰, ʋ⁴⁴ɕiɔ⁴⁴tɛ²⁴, sʅ²¹na⁴⁵saŋ²¹təu²¹³

情　哥 说 话 莫 岔 别，你 脚　上　的 鞋　子，我 晓 得，是 那 上 头

u²⁴ti⁰pʋ²¹³pʋ²¹³ta⁴⁴ti⁰ti³³, ɕia²¹təu²¹³u²⁴ti⁰kuɛ⁴⁵xʋ⁴⁵ua³³ti⁰yən²¹³, ni⁴⁴tɕʰyɪ̃³³saŋ²¹ti⁰xɛ²¹³tsʅ⁰sɔ⁴⁴

屋 的 婆　婆 打 的 底，下 头　屋 的 怪 货 挖 的 云，你 穿　上　的 鞋　子 少

tɕiən⁴⁵mən²¹³

进　门。

tɕiən²¹³tɕi⁴⁴ɕia²¹xʋ²¹³tɕʰy⁴⁵ɕi⁴⁴i³³, ʋ⁴⁴ɕiən³³ɕiaŋ⁴⁴ti⁰y⁴⁴tʰa³³pʰei⁴⁵xu³³tɕʰi³³.ʋ⁴⁴ti⁰ kʋ³³, ʋ⁴⁴miɔ²¹ni⁰

情　姐 下 河 去 洗 衣，我 心　想　的 与 她 配 夫 妻。我 的 哥，我 庙　里

tɕy³³təu²¹³kʋ⁴⁵iəu⁴⁴tɕy⁴⁴, miɛ²⁴tɕʰyɪ̃³³təu²¹xu³³səu⁴⁴næ̃²¹³ti⁰ti²¹³, i²⁴zən²¹³ti⁰ næ̃²¹³tsʋ⁴⁵ɛ²¹zən²¹³tɕʰi³³.

猪　头　各 有 主，篾 穿 豆 腐 手 难 的 提，一人　的 难 做 二人 妻。

11. 想郎 ɕiaŋ⁴⁴naŋ²¹³

sʅ²⁴ɛ²¹sei⁴⁵ naŋ²¹³kʋ³³ tɕʰy⁴⁵tʰiɔ²¹³ tɕiən²¹³, tɕiən²¹³tɕi⁴⁴ti⁰ ɕi⁴⁵ kʋ³³nɪ̃²¹³iəu²¹ tɕʰiən³³. ʋ⁴⁴ ti⁰ kʋ³³,

十 二岁 郎　哥 去 调　情，　情　姐 的 细 哥 年 又 轻。 我 的 哥，

ni⁴⁴ xɔ⁴⁴pi⁴⁴tən²¹tɔ³³ tsʅ⁰tɕʰiɛ²⁴niəo²⁴pi²¹³ miɪ̃²¹saŋ⁰kuən⁴⁴, ni⁴⁴ xɔ⁴⁴pi⁴⁴xɔ³³tsəu²¹³təu²¹³xɔ³³tsʰɛ⁴⁵

你 好 比 钝 刀 子 切　肉 皮 面 上 滚，你 好 比 薅 锄　头 薅 菜

xɔ³³pu²⁴ti⁰ sən³³, ni⁴⁴ xɔ⁴⁴ pi⁴⁴ miɔ²¹³ tən⁴⁵no⁰ tɕi⁴⁴ ti⁰ ɕiən³³.

薅 不 的 深，你 好 比 苗　动 喽 姐 的 心。

ʋ⁴⁴tɕiɛ²⁴tɕi⁴⁴xua²¹, xui²¹³tɕi⁴⁴iən³³, tɕiən²¹³tɕi⁴⁴ti⁰ ɕyɛ²⁴xua²¹sɔ⁴⁴tsʰən³³miən²¹³.ʋ⁴⁴ti⁰ tɕi⁴⁴, ʋ⁴⁴tən²¹

我 接 姐 话，回 姐 音，情　姐 的 说 话 少 聪　明。 我 的 姐，我 钝

tɔ³³tsʅ⁰tɕʰiɛ²⁴niəo²⁴ŋæ̃⁴⁵tɛ²⁴tɕiən⁴⁴, xɔ³³tsəu²¹³təu²¹³xɔ³³tsʰɛ⁴⁵nɛ²¹³tɛ²⁴ti⁰ tɕiən²¹³, tsʰən⁴⁵tʋ²¹³sei³³ɕiɔ⁴⁴ia²⁴

刀 子 切　肉 按 得 紧，薅 锄　头 薅 菜 来 得 的 勤，　秤　砣 虽 小 压

tɕʰiɪ̃³³tɕiən³³.

七 斤。

千　　金。

tsʰəu³³i²⁴tsɔ⁴⁴, tɕʰy⁴⁵səu³³təu²¹³, səu³³təu²¹³tiᵒ ɕi⁴⁴niĩ⁴⁴tɕi⁴⁴iəu³³tsəu²¹³, tso²⁴uæ̃⁴⁴mən²¹tɕiĩ⁴⁵naŋ²¹³
初　　一早，去　梳头，梳头　的洗脸姐忧愁，昨　晚梦见郎

pu²⁴xɔ⁴⁴, i⁴⁴pu²⁴tsʅ³³tɔ⁴⁵tsən³³xo²⁴tɕia⁴⁴, tɕia⁴⁴xo²⁴tsən³³, ʋ⁴⁴kʰæ̃⁴⁵naŋ²¹³i²⁴ŋæ̃⁴⁴ʋ⁴⁴xuaŋ⁴⁵noᵒɕiən³³.
不　好，也不　知道真　或假，假　或真，我看　郎　一眼我放　了心。

tsʰəu³³ɛ²¹tsɔ⁴⁴, tɕʰy⁴⁵kʰæ̃⁴⁵naŋ²¹³, naŋ²¹³kʊ³³kʰuən⁴⁵iɛᵒsui⁴⁵tsɛ⁴⁵ɕiəu⁴⁵tsaŋ²¹³.ʋ⁴⁴tsu⁴⁴səu⁴⁴mu³³
初　　二早，去　看　郎，朗　哥困　呀睡在绣　床。我左手摸

naŋ²¹³y²¹³tʰæ̃⁴⁵xʊ⁴⁴, iəu²¹səu⁴⁴mu³³naŋ²¹³mɔ²¹tʰei⁴⁵tiᵒ sɔ³³. naŋ²¹³kʊ³³tiᵒ piən²¹tʰi⁴⁴sʅ²⁴xuən³³kɔ³³.
郎　如炭火，右　手　摸郎　冇退　的烧。郎　哥的病　体十分　高。

tsʰəu³³sæ̃³³tsɔ⁴⁴, tɕʰy⁴⁵kʰæ̃⁴⁵naŋ²¹³, naŋ²¹³kʊ³³ɕiaŋ⁴⁴tɕʰia²⁴ɕyĩ⁴⁵tɕi³³tʰaŋ³³, ʋ⁴⁴tiᵒ kʊ³³, ʋ⁴⁴kõ⁴⁵tsʅᵒ
初　　三早，去　看　郎，郎　哥想　吃　镦鸡汤，我的哥，我罐　子

tia²¹³nɛ²¹³nəu²¹iəu²¹yĩ⁴⁴, xʊ²¹³iɛ²⁴pɔ³³nɛ²⁴mɔ²¹tɛ²¹tiᵒ tʰaŋ³³, ɕiaŋ⁴⁴tɕʰi⁴⁴ʋ⁴⁴tɕiən²¹³kʊ³³kʰu²⁴i²⁴tsʰaŋ⁴⁴.ʋ⁴⁴
提　来路　又远，荷　叶包来　冇得的汤，想　起我情　哥哭　一场。我

ɕiaŋ⁴⁴naŋ²¹³ɕiaŋ⁴⁴tɛᵒkʰu²⁴, i²⁴təu²¹³tsɛ³³tɔ⁴⁵niəu²¹³næ̃²¹u²⁴, suaŋ³³səu⁴⁴tsua⁴⁴tiᵒ niəu²¹³sʅ⁴⁴tsʰɔ³³, tsei⁴⁴niᵒ
想　郎　想　得哭，一头　栽到牛　栏屋,双　手　抓　的牛　屎草，嘴里

xæ̃²¹³tiᵒ niəu²¹³sʅ⁴⁴ni²¹³, ʋ⁴⁴ɕia²¹xui²¹³ɕiaŋ⁴⁴naŋ²¹³kəu⁴⁴zʅ²⁴tiᵒ.
含　的牛　屎泥，我下　回　想　郎　狗日的。

12. 夜歌 ia²¹kʊ³³

tɕʰyo²⁴pɛ²⁴tɕʰyo²⁴pɛ²⁴tsən³³tɕʰyo²⁴pɛ²⁴, nəo²⁴yɛ²⁴nəo²⁴ɕiən²¹³tʰiĩ³³tɕiəu²¹noᵒta²¹ɕiɛ²⁴, tsən³³
嚼　白嚼　白真　嚼　白，六　月六　旬　天就　落大雪，真

tɕia⁴⁴n⁴⁴iəu²¹ɕiaŋ³³ɕiən⁴⁵, tʰəu³³tsʅᵒtəu²¹saŋ²¹i²⁴uaŋ²¹pɛ²⁴.ʋ⁴⁴tsəu⁴⁴ni⁴⁴na⁴⁵mən²¹³kʰəu⁴⁴tɕiəu²¹
假　你又不相　信，秃　子头上　一望　白。我走　你那门　口　就

kʊ⁴⁵i²⁴kʊ⁴⁵,kʰæ̃⁴⁵tɕiĩ⁴⁵naᵒi²⁴kʊ⁴⁵ku⁴⁴kuɛ⁴⁵xʊ²¹, kʰæ̃⁴⁵tɕiĩ⁴⁵na⁴⁵mu²¹tsʅᵒtəu³³pʰiɔ³³kʊ⁴⁵tɕiaŋ³³, kʰæ̃⁴⁵
过　一过，看　见　了一个古怪货，看　见　那磨子都　飘　过江，看

tɕiĩ⁴⁵na⁴⁵xʊ²¹³saŋ²¹tʰɔ⁴⁴pʊ²¹³niaŋ²¹³. ni⁴⁴na³³tsa²⁴nɛ²¹³ʋ⁴⁴i²⁴tsa²⁴, xɔ⁴⁴ɕiaŋ⁴⁵na⁴⁵ma²¹³tɕʰyo²⁴tsʅᵒ
见　那和　尚讨婆娘。你拿只来我一只，好像　那麻雀　子

pɔ²⁴ku²⁴tɕʰia²⁴, ma²¹³tɕʰyo²⁴tsʅᵒpɔ²⁴ku²⁴ɛ²¹miĩ²¹xuən³³. iəu⁴⁴kʊ³³pu²⁴tsʰaŋ⁴⁵sʅ²¹pu²⁴sʅ⁴⁴zən²¹³,
剥谷吃，麻雀　子剥谷二面　粉。有歌不唱　是不死人，

tsəu⁴⁴tɔ⁴⁵na⁴⁵ɕiɔ⁴⁵taŋ²¹³tso²⁴kʊ⁴⁵i²⁴, mɔ²¹tsʅᵒtəu³³tiɔ⁴⁵tsɛ⁴⁵xui³³nʊ²¹³niᵒ, na³³tɕʰi⁴⁴nɛ²¹³mɔ²¹tsʅᵒ
走　到那孝堂　作个揖,帽子都　掉在灰　箩里,拿起来帽子

tɕiəu²¹ta⁴⁴ka³³ti⁰ xui³³, iəu⁴⁴kʊ³³pu²⁴tsʰɑŋ⁴⁵ɕiɔ⁴⁴u³³kui³³.

就　打 咖 的 灰，有　歌 不 唱　小 乌 龟。

13. 十二月花 sɿ²⁴E²¹yE²⁴xua³³

tsən³³yE²⁴ni⁰sən³³na⁰mʊ⁴⁴tsɿ⁰xua³³, zən²¹³zən²¹³sʊ³³ɛ⁴⁵ʊ⁰;

正　月 里 生 了 么 子 花，人　人　说 爱 哦，

sən³³na⁰mʊ⁴⁴tsɿ⁰zən²¹³tsɛ⁴⁵kɔ³³sæ̃³³, tʰən³³ɕia²¹sæ̃³³nɛ²¹³.

生 了 么 子 人　在 高 山，通　下 山 来。

E²¹yE²⁴ni⁰sən³³na⁰mʊ⁴⁴tsɿ⁰xua³³, pʰi³³tʰəu²¹³sæ̃⁴⁵xua²⁴iʊ⁰;

二 月 里 生 了 么 子 花，披 头　散 发 哟；

sən³³na⁰mʊ⁴⁴tsɿ⁰zən²¹³tsɛ⁴⁵kɔ³³sæ̃³³, tsʰa⁴⁵tɕyo²⁴ɕiəu³³ɕiən²¹³.

生 了 么 子 人　在 高 山，赤 脚　修　行。

sæ̃³³yE²⁴ni⁰sən³³na⁰mʊ⁴⁴tsɿ⁰xua³³, mõ⁴⁴yĩ²¹³xən²¹³iʊ⁰;

三 月 里 生 了 么 子 花，满 园 红　哟；

sən³³na⁰mʊ⁴⁴tsɿ⁰zən²¹³tsɛ⁴⁵tʰɔ²¹³yĩ²¹³, tɕiE⁴⁵pɛ⁴⁵niɔ⁰ti²¹ɕiən³³.

生 了 么 子 人，在 桃　园，结　拜 了 弟 兄。

sɿ⁴⁵yE²⁴ni⁰sən³³na⁰mʊ⁴⁴tsɿ⁰xua³³, tsa⁴⁵kʰəu⁴⁴tsɿ⁰pE²⁴mi⁴⁴iʊ⁰;

四 月 里 生 了 么 子 花，炸 口　子 白 米 哟；

sən³³na⁰mʊ⁴⁴tsɿ⁰zən²¹³pei⁴⁵ɕy³³ɕia²⁴, tsɿ⁴⁴ɕia²¹tɕʰiĩ²¹³kʰuən³³.

生 了 么 子 人　背 书 匣，指 下 乾　坤。

u⁴⁴yE²⁴ni⁰sən³³na⁰mʊ⁴⁴tsɿ⁰xua³³, tɕʰiĩ³³tʰən²¹³tsɿ⁰ta³³ka⁴⁵iʊ⁰;

五 月 里 生 了 么 子 花，牵　藤　子 搭 架 哟；

sən³³na⁰mʊ⁴⁴tsɿ⁰zən²¹³tɕʰy⁴⁵kʰæ̃⁴⁵kua³³, sɿ⁴⁴ni⁰tʰɔ²¹³sən³³.

生 了 么 子 人 去 看 瓜，死 里 逃　生。

nɔ⁰²⁴yE²⁴ni⁰sən³³na⁰mʊ⁴⁴tsɿ⁰xua³³, mæ̃⁴⁴tʰɑŋ²¹³pʰiɔ³³pE²⁴iʊ⁰;

六 月 里 生 了 么 子 花，满 堂　飘　白 哟；

sən³³na⁰mʊ⁴⁴tsɿ⁰zən²¹³, tɕʰi²¹³pE²⁴ma⁴⁴kua⁴⁵sue⁴⁵tsiĩ³³tən³³.

生 了 么 子 人，骑　白 马 挂　帅　征　东。

tɕʰi²⁴yE²⁴ni⁰sən³³na⁰mʊ⁴⁴tsɿ⁰xua³³, tæ̃³³kən³³tsɿ⁰tɔ²⁴miɔ²¹³ʊ⁰;

七 月 里 生 了 么 子 花，单 根　子 独 苗　哦；

sən³³na⁰mʊ⁴⁴tsʐ⁰zən²¹³pæ̃⁴⁵sɔ³³tɕiəu⁴⁴, tsei⁴⁵xuɛ²¹niɔ⁰xʊ²¹³zən²¹³.

生 了 么 子人 办 烧酒， 醉 坏 了 何 人。

pa²⁴yE²⁴ni⁰sən³³na⁰mʊ⁴⁴tsʐ⁰xua³³, xən²¹³kən⁴⁴tsʐ⁰nəo²⁴iE²⁴iʊ⁰;

八 月 里生 了 么 子花， 红 梗 子绿 叶哟；

sən³³ na⁰ mʊ⁴⁴ tsʐ⁰ zən²¹³ na³³kɑŋ³³ piĩ³³, pa⁴⁴ səu⁴⁴ sæ̃³³ kuæ̃³³.

生 了 么 子 人 拿 钢 鞭，把 守 三 关。

tɕiəu⁴⁴yE²⁴ni⁰sən³³na⁰mʊ⁴⁴tsʐ⁰xua³³, pʰiĩ⁴⁵ti²¹xuɑŋ²¹³niɔ⁰ʊ⁰;

九 月 里生 了 么 子花， 遍 地 黄 了 哦；

sən³³na⁰mʊ⁴⁴tsʐ⁰zən²¹³, kʊ⁴⁵u⁴⁴kuæ̃³³, ta⁴⁵fei³³ui³³niən⁴⁴.

生 了 么 子 人， 过 五 关， 大 飞 威 凛。

sʐ²⁴yE²⁴ni⁰sən³³na⁰mʊ⁴⁴tsʐ⁰xua³³, suaŋ³³ɕia²⁴ta⁴⁴sʐ⁴⁴ʊ⁰;

十 月 里生 了 么 子花， 霜 下 打 死 哦；

sən³³na⁰mʊ⁴⁴tsʐ⁰zən²¹³, sən³³xæ̃²¹³i⁴⁵, kʰu²⁴tɔ⁴⁴niɔ⁰uæ̃⁴⁵ni⁴⁴tsʰɑŋ²¹³tsʰən²¹³.

生 了 么 子 人， 生 寒 意,哭 倒 了 万 里长 城。

sʐ²⁴i²⁴yE²⁴ni⁰sən³³na⁰mʊ⁴⁴tsʐ⁰xua³³, pʰiɔ³³pʰiɔ³³taŋ⁴⁵taŋ⁰ʊ⁰;

十 一月 里生 了 么 子花， 飘 飘 荡 荡 哦；

sən³³na⁰mʊ⁴⁴tsʐ⁰zən²¹³, ʊ⁴⁵xæ̃²¹³piən³³, ta³³tɕiəu⁴⁵niɔ⁰niaŋ²¹³tɕʰiən³³.

生 了 么 子 人， 卧 寒 冰， 搭 救 了 娘 亲。

na²⁴yE²⁴ni⁰sən³³na⁰mʊ⁴⁴tsʐ⁰xua³³, tʰaŋ²¹³tɕʰiĩ²¹³kɔ³³tsɔ⁴⁵ʊ⁰;

腊 月 里生 了 么 子花， 堂 前 高 照 哦；

sən³³na⁰mʊ⁴⁴tsʐ⁰zən²¹³, tse⁴⁵tsən³³tʰaŋ²¹³xæ̃⁴⁴fu²⁴niĩ⁴⁵tɕiən³³.

生 了 么 子 人， 在 中 堂 喊 佛念 经。

tsʰa³³na⁴⁵xua³³miən²¹³, pɔ⁴⁵na⁴⁵xua³³miən²¹³,

猜 那 花 名， 报 那 花 名，

ʊ⁴⁴pa⁴⁴na⁴⁵xua³³miən²¹³ tsʐ²¹pɔ⁴⁵pa⁴⁴ni⁴⁴mən⁰tʰiən³³.

我 把 那 花 名 字报 把 你们 听。

na²⁴yE²⁴ni⁰na⁴⁵tsəo²⁴xua³³tʰaŋ²¹³tɕʰiĩ²¹³kɔ³³tsɔ⁴⁵ʊ⁰; xuaŋ²¹³sʐ⁴⁵ny⁴⁴tse⁴⁵tsən³³tʰaŋ²¹³xæ̃⁴⁴

腊 月 里蜡 烛 花 堂 前 高 照 哦;黄 氏女 在 中 堂 喊

xu²⁴niĩ⁴⁵tɕiən³³.

佛 念 经。

sʐ²⁴i²⁴yE²⁴ni⁰, ɕiɔ⁴⁴ɕyE²⁴xua³³pʰiɔ³³pʰiɔ³³taŋ⁴⁵taŋ⁴⁵ʊ⁰; ɕiɔ⁴⁴ xuaŋ²¹³ tɕʰiən²¹³ ʊ⁴⁵ xæ̃²¹³

十 一月 里,小 雪 花 飘 飘 荡 荡 哦;小 王 祥 卧 寒

piən³³, ta³³ tɕiəu⁴⁵ niɔ⁰ niaŋ²¹³ tɕʰiən³³.

冰，搭救了娘亲。

sʅ²⁴yɛ²⁴niɔ⁰, piĩ⁴⁴təu⁴⁵xua³³, suaŋ³³ɕia²¹ta⁴⁴sʅ⁴⁴ʋ⁰; mən⁴⁵ tɕiaŋ³³ ny⁴⁴ sən³³ xæ̃²¹³ i⁴⁵ kʰu⁴⁵

十月里，扁豆花，霜下打死哦；孟姜女生寒意哭

tɔ⁴⁴ niɔ⁰ uæ⁴⁵ ni⁴⁴ tsʰɑŋ²¹³ tsʰən²¹³.

倒了万里长城。

tɕiəu⁴⁴yɛ²⁴niɔ⁰ɕiɔ⁴⁴tɕy⁴⁵xua³³, pʰiĩ⁴⁵ti²¹xuaŋ²¹³niɔ⁰; xuaŋ²¹³fei³³xu⁴⁴kʊ⁴⁵u⁴⁴kuæ̃³³, ta⁴⁵fei³³ui³³niən⁴⁴.

九月里小菊花，遍地黄了；黄飞虎过五关，大飞威凛。

pa²⁴yɛ²⁴niɔ⁰tɕʰiɔ²¹³mɛ⁴⁵xua³³, xən²¹³kən⁴⁴tsʅ⁰nəo²⁴iɛ²⁴iʋ⁰; xʊ²¹³tɕiən⁴⁵tɛ²⁴na³³kaŋ³³piĩ³³pa⁴⁴

八月里荞麦花，红梗子绿叶哟；何敬德①拿钢鞭把

səu⁴⁴sæ̃³³kuæ̃³³.

守三关。

tɕʰi²⁴yɛ²⁴niɔ⁰nəu³³tɕi⁴⁵xua³³, tæ̃³³kən³³tsʅ⁰təo²⁴miɔ²¹³; pa²⁴sæ̃³³uaŋ²¹³pæ̃⁴⁵sɔ³³tɕiəu⁴⁴, tsei⁴⁵

七月里芦穄花，单根子独苗；八山王办烧酒，醉

xuɛ²¹ niɔ²¹ xʊ²¹³ zən²¹³, tsei⁴⁵ xuɛ²¹ niɔ⁰ niəu²¹³ naŋ²¹³.

坏了何人，醉坏了牛郎。

nəo²⁴yɛ²⁴niɔ⁰ɕiɔ⁴⁴xʊ²¹³xua³³, mæ̃⁴⁴tʰaŋ²¹³pʰiɔ³³pɛ²⁴iʋ⁰; ɕyɛ²⁴zən²¹³kui⁴⁵tɕʰi²¹³pɛ²⁴ma⁴⁴,

六月里小荷花，满塘飘白哟；薛仁贵骑白马，

kua⁴⁵suɛ⁴⁵tsiĩ³³tən³³.

挂帅征东。

u⁴⁴yɛ²⁴niɔ⁰xuaŋ²¹³kua³³xua³³, tɕʰiĩ³³tʰən²¹³tsʅ⁰ta³³ka⁴⁵iʋ⁰; niəu²¹³tsʅ³³yĩ⁴⁴tɕʰy⁴⁵kʰæ̃⁴⁵kua³³,

五月里黄瓜花，牵藤子搭架哟；刘知远去看瓜，

sʅ⁴⁴niɔ⁰tʰɔ²¹³sən³³.

死里逃生。

sʅ⁴⁵yɛ²⁴niɔ⁰ɕiɔ⁴⁴mɛ²⁴xua³³, tsa⁴⁵kʰəu⁴⁴tsʅ⁰pɛ²⁴mi⁴⁴iʋ⁰; kʰən⁴⁴xu³³tsʅ⁴⁴pei⁴⁵ɕy³³ɕiaŋ³³tsʅ⁴⁴

四月里小麦花，炸口子白米哟；孔夫子背书箱，指

ɕia²¹tɕʰiĩ²¹³kʰuən³³.

下乾坤。

sæ̃³³yɛ²⁴niɔ⁰ɕiɔ⁴⁴tʰɔ²¹³xua³³, mõ⁴⁴yĩ²¹³xən²¹³niɔ⁰ʋ⁰; niəu²¹³kuæ̃³³tsaŋ³³tsɛ⁴⁵tʰɔ²¹³yĩ²¹³, tɕiɛ⁴⁵

三月里小桃花，满园红了哦；刘关张在桃园，结

---

① 何敬德：应是尉迟恭"黑敬德"，发音人传唱有误。

pɛ⁴⁵niɔ⁰ti²¹ɕiən³³.

拜 了 弟兄。

ᴇ²¹yᴇ²⁴ni⁰iɑŋ²¹³niəu⁴⁴xua³³, pʰi³³təu²¹³sæ⁴⁵xua²⁴iʊ⁰; ti²¹sæ³³uɑŋ²¹³tsɛ⁴⁵kɔ³³sæ³³, tsʰa²⁴tɕyo²⁴

二 月 里杨 柳 花， 披头 散 发 哟；帝三 王 在 高 山， 赤 脚

ɕiəu³³ɕiən²¹³.

修 行。

tsən³³yᴇ²⁴ni⁰tən³³tsʰɔ⁴⁴xua³³, zən²¹³zən²¹³sʊ³³ɛ⁴⁵iʊ⁰; niɑŋ²¹³sæ³³pᴇ²⁴tsəo²⁴iən³³tʰɛ²¹³tʰən³³

正 月 里灯 草 花， 人 人 说 爱哦；梁 山 伯祝 英 台 通

ɕia²¹sæ³³nɛ²¹³.

下 山 来。

第三节

故事

牛郎织女

kaŋ⁴⁴nɛ⁴⁵kʊ⁴⁵ku⁴⁴sʅ²¹³xəu²¹, iəu⁴⁴i²⁴kʊ⁴⁵ŋa²¹³tɕi⁰tɕiɔ⁴⁵niəu²¹³naŋ²¹³, kɛ²⁴kʊ⁴⁵ŋa²¹³tɕi⁰nɛ⁰,
讲　 那　个　古　时　候，　有　一　个　伢　唧　叫　牛　　郎，　　隔﹦①个　伢　　唧　呢，

tʰa³³u²⁴ni⁴⁴fu⁴⁵mʊ⁴⁴təu³³tɕʰy⁴⁵sʅ⁴⁵tɛ⁰, təu³³sʅ⁴⁴ tɛ⁰,　 tɕiəu²¹ niəu²¹³xa²¹nɛ²¹³nɛ⁰tʰa³³ti⁰tsɛ²¹³tsʰæ̃⁴⁴
他　屋　里　父　母　都　去　世　得，　都　死　得，　　就　　留　　下　来　了　他　的　财　产

tɕiəu²¹sʅ²¹i²⁴tiɔ²¹³nɔ⁴⁴ku⁴⁴niəu²¹³. kɛ²⁴kʊ⁴⁵ŋa²¹³tɕi⁰tɕiəu²¹kən³³nɛ⁴⁵kʊ⁴⁵nɔ⁴⁴ku⁴⁴niəu²¹³ɕiaŋ³³i³³
就　是一条老牯牛。　　隔﹦个　伢　唧就　跟　那　个　老牯牛　相　依

ui²¹³põ²¹. tʰa³³tei⁴⁵nɛ⁴⁵kʊ⁴⁵nɔ⁴⁴ku⁴⁴niəu²¹³ia⁴⁴mæ̃²¹³xɔ⁴⁴, nɔ⁴⁴ku⁴⁴niəu²¹³ia⁴⁴paŋ³³tʰa³³tsʊ⁴⁵sʅ²¹,
为　伴。他对那个老牯牛　也蛮　好，老牯牛　也帮他做事，

paŋ³³tʰa³³kən³³ti²¹. kɛ²⁴kʊ⁴⁵nɔ⁴⁴ku⁴⁴niəu²¹³i²⁴tsʅ²⁴tɕi⁴⁵tsɛ²¹ɕiən³³ni⁰, ko²⁴tsa²⁴ŋa²¹³tɕi⁰pu²⁴tsʰʊ⁴⁵,
帮他耕地。这个老牯牛　一直记在心　里，各﹦②只伢　唧不错，

ko²⁴tsa²⁴ŋa²¹³tɕi⁰tɕiən²¹³kʰuɛ⁴⁵, ɛ⁴⁵nɔ²¹³tən⁴⁵, zən²¹³ti⁰ pʰiən⁴⁴tɛ²⁴, tɔ⁴⁵tɛ²⁴ko²⁴faŋ³³miĩ⁴⁵təu³³xən⁴⁴xɔ⁴⁴.
各﹦只伢　唧勤　快，爱劳动，人　的品　德、道德各方面都很好。

nɔ⁴⁴niəu²¹³ɕiən³³ni⁰tsɛ²¹ɕiaŋ⁴⁴, ʊ⁴⁴na⁴⁴i²⁴tʰiĩ³³, ʊ⁴⁴iɔ⁴⁵kei⁴⁴tʰa³³tɕiɛ⁴⁵sɔ⁴⁵i²⁴tsa²⁴mei²¹tɕi⁰, zaŋ²¹
老牛　心　里在想，　我哪一天，　我要给他介绍一只妹　唧，让

tʰa³³tsən²¹³kʊ⁴⁵tɕia³³. i⁴⁴xəu²¹nɔ⁴⁴niəu²¹³ɕiaŋ⁴⁴, tʰa³³ɕiɔ⁴⁴tɛ²⁴,nɔ⁴⁴niəu²¹³tsɛ²¹u²⁴ni⁰i²⁴sõ⁴⁵, tæ̃⁴⁵sʅ⁴⁵
他　成　个　家。以后老牛　想，　他晓得,老牛　在屋里一算，但是

----

① 隔﹦：这。

② 各﹦：这。

nɛ⁴⁵kʊ⁴⁵nɔ⁴⁴niəu²¹³pu²⁴sʅ²¹i²⁴pæ̃³³tiᵒnɔ⁴⁴niəu²¹³, tʰa³³tʰiĩ³³saŋ²¹tɕiən³³niəu²¹³ɕiən³³ɕia²¹xuæ̃²¹³.
那 个 老牛　不 是 一 般 的老牛，　他 天 上 金 牛 星 下 凡。

tʰa³³kʰa²⁴tsʅ⁴⁴i²⁴sõ⁴⁵, tʰa³³sõ⁴⁵tɔᵒy⁴⁵xuaŋ²¹³ta⁴⁵ti⁴⁵tiᵒtɕʰi²⁴kʊ⁴⁵ny⁴⁴ɛ²¹³iɔ⁴⁵xa²¹nɛ²¹³,iɔ⁴⁵ɕia²¹
他 掐 指 一 算， 他 算 到玉 皇 大帝 的七 个 女 儿要 下 来， 要 下

xuæ̃²¹³tɔ⁴⁵nɛ⁴⁵kʊ⁴⁵təŋ³³tsʰən³³tsʅᵒpaŋ²¹³piĩ³³tiᵒi²⁴kʊ⁴⁵fu²¹³niᵒtɕʰi⁴⁵ɕi⁴⁴tsɔ⁴⁴. tʰa³³zæ̃²¹³xəu²¹tʰa³³tɕiəu²¹
凡 到 那 个 东 村 子旁 边 的一个 湖 里去 洗澡。他 然 后 他 就

ɕiaŋ⁴⁴nɛᵒ, ʋ⁴⁴tʰo²⁴kʊ⁴⁵mən²¹kei⁴⁴nɛ⁴⁵kʊ⁴⁵niəu²¹³naŋ²¹³, tʰa³³kaŋ⁴⁴niəu²¹³naŋ²¹³, niəu²¹³naŋ²¹³tɕiəu²¹tɛ²⁴
想 呢，我 托 个 梦 给 那 个 牛 郎， 他 讲 牛 郎， 牛 郎 就 得

tɛᵒi²⁴kʊ⁴⁵mən²¹. nɔ⁴⁴niəu²¹³kaŋ⁴⁴, n⁴⁴mən²¹³tsɔ³³tsɔ⁴⁴saŋ²¹tɕʰi⁴⁴tsɔ⁴⁴n⁴⁴tɔ⁴⁵nɛ⁴⁵kʊ⁴⁵fu²¹³piĩ³³saŋᵒ
得 一个 梦。 老牛 讲， 你 明 朝早 上 起 早你 到 那 个 湖 边 上

tɕʰi⁴⁵uaŋ²¹,iəu⁴⁴tɕʰi²⁴kʊ⁴⁵ny⁴⁴tiᵒɕi⁴⁴tsɔ⁴⁴, tæ⁴⁵tʰa³³mənᵒtiᵒi³³fu²⁴nɛᵒxui⁴⁵tʰo²⁴xa²¹nɛ²¹³, kua⁴⁵tsɛ²¹
去 望， 有 七 个 女 的洗澡， 但 她 们 的衣服 呢会 脱 下 来， 挂 在

ɕy²¹saŋᵒ. tʰa³³n⁴⁴nɛᵒtʰəu³³tʰəu³³tiᵒtɕʰi⁴⁵na³³tʰa³³i²⁴tɕiĩ²¹xui²¹³nɛ²¹³, n⁴⁴tɕiəu²¹tiĩ⁴⁵u²⁴pʰɔ⁴⁴,
树 上。 他 你 呢偷 偷 地去 拿 他 一件， 回 来， 你 就 店ᵇ屋跑，

mo²⁴xui²¹³təu²¹³, tiĩ⁴⁵u²⁴pʰɔ⁴⁴nɛ⁴⁵kʊ⁴⁵niəu²¹³naŋ²¹³nɛᵒ, ɕiən³³niᵒiɛ⁴⁴tsɛ²¹ɕiaŋ⁴⁴, kɛ²⁴kʊᵒxa²¹³iəu⁴⁴
莫 回 头， 店ᵇ屋跑。那 个 牛 郎 呢， 心 里也 在 想， 隔ᵇ个 还 有

ko²⁴mʊ⁴⁴kʊ⁴⁵sʅ²¹tɕiən²¹³, tɕiəu²¹põ⁴⁵ɕiən⁴⁵põ⁴⁵i²¹³. tɔ⁴⁵nɛᵒti²¹ɛ²¹tʰiĩ³³tsɔ⁴⁴saŋᵒ, nɛ⁴⁵niəu²¹³naŋ²¹³
各ᵇ么 个 事情， 就 半 信 半 疑。到 了 第二 天 早 上， 那牛 郎

kʊ⁴⁴tsən³³ŋæ̃⁴⁵tsɔ⁴⁵nɔ⁴⁴niəu²¹³nɛ⁴⁵mʊ⁴⁴kaŋ⁴⁴tiᵒia⁴⁴tɕiəu²¹tɕʰi⁴⁵tɛᵒ, tɕʰi⁴⁵tɛᵒ. kʊ⁴⁴zæ̃²¹³pu²⁴tsʰʊ⁴⁵,
果 真 按 照 老牛 那 么 讲 的也 就 去 得， 去 得。果 然 不 错，

sʅ²¹iəu⁴⁴tɕʰi²⁴tsa²⁴ku³³niaŋ²¹³tsɛ²¹ɕi⁴⁴tsɔ⁴⁴. nɛ⁴⁵tɕi⁴⁴tsa²⁴ku³³niaŋ²¹³nɛᵒtɕiəu²¹sʅ²¹uaŋ²¹³mʊ⁴⁴niaŋ²¹³
是 有 七 只 姑娘 在 洗澡。那 几 只 姑娘 呢就 是王 母 娘

niaŋᵒtiᵒny⁴⁴. tɕʰi²⁴kʊ⁴⁵ny⁴⁴tsɛ²¹ɕi⁴⁴tsɔ⁴⁴. i³³saŋ³³nɛᵒsʅ²¹kua⁴⁵tsɛ²¹ɕy²¹saŋ²¹tiᵒ, tʰa³³nɛᵒɕyən²¹piĩ²¹
娘 的女。七 个 女 在 洗澡。衣裳 呢是 挂 在 树 上 的，他 呢顺 便

tɕiəu²¹na³³tsəu⁴⁴tɛᵒi²⁴tɕiĩ²¹, zæ̃²¹³xəu²¹nɛᵒtɕiəu²¹pu²⁴xui²¹³təu²¹³uaŋ²¹³, tɕiəu²¹təu⁴⁵xui²¹³pʰɔ⁴⁴.
就 拿 走 得一件， 然 后 呢就 不 回 头 望， 就 斗ᵇ回 跑。

pʰɔ⁴⁴tɔ⁴⁵u²⁴niᵒi⁴⁴xəu²¹, tsei⁴⁵kʊ⁴⁵ku³³niaŋ²¹³tsɔ⁴⁴ɕi⁴⁴xɔ⁴⁴nɛᵒ, tsɔ⁴⁴i³³fu²⁴nɛᵒ, tɕiəu²¹tsʰa³³nɛᵒi²⁴
跑 到 屋里以 后， 这 个 姑娘 澡 洗好 了， 找 衣服 呢， 就 差 了一

tɕiĩ²¹,tsʰa³³nɛᵒna⁴⁴kʊ⁴⁵nɛᵒ? tsʰa³³nɛᵒtsʅ²⁴ny⁴⁴ɕiən³³tiᵒi²⁴tɕiĩ²¹. tsʅ²⁴ny⁴⁴ɕiən³³kʰa²⁴tsʅ⁴⁴i²⁴sõ⁴⁵,
件， 差 了哪 个 呢? 差 了织 女 星 的一件。织 女 星 掐 指 一算，

---

① 店ᵇ：朝。

② 斗ᵇ：往。

o⁰, kɛ²⁴sɿ²¹nɛ⁴⁵kʋ⁴⁵niəu²¹³naŋ²¹³kæ̃⁴⁵ti⁰sɿ²¹, tʰa³³tɕiəu²¹ɕiɔ⁴⁴tɛ²⁴tɛ⁰, zæ̃²¹³xəu²¹ nɛ⁰, tʰa³³ tɕiəu²¹
哦，隔＝是那个牛　郎　干的事，她就　晓得得，然后　呢，她就
tsɔ⁴⁴tɔ⁴⁵niəu²¹³naŋ²¹³u²⁴ni⁰nɛ²¹³tɛ⁰. tsɔ⁴⁴tɔ⁴⁵niəu²¹³naŋ²¹³u²⁴ni⁰nɛ²¹³nɛ⁰.
找到牛　郎　屋里来得。找到牛　郎　屋里来呢。

kɛ²⁴kaŋ⁴⁴tɛ⁰sɿ²¹³tɕiĩ³³nɛ⁰, tɕiəu²¹kaŋ⁴⁴tɛ⁰tsaŋ²¹³i²⁴tiæ⁴⁴tiæ⁴⁵, i⁴⁴xəu²¹nɛ⁰, tʰa³³niaŋ⁴⁴tɕiəu²¹
隔＝讲得时间呢，就　讲　得长　一点点，以后　呢，他俩　就
tsən²¹³nɛ⁰fu³³tɕʰi³³. tsən²¹³nɛ⁰fu³³tɕʰi³³, i²⁴ɛ²¹sæ̃³³, sæ̃³³sɿ⁴⁵tɕiəu⁴⁴, tʰa³³niaŋ⁴⁴tsən²¹³nɛ⁰fu³³tɕʰi³³
成　了夫妻。成　了夫妻，一二三，三四九，他俩成　了夫妻
tɕiəu²¹sən³³tɛ⁰i²⁴tei⁴⁵mɔ²¹³mɔ⁰, sən³³tɛ⁰i²⁴næ̃²¹³i²⁴ny⁴⁴.
就　生　得一对毛　毛，生　得一男　一女。

iəu⁴⁴i²⁴tʰiĩ³³nɛ⁰, kɛ²⁴kʋ⁴⁵y⁴⁵xuaŋ²¹³tɛ²¹ti⁴⁵, sɿ²¹³tɕiĩ³³tsaŋ²¹³tɛ⁰, nɛ⁴⁵kʋ⁴⁵y⁴⁵xuaŋ²¹³tɛ²¹ti⁴⁵
有　一天　呢，隔＝个玉皇　大帝，时间长　得，那个玉皇　　大帝
tɕiəu²¹ɕiɔ⁴⁴tɛ²⁴tɛ⁰, tɕiəu²¹xən⁴⁴sən³³tɕʰi⁴⁵, ɕiaŋ⁴⁴iɔ⁴⁵pa⁴⁴tʰa³³ti⁰tsʅ²⁴ny⁴⁴kɔ⁴⁴saŋ²¹tʰiĩ³³. nɛ⁴⁵kʋ⁴⁵
就　晓得得，就　很　生气，想　要把他的织女搞上天。那个
nɔ⁴⁴niəu²¹³nɛ⁰, ia⁴⁴tɕiəu²¹ɕiɔ⁴⁴tɛ²⁴tɛ⁰. iən³³ui²¹³nɔ⁴⁴niən²¹³tʰa³³sɿ²¹tɕiən³³niəu²¹³ɕiən³³, tʰa³³tɕiəu²¹
老牛　呢，也就　晓得得。因为老牛　他是金牛　星，他就
ɕiɔ⁴⁴tɛ²⁴tɛ⁰. tʰa³³ʋ⁴⁴iɔ⁴⁵tɕiəu⁴⁵tʰa³³ iɔ⁴⁵zaŋ²¹niəu²¹³naŋ²¹³saŋ²¹tʰiĩ³³tɕʰi⁴⁵tsɔ⁴⁴, tsɔ⁴⁴tsʅ²⁴ny⁴⁴.
晓　得得。他我要救　他。要让牛　郎　上天去找，找织女。
tʰa³³ niəu²¹³ naŋ²¹³ sɿ²¹ fæ̃²¹³ zən²¹³, ʋ²¹³tɛ²⁴ saŋ²¹ tʰiĩ³³ nɛ⁰? nɔ⁴⁴niəu²¹³ tʰa³³ kaŋ⁴⁴ ʋ⁴⁴ iən²¹ ʋ⁴⁴ti⁰kɔ²⁴,
他牛　郎　是凡人，何得上　天　呢? 老牛　他讲我用我的角，
zaŋ²¹tʰa³³niaŋ⁴⁴tsa²⁴ɕi⁴⁵tɕia³³xʋ⁴⁴tsʋ²¹tsɛ²¹kɔ²⁴saŋ²¹saŋ²¹tʰiĩ³³ nɔ⁴⁴niəu²¹³tɕiəu²¹kʰɛ³⁰sɿ⁴⁴kaŋ⁴⁴xua²¹tɛ⁰,
让他两　只细家伙坐在角上上天。老牛　就开始讲话得，
tɕiəu²¹kən³³niəu²¹³naŋ²¹³kaŋ⁴⁴, niəu²¹³naŋ²¹³nɛ⁰, n⁴⁴nɛ⁴⁵tsa²⁴pʋ²¹³pʋ²¹³tsʅ⁰saŋ²¹tʰiĩ³³tɕʰi⁴⁵tɛ⁰,
就　跟牛　郎　讲，牛　郎　呢，你那只婆婆子上天去得，
n⁴⁴iɔ⁴⁵tɕʰi⁴⁵tsɔ⁴⁴tʰa³³, ʋ⁴⁴nɛ⁰, n⁴⁴pa⁴⁴ʋ⁴⁴nɛ⁴⁵niaŋ⁴⁴tsa²⁴kɔ²⁴na³³xa²¹nɛ²¹³, zaŋ²¹n⁴⁴nɛ⁴⁵niaŋ⁴⁴tsa²⁴
你要去找　她，我呢，你把我那两　只角拿下来，让你那两　只
ɕi⁴⁵tɕia³³xʋ⁴⁴tsʋ²¹tɔ⁰kɔ²⁴saŋ²¹saŋ²¹tʰiĩ³³. niəu²¹³naŋ²¹³ɕiaŋ⁴⁴nɛ⁰, kɛ²⁴mʋ⁰ɕiən²¹³ma⁰?i²⁴xa²¹tsʅ⁰,
细家伙坐到角上上天。牛　郎　想　呢，隔＝么行　吗? 一下子，
nɛ⁴⁵kʋ⁴⁵nɔ⁴⁴niəu²¹³tɕiəu²¹pa⁴⁴niaŋ⁴⁴tsa²⁴kɔ²⁴tɕiəu²¹tiɔ⁴⁵xa²¹nɛ²¹³, tɕiəu²¹tiɛ²⁴tsɛ²¹ti²¹xa⁰, tiɛ²⁴
那个老牛　就把两　只角就掉下来，就　跌在地下，跌
tsɛ²¹ti²¹xa²¹, niaŋ⁴⁴tsa²⁴kɔ²⁴i²⁴xa²¹piĩ⁴⁵tsən²¹³tɛ⁰niaŋ⁴⁴tsa²⁴næ̃²¹³tsʅ⁰, niaŋ⁴⁴tsa²⁴nʋ²¹³kʰuaŋ³³, niaŋ⁴⁴
在地下，两　只角一下变成　得两　只篮子，两　只箩筐，　两

tsa²⁴næ̃²¹³tsʅ⁰. niəu²¹³naŋ²¹³nɛ⁰tɕiəu²¹iən²¹kɛ²⁴niaŋ⁴⁴tsa²⁴næ̃²¹³tsʅ⁰pa⁴⁴niaŋ⁴⁴tsa²⁴ɕi⁴⁵tɕia³³xʊ⁴⁴nɛ⁰i²⁴təu⁰
只 篮 子。牛 郎 呢就 用 隔＝两 只 篮 子把 两 只 细家 伙 呢一头

tsʊ²¹i²⁴tsa²⁴, tɕiəu²¹iən²¹piĩ⁴⁴tæ³³pa⁴⁴tʰa³³tʰiĩ³³nɛ⁰saŋ⁰tʰiĩ³³. nɛ⁴⁵kʊ⁴⁵niaŋ⁴⁴tsa²⁴næ̃²¹³tsʅ⁰, tʰa³³mɔ²¹tɛ²⁴
坐 一只, 就 用 扁担把 他 挑 了上天。那个 两 只 篮 子,他 冇 得

kɔ²⁴, mɔ²¹tɛ²⁴tsʅ⁴⁵paŋ⁴⁴sʅ²¹pu⁴⁵xui²¹saŋ²¹tʰiĩ³³tio⁰. i⁴⁴xəu²¹nɛ⁰niaŋ⁴⁴kʊ⁴⁵næ̃²¹³tsʅ⁰sən³³tɕʰy²⁴
角, 冇 得翅 膀 是 不 会 上 天 的。以后 呢 两 只 篮 子生 出

tɛ⁰sʅ⁴⁵kʊ⁴⁵tsʅ⁴⁵paŋ⁴⁴, tɕiəu²¹piĩ³³tsəu⁴⁴piĩ³³xui³³tɕiəu²¹xui³³saŋ⁰tɛ⁰tʰiĩ³³, xən⁴⁴kʰuɛ⁴⁵tɕiəu²¹saŋ²¹
得四个翅 膀, 就 边 走 边 飞就 飞 上 得天, 很 快 就 上

nɛ⁰tʰiĩ³³tɕiəu²¹tsui³³saŋ⁰nɛ⁰tsʅ²⁴ny⁴⁴. tsui³³saŋ⁰nɛ⁰tsʅ²⁴ny⁴⁴nɛ⁰, tsʅ²⁴ny⁴⁴nɔ⁴⁴sʅ²¹y⁴⁴niəu²¹³naŋ²¹³
了天, 就 追 上 了织 女。追 上 了织 女 呢,织 女 老 是 与牛 郎

nɛ⁰iɔ⁴⁵tɕy⁴⁵ni²¹³i²⁴tõ⁴⁵sʅ²¹³tɕiĩ³³, tɕiəu²¹xən⁴⁴kʰuɛ⁴⁵iɔ⁴⁵tsui³³saŋ⁰. nɛ⁴⁵kʊ⁴⁵uaŋ²¹³mʊ⁴⁴niaŋ²¹³niaŋ²¹³
呢要 距 离 一段 时 间, 就 很 快 要追 上。那个 王 母 娘 娘

tɕiəu²¹kʰæ⁴⁵tɔ⁴⁵tɛ⁰, kɛ²⁴pu²⁴xɔ⁴⁴, kɛ²⁴tsa²⁴ŋa²¹³tɕi⁰tsui³³saŋ⁰nɛ²¹³tɛ⁰, ia⁴⁴tɕiəu²¹tsʅ²⁴ny⁴⁴tiɔ⁴⁵pu²⁴
就 看 到 得,隔＝不 好, 隔＝只 伢 唧追 上 来 得,也就 织 女 掉 不

saŋ²¹tʰiĩ³³nɛ²¹³, kən³³xəu²¹naŋ²¹³nɛ²¹³tɛ⁰.
上 天 来, 跟 后 郎 来 得。

i⁴⁴xəu²¹nɛ⁰, nɛ⁴⁵uaŋ²¹³mʊ⁴⁴niaŋ²¹³niaŋ²¹³nɛ⁰, tsɛ²¹təu²¹³saŋ²¹pʰa³³i²⁴kən³³tɕiən³³tsæ̃³³, na³³
以后 呢, 那王 母 娘 娘 呢, 在 头 上 拔 一根 金 簪, 拿

nɛ⁴⁵tsən³³tɕiĩ³³nɛ⁰, tɕiəu²¹sʅ²¹i²⁴xa²¹tsʅ⁰xua²¹tɛ⁰, tʰa³³mən⁰xua²¹i²⁴xa²¹tsʅ⁰, tsɛ²¹ʊ⁴⁴mən⁰miən²¹³
那针 尖 呢, 就 是 一下 子划 得,他 们 划 一 下 子,在 我 们 民

tɕiĩ³³kʰæ⁴⁵nɛ⁰, tɕiəu²¹sʅ²¹i²⁴tiɔ²¹³tɛ²¹xʊ²¹³. i²⁴ŋæ⁴⁴kɛ²⁴tiɔ²¹³tɛ²¹xʊ²¹³nɛ⁰, tɕiəu²¹sʅ²¹u²¹³piĩ³³u²¹³
间 看 呢, 就 是 一条 大 河。一眼 隔＝条 大 河 呢, 就 是 无 边 无

iən⁴⁴. tsei²⁴kʊ⁴⁵tsʅ²⁴ny⁴⁴tsɛ²¹xʊ²¹³tən³³, niəu²¹³naŋ²¹³tsɛ²¹xʊ²¹³ɕi³³, tʰa³³niaŋ⁴⁴kʊ⁴⁵nɛ⁰tɕiəu²¹sʅ²¹
影, 这 个织 女 在 河 东, 牛 郎 在 河 西,他 两 个 呢就 是

tɕiĩ⁴⁵pu²⁴tɛ²⁴miĩ²¹, tsən³³tɕiĩ³³i²⁴tiɔ²¹³xʊ²¹³tɕiəu²¹kɛ²⁴tɕy²¹tɛ⁰, tɕiəu²¹pu²⁴tɛ²⁴tɕiĩ⁴⁵miĩ²¹, tɕiəu²¹
见 不 得面, 中 间 一条 河 就 隔 住 得,就 不 得见 面, 就

pu²⁴tɛ²⁴tɔ⁴⁵i²⁴tʊ²¹³.
不 得 到 一坨。

tsɛ²¹kɔ²⁴kʊ⁴⁵sʅ²¹³xəu²¹nɛ⁰, nɛ⁴⁵kʊ⁴⁵ɕi⁴⁴tɕʰyo²⁴tɕiəu²¹kʰæ⁴⁵tɔ⁰tɛ⁰, tʰa³³ʊ⁴⁴mən⁰iɔ⁴⁵ɕiaŋ⁴⁴pæ⁴⁵
在 各＝个 时 候 呢,那个 喜鹊 就 看 到 得,他 我 们 要想 办

fa²⁴, zaŋ²¹tʰa³³fu³³tɕʰi³³niaŋ⁴⁴kʊ⁴⁵iɔ⁴⁵tõ²¹³yĩ²¹³. ɕi⁴⁴tɕʰyo²⁴tsʅ⁰nɛ⁰, tɕiəu²¹ŋæ̃³³pɛ²¹³tɛ⁰, tʰa³³kaŋ⁴⁴
法, 让 他 夫 妻 两 个 要团 圆。喜鹊 子 呢, 就 安 排 得,它 讲

mei⁴⁴niĩ²¹³tɕʰi²⁴yᴇ²⁴tsʰəu³³tɕʰi²⁴ʋ⁴⁴mən⁰zaŋ²¹tʰa³³tõ²¹³yĩ²¹³. tʰa³³mən⁰nᴇ⁰tɕiəu²¹niĩ²¹³ xo²⁴ tɕʰi⁴⁴
每　年　七　月　初　七　我们　让　他 团 圆。他们　呢就　　联合起

nɛ²¹³, n⁴⁴xæ̃²¹³tɔ⁰ʋ⁴⁴ti⁰ui⁴⁴pa³³, ʋ⁴⁴iəu²¹xæ̃²¹³tɔ⁰n⁴⁴ti⁰ui⁴⁴pa³³, tʰa³³iəu²¹xæ̃²¹³tʰa³³ti⁰ui⁴⁴pa³³,
来，你 含　到我的尾巴，我 又 含 到你的尾巴，他 又 含 他 的尾巴，

tɕiəu²¹niĩ²¹³tsən²¹³nᴇ⁰i²⁴tio²¹³nəu²¹, tɕiəu²¹tsɛ²¹nɛ⁴⁵kʋ⁴⁵xʋ²¹³ti⁰tsən³³tɕiĩ³³, tɕiəu²¹tæ̃³³nᴇ⁰i²⁴tɔ⁴⁵
就　连 成　了一条路，就　在 那个河的中 间，就　担 了一道

tɕiɔ²¹³, kᴇ²⁴tɔ⁴⁵tɕiɔ²¹³nᴇ⁰, ia⁴⁴tɕiəu²¹sʅ²¹zaŋ²¹niəu²¹³naŋ²¹³xʋ²¹³tsʅ²⁴ny⁴⁴mei⁴⁴niĩ²¹³tɕʰi²⁴yᴇ²⁴tsʰəu³³
桥， 隔ᵈ道桥 呢，也就　是让牛 郎 和 织女每 年 七 月 初

tɕʰi²⁴tɕiəu²¹xui²¹miĩ²¹.
七　就　会 面。

i⁴⁴xəu²¹tsʅ⁴⁵ɕiĩ⁴⁵tsɛ⁴⁵nᴇ⁰, ia²¹xa²¹tsʅ⁰, n⁴⁴iɔ⁴⁵tɕʰi⁴⁵uaŋ²¹, nɛ⁴⁵kʋ⁰ɕiən³³, niaŋ⁴⁴piĩ³³ti⁰ɕiən³³ɕiən³³
以后 至 现 在 呢，夜下子，你要 去 望， 那个星， 两 边 的星　星

təu³³nən²¹³xui²¹miĩ²¹, sʅ²⁴tɕi⁴⁵sʅ²¹nən²¹³tsəu⁴⁴tɔ⁴⁵i²⁴tɕʰi⁴⁴, kᴇ²⁴sʅ⁴⁵i²⁴kʋ⁴⁵niəu²¹³tɕyĩ²¹³ti⁰ku⁴⁵
都 能 会 面， 实际是能　走　到一起，隔ᵈ是一个 流　传　的故

sʅ⁴⁵. ʋ⁴⁴tɕiəu²¹kaŋ⁴⁴tɔ⁴⁵kᴇ²⁴ni⁰.
事，我就　讲　到隔ᵈ里。

（秦春华讲述，2016年）

第四节

讲述

一　丧葬习俗

ʋ⁴⁴tɕy²¹næ̃²¹³niən²¹³ɕiĩ²¹sæ̃³³ni⁰tsən⁴⁵tsən²¹³tɕiɔ²¹⁴tsʰən³³fu²¹³næ̃²¹³kɛ³³ɕiɔ⁴⁴tɕʰy³³, ʋ⁴⁴ɕiĩ⁴⁵
我　住　南　陵　县　三　里镇　澄　桥　村　湖　南　街　小　区，　我　现

tsɛ⁴⁵pa⁴⁴ʋ⁴⁴fu²¹³næ̃²¹³kɛ³³ɕiɔ⁴⁴tɕʰy³³kɛ²⁴kʋ⁴⁵ti²¹faŋ³³ti⁰xən³³sɔ²⁴ɕi²⁴kuæ̃⁴⁵kaŋ⁴⁴i²⁴xa²¹.
在　把　我　湖　南　街　小　区　隔⁼个　地　方　的　风　俗　习　惯　讲　一　下。

ti²¹i²⁴, kaŋ⁴⁴ʋ⁴⁴mən⁰ti²¹faŋ³³nɔ⁴⁴tɛ⁰zən²¹³, iɛ⁴⁴tɕiəu²¹sɿ²¹sɿ⁴⁴tɛ⁰zən²¹³, sɿ²¹kʋ⁰mʋ⁴⁴tsɿ⁰iaŋ²¹tɛ⁰
第一，讲　我　们　地　方　老　的　人，　也　就　是　死　的　人，　是　个　么　子样　的

tɕiən²¹³kʰuaŋ⁴⁵xʋ²¹³xən³³sɔ²⁴ɕi²⁴kuæ̃⁴⁵. ʋ⁴⁴mən⁰kɔ²⁴ni⁰sɿ⁴⁴nɛ⁰zən²¹³, iɔ⁴⁵i²¹³tɔ⁴⁵, yĩ²¹²nɛ²¹³tsɛ²¹
情　况　和　风　俗　习　惯。　我　们　各⁼里死　了　人，　要　移　到，　原　来　在

faŋ²¹³kɛ³³ni⁰sɿ⁴⁴ti⁰, iɔ⁴⁵i²¹³tɔ⁴⁵kʰɛ²⁴tʰiən³³. kɛ²⁴iɔ⁴⁵ɕyĩ⁴⁴i²⁴kʋ⁴⁵sɿ²¹³sən²¹³, tɕiɔ⁴⁵xa²¹tʰa²⁴. kɛ²⁴
房　间　里死　的,要　移　到　客　厅。　隔⁼要　选　一　个　时　辰，　叫　下　榻。隔⁼

kʋ⁴⁵xa²¹tʰa²⁴, iɔ⁴⁵iən²¹tsɔ²⁴pʰu³³tsɿ⁰xɔ²⁴tsɛ⁴⁴sɿ²¹mən²¹³pæ̃⁴⁴, pa⁴⁴tʰa³³tɛ²¹³tɔ⁴⁵nɛ⁴⁵kʋ⁴⁵kɔ³³təu⁰
个　下　榻，　要　用　竹　铺　子或　者　是　门　板，　把　他　抬　到　那　个　高　头

sui⁴⁵tɛ⁰, tɕyɔ²⁴təu²¹³kən³³xɛ²¹³iɔ⁴⁵tiĩ⁴⁴i²⁴kʋ⁴⁵tən³³, kɛ²⁴piɔ⁴⁴sɿ⁴⁵sɿ²¹nəu²¹tən³³, iən⁴⁴nəu²¹tən³³.
睡　得,脚　头　跟　还　要　点　一　个　灯，　隔⁼表　示　是　路　灯，　引　路　灯。

xɛ²¹³iɔ⁴⁵pɛ⁴⁴i²⁴tsaŋ³³tsɔ²⁴tsɿ⁰, tsɔ²⁴tsɿ⁰saŋ²¹iɔ⁴⁵kən⁴⁵ɕiaŋ³³, na²⁴tsɔ²⁴. kɛ²⁴sɿ²¹tɕiən⁴⁵tʰa³³, tɕiən⁴⁵
还　要　摆　一　张　桌　子,桌　子　上　要　供　香、　蜡　烛。　隔⁼是　敬　他，　敬

sɿ⁴⁴tsɛ⁴⁴. niən⁴⁵uɛ²¹, xɛ²¹³iɔ⁴⁵sɔ³³tɕiəu⁴⁴tɕiən³³sɿ⁴⁵niaŋ⁴⁴tsɿ⁴⁴ti⁰xui³³. kɛ²⁴kʋ⁴⁵tɕiəu⁴⁴tɕiən³³sɿ⁴⁵
死　者。　另　外，　还　要　烧　九　斤　四　两　纸　的　灰。　隔⁼个　九　斤　四

niaŋ⁴⁴tsʅ⁴⁴, sʅ²¹uaŋ²¹³zən²¹³ti⁰ny⁴⁴ɛ⁰mɛ⁴⁴ti⁰, piɛ²⁴zən²¹³mɛ⁴⁴mɔ²¹iən²¹. kɛ²⁴kʊ⁴⁵xui³³sɔ³³tɕʰy²⁴
两　纸，是亡　人　的女儿买的,别人　买有　用。隔゠个灰　烧出

nɛ⁰iɔ⁴⁵iən²¹tsʅ⁴⁴pɔ³³kʊ⁴⁴xɔ⁴⁴, tsei⁴⁵xəu²¹tɕiən⁴⁵tsɛ²¹³ti⁰sʅ²¹³xəu²¹iɔ⁴⁵faŋ⁴⁵tɔ⁴⁵kõ³³tsɛ²¹³ni⁴⁴təu²¹³.
来要用纸包裹好，最后进　材　的时候要放到棺材里头,

tsʅ³³ təu²¹³tsʅ³³ tɕyɔ²⁴, tsʅ³³ uən⁴⁴tʰa³³ti⁰sən³³tʰi⁴⁴. xa²¹na⁰tʰa²⁴i⁴⁴xəu²¹, tɕiəu²¹iɔ⁴⁵pa⁴⁴ɕiən⁴⁵kei⁴⁴
之゠头　之゠脚，　之゠稳゠他的身体。下了榻以后，就　要把信　给

kʊ²⁴kʊ⁴⁵tɕʰiən³³tɕʰi⁰, tɕia³³tiən²¹³tɕy⁴⁴iɔ⁴⁵tsən²¹³yĩ²¹³. tɕia³³tiən²¹³tsən²¹³yĩ²¹³tɛ²⁴tɛ⁰ɕiən⁴⁵i⁴⁴xəu²¹,
各个亲　戚，家庭　主要成　员。家庭　成　员得得信　以后,

tʰa³³mən⁰tɕiəu²¹iɔ⁴⁵fən³³fən³³nɛ²¹³tiɔ⁴⁵ɕiɔ⁴⁵. tʰa³³mən⁰nɛ²¹³tiɔ⁴⁵ɕiɔ⁴⁵, iɔ⁴⁵tɛ⁴⁵tsʅ⁴⁴, tɛ⁴⁵pʰɔ⁴⁵tsəɔ²⁴,
他们就　要纷纷来吊孝。他们来吊孝，要带纸，带炮竹,

xɛ²¹³iɔ⁴⁵tɛ⁴⁵xua³³tɕʰyĩ³³. tʰa³³mən⁰tɕiən⁴⁵mən²¹³tsʅ³³tɕiĩ²¹³, ʊ⁴⁴mən⁰, tʰa³³zən²¹³sʅ⁴⁴tɛ⁰i⁴⁴xəu²¹tɕiəu²¹
还要带花　圈。他们进　门　之前，我们，他人　死得以后　就

iɔ⁴⁵tɕʰiən⁴⁴nʊ²¹³kʊ⁴⁴, yɔ²⁴tei⁴⁵,xɛ²¹³iəu⁴⁴na²¹pa³³, xɛ²¹³iəu⁴⁴kʰɛ³³nʊ²¹³. tʰa³³mən⁰tiɔ⁴⁵ɕiɔ⁴⁵tɕiən⁴⁵
要请　锣鼓、乐队，还有　喇叭，还有　开锣。他们吊孝进

mən²¹³tsʅ³³tɕiĩ²¹³, u²⁴ni⁰iɔ⁴⁵faŋ⁴⁵i²⁴kua⁴⁵ɕiɔ⁴⁴pʰɔ⁴⁵tsəɔ²⁴, iən²¹³tɕiɛ²⁴zən²¹³ka³³, zæ²¹³xəu²¹tʰa³³
门　之前，屋里要放一挂　小炮竹，迎接　人　家，然后他

mən⁰tɕiən⁴⁵mən²¹³. tɕiən⁴⁵mən²¹³tsʅ³³tɕiĩ²¹³, tɕiəu²¹kʰɛ³³sʅ⁴⁴faŋ⁴⁵tɛ²¹pʰɔ⁴⁵tsəɔ²⁴, tɛ⁴⁵nɛ²¹³ti⁰,
们进　门。　进　门　之前，就　开　始放大炮竹，带来　的,

tsʅ²¹tɕi³³tɛ⁴⁵nɛ⁰ti⁰tɛ²¹pʰɔ⁴⁵tsəɔ²⁴. xuaŋ⁴⁵tɛ⁰i⁴⁴xəu²¹, tɕiəu²¹tɔ⁴⁵tɔ²¹³u²⁴ni⁰, tei⁴⁵sʅ⁴⁴tsɛ⁴⁴kʰɔ²⁴təu²¹³.
自己带来的大炮竹。　放　得以后，就　到桃屋里,对死者磕　头,

kɛ²⁴kʊ⁴⁵sʅ²¹³xəu²¹, ɕiɔ⁴⁵tsʅ⁴⁴tɕiəu²¹iɔ⁴⁵kʰui⁴⁴tsɛ²¹tɔ²¹³u²⁴saŋ²¹təu²¹³, piɔ⁴⁴sʅ⁴⁵fæ²¹³ni⁴⁴. nɛ²¹³tiɔ⁴⁵
隔゠个时候，孝子就　要跪　在桃屋上　头，表　示还礼。来吊

ɕiɔ⁴⁵ti⁰zən²¹³, pi⁴⁵ɕy³³tsɛ²¹sʅ⁴⁴tsɛ⁴⁴u²⁴ni⁰iɔ⁴⁵tɕʰia⁴⁴tiĩ⁴⁴tən³³ɕi³³, kʰʊ⁴⁴nən²¹³sʅ²¹iĩ³³, sui⁴⁴, tsa²¹³
孝　的人，　必须在死者屋里要吃　点东　西，可能　是烟、水、茶

təu³³ɕiən²¹³. tɕʰia²⁴i²⁴iaŋ²¹tsəu⁴⁴tsei⁴⁵xɔ⁴⁴, pu²⁴tɕʰia²⁴nɛ⁰tɔ⁴⁴mei²¹³. tɕiəu²¹kɛ²⁴iaŋ²¹ti⁰tɕiən³³kʊ⁴⁵,
都行，吃　一样走最好，不吃　呢倒霉。　就　隔゠样的经　过,

iɔ⁴⁵tɕiən³³kʊ⁴⁵sæ³³tʰiĩ³³.
要经　过三天。

　tɔ⁴⁵tɛ⁰ti⁴⁵ɛ²¹tʰiĩ³³uæ⁴⁴saŋ²¹, tɕiəu²¹iɔ⁴⁵tɕʰiən⁴⁴pa²⁴ta⁴⁵tɕiən³³kaŋ³³tɕʰia²⁴fæ²¹, pɔ³³kɔ²⁴kʰɛ²⁴zən²¹³,
　到了第二天　晚上，就　要请　八大金　刚吃饭，包括客人,

tiɔ⁴⁵ɕiɔ⁴⁵ti⁰kʰɛ²⁴zən²¹³tsɛ²¹nei²¹, xɛ²¹³iəu⁴⁴nʊ²¹³kʊ⁴⁴yɔ²⁴tei⁴⁵təu³³tsɛ²¹nei²¹. tɕʰia²⁴kʊ⁴⁵fæ²¹i⁴⁴xəu²¹,
吊孝　的客人　在内，还有　锣鼓乐队都在内。吃　过饭以后,

tɔ²¹sʅ⁰, tɕʰiən⁴⁴nɛ⁰tiᵒtɔ²¹sʅ⁰, tʰa³³iɔ⁴⁵tsu⁴⁵i²⁴pʰæ⁴⁴xua²⁴sʅ²¹. tsu⁴⁵xua²⁴sʅ²¹taŋ³³tsən³³, iəu⁴⁴tɕi⁴⁴
道士，请　来的道士，他要做一爿 法 事。做 法 事 当 中，　有 几

kʊ⁴⁵kʊ⁴⁵tsʰaŋ⁴⁴.
个 过 场。

ti²¹i²⁴kʊ⁴⁵tʰa³³iəu⁴⁴kɛ⁴⁴tɕiɛ²⁴. kɛ⁴⁴tɕiɛ²⁴, tʰa³³iɔ⁴⁵ɕiɔ⁴⁵tsʅ⁴⁴kʰui⁴⁴tsɛ²¹niən²¹³tɕiĩ²¹³, tɔ²¹³u²⁴
第 一 个 他 有 解 结。 解 结， 他 要 孝 子 跪 在 灵　 前， 桃 屋

niᵒxa²¹təu⁰,tɔ²¹sʅ⁰ iən²¹i²⁴tsʅ³³ɕiĩ⁴⁵ta⁴⁴tɕʰi⁴⁴tɕiɛ²⁴nɛ⁰, iɔ⁴⁵xa²¹zən²¹³ɕiɔ⁴⁵tsʅ⁴⁴, kʊ⁴⁵kʊ⁴⁵təu³³tɕʰi⁴⁵
里 下 头，道 士 用 一 只 线 打 起 结 来，要 下 人　 孝 子，个 个 都 去

kɛ⁴⁴. tæ⁴⁵tʰa³³nɛ⁴⁵kʊ⁴⁵tɕiɛ²⁴ta⁴⁴tiᵒxɔ⁴⁴, xɔ⁴⁴kɛ⁴⁴, i²⁴tsuɛ⁴⁵tɕiəu²¹kʰɛ³³tɛ⁰, piɔ⁴⁴sʅ⁴⁵ui²¹³sʅ⁴⁴tɕʰi⁴⁵
解，但 他 那 个 结 打 的 好，好 解， 一 搜　 就　 开 得，表 示 为 死 去

tiᵒsaŋ²¹zən²¹³tsɛ²¹nɛ⁴⁵iaŋ²¹³sʅ⁴⁵saŋ²¹tsu⁴⁵kʊ⁴⁵tiᵒi²⁴ɕiɛ³³tsei²¹kʊ⁴⁵sʅ²¹tɕiən²¹³, kɛ²⁴tɕiɔ⁴⁵tɕiɛ²⁴,iɔ⁴⁵
的 上 人 在 那 阳 世 上 做 过 的 一 些 罪 过 事 情， 隔ᵇ叫 结，要

ɕiɔ⁴⁵tsʅ⁴⁴tɛ⁴⁵tʰa³³ kɛ⁴⁴kʰɛ³³, tʰa³³tɔ⁴⁵tɛ⁰iən³³tsɔ²¹³, tɕiəu²¹pu²⁴səu⁴⁵tsui²¹, pu²⁴səu⁴⁵ta⁴⁴tɕi²⁴.
孝 子 代 他 解 开， 他 到 得 阴 曹，　就　不 受 罪，不 受 打 击。

ti²¹ɛ²¹kʊ⁴⁵, tɔ²¹sʅ⁰xɛ²¹²iɔ⁴⁵tɕiən⁴⁵ɕiən²¹³uaŋ²¹³zən²¹³ɕi⁴⁴tsɔ⁴⁴. kɔ²⁴kʊ⁴⁵uaŋ²¹³zən²¹³ɕi⁴⁴tsɔ⁴⁴,
第 二 个， 道 士 还 要 进　 行　 亡 人 洗 澡。各ᵇ个 亡　 人　 洗 澡，

tɕiəu²¹sʅ²¹iən²¹i²⁴pʰu³³tsɔ²⁴tiĩ²¹, xɔ²⁴tsɛ⁴⁴ɕi²⁴tsʅ⁰, tɕyĩ⁴⁴tsən²¹³i²⁴kʊ⁴⁵tɛ²¹tɕʰyĩ³³, ni⁴⁴miĩ²¹faŋ⁴⁵i²⁴
就　 是 用 一 铺 竹 簟，或 者 席 子，卷 成　 一 个 大 圈， 里 面 放 一

kʊ⁴⁵niĩ⁴⁴pən²¹³, niĩ⁴⁴pən²¹³niᵒmiĩ²¹faŋ⁴⁵i²⁴tiɔ²¹³ɕiən³³mɔ²¹³tɕiən³³, ta⁴⁴saŋ²¹yɛ²⁴sui⁴⁴, tɔ²¹sʅ⁰
个 脸 盆， 脸 盆 里 面 放 一 条 新 毛 巾，　打 上 热 水，道 士

tɕiəu²¹iən²¹tʰa³³tiᵒniən²¹³pɛ²¹³, piĩ³³niĩ²¹tsəu⁴⁵y⁴⁴, piĩ³³kei⁴⁴tʰa³³ɕi⁴⁴tsɔ⁴⁴, piɔ⁴⁴sʅ⁴⁵ɕi⁴⁴tiɔ⁴⁵uaŋ²¹³
就　 用 他 的 灵　 牌， 边 念 咒 语，边 给 他 洗 澡，表 示 洗 掉 亡

zən²¹³kʊ⁴⁵tɕʰy⁴⁵tsɛ²¹iaŋ²¹³sʅ²¹saŋ²¹, su⁴⁴tsu⁴⁵tiᵒi²⁴ɕiɛ³³sʅ²¹tɕiən²¹³, xɛ²¹³iəu⁴⁴i²⁴ɕiɛ³³pu²⁴kæ³³tɕiən⁴⁵
人 过 去 在 阳　 世 上， 所 做 的 一 些 事 情，　还 有 一 些 不 干 净

tiᵒsʅ²¹tɕiən²¹³pa⁴⁴tʰa³³ɕi⁴⁴tiɔ⁴⁵, zæ²¹³xəu²¹tɔ⁴⁵niɔᵒiən³³tsɔ²¹³tsən²¹³ɕiən³³xɔ⁴⁴xɔ⁴⁴tsu⁴⁵zən²¹³.
的 事 情， 把 他 洗 掉，然 后 到 了 阴 曹 重　 新 好 好 做 人。

xa²¹³iɔ⁴⁵kʊ⁴⁵tɕiən³³tɕiɔ²¹³iən²¹³tɕiɔ²¹³. tɔ²¹ sʅ⁰iən²¹tɕi⁴⁴tsaŋ³³tsɔ²⁴tsʅ⁰ta²⁴tsən²¹³i²⁴tiɔ²¹³nəu²¹, nəu²¹.
还 要 过 金 桥 银 桥。道 士 用 几 张 桌 子 搭 成　 一 条 路，路。

tsɔ²⁴tsʅ⁰ta²⁴tɛ⁰iəu⁴⁴kɔ³³iəu⁴⁴ŋɛ⁴⁴, piɔ⁴⁴sʅ⁴⁵tɕiaŋ²¹tɕiɔ²¹³i²⁴iaŋ²¹ti⁰. kɛ²⁴saŋ²¹miĩ⁴⁵pʰu³³saŋ²¹pɛ²¹pu⁴⁵,
桌 子 搭 的 有 高 有 矮，表 示 像　 桥　 一 样 的。隔ᵇ上 面 铺 上 白 布，

tɔ²¹ sʅ⁰na³³tɛ⁰uaŋ²¹³zən²¹³tiᵒniən²¹³pɛ²¹³, tsɛ²¹saŋ²¹miĩ⁴⁵piĩ³³niĩ²¹piĩ³³kɔ⁴⁴xua²⁴sʅ⁰, piĩ³³kʊ⁴⁵,
道 士 拿 着 亡　 人　 的 灵　 牌，在 上 面 边 念 边 搞 法 事，边 过，

kɛ²⁴tɕiɔ⁴⁵kʊ⁴⁵tɕiən³³tɕiɔ²¹³iən²¹³tɕiɔ²¹³. kʊ⁴⁵õ²¹³i⁴⁴xəu²¹, ia²¹xa²¹tsɿ⁰, xɛ²¹³iɔ⁴⁵tɕʰia²⁴tsəo²⁴, tɕʰia²⁴na²⁴

隔═叫　过　金　桥　银　桥。　过完以后，夜下子，还要吃　粥，吃腊

pa²⁴tsəo²⁴. iən²¹xua³³sən³³mi⁴⁴, nʊ²¹mi⁴⁴, ta²¹kɛ⁴⁵xɛ²¹³iəu⁴⁴xən²¹³təu²¹, kɛ²⁴mʊ⁰tɕi⁴⁴iaŋ²¹tən³³ɕi³³

八粥。用花生米、糯米，大概还有红豆，隔═么几样东西

tɕy⁴⁴tsən²¹³tɛ⁰tsəo²⁴, xɛ²¹³faŋ⁴⁵tiĩ⁴⁴taŋ²¹³, kei⁴⁴zən²¹³ka³³tɕʰia²⁴, zən²¹³ka³³tɕʰia²⁴tɛ⁰, kɛ²⁴mæ̃²¹³

煮　成　的粥，　还放点糖，　给人　家吃，　人　家吃　得，隔═蛮

xɔ⁴⁴tɕʰia²⁴tɛ⁰, yɛ²⁴tɕʰia²⁴yɛ²⁴tiĩ²¹³, kɛ²⁴piɔ⁴⁴sɿ⁴⁵xua²⁴, xəu²¹nɛ⁰tsɿ⁴⁴sən³³fa²⁴ta²⁴, tɔ²¹sɿ⁰pa⁴⁴

好吃　的，越吃　越甜，　隔═表示发，　后来子孙　发达，道士把

kɛ²⁴tɕi⁴⁴xaŋ⁴⁵sɿ²¹tɕiən²¹³tsʊ⁴⁵õ²¹³i⁴⁴xəu²¹, tɔ²¹sɿ⁰tɕiəu²¹ɕiəu³³ɕi²⁴tɛ⁰, tɔ²¹sɿ²¹ɕiəu³³ɕi²⁴tɛ⁰. xəu²¹

隔═几项　事情　做完以后，道士就　休　息得，道士休　息得。后

təu²¹³xɛ²¹³iəu⁴⁴yo²⁴tei⁴⁵, ɕiĩ⁴⁵tsɛ²¹tiᵒyo²⁴tei⁴⁵tʰa³³kei⁴⁴n⁴⁴tsʰaŋ⁴⁵kʊ³³, ia⁴⁴kei⁴⁴n⁴⁴tsʰaŋ⁴⁵ɕi⁴⁵,

头　还有乐队，现在的乐队他给你唱　歌，也给你唱　戏，

ia⁴⁴kʰʊ⁴⁴i⁴⁴tɕʰiən⁴⁴tʰa³³kʰu²⁴, tʰa³³ia⁴⁴tɛ⁴⁵tʰi⁴⁵n⁴⁴kʰu²⁴, tɛ⁴⁵tʰi⁴⁵n⁴⁴tiᵒny⁴⁴, tɛ⁴⁵tʰi⁴⁵n⁴⁴tiᵒtsɛ⁴⁴,

也可　以请　他哭，　他也代替你哭，　代替　你的女，代替你的崽，

tɛ²¹tʰi⁴⁵n⁴⁴tiᵒxɛ²¹³ɛ⁰kʰu²⁴, kɛ²⁴kʊ⁴⁵iɔ⁴⁵niən⁴⁵uɛ²¹kei⁴⁴tɕiĩ²¹³tiᵒ, i²⁴tsʰaŋ⁴⁴xa²¹nɛ²¹³, sɿ⁴⁵u⁴⁴pɛ²⁴.

代替　你的孩　儿哭，　隔═个要另　外给钱　的，一场　下来，四五百。

tʰa³³tsɛ²¹kʰu²⁴tiᵒtaŋ³³tsən³³, ɕiɔ⁴⁵tsɿ⁴⁴xʊ²¹³iəu⁴⁴ɕiɛ³³tɕʰiən³³tɕʰi²⁴xɛ²¹³iɔ⁴⁵tsa²⁴tɕiĩ²¹³, iəu⁴⁴tiᵒ

他在哭　的当　中，　孝子和　有些亲　戚还要砸钱，　有的

tsa²⁴i²⁴tsʰaŋ⁴⁴xa²¹³nɛ²¹³, iɔ⁴⁵tsa²⁴tɕi⁴⁴pɛ²⁴, iəu⁴⁴tiᵒzən²¹³sən⁴⁵sɿ⁴⁵tsa²⁴saŋ²¹i²⁴tɕʰiĩ³³tsɿ⁴⁵niaŋ⁴⁴

砸一场　下来，　要砸几百，有的人　甚至砸上　一千至两

tɕʰiĩ³³təu³³iəu⁴⁴tiᵒ. kɛ²⁴ia⁴⁴sɿ²¹kʊ⁴⁵ɕiɔ⁴⁴kui³³tɕy⁴⁴. kɛ²⁴kʊ⁴⁵tsa²⁴tiᵒtɕiĩ²¹³, nɛ⁴⁵kʊ⁴⁵kʰu²⁴tiᵒzən²¹³

千　都有的。隔═也是个小　规矩。隔═个砸的钱，　那个哭　的人

nɛ⁰, i²⁴kʊ⁴⁵zən²¹³tɛ²⁴pu²⁴tɔ⁴⁵, iən³³ui²¹³tʰa³³nɛ⁴⁵kʊ⁴⁵yo²⁴tei⁴⁵tɕi⁴⁴kʊ⁴⁵zən²¹³fən³³, yo²⁴tei⁴⁵kʰu²⁴

呢，一个人　得不到，因　为他那个乐队几个人　分，乐队哭

õ²¹³kɛ²⁴tsʰaŋ⁴⁴i⁴⁴xəu²¹, tsʰaŋ⁴⁵tsʰaŋ⁴⁵kʊ³³, i⁴⁴xəu²¹tɕiəu²¹tɕiɛ²⁴səo²⁴, kɛ²⁴tɕiəu²¹sɿ²¹təu²¹³tʰiĩ³³,

完隔═场　以后，唱　唱　歌，以后就　结束，隔═就　是头　天，

kɛ²⁴tɕiəu²¹sɿ²¹tɕʰy²⁴tsɛ²¹³tiᵒtəu²¹³tʰiĩ³³.

隔═就　是出　材　的头　天。

təu²¹³tʰiĩ³³ia²¹xa²¹tsɿ⁰nɛ⁰, xɛ²¹³iɔ⁴⁵tɕʰiən⁴⁴pa²⁴ta⁴⁵tɕiən³³kaŋ³³tɕʰia²⁴fæ̃²¹, tɕiəu²¹sɿ²¹pa²⁴kʊ⁴⁵

　头　天夜下子呢，还要请　八大金　刚吃饭，就　是八个

zən²¹³tɛ²¹³tsɛ²¹³tiᵒzən²¹³, tɕʰiən⁴⁴tʰa³³mən⁰tɕʰia²⁴fæ̃²¹, tɕʰia²⁴. tʰa³³mən⁰tɕʰia²⁴nɛ⁰, tɕiəu²¹tsʊ⁴⁵

人　抬材　的人，　请　他们吃饭，吃。　他们吃　呢，就　做

xɔ⁴⁴tɕyən⁴⁴pei⁴⁵, tɕyən⁴⁴pei⁴⁵tiʔ²¹ᴇ²¹tʰiĩ³³tᴇ²¹³tsᴇ²¹³. tɔ²¹niɔ⁰tiʔ²¹ᴇ²¹tʰiĩ³³, ia⁴⁴tɕiəu²¹sʅ²¹i²⁴pæ̃³³tiʔ⁰sʅ²¹
好准　备，准　备第二天抬材，到了第二天，也就　是一般　的是

sæ̃³³tʰiĩ³³tɕʰy²⁴, ia⁴⁴iəu⁴⁴zʅ²⁴tsʅ²¹pu²⁴xɔ²⁴, sʅ⁴⁵tʰiĩ³³tɕʰy²⁴, u⁴⁴tʰiĩ³³tɕʰy²⁴, ia⁴⁴iəu⁴⁴tiʔ⁰, niaŋ⁴⁴tʰiĩ³³
三　天出，也有日子不好，四天出，五天出，也有的,两　天

tɕʰy²⁴sʅ²¹xən⁴⁴sɔ⁴⁴tiʔ⁰, sæ̃³³tʰiĩ³³tɕʰy²⁴.
出　是很　少的,三　天　出。

tɔ⁴⁵niɔ⁰tiʔ²¹sæ̃³³tʰiĩ³³təu²¹³saŋ²¹, tsɔ⁴⁴saŋ²¹tɔ²¹sʅ⁰xui²¹kei⁴⁴n⁴⁴ɕyĩ⁴⁴kʊ⁴⁵zʅ²⁴tsʅ⁰, ɕyĩ⁴⁴kʊ⁴⁵sʅ²¹³tɕiĩ³³.
到了第三天头　上，早上道士会给你选个日子,选个时间。

tᴇ²¹pu⁴⁵fən³³sʅ²¹³tɕiĩ³³təu³³sʅ²¹tɕʰi²⁴tiĩ³³tsən³³tsʊ⁴⁴iəu⁴⁵. tɕʰi²⁴tiĩ⁴⁴tsən³³tsʅ³³tɕiĩ²¹³, sʊ⁴⁴iəu⁴⁴sən⁴⁵
大部分时间都是七点钟左右。七点钟之前，所有送

saŋ²¹sæ̃³³tiʔ⁰zən²¹³təu³³nɛ²¹³tɕʰia²⁴fæ̃²¹. nɛ⁴⁵kʊ⁴⁵tɕʰia²⁴fæ̃²¹, tɕiəu²¹pɛ⁴⁴tɕi⁴⁴tsaŋ³³tsɔ²⁴tsʅ⁰, tsʰɛ⁴⁵
上　山的人　都来吃饭。那个吃　饭，就　摆几张　桌子,菜

tɕyĩ²¹³pu⁴⁵pɛ⁴⁴tsᴇ²¹tɕi⁴⁴kʊ⁴⁵tsɔ²⁴tsʅ⁰saŋ²¹, zən²¹³ia⁴⁴mɔ²¹tᴇ²⁴pæ̃⁴⁴, mɔ²¹tᴇ²⁴tən⁴⁵tsʅ⁰tsʊ²¹, tɕʰia²⁴
全　部摆在几个桌子上，人　也冇得板、冇得凳子坐，吃

tiĩ⁴⁴tsʰɛ⁴⁵, n⁴⁴tɕiəu²¹ka²⁴tiĩ⁴⁴tsʰɛ⁴⁵, tsaŋ³³õ⁴⁴fæ̃²¹, n⁴⁴tɕiəu²¹tɕʰia²⁴õ⁴⁴fæ̃²¹, tɕʰia²⁴tᴇ⁰n⁴⁴tɕiəu²¹tsəu⁴⁴.
点菜，你就　夹点菜，装　碗饭，你就　吃　碗饭,吃　得你就　走。

sʊ⁴⁴i⁴⁴nᴇ⁰, nõ⁴⁵tᴇ⁰xən⁴⁴. zæ̃²¹³xəu²¹kaŋ⁴⁴tɕʰia²⁴tsᴇ³³i²⁴iaŋ²¹tᴇ⁰. nɛ⁴⁵tɕiəu²¹tɕiaŋ²¹tɕʰia²⁴tsᴇ³³i²⁴
所　以呢，乱　得很。然　后讲吃　斋一样的。那就　像　吃斋一

iaŋ²¹tᴇ⁰. tɕʰia²⁴kʊ⁴⁵fæ̃²¹.sʅ²¹tɕiæ̃³³tɔ⁴⁵niɔ⁰, nɛ⁴⁵tɕiəu²¹tɕʰy²⁴ tsᴇ²¹³. tɕʰy²⁴tsᴇ²¹³, pa²⁴kʊ⁴⁵tᴇ²¹³tsən²¹ tiʔ⁰,
样　的。吃　过饭，时间　到了，那就　出　材。出材，八个抬重　的,

tsən²¹³u²⁴niʔ⁰pa⁴⁴kõ³³tsᴇ²¹³kʰəu⁴⁴iən²¹xən²¹³pu⁴⁵, xo²⁴tsᴇ⁴⁴xən²¹³tsʅ⁴⁴, pa⁴⁴i²⁴kʊ⁴⁵tɕʰyĩ³³xən³³tɕʰi⁴⁴
从　屋里把棺材口用红布，或者红纸，把一个圈封起

nᴇ⁰. i⁴⁴xəu²¹xᴇ²¹³iən²¹sæ̃³³kən³³tiən³³pa⁴⁴tsᴇ²¹³tiən⁴⁵tɕiən⁴⁴tiən⁴⁵tɕʰi⁴⁴nᴇ⁰. ui²¹³sən²¹³mʊ⁴⁴iən²¹
来。以后还用三根钉把材钉紧钉起来。为什么用

sæ̃³³kən³³tiən³³, tʰa³³sʅ⁴⁵faŋ³³, sʅ⁴⁵kʊ⁴⁵kuɛ⁴⁴, iən²¹sʅ⁴⁵kən³³. ŋæ̃⁴⁵tɔ²¹ni⁴⁴kaŋ⁴⁴, sʅ⁴⁵kən³³tiən³³,
三　根钉，它四方，四个拐，用四根。按道理讲，四根钉,

ui²¹³sən²¹³mʊ⁴⁴iən²¹sæ̃³³kən³³tiən³³, xᴇ²¹³iɔ⁴⁵niəu²¹³i²⁴kən³³tiən³³pa⁴⁴tsʅ⁴⁴sən³³.tɕiəu²¹kᴇ²⁴mʊ⁰
为　什　么　用　三　根钉，还要留　一根钉把子孙，就　隔〓么

kʊ⁴⁵kui³³tɕy⁴⁴. tiən⁴⁵tɕʰi⁴⁴nᴇ⁰i⁴⁴xəu²¹, tɕiəu²¹pa²⁴ta⁴⁵tɕiən³³kaŋ³³pa⁴⁴tʰa³³tᴇ²¹³tɕʰy²⁴, tᴇ²¹³tɕʰy²⁴
个　规矩。钉起来以后，就　八大金　刚把它抬出，抬出

mən²¹³uɛ²¹. tᴇ²¹³tɕʰy²⁴mən²¹³uɛ²¹, tɕiəu²¹iən²¹kaŋ⁴⁵tsʅ⁰pa⁴⁴tʰa³³paŋ⁴⁴tɕʰi⁴⁴nᴇ⁰. kᴇ²⁴kʊ⁴⁵paŋ⁴⁴tiʔ⁰
门　外。抬出门　外，就　用杠　子把它绑　起来。隔〓个绑　的

taŋ³³tsən³³, ɕiɔ⁴⁵tsʐ⁴⁴ɕiɔ⁴⁵ny⁴⁴, iɔ⁴⁵pu²⁴tõ⁴⁵tiᵒkʰɔ²⁴təu²¹³, ta⁴⁴ ni⁴⁴. tæ⁴⁵sʐ²¹kɛ²⁴kʊ⁴⁵pa²⁴ta⁴⁵tɕiən³³
当 中， 孝子孝女， 要不断地磕 头， 打礼。但是隔⁼个八大金

kaŋ³³ nɛᵒ, tsɛ²¹ta⁴⁴ni⁴⁴ taŋ³³ tsən³³, pa²⁴ta⁴⁵tɕiən³³kaŋ³³iɔ⁴⁵fæ²¹³ni⁴⁴. tɕiᵒy²¹³tiᵒɕiɔ⁴⁵tsʐ⁴⁴təu³³
刚 呢，在 打礼 当 中， 八大金 刚 要还礼。其余的孝子都

tsɛ²¹tsɛ²¹³tɕiĩ²¹³, kui⁴⁵ɕia²¹nɛᵒ, pʰən⁴⁴tɛᵒniən²¹³pɛ²¹³, pʰən⁴⁴tɛᵒi²¹³ɕiaŋ⁴⁵, pʰən⁴⁴tɛᵒiən⁴⁴nəu²¹tɕiĩ²¹³,
在 材前， 跪下来，捧 得灵 牌， 捧 得遗像， 捧 得引 路 钱，

tɕiɛ²⁴kʊ⁴⁴sʐ²¹³tɕiæ³³i²⁴tɔ⁴⁵, tɕiəu²¹tɕʰy²⁴tsɛ²¹³. kei⁴⁴n⁴⁴tiᵒpʰɔ⁴⁵tsɐo²⁴tɕiəu²¹tɕyən⁴⁴pei⁴⁵xɔ⁴⁴xɔᵒtiᵒ,
结果时间一到，就 出材。给你的炮竹就 准 备好好的，

tsʊ⁴⁴mən²¹³iəu⁴⁵niən²¹³tɕyən⁴⁴pei⁴⁵. kɛ²⁴nəu²¹saŋ²¹tiᵒpʰɔ⁴⁵tsɐo²⁴, tɕi³³pən⁴⁴saŋᵒpɛ⁴⁴tɛᵒxɔ⁴⁴xɔ⁴⁴tiᵒ,
左门 右邻准 备。隔⁼路上 的炮竹，基本 上摆 得好好的，

i²⁴kaŋ⁴⁴tɕʰy²⁴tsɛ²¹³, pʰɔ⁴⁵tsɐo²⁴tɕiəu²¹faŋ⁴⁵. tɕiɛ²⁴kʊ⁴⁴nɛᵒ, sʊ⁴⁴iəu⁴⁴tiᵒzən²¹³, xɛ²¹³iəu⁴⁴xua³³tɕʰyĩ³³,
一讲 出材，炮竹就 放。结果呢，所有 的人， 还有 花 圈，

kɛ²⁴ɕiɛ³³ɕiɔ⁴⁴i²⁴pei⁴⁵tiᵒ, tɕiəu²¹mei⁴⁴i²⁴kʊ⁴⁵zən²¹³tɕy⁴⁴i²⁴tʊ⁴⁴xua³³tɕʰyĩ³³, tɕiəu²¹kɛ²⁴iaŋ²¹tiᵒxɔ⁴⁵xɔ⁴⁵
隔⁼些 小 一辈 的，就 每 一个人 举 一朵花 圈， 就 隔⁼样 的浩浩

taŋ⁴⁵taŋ⁴⁵tiᵒtɕiəu²¹tɕʰy²⁴tsɛ²¹³. tɕʰy²⁴nɛᵒtsɛ²¹³, tɔ⁴⁵niɔᵒsæ³³saŋ²¹, ɕiĩ³³pʰɛ⁴⁵zən²¹³tɔ⁴⁵sæ³³saŋ²¹
荡 荡 地就 出材。出 了材， 到了山上， 先派 人 到山上

tɕʰy⁴⁵, pa⁴⁴tɕiən⁴⁴kʰɛ³³xɔ⁴⁴, iɛ⁴⁴tɕiəu²¹sʐ²¹faŋ⁴⁵kõ³³tsɛ²¹³tiᵒnɛ⁴⁵kʊ⁴⁵tɕiən⁴⁴, kʰɛ³³xɔ⁴⁴. tɕʰi⁴⁵niɔᵒ
去， 把井 开 好，也就 是放棺材 的那个井， 开 好。去 了

tsʐ³³xəu²¹, nɛ⁴⁵kʊ⁴⁵tɕiən⁴⁴xɛ²¹³iən²¹sʐ⁴⁴tiĩ⁴⁴niĩ²¹³tɛᵒ, tiĩ⁴⁴tsɔ²⁴niɔᵒ, faŋ⁴⁵i²⁴tiĩ⁴⁴sɔ³³, tɕiɔ⁴⁵sən²¹³
之后， 那个井 还用 纸点燃 的，点着 了， 放 一点烧， 叫 什

mʊᵒyɛ²⁴tɕiən⁴⁴, pu²⁴nən²¹³sui⁴⁵nən⁴⁴tɕiən⁴⁴. sɔ³³tiᵒsʐ²¹³xəu²¹, ni⁴⁴təu²¹³xɛ²¹³iɔ⁴⁵faŋ⁴⁵i²⁴pa⁴⁴tsʐ³³
么热井， 不能 睡冷井。 烧的时 候， 里头 还要放 一把芝

ma²¹³kɛ³³, piɔ⁴⁴sʐ⁴⁵tsʐ³³ma²¹³kʰɛ³³xua³³tɕiɛ²⁴tɕiɛ²⁴kɔ³³. sɔ³³kʊ⁴⁵tsʐ³³xəu²¹, tən⁴⁴xʊ⁴⁴miɛ²⁴tɛᵒtsʐ³³
麻 秸，表示芝麻 开 花节 节 高。烧过之后， 等 火灭 得之

xəu²¹, tɕiəu²¹pa⁴⁴kõ³³tsɛ²¹³faŋ⁴⁵xa²¹tɕʰi⁴⁵, pa⁴⁴kõ³³tsɛ²¹³pɛ⁴⁴tsən⁴⁵, pa⁴⁴ɕiĩ⁴⁵tɕʰiĩ³³tɕyən⁴⁴. tɕiɛ²⁴
后， 就 把棺材 放下去， 把棺材 摆正， 把 线 牵 准。 结

kʊ⁴⁴nɛᵒtɕiəu²¹iɔ⁴⁵tɕyən⁴⁴pei⁴⁵ŋən²¹tʰəu⁴⁴, tsɛ²¹mɔ²¹ŋən²¹tʰəu⁴⁴tsʐ³³tɕiĩ²¹³, tʰa³³tiᵒɕiɔ⁴⁵tsʐ⁴⁴ɕiɔ⁴⁵ny⁴⁴
果了就 要准 备硬 土， 在冇硬 土 之前， 他的孝 子孝 女

xɛ²¹³təu³³saŋ²¹ni²¹³pa³³, tsɛ⁴⁵kõ³³tsɛ²¹³pei⁴⁵saŋ²¹tsəu⁴⁴i²⁴tʰaŋ⁴⁵, kɛ²⁴tɕiɔ⁴⁵tiəu²¹uæ²¹niĩ²¹³niaŋ²¹³.
还 兜上 泥巴， 在棺材 背上，走 一趟， 隔⁼叫 丢 万 年 粮。

tsəu⁴⁴kʊ⁴⁵tsʐ³³xəu²¹, kɛ²⁴kʊ⁴⁵pa²⁴ta⁴⁵tɕiən³³kaŋ³³, tɕiəu²¹iən²¹ni²¹³pa³³pa⁴⁴tsɛ²¹³kõ⁴⁵tɕʰi⁴⁴nɛᵒ,
走 过之后， 隔⁼个八大金 刚， 就 用泥巴把材 灌 起 来，

kõ⁴⁵tɕʰi⁴⁴nɛ⁰. mʊ³³tɕʰi⁴⁴nɛ⁰tɕiəu²¹kʰɛ³³sʅ⁴⁴tei³³fən²¹³, fən²¹³tei³³kʊ⁴⁵tE⁰, xɛ²¹³iəu⁴⁴iən²¹pei³³. taŋ³³sʅ²¹³
灌　起　来。抹　起　来就　　开　始堆　坟，　坟　堆　过　得, 还　有　用　碑。当　时

tɕiəu²¹ŋæ̃³³pei³³ti⁰, ia⁴⁴iəu⁴⁴taŋ³³sʅ²¹³pu²⁴ŋæ̃³³pei³³ti⁰.　iɔ⁴⁵y²¹³kʊ⁴⁴iɔ⁴⁵ŋæ̃³³pei³³ti⁰, ma⁴⁴saŋ²¹
就　　安　碑　的, 也　有　当　时　不　安　碑　的。要　如果　要　安　碑　的，马　上

tɕiəu²¹pʰɛ⁴⁵zən²¹³pa⁴⁴pei³³ŋæ̃³³tɕʰi⁴⁴nɛ⁰, pu²⁴ŋæ̃³³pei³³ti⁰, tɕiəu²¹pa⁴⁴ni²¹³pa⁴⁴tei³³tɕʰi⁴⁴nɛ⁰tɕiəu²¹
就　　派　人　把　碑　安　起　来，不　安　碑　的, 就　　把　泥　巴　堆　起　来就

sõ⁴⁵kʊ⁴⁵sʅ²¹. n⁴⁴iɔ⁴⁵sʅ²¹fu²¹³næ̃²¹³niən²¹³, tɕiəu²¹tei³³kʊ⁴⁵yĩ²¹³fən²¹³; iɔ⁴⁵sʅ²¹tɕiaŋ³³pE²⁴zən²¹³,
算　个　事。你　要　是　湖　南　人，　就　堆　个　圆　坟；　要　是　江　　北　人，

tɕiəu²¹tei³³kʊ⁴⁵tsaŋ²¹³fən²¹³, tʰa³³iəu⁴⁴kʊ⁴⁵tɕʰy³³piE²⁴. tei³³kʊ⁴⁵tei³³xɔ³³tE⁰, pa²⁴ta⁴⁵tɕiən³³kaŋ³³
就　　堆　个　长　坟，　它　有　个　区　别。堆　过　堆　好　得, 八　大　金　　刚

xui²¹³tɕʰi⁴⁵tE⁰, xui²¹³tɕʰi²⁴tE⁰. kE²⁴ni⁰tɕiəu²¹tei³³xɔ⁴⁴fən²¹³i⁴⁴xəu²¹, tɕiəu²¹tE²¹pʰɔ⁴⁵tsəo²⁴i²⁴faŋ⁴⁵,
回　去　得, 回　去　得。隔⁼里就　　堆　好　坟　以　后，　就　大　炮　竹　一　放，

xɔ⁴⁴, nɛ⁴⁵tɕiəu²¹piɔ⁴⁴sʅ⁴⁵tɕiE²⁴səo²⁴tE⁰.
好，那就　　表　示　结　束　得。

kE²⁴kʊ⁴⁵u²⁴ni⁰nE⁰, tɕiəu²¹tɕyən⁴⁴pei⁴⁵kʰɛ³³ɕi²⁴tE⁰.　xɛ²¹³iəu⁴⁴tən⁴⁵niən²¹³u²⁴iɔ⁴⁵sɔ³³. iəu⁴⁴ɕiE³³
隔⁼个　屋　里呢，　就　准　备　开　席　得。还　有　栋　灵　　屋要　烧。有　些

zən³³tse²¹kE³³saŋ²¹me⁴⁴i²⁴kʊ⁴⁵tɕiĩ⁴⁴tæ̃³³ti⁰, tsʅ⁴⁴kʰo²⁴tsʅ⁰fu²¹³ti⁰u²⁴, nɛ⁴⁵tsʅ⁴⁵iɔ⁴⁵i²⁴pE²⁴tɕʰi²⁴ sʅ²⁴
人　在　街　上　买　一　个　简　单　的, 纸　壳　子　糊　的屋，那　只　要　一　百　七　　十

kʰuɛ⁴⁴tɕiĩ²¹³, tɔ⁴⁵niaŋ⁴⁴pE²⁴kʰuɛ⁴⁴tɕiĩ²¹³; iəu⁴⁴ɕiE³³tɕʰiən⁴⁴i²⁴kʊ⁴⁵tsa²⁴u²⁴ti⁰zən²¹³, tɔ⁴⁵u²⁴ni⁴⁴nɛ²¹³
块　钱，　到　两　百　块　钱；　有　些　请　　一　个　扎　屋　的　人，　到　屋　里　来

tsa²⁴i²⁴tən⁴⁵niən²¹³u²⁴, nɛ⁴⁵tɕiəu²¹iɔ⁴⁵nəo²⁴pE²⁴tʊ³³kʰuɛ⁴⁴. nɛ⁴⁵kʊ⁴⁵niən²¹³u²⁴ni⁴⁴təu²¹³, zən²¹³
扎　一　栋　灵　　屋，那　就　要　六　百　多　块。　那　个　灵　　屋里头，　人

tse²¹iaŋ²¹³sʅ²¹saŋ²¹iən²¹ti⁰tən³³ɕi³³, tʰa³³təu³³iəu⁴⁴, xɛ²¹³pɔ³³kʰo²⁴tɕiĩ⁴⁵tE²¹ti⁰ ɕiɔ⁴⁵tsʰa³³tsʅ⁰. təu³³iəu⁴⁴,
在　阳　　世　上　用　的东　西，他　都　有，　还　包　括　现　代　的小　车　子, 都　有。

mən²¹³uɛ²¹nE⁰, xɛ²¹³iəu⁴⁴i²⁴tei⁴⁵zən²¹³tse²¹tsæ⁴⁵mən²¹³, səu⁴⁴mən²¹³, tɕiɔ⁴⁵tən²¹næ̃²¹³tən²¹³ny⁴⁴,
门　　外　呢, 还　有　一　对　人　在　站　门，　守　门，　叫　童　男　童　女，

uɛ²¹təu²¹³nE⁰, xɛ²¹³iəu⁴⁴tɕi³³, xɛ²¹³iəu⁴⁴kəu⁴⁴, təu³³iəu⁴⁴ti⁰.　tsei⁴⁵xəu²¹tɔ⁴⁵niɔ⁰u⁴⁴sʅ²¹³, E²¹³tɕʰiE⁴⁴
外　头　呢，还　有　鸡，还　有　狗，　都　有　的。最　后　到　了　午　时，而　且

ta²⁴saŋ²¹sʅ²⁴E²¹tiĩ⁴⁴, tɕiəu²¹iɔ⁴⁵tɕʰi⁴⁵pa⁴⁴nɛ⁴⁵kʊ⁴⁵u²⁴sɔ³³tiɔ⁴⁵. nɛ⁴⁵kʊ⁴⁵u²⁴iɔ⁴⁵ɕyĩ⁴⁴i²⁴kʊ⁴⁵tsɔ²¹³iaŋ²¹³,
搭　上　十　二　点，就　　要　去　把　那　个　屋烧　掉。那　个　屋要　选　一　个　朝　阳，

kuaŋ³³ɕiĩ⁴⁵xɔ⁴⁴ti⁰tsʰɑŋ⁴⁴tsʅ⁰sɔ³³. nɛ⁴⁵kʊ⁴⁵u²⁴sɔ⁴⁵kʊ⁴⁵tsʅ³³xəu²¹, tɕiəu²¹sʅ²¹sʅ⁴⁴tsɛ⁴⁴tʰa³³tɕy²¹ti⁰
光　线　好 的 场　　子①烧。那 个 屋 烧 过 之 后，　就　　是 死 者 他 住 的

u²⁴. sɔ³³tsʅ³³tɕiĩ²¹³, ɕiɔ⁴⁵tsʅ⁴⁴xɛ²¹³iɔ⁴⁵pa⁴⁴tsən³³tsʅ⁴⁴, tsən³³tsʅ⁴⁴ma²⁴tsʅ⁰tsʰo²⁴pʰʊ⁴⁵, tia²⁴tɕi⁴⁴tiĩ⁴⁴ɕiɛ²⁴,
屋。烧 之 前，　孝 子 还 要 把 中　指 中　指 抹゠子 戳　破，滴 几 点 血，

piɔ⁴⁴sʅ⁴⁵sʅ²¹tʰa³³ti⁰tɕʰiən³³sən³³tsʅ⁰, pu⁴⁵zæ̃²¹³tsɛ⁴⁵sɔ³³ɕiɔ⁴⁵tɛ⁰, tɕiəu²¹kei⁴⁴zən²¹³ka³³tɕʰiaŋ⁴⁴tsəu⁴⁴tɛ⁰,
表 示 是 他 的 亲　生 子，不 然 再 烧 掉 得，就　给 人 家 抢　走 得，

xɛ²¹³iəu⁴⁴kɛ²⁴mʊ⁰kʊ⁰kʊ⁴⁵kui³³tɕy⁴⁴. sɔ³³kʊ⁴⁵niən²¹³u²⁴xui²¹³nɛ⁰, nɛ⁴⁵tɕiəu²¹kʰɛ³³sʅ⁴⁴tɕʰia²⁴tɕiəu⁴⁴. tɕiəu⁴⁴
还 有 隔゠么 个 规　矩。烧 过 灵　屋 回 来，那 就　开 始 吃 酒。酒

tɕʰia²⁴kʊ⁴⁵i⁴⁴xəu²¹, pu²⁴ta⁴⁴tsɔ³³fu³³, tɕʰia²⁴kʊ⁴⁵tɕiəu²¹tsəu⁴⁴, pu²⁴kən³³ka³³tɕy⁴⁴kaŋ⁴⁴, tɕʰia²⁴kʊ⁴⁵
吃　过 以 后，　不 打 招 呼，吃　过 就　走，　不 跟 家 主 讲，吃 过

tɕiəu²¹tsəu⁴⁴. iəu⁴⁴kɛ²⁴mʊ⁴⁴kʊ⁴⁵kui³³tɕy⁴⁴. kɛ²⁴sʅ²¹nɔ⁴⁴ti⁰zən²¹³ti⁰i²⁴kʊ⁴⁵xən³³sɔo²⁴ɕi²⁴kuæ̃⁴⁵, ʋ⁴⁴
就　走。有 隔゠么 个 规　矩。隔゠是 老 的 人　的 一 个 风　俗 习　惯，　我

mən⁰taŋ³³ti²¹zən²¹³ti⁰xən³³sɔo²⁴ɕi²⁴kuæ̃⁴⁵.
们　当 地 人　的 风　俗 习　惯。

（秦春华讲述，2016年）

二　传统节日

ʋ⁴⁴mən⁰kɛ²⁴i²⁴niĩ²¹³taŋ³³tsən³³, ti²¹i²⁴kʊ⁴⁵sʅ²¹tõ³³u⁴⁴tɕiɛ²⁴, ʋ⁴⁴mən⁰ko²⁴kʊ⁴⁵ti²⁴faŋ³³ti⁰tõ³³
我 们　隔゠一 年　当 中，　第 一 个 是 端 午 节，我 们　各゠个 地 方 的 端

u⁴⁴tɕiɛ²⁴ti⁰xən³³sɔo²⁴ɕi²⁴kuæ̃⁴⁵, ʋ⁴⁴tɕiĩ⁴⁴tæ̃³³ti⁰kaŋ⁴⁴i²⁴xa²¹. i²⁴pæ̃³³ti⁰sʅ²¹u⁴⁴yɛ²⁴tsʰəu³³u⁴⁴sʅ²¹
午 节 的 风　俗 习　惯，我 简 单 地 讲　一 下。一 般 的 是 五 月 初　五 是

tõ³³u⁴⁴tɕiɛ²⁴, u⁴⁴yɛ²⁴tsʰəu³³sʅ⁴⁵nɛ⁰tɕiəu²¹tsɔo²¹ɕiən³³pɔ³³tsən⁴⁵tsʅ⁰. pɔ³³tsən⁴⁵tsʅ⁰nɛ⁰, tɕiəu²¹sʅ²¹
端 午 节，五 月 初　四 呢 就　作 兴 包 粽　子。包 粽　子 呢，就　是

iən²¹nʊ²¹mi⁴⁴, tsɛ²¹sæ̃³³saŋ²¹tsa²⁴ti⁰nɛ⁴⁵kʊ⁴⁵niɔ²¹³iɛ²⁴, iən²¹niɔ²¹³iɛ²⁴pɔ³³. ni⁴⁴təu²¹³nɛ⁰, xɛ²¹³faŋ⁴⁵
用 糯 米、在 山 上　摘 的 那 个 聊゠叶，用 聊゠叶 包。里 头　呢，还 放

tsɔ⁴⁴tsʅ⁰, xɛ²¹³faŋ⁴⁵fæ̃²¹təu²¹xo²⁴tsɛ⁴⁴xən²¹³təu²¹, ia⁴⁴iəu⁴⁴faŋ⁴⁵tɕiən³³zɔo²⁴, ia⁴⁴iəu⁴⁴faŋ⁴⁵fei²¹³zɔo²⁴,
枣 子、还 放 饭゠豆，或 者 红 豆，也 有 放 腈　肉，也 有 放 肥 肉，

tsən⁴⁴mʊ⁰ɕiaŋ⁴⁴ti⁰, tsən⁴⁴mʊ⁰faŋ⁴⁵. pɔ³³tɕʰi⁴⁴nɛ⁰, faŋ⁴⁵kʊ³³ni⁴⁴fu³³sɔo²⁴, kɛ²⁴tɕiɔ⁴⁵tsən⁴⁵tsʅ⁰. tsɛ²¹
怎　么 想　的，怎　么 放。包 起 来，放 锅 里 烀 熟，隔゠叫 粽 子。在

___

① 场子：地方。

kɛ²⁴i²⁴tʰiĩ³³, tsʰəu³³u⁴⁴tiᵒ kɛ²⁴i²⁴tʰiĩ³³taŋ³³tsən³³, ɛ²¹³tsʅᵒ, ny⁴⁴ɛ²¹³, ny⁴⁴ɕi⁴⁵, uɛ²¹sən³³tsʅᵒ, tʰa³³mən⁰
隔＝一天，　初　　五的隔＝一天　当　中，　　儿子、女　儿、女　婿、外孙　子，他　们

təu³³iɔ⁴⁵xui²¹³nɛ²¹³, kʰæ̃⁴⁵kʰæ̃⁴⁵saŋ²¹zən²¹³; ny⁴⁴ɕi⁴⁵, ny⁴⁴ɛ²¹³kʰæ̃⁴⁵kʰæ̃⁴⁵yo²⁴mʊ⁴⁴niaŋ²¹³, kʰæ̃⁴⁵
都要回　来，看　看　上人；　女　婿、女　儿看　看　岳母　娘，　看

kʰæ̃⁴⁵yo²⁴fu⁴⁵; ɛ²¹³tsʅᵒnɛ⁰, kʰæ̃⁴⁵kʰæ̃⁴⁵ia²¹³iaᵒ, kʰæ̃⁴⁵kʰæ̃⁴⁵niaŋ²¹³. tsən³³u⁴⁴nɛ⁰, təu³³iɔ⁴⁵tɕʰia²⁴i²⁴tsʰæ̃³³.
看　岳父；儿子呢，看　看　爷　爷,看　看　娘。　中　午呢，都　要吃　　一餐。

niən⁴⁵uɛ²¹nɛ⁰, xɛ²¹³iɔ⁴⁵mɛ⁴⁴nəo²⁴təu²⁴kɔ³³. kɛ²⁴kʊ⁴⁵nəo²⁴təu²¹kɔ³³nɛ⁰, tsɛ²¹ʊ⁴⁴mən⁰kɛ²⁴kʊ⁴⁵ti²¹faŋ³³
另　外呢，还　要买绿　豆　糕。隔＝个绿　豆　糕呢，在我们　隔＝个　地方

nɛ⁰, tɕiəu²¹sʅ²¹tsʰəu³³u⁴⁴kɛ²⁴tʰiĩ³³tsei⁴⁵ɕiən²¹³sʅ²¹³. yĩ²¹³ɕiĩ³³nɛ⁰, xɛ²¹³iɔ⁴⁵mɛ⁴⁴tiæ̃⁴⁵tiæ̃⁴⁵ɕiən²¹³faŋ²¹³,
呢，就　是初　五隔＝天　最行　时。原先呢，还　要买点　点雄　　黄　,

tiɔ²¹³tiæ̃⁴⁵tiæ̃⁴⁵tɕiəu⁴⁴, mei⁴⁴i²⁴kʊ⁴⁵zən²¹³tɕʰia²⁴i²⁴tiæ̃⁴⁵tiæ̃⁴⁵, piɔ⁴⁴sʅ⁴⁵sa²⁴uɛ³³fən³³, uɛ³³mən²¹³
调　点　点酒，　每　一个人吃　　一点点，　表示杀歪风，　歪门

ɕi²¹³tɕʰi⁴⁵, sa²⁴iɔ³³tɕiən³³ku⁴⁴kuɛ⁴⁵. ɕiɔ³³zən²¹³nɛ⁰, pu²⁴tɕʰia²⁴tɕiəu⁴⁴, tɕiəu²¹pa⁴⁴nɛ⁴⁵kʊ⁴⁵ɕiən²¹³
邪　气，　杀妖精　　古怪。小人　呢，不吃　酒，　　就　把那个雄

faŋ²¹³tɕiəu⁴⁴nɛ⁰, tsɛ²¹tɔ⁴⁵tʰa³³tiᵒ ŋɛ²⁴təu²¹³saŋ²¹, kɔ⁴⁴səu⁴⁴tsʅ⁴⁴, tiĩ⁴⁴i²⁴tiĩ⁴⁴. mei⁴⁴kʊ⁴⁵təu³³tiĩ⁴⁴i²⁴
黄　酒　呢，蘸到他的额头　上，搞手指，点一点。每　个都点一

tiĩ⁴⁴, kɛ²⁴piɔ⁴⁴sʅ⁴⁵sa²⁴iɔ³³mʊ²¹³ku⁴⁴kuɛ⁴⁵. tsɛ²¹kʊ⁴⁵tɕy⁴⁵tiᵒtsɔ⁴⁴saŋ²¹, mei⁴⁴i²⁴fu²¹zən²¹³ka³³nɛ⁰,
点，　隔＝表　示杀妖魔　古　怪。在过去　的早上，　每　一户人　家呢，

təu³³iɔ⁴⁵kʰæ̃⁴⁴i²⁴pa⁴⁴ŋɛ⁴⁵iɛ²⁴, tɕia³³saŋ²¹tsʰaŋ²¹pʰu³³, paŋ⁴⁴tsɛ²¹i²⁴tɕʰi⁴⁴, faŋ⁴⁵tsɛ²¹mən²¹³kʰəu⁴⁴.
都　要砍　一把艾叶，加　上菖　蒲，绑　在一起，放　在门　口。

i²⁴tɔ⁴⁵mən²¹³nɛ⁰, faŋ⁴⁵niaŋ⁴⁴kən³³. i²⁴tɔ⁴⁵mən²¹³faŋ⁴⁵niaŋ⁴⁴kən³³. kɛ²⁴piɔ⁴⁴sʅ⁴⁵sa²⁴iɔ³³tɕiən³³,
一道门　呢，放　两　根，一道门，　放　两　根。隔＝表　示杀妖精，

iɔ³³mʊ²¹³ku⁴⁴kuɛ⁴⁵. zæ²¹³xəu²¹nɛ⁰, tɕiəu²¹tɕʰia²⁴tsən³³fæ̃²¹, tɕʰia²⁴kʊ⁴⁵tsən³³fæ̃²¹maᵒ, xa²¹tsəu⁴⁵nɛ⁰,
妖魔　古怪。然后　呢，就　吃中饭，吃　过中饭嘛，下昼　呢,

tɕiəu²¹kʰʊ⁴⁴i⁴⁴kʊ⁴⁵sæ̃³³tɔ⁴⁴yĩ²¹³, kɛ²⁴sʅ²¹kʊ⁴⁵u⁴⁴yɛ²⁴tɕiɛ²⁴. tæ̃⁴⁵sʅ²¹ti²¹faŋ³³yɛ²⁴nɔ²¹nɛ⁰, ia⁴⁴iəu⁴⁴
就　可以过三倒＝原＝，隔＝是个五月节。　但是地方　热闹呢，也有

xua²⁴nən²¹³tɕyĩ²¹³, ɕiĩ⁴⁵tsɛ²¹xua²⁴tɛᵒsɔ⁴⁴ɕiɛ³³, yĩ²¹³nɛ²¹³kɔ⁴⁴tɛᵒtʊ³³ɕiɛ³³. iən³³ui²¹³ɕiĩ⁴⁵tsɛ²¹niĩ²¹³
划　龙　船，　现在划　得少些，原来搞得多些。因为现在年

tɕʰiən³³zən²¹³, təu³³pu²⁴tsɛ²¹u²⁴, təu³³tɕʰy²⁴tɕʰi⁴⁵ta⁴⁴kən³³. kʊ⁴⁵tɕiɛ²⁴nɛ⁰, tʰiĩ³³pa⁴⁴niaŋ⁴⁴tʰiĩ³³sʅ²¹³tɕiĩ³³,
轻　人，　都不在屋,都　出　去打工。过节呢，天把两　天时间,

təu³³næ̃⁴⁴tɛ⁰xui²¹³nɛ²¹³. kɛ²⁴sʅ²¹u⁴⁴yɛ²⁴tɕiɛ²⁴, tɔ̃³³iaŋ²¹³tɕiɛ²⁴tiᵒkʊ⁴⁵tsən²¹³.
都　懒得回　来。隔＝是五月节，端阳　节　的过程。

tɔ⁴⁵tɛ⁰pa²⁴yɛ²⁴, iəu⁴⁴kʊ⁴⁵pa²⁴yɛ²⁴tsən³³tɕʰiəu³³tɕiɛ²⁴. kɛ²⁴kʊ⁴⁵tsən³³tɕʰiəu³³tɕiɛ²⁴nɛ⁰, ia⁴⁴
到　得八月，　有个八月中　秋　节。隔＝个中秋　节呢，也

kən³³u⁴⁴yɛ²⁴tɕiɛ²⁴tsʰa³³pu²⁴tʊ³³. tsən³³tɕʰiəu³³tɕiɛ²⁴, ʊ⁴⁴mən⁰ka³³i²⁴xa²¹ia⁴⁴tso²⁴ɕiən³³pɔ³³tsən⁴⁵tʂʐ⁰,
跟　五月节　差不多。中　秋　节，我们家一下也作兴包粽　子，

ia⁴⁴tso²⁴ɕiən³³mɛ⁴⁴yɛ²⁴piən⁴⁴, nɛ²¹³tɕʰiən⁴⁵tsəo²⁴tɕiɛ²⁴ʐʅ²⁴. pɔ³³tsən⁴⁵tʂʐ⁰ti⁰pɔ²⁴xua²⁴, xʊ²¹³i²⁴ɕiɛ³³
也作兴买月饼，来庆祝节日。包粽子的包法，和一些

sʐ²¹tɕiən²¹³, təu³³xʊ²¹³u⁴⁴yɛ²⁴tɕiɛ²⁴sʐ²¹i²⁴iaŋ²¹ti⁰. kɛ²⁴kʊ⁴⁵ny⁴⁴ɕi⁴⁵nɛ²¹³, ny⁴⁴ɛ²¹³xui²¹³nɛ²¹³,
事情，　都和五月节是一样的。隔＝个女婿来，女儿回　来，

təu³³iɔ⁴⁵mɛ⁴⁴tii⁴⁴tən³³ɕi³³, tɛ⁴⁵tɛ⁰, ɕiɔ⁴⁵tɕiən⁴⁵saŋ²¹zən²¹³. i²⁴pæ̃³³ti⁰sʐ²¹yɛ²⁴piən⁴⁴tʊ³³, ia⁴⁴iəu⁴⁴
都要买点东西，带着，孝敬　上人。一般的是月饼　多，也有

mɛ⁴⁴sui⁴⁴kʊ⁴⁴ti⁰, ia⁴⁴iəu⁴⁴na³³tɕi⁴⁴pɛ²⁴kʰuɛ⁴⁴tɕiĩ²¹³ti⁰, təu³³iəu⁴⁴, kʊ²⁴tsən⁴⁴ɕiən²¹³sʐ⁴⁵. kɛ²⁴i²⁴tʰiĩ³³
买水果的,也有拿几百块　钱的,都有，各种　形　式。隔＝一天

nɛ⁰, ia⁴⁴sʐ²¹tɕiĩ⁴⁴tɕiĩ⁴⁴tæ̃³³tæ̃³³ti⁰kʊ⁴⁵tɕʰy⁴⁵tɛ⁰. ia⁴⁴iəu⁴⁴zən²¹³nɛ⁰, ɕiaŋ⁴⁴tɕiɛ²⁴fən³³ti⁰, tɕyən⁴⁴pei⁴⁵
呢，也是简简单单地过去得。也有人呢，想　结婚的,准　备

pən⁴⁴niĩ²¹³taŋ³³niĩ²¹³tɕiɛ²⁴fən³³ti⁰, ia⁴⁴iəu⁴⁴zən²¹³nɛ⁰, tɕiəu²¹kɛ²⁴kʊ⁴⁵tɕi⁴⁴xui²¹, sʐ²⁴sʐ⁴⁵, pa²⁴yɛ²⁴sʐ²⁴
本年当年结婚的,也有人　呢，就　隔＝个机会，十四，八月十

sʐ⁴⁵tɕiəu²¹sən⁴⁵ʐʅ²⁴tʂʐ⁰, ia⁴⁴iəu⁴⁴ti⁰. tɕyən⁴⁴pei⁴⁵mʊ⁴⁴sʐ²¹³xəu²¹xa²¹põ⁴⁵niĩ²¹³, mʊ⁴⁴sʐ²¹³xən²¹mʊ⁴⁴
四就　送日子,也有的。准　备么时候下半年，么时候么

sʐ²¹³xəu²¹tɕiɛ²⁴fən³³, ia⁴⁴iəu⁴⁴ti⁰.
时候结　婚，也有的。

kɛ²⁴tɕiəu²¹tɔ⁴⁵tən³³tʰiĩ³³tɛ⁰, tɔ⁴⁵niɔ⁰tɕʰyən³³tɕiɛ²⁴niɔ⁰, kʊ⁴⁵niĩ²¹³tɛ⁰. kʊ⁴⁵niĩ²¹³nɛ⁰, i²⁴pæ̃³³ti⁰,
隔＝就　到冬天得,到了春　节了，过年得。过年　呢，一般　的,

u²⁴ni⁴⁴iaŋ⁴⁴ti⁰tɕy³³, ui⁴⁵ti⁰tɕy³³, təu³³sa²⁴i²⁴təu²¹³tɕy³³, tæ̃⁴⁵sʐ⁴⁵ia⁴⁴tɕʰia²⁴pu²⁴niɔ⁰ɕy⁴⁴tʊ³³, tʊ³³ti⁰
屋里养　的猪，喂的猪，都杀一头猪，但是也吃　不了许多,多的

mɛ⁴⁵kei⁴⁴zən²¹³ka³³ iaŋ⁴⁴ti⁰tɕi³³, ia⁴⁴sa²⁴tɕi³³. fæ̃²¹³sʐ²¹iaŋ⁴⁴ti⁰sən³³kʰəu⁴⁴, təu³³sa²⁴sən³³kʰəu⁴⁴.
卖给人　家。养　的鸡，也杀鸡。凡是养　的牲　口，　都杀牲　口。

iaŋ⁴⁴ti⁰y²¹³, tɕiəu²¹tsʰa³³taŋ²¹³, pa⁴⁴y²¹³kɔ⁴⁴tɕʰi⁴⁴nɛ⁰, tɕʰyən³³tɕiɛ²⁴kʊ⁴⁵niĩ²¹³tɕʰia²⁴. tæ̃⁴⁵sæ̃³³sʐ²⁴
养　的鱼，就　车塘，　把鱼搞起来,春　节过年吃。但三十

uæ̃⁴⁴saŋ²¹nɛ⁰, tsɛ²¹tɕʰia²⁴niĩ²¹³fæ̃²¹tsʐ³³tɕiən²¹³, təu³³iɔ⁴⁵mɛ⁴⁴pʰɔ⁴⁵tsəo²⁴, xõ³³sən⁴⁵tɕiəu²¹niĩ²¹³,
晚上呢，在吃　年饭之前，　都要买炮竹，欢送旧　年，

i⁴⁴tɕiən³³kʊ⁴⁵tɕʰy⁴⁵ti⁰niĩ²¹³, xõ³³sən⁴⁵kʊ⁴⁵tɕʰy⁴⁵ti⁰niĩ²¹³, piən²¹³piən²¹³ŋæ̃³³ŋæ̃³³ɛ²¹³kʊ⁴⁵, təu³³iɔ⁴⁵
已经　过去的年，欢送过去的年，平　平　安　安而过，都要

faŋ⁴⁵pʰɔ⁴⁵tsəo²⁴. tsᴇ²⁴kʊ⁴⁵i²⁴niĩ²¹³taŋ³³tsən³³tiº kʊ⁴⁵niĩ²¹³, tse²¹ʊ⁴⁴mən⁰koº²⁴kʊ⁴⁵ti²¹faŋ³³nᴇ⁰, sɿ²¹
放　炮竹。　这个　一年　当　中　的过　年，　在我们　各个个地方　呢，是

xən⁴⁴tsən⁴⁵iɔ⁴⁵, iəu⁴⁴i²⁴tɕy⁴⁵xua²¹paº, iəu⁴⁴tɕii²¹³u²¹³tɕii²¹³, xui²¹³nᴇ²¹³kʊ⁴⁵niĩ²¹³sʊ⁴⁴i⁴⁴tse²¹uɛ²¹
很　重　要。有　一句　话　吧，有　钱　无钱，　回　来　过年。所以在　外

təu²¹³ta⁴⁴kən³³tiº zən²¹³, tsʊ⁴⁵sɿ²¹tiº zən²¹³, saŋ²¹pæ̃³³tiº zən²¹³, təu³³iɔ⁴⁵kæ̃⁴⁴xui²¹³nᴇ⁰. pei²¹³fu⁴⁵
头　打工　的人，　做事　的人，　上　班　的人，　都要　赶　回　来。陪　父

mʊ⁴⁴, pei²¹³tsaŋ⁴⁴pei⁴⁵, kʊ⁴⁵i²⁴kʊ⁴⁵tõ²¹³yĩ²¹³tiº niĩ²¹³, kᴇ²⁴tɕiɔ⁴⁵tõ²¹³yĩ²¹³, tɕʰia²⁴fæ̃²¹tiº sɿ²¹³xəu²¹
母，　陪　长辈，　过一个　团　圆　的年，　隔个叫　团　圆，　吃　饭　的时候

nᴇ⁰tɕiɔ⁴⁵tõ²¹³yĩ²¹³fæ̃²¹. kᴇ²⁴kʊ⁴⁵sɿ²¹³xəu²¹nᴇ⁰, kaŋ⁴⁴xua²¹, tsən²¹³na²⁴yᴇ²⁴ᴇ²¹sɿ⁴⁵sɿ⁴⁴i⁴⁴xəu²¹, na²⁴
呢叫　团　圆　饭。隔个个时候　呢，讲　话，从　腊月　二十四以后，　腊

yᴇ²⁴ᴇ²¹sɿ²⁴sɿ⁴⁵kʊ⁴⁵ɕiɔ⁴⁴niĩ²¹³, kʊ⁴⁵niɔ⁰ɕiɔ⁴⁴niĩ²¹³i⁴⁴xəu²¹kaŋ⁴⁴xua²¹tɕiəu²¹iɔ⁴⁵tɕy⁴⁵i⁴⁵, pu²⁴nən²¹³
月　二十四过　小　年，　过了　小　年　以后　讲　话，　就　要注意，不　能

kaŋ⁴⁴sɿ⁴⁴, pu²⁴nən²¹³kaŋ⁴⁴pʰʊ⁴⁵xua²¹, iɔ⁴⁵kaŋ⁴⁴xɔ⁴⁴xua²¹. kʊ⁴⁵tɕʰy⁴⁵ʊ⁴⁴mən⁰fu²¹³næ̃²¹³nɔ⁴⁴niĩ²¹³zən²¹³,
讲　死，不　能　讲　破　话，　要讲　好　话。　过去　我们　湖南　老年人，

iən²¹tɔ²¹tsʰɔ⁴⁴tsa²⁴kʊ⁴⁵ɕiɔ⁴⁴tsʰɔ⁴⁴pa⁴⁴tsɿº, nᴇ⁴⁵kʊ⁴⁵ɕi⁴⁵tɕia³³xʊ⁴⁴kaŋ⁴⁴xua²¹, xa²¹³kaŋ⁴⁴, tɕiəu²¹na³³
用　稻草，扎　个　小　草　把子，那　个　细家　伙讲　话，　还讲，　就　拿

tsei⁴⁴pa³³kʰɛ³³i²⁴xa²¹tsɿº, kʰɛ³³pʰi⁴⁵ŋæ̃⁴⁴, so²⁴tʰa³³kaŋ⁴⁴xua²¹kən³³pʰi⁴⁵ŋæ̃⁴⁴i²⁴iaŋ²¹tiº, pu²⁴niən²¹³
嘴　巴揩　一下子，揩　屁　眼，　说他讲　话　跟　屁　眼　一样　的，不　灵

iĩ⁴⁵, iəu⁴⁴kᴇ²⁴mʊ³³kʊ⁴⁵ɕi²⁴kuæ̃⁴⁵.
验，有　隔个么　个　习惯。

tɕʰia²⁴kʊ⁴⁵tõ²¹³yĩ²¹³fæ̃²¹xəu²¹, nᴇ⁴⁵tɕiəu²¹iɔ⁴⁵səu⁴⁴sei⁴⁵, səu⁴⁵sei⁴⁵tsei⁴⁵tɕiaŋ⁴⁴tɕiəu³³tiº nᴇ⁰,
吃　过团　圆　饭后，　那就　要守　岁，　守岁　最讲　究　的呢，

sɿ²¹tʰən³³ɕiɔ²¹, səu⁴⁴kʊ⁴⁵nõ²¹³sei⁴⁵. fu²¹³næ̃²¹³zən²¹³kaŋ⁴⁴tɕiɔ⁴⁵nõ²¹³sei⁴⁵, tɕiəu²¹sɿ²¹i²⁴ia²¹tʰən³³ɕiɔ³³
是　通　宵，守　个　圙岁。湖南　人　讲　叫　圙岁，就　是一夜　通　宵。

tæ̃⁴⁵iəu⁴⁴ɕiᴇ³³səu⁴⁴pu²⁴xa²¹nᴇ⁰tiº nᴇ⁰, tɕiəu²¹sɿ²¹põ⁴⁵ia²¹aº, sei²¹³pii²¹mʊ⁴⁴sɿ²¹³xəu²¹sui⁴⁵, təu³³
但　有　些　守不下来的呢，　就　是半　夜啊，随　便么　时候　睡，都

kʰʊ⁴⁴i⁴⁴. ɕii⁴⁵tsɛ²¹nᴇ⁰, tsən³³iaŋ³³niĩ²¹³pʊ³³, faŋ⁴⁵nᴇ⁴⁵kʊ⁴⁵niĩ²¹³xõ³³uæ̃⁴⁴xui²¹, pᴇ²⁴fən³³tsɿ³³pa²⁴
可　以。现在　呢，中　央　联　播，放　那个　联　欢　晚会，　百分之八

sɿ²⁴tᴇ⁰zən²¹³təu³³iɔ⁴⁵səu⁴⁴tɔ⁴⁵niĩ²¹³xõ³³uæ̃⁴⁴xui²¹tɕiᴇ²⁴sɔo²⁴tsɿ³³xəu²¹, tsɛ⁴⁵ɕiəu³³ɕi²⁴. ia⁴⁴iəu⁴⁴tiº
十　的人　都要守　到联　欢　晚　会结　束之后，　再休　息。也有　的

tsʰʊ³³ma²¹³tɕiaŋ⁴⁵, i²⁴uæ̃⁴⁴tʰən³³ɕiɔ³³, ia⁴⁴iəu⁴⁴tʰii³³pᴇ²¹³tɕiəu⁴⁴, i²⁴uæ̃⁴⁴tʰən³³ɕiɔ³³, ɕiən²¹³sɿ⁴⁵tʊ³³
搓　麻将，　一晚　通　宵，也有　添　牌九，　一晚　通　宵，　形　式多

tsən⁴⁴tʊ³³iaŋ²¹. tɔ⁴⁵niɔ⁰ti²¹E²¹tʰiĩ³³, tɕiəu²¹sʅ²¹tsən³³yE²⁴tsʰəu³³i²⁴　kE²⁴kʊ⁴⁵tsən³³yE²⁴tsʰəu³³i²⁴,
种　多样。到了第二天，就　　是正月初　一。隔ᵈ个正月初　　一，

tɕiə²¹iɔ⁴⁵fu⁴⁵ɕiaŋ³³pɛ⁴⁵niĩ²¹³. pɛ⁴⁵niĩ²¹³təu³³iɔ⁴⁵kaŋ⁴⁴tɕi²⁴ni⁴⁵ti⁰xua²¹, kən³³ɕi⁴⁴zən²¹³ka³³fa²⁴tsɛ²¹³,
就　要互相　拜年。拜年　都要讲吉利的话，恭　喜人　家发财，

kən³³ɕi⁴⁴zən²¹³ka³³sən³³tʰi⁴⁴tɕiĩ⁴⁵kʰaŋ³³, kən³³ɕi⁴⁴zən²¹³ka³³tsaŋ²¹³miən²¹pE²⁴sei⁴⁵, kən³³tsʊ⁴⁵ɕyən⁴⁵
恭　喜人　家身体健康，　恭　喜人　家长　命　百岁，工　作顺

ni⁴⁵, uæ̃⁴⁵sʅ²¹y²¹³i⁴⁵.　tɕiən⁴⁵kaŋ⁴⁴ɕiE³³tɕi²⁴ni⁴⁵tE⁰xua²¹, kaŋ⁴⁴ɕiE³³xɔ⁴⁴xua²¹, kʰE²⁴tɕʰi⁴⁵ti⁰xua²¹.
利，万　事如意。尽　讲　些吉利的话，　讲　些好话，客　气的话。

tɕiĩ⁴⁵niɔ⁰miĩ⁴⁵təu³³iɔ⁴⁵fu⁴⁵ɕiaŋ³³ta⁴⁴tsɔ⁴⁵fu³³, kaŋ⁴⁴tɔ⁴⁵pɛ⁴⁵niĩ²¹³, xa²¹pei⁴⁵iɔ⁴⁵pɛ⁴⁵saŋ²¹pei⁴⁵ti⁰ niĩ²¹³.
见了面都要互相　打招呼。讲　到拜年，下　辈要拜上　辈的年。

ɕiĩ⁴⁵tsɛ²¹kaŋ⁴⁴pɛ⁴⁵niĩ²¹³, tɕiəu²¹sʅ²¹tsei⁴⁴pa³³kaŋ⁴⁴xa²¹tsʅ⁰pɛ⁴⁵kʊ⁴⁵niĩ²¹³, kən³³ɕi⁴⁴n⁴⁴fa²⁴tsɛ²¹³,
现　在讲　拜年，　就　是嘴巴讲　下子拜个年，恭　喜你发财，

kən³³ɕi⁴⁴n⁴⁴sən³³tʰi⁴⁴tɕiĩ⁴⁵kʰaŋ³³. kʊ⁴⁵tɕʰy⁴⁵pɛ⁴⁵niĩ²¹³, xɛ²¹³tsən³³pɛ⁴⁵. kʊ⁴⁵tɕʰy⁴⁵tɔ²¹³u²⁴ni⁰iəu⁴⁴
恭　喜你身体健康。　过去　拜年，　还真　拜。过去　桃屋里有

sən²¹³kʰæ̃³³tsʅ⁰, sən²¹³kʰæ̃³³tsʅ⁰kɔ³³təu²¹³iəu⁴⁴pɛ²¹³ui²¹, xɛ²¹³tsən³³na³³tsʰɔ⁴⁴piĩ³³i²⁴kʊ⁴⁵yĩ²¹³tɕʰyĩ³³,
神　龛　子，神　龛　子高头有牌　位，还真　拿草　编一个圆　圈，

tɕiɔ⁴⁵tsʰɔ⁴⁴pʰu³³təŋ⁴⁵, faŋ⁴⁵tsɛ²¹ti²¹xa²¹, zən²¹³kʰɔ²⁴təu²¹³, tei⁴⁵sən²¹³kʰæ̃³³tsʅ⁰kʰɔ²⁴təu²¹³, kʊ⁴⁵tɕʰy⁴⁵
叫　草　铺凳，　放在地下，人　磕头，　对神　龛　子磕头，　过去

tsən³³pɛ⁴⁵. pɛ⁴⁵kʊ⁴⁵sən²¹³kʰæ̃³³tsʅ⁰, pɛ⁴⁵kʊ⁴⁵tsaŋ⁴⁴pei⁴⁵tsʅ³³xəu²¹, nɛ⁴⁵tɕiəu²¹pɛ⁴⁵tsaŋ⁴⁴pei⁴⁵. pu²⁴
真　拜。拜过神　龛　子，拜过长　辈之后，　那就　拜长　辈。不

kʊ⁴⁵tsaŋ⁴⁴pei⁴⁵, iəu⁴⁴ɕi³³pɛ⁴⁵ia⁴⁴pu²⁴sʅ²¹xɔ²⁴pɛ⁴⁵ti⁰, tʰa³³iɔ⁴⁵na³³tiæ̃⁴⁵pɔ³³xən²¹³. kE²⁴sʅ²¹kʊ⁴⁵tɕʰy⁴⁵,
过长　辈，有　些拜也不　是好拜的,他　要拿点包红。　隔ᵈ是过去，

ɕiĩ⁴⁵tsɛ⁴⁵pu²⁴xən⁴⁴pɛ⁴⁵tE⁰, tɕiəu²¹sʅ²¹tsei⁴⁴kaŋ⁴⁴kaŋ⁴⁴.
现　在不很　拜得,就　　是嘴讲　讲。

（秦春华讲述，2016年）

三　娶亲

ʊ⁴⁴ɕiĩ⁴⁵tsɛ²¹kei⁴⁴kaŋ⁴⁴kaŋ⁴⁴ʊ⁴⁴mən⁰kE²⁴taŋ³³ti²¹fən³³sɔɔ²⁴ɕi²⁴kuæ̃⁴⁵, tʰiɔ³³kɛ⁴⁵təu²¹³. ɕiĩ²¹tsɛ²¹ti⁰
我　现在　给　讲　讲　我们隔ᵈ当地风　俗习惯，挑盖头。现在的

tɕiən⁴⁵u²⁴tʰiɔ³³kɛ⁴⁵təu²¹³nE⁰, kaŋ⁴⁴kei⁴⁴n⁴⁴tʰiən³³xa²¹tsʅ⁰. nɛ⁴⁵ɕiĩ⁴⁵tsɛ²¹tɕiən⁴⁵niɔ⁰u²⁴nE⁰, pa⁴⁴pei³³
进　屋挑盖头　呢，讲给你听　下子。那现　在进　了屋呢，把背

tɔ⁴⁵faŋ²¹³ni⁴⁴tɕʰi⁴⁵tɛ⁰nɛ⁰, səu⁴⁴ɕiĩ³³nɛ⁰, ɕiən³³niaŋ²¹³tsɿ⁰tɛ⁴⁵tɛ⁰kɛ⁴⁵təu²¹³, tɛ⁴⁵tɛ⁰kɛ⁴⁵təu²¹³nɛ⁰.
到 房 里 去 了呢, 首 先 呢, 新 娘 子带着盖头, 带着盖 头 呢。

səu⁴⁴ɕiĩ³³kɛ²⁴ti²¹i²⁴pu²¹nɛ⁰, pa⁴⁴tʰiɔ³³kɛ⁴⁵təu²¹³. nɛ⁴⁵tʰiɔ³³kɛ⁴⁵təu²¹³nɛ⁰, iɔ⁴⁵mʊ⁴⁴tsɿ⁰iaŋ²¹zən²¹³
首 先 隔ᵘ第一步 呢, 把 挑 盖头。 那 挑 盖头 呢, 要 么 子样 人

tʰiɔ³³nɛ⁰? nɛ⁴⁵iɔ⁴⁵kaŋ⁴⁴, nən²¹³, iɔ⁴⁵kaŋ⁴⁴kaŋ⁴⁴ɕiɔ⁴⁵xua²¹nən²¹³so²⁴xui²¹tɔ⁴⁵ti⁰, xui²¹kaŋ⁴⁴xɔ⁴⁴xua²¹ti⁰,
挑 呢? 那要讲, 能, 要讲 讲 笑 话能 说 会道的,会 讲 好 话 的,

xɛ²¹³tɕiaŋ⁴⁴iɔ⁴⁵iəu⁴⁴fu²⁴ti⁰zən²¹³, nɛ⁴⁵zən²¹³ɛ²¹³ny⁴⁴suaŋ³³tɕyĩ²¹³. tsən⁴⁴mʊ⁰kaŋ⁴⁴iəu⁴⁴fu²⁴ti⁰
还 讲 要有福的人, 那人 儿女双 全。 怎 么 讲有福的

zən²¹³, tsən⁴⁴mʊ⁰kaŋ⁴⁴nɛ⁰? sɿ²¹iəu⁴⁴nɔ⁴⁴kən³³ti⁰, fu³³tɕʰi³³nian⁴⁴tsɛ²¹tɕyĩ²¹³ti⁰, tsɛ⁴⁵i²⁴kʊ⁴⁵, ɛ²¹³
人, 怎 么 讲 呢? 是 有 老 公 的,夫 妻 两 在 全 的,再 一个, 儿

tsɿ⁰ɕi²⁴fu⁴⁵xa²¹zən²¹³təu³³sɿ²¹tsɿ⁴⁴sən³³mõ⁴⁴taŋ²¹³ti⁰zən²¹³. iəu⁴⁴fu²⁴ti⁰zən²¹³tʰiɔ³³kɛ⁴⁵təu²¹³, iəu⁴⁴
子媳妇下人 都 是 子孙 满堂 的人。 有 福 的人 挑 盖头, 有

kʊ⁴⁵xui²¹kaŋ⁴⁴ti⁰zən²¹³. nɛ⁴⁵tʰiɔ³³kɛ⁴⁵təu²¹³nɛ⁰, tɕiəu²¹iɔ⁴⁵kaŋ⁴⁴xɔ⁴⁴xua²¹, kɔ⁴⁴nɛ⁴⁵kʊ⁴⁵xən²¹³tsʰən⁴⁵
个 会讲 的人。 那挑 盖头 呢, 就 要讲 好话。 搞那个 红 秤

kɛ⁴⁴tsɿ⁰, nɛ⁴⁵xən²¹³tsʰən⁴⁵kɛ⁴⁴tsɿ⁰nɛ⁰, tɕiəu²¹tɕyĩ³³mən²¹³tʰiɔ³³kɛ⁴⁵təu²¹³ti⁰xən²¹³tsʰən⁴⁵kɛ⁴⁴tsɿ⁰,
杆子, 那红 秤 杆子呢, 就 专 门 挑盖头 的红 秤 杆子,

xən²¹³niəu³³niəu³³ti⁰, xɔ⁴⁴kʰæ̃⁴⁵. zæ²¹³xəu²¹nɛ⁰, tʰiɔ³³tsʰən⁴⁵kɛ⁴⁴tsɿ⁰, na³³tsʰən⁴⁵kɛ⁴⁴tsɿ⁰tʰiɔ³³kɛ⁴⁵
红 溜 溜 的,好看。 然 后 呢, 挑 秤 杆子,拿秤 杆 子挑 盖

tsəu²¹³, tsən⁴⁴mʊ⁰kaŋ⁴⁴nɛ⁰? nɛ⁴⁵kʊ⁴⁵xui²¹kaŋ⁴⁴xua²¹ti⁰zən²¹³, iəu⁴⁴fu²⁴ti⁰zən²¹³tɕiəu²¹kaŋ⁴⁴ɕiɔ⁴⁵, ɛ³³
头, 怎 么 讲 呢? 那个会 讲话 的人, 有福 的人 就 讲 笑, 哎

ia⁰! ʊ⁴⁴nɛ²¹³tɔ⁴⁵ɕiən³³niaŋ²¹³tʰiɔ³³kɛ⁴⁵təu²¹³ɔ⁰, ni⁴⁴kaŋ⁴⁴xɔ⁴⁴pu²⁴xɔ⁴⁴a⁰. xɔ⁴⁴a⁰. nɛ⁴⁵tʰiɔ⁴⁴kɛ⁴⁵
呀! 我来 到新 娘 挑 盖头 啊,你讲 好不好 啊。好 啊。那挑 盖

təu²¹³zən²¹³tɕiəu²¹kaŋ⁴⁴, ɕiɔ⁴⁴ɕiɔ⁴⁴tsʰən⁴⁵kɛ⁴⁴xən²¹³niəu³³niəu³³a⁰. kɛ²⁴sɿ²¹³n⁴⁴tɕiəu²¹tsɛ²¹nɛ⁴⁵
头 人 就 讲, 小 小秤 杆红 溜 溜 啊。隔ᵘ时你就 在 那

tʰʊ²¹³ta²⁴, xɔ⁴⁴a⁰. ʊ⁴⁴tɔ⁴⁵ɕiən³³niaŋ²¹³tʰiɔ³³kɛ⁴⁵təu²¹³a⁰. xɔ⁴⁴a⁰. nɛ⁴⁵kɛ⁴⁵təu²¹³tʰiɔ³³tɔ⁴⁵na⁴⁴ni⁰a⁰?
坨① 答, 好 啊。我到新 娘 挑 盖头 啊。好 啊。那盖 头 挑 到哪 里啊?

n⁴⁴kaŋ⁴⁴xɔ⁴⁴a⁰. tʰiɔ³³faŋ⁴⁵na⁴⁴kuɛ⁴⁴nɛ⁰? kɛ⁴⁵təu²¹³no²⁴tsaŋ²¹³na⁰, xɔ⁴⁴a⁰, tsɿ⁴⁴sən³³tɕiəu²¹mõ⁴⁴
你讲 好 啊。挑 放 哪拐② 呢? 盖头 落床 啦, 好 啊,子孙 就 满

taŋ²¹³. kɛ²⁴tɕiəu²¹kaŋ⁴⁴xɔ⁴⁴a⁰. kɛ⁴⁵təu²¹³no²⁴kui²¹, xɔ⁴⁴a⁰, iən²¹³xua²¹³fu⁴⁵kui⁴⁵. xɔ⁴⁴a⁰, xɔ⁴⁴.
堂。 隔ᵘ就 讲 好 啊。盖 头 落柜, 好 啊,荣 华 富贵。 好 啊,好。

---

① 那坨：那儿。

② 哪拐：哪里。

kɛ²⁴pa⁴⁴kɛ⁴⁵təu²¹³tʰiɔ³³kʰɛ³³tɛ⁰. kɛ⁴⁵təu²¹³tʰiɔ³³xa²¹nɛ²¹³kɛ²⁴tsən⁴⁴mʊ⁰kɔ⁴⁴nɛ⁰?
隔⁼把 盖头 挑 开 得。盖头 挑 下 来 隔⁼怎 么 搞 呢?

　　kɛ²⁴zæ̃²¹³xəu²¹nɛ⁰, kən³³næ²¹³faŋ³³tiɔ⁰ saŋ²¹zən²¹³nɛ⁰, kɛ²⁴tɕiəu²¹pa⁴⁴taŋ²¹³ta⁴⁴tæ̃²¹. kɛ²⁴tɕiəu²¹
　　隔⁼然 后 呢,跟 男 方 的 上 人 呢,隔⁼就 把 糖 打 蛋。隔⁼就

tsʊ⁴⁴mən²¹³iəu⁴⁵kɛ²⁴zən²¹³kaŋ⁴⁴xɔ⁴⁴tɛ⁰. taŋ²¹³ta⁴⁴tæ̃²¹nɛ⁰, tɕiəu²¹xʊ³³xʊ²¹³tɕʰi⁴⁵tsa²¹³. xʊ²¹³tɕʰi⁴⁵
左 门 右 隔 人 讲 好 得。糖 打 蛋 呢,就 喝 和 气 茶。和 气

tsa²¹³nɛ⁰, xʊ²¹³nɛ⁰, kɛ²⁴tɕiəu²¹ɕiĩ⁴⁵tsɛ²¹xʊ³³tɕiɔ³³pei³³tɕiəu⁴⁴i²⁴iaŋ²¹tsʅ⁰. xʊ³³xʊ²¹³tɕʰi⁴⁵tsa²¹³nɛ⁰,
茶 呢,和 呢,隔⁼就 现在 喝 交 杯 酒 一 样 子。喝 和 气 茶 呢,

tɕiəu²¹n⁴⁴xʊ³³i²⁴kʰəu⁴⁴, ʊ⁴⁴xʊ³³i²⁴kʰəu⁴⁴, niaŋ⁴⁴pa⁴⁴səu⁴⁴kæ̃⁴⁴tsʅ⁰uæ̃⁴⁴tɛ⁰. xʊ³³tɛ²⁴xʊ²¹³tɕʰi⁴⁵tsa²¹³
就 你 喝 一 口, 我 喝 一 口, 两 把 手 杆 子①挽 着。喝 得 和 气 茶

nɛ⁰, tɕiəu²¹tɛ⁴⁵piɔ⁴⁴tʰa³³niaŋ⁴⁴kʊ⁴⁵i²⁴sən³³nɛ⁰, xʊ²¹³xʊ²¹³tɕʰi⁴⁵tɕʰi⁴⁵, ŋən³³ŋən³³ŋɛ⁴⁵ŋɛ⁴⁵. xʊ²¹³tɕʰi⁴⁵
呢,就 代 表 他 两 个 一 生 呢,和 和 气 气, 恩 恩 爱 爱。和 气

tsa²¹³tɕʰia²⁴tɛ⁰nɛ⁰, xʊ³³tɛ⁰nɛ⁰, zæ̃²¹³xəu²¹nɛ⁰, kɛ²⁴tɕiəu²¹tɕʰia²⁴taŋ²¹³ta⁴⁴tæ̃²¹, taŋ²¹³ta⁴⁴tæ̃²¹nɛ⁰,
茶 吃 得 呢,喝 得 呢,然 后 呢,隔⁼就 吃 糖 打 蛋,糖 打 蛋 呢,

tɕʰia²⁴ti⁰sʅ²¹mʊ⁴⁴tsʅ⁰i⁴⁵sʅ³³nɛ⁰? nɛ⁴⁵tɕiəu²¹sʅ²¹tʰa³³mən⁰niaŋ⁴⁴fu³³tɕʰi³³niaŋ⁴⁴kʊ⁴⁵zən²¹³, kei⁴⁴
吃 的 是 么 子 意思 呢?那 就 是 他 们 两 夫 妻 两 个 人, 给

tɕʰia²⁴tɛ⁰kɛ²⁴taŋ²¹³ta⁴⁴tæ̃²¹. kɛ²⁴zæ̃²¹³xəu²¹nɛ⁰, tʰa³³mən⁰niaŋ³³nɛ⁰, ɕiən⁴⁵fu²⁴sən³³xo²⁴nɛ⁰,
吃 了 隔⁼糖 打 蛋。隔⁼然 后 呢,他 们 两 呢,幸 福 生 活 呢,

tɕiəu²¹i²⁴tsʅ²⁴nɛ⁰, tɕiəu²¹ɕiən⁴⁵fu²⁴sən³³xo²⁴tɕiəu²¹tiĩ²¹³tiĩ²¹³mi²⁴mi²⁴ti⁰, kɛ²⁴tɕiəu²¹sʅ²¹tsən²¹³ɕiĩ⁴⁵
就 一 直 呢,就 幸 福 生 活 就 甜 甜 蜜 蜜 的,隔⁼就 是 从 现

tsɛ²¹kʰɛ³³sʅ⁴⁴tɛ⁰.
在 开 始 得。

　　kɛ²⁴, nɛ⁴⁵kʊ⁴⁵, kɛ⁴⁵təu²¹³tʰiɔ³³kʊ⁴⁵tɛ⁰, kɛ²⁴i⁴⁴xəu²¹, kaŋ⁴⁴, nɛ⁴⁵kʊ⁴⁵kaŋ⁴⁴iəu⁴⁴ɕiɛ³³nɛ⁰, kaŋ⁴⁴
　　隔⁼,那 个, 盖头 挑 过 得,隔⁼以 后, 讲, 那 个 讲 有 些 呢,讲

iəu⁴⁴ɕiɛ³³nɛ⁰, nɛ⁴⁵tɕiəu²¹sʅ²¹tɕiĩ⁴⁴tæ̃³³ti⁰nɛ⁰fən³³səo²⁴ɕi²⁴kuæ̃⁴⁵. nɔ²¹ɕiən³³faŋ²¹³nɛ⁰, kɛ²⁴tɕiəu²¹
有 些 呢,那 就 是 简 单 的 呢 风 俗 习 惯。闹 新 房⁼呢,隔⁼就

tɕʰia²⁴tɕiəu⁴⁴. nɔ²¹ɕiən³³nɔ²¹ɕiən³³niaŋ²¹³ti⁰faŋ²¹³, ia⁴⁴tɕiəu²¹sʅ²¹nɔ⁴⁴piɔ⁴⁴. tʰa³³mən⁰nɔ²¹ɕiən³³niaŋ²¹³
吃 酒。 闹 新 闹 新 娘 的 房, 也 就 是 老 表。他 们 闹 新 娘

ti⁰faŋ²¹³. nɛ⁴⁵iəu⁴⁴sʅ²¹³xəu²¹nɔ²¹ti⁰nɛ⁰, pa⁴⁴ɕiən³³naŋ²¹³kõ³³kõ⁴⁵tɕiəu⁴⁴, kʰɛ³³sʅ⁴⁴tɕʰia²⁴tɕiəu⁴⁴,
的 房。 那 有 时 候 闹 的 呢,把 新 郎 官 灌 酒, 开 始 吃 酒,

---

① 手杆子:胳膊。

pa⁴⁴ɕiɛn³³naŋ²¹³kõ³³nɛ⁰kõ⁴⁵tɔ⁴⁴tsei⁴⁵tɔ⁴⁴, tsei⁴⁵tɔ⁴⁴tɕiaŋ²¹pu²⁴sʅ²¹iaŋ²¹tsʅ⁰. kɛ²⁴nɛ⁰, nɔ⁴⁴piɔ⁴⁴
把 新 郎 官 呢 灌 倒 醉 倒, 醉 倒 像 不 是 样 子。隔⁼呢, 老 表

xɛ²¹³tsɔ⁴⁴ɕiɛn³³niaŋ²¹³tsʅ⁰. nɛ⁴⁵i²⁴uæ⁴⁴nɛ⁰, tɕiəu²¹yɛ²⁴nɔ⁴⁵tɛ⁰. tɕiəu²¹xən⁴⁴uæ⁴⁴nɛ⁰, nɔ⁴⁴piɔ⁴⁴sʅ²¹
还 作 新 娘 子。那 一 晚 呢, 就 热 闹 得。就 很 晚 得, 老 表 是

xʊ³³tɔ⁴⁵ta²¹põ⁴⁵ia²¹, tʰa³³təu³³pu²⁴tsəu⁴⁴. nɛ⁴⁵iəu⁴⁴sʅ²¹³kaŋ⁴⁴ɕiɔ⁴⁵xua²¹, təu³³tei⁴⁵uɛ²¹tʰəu⁴⁴, ɛ²¹³
喝 到 大 半 夜, 他 都 不 走。 那 有 时 讲 笑 话, 都 对 外 吐, 而

tɕʰiɛ⁴⁴nɔ⁴⁴piɔ⁴⁴niĩ²¹³tɕʰiən³³, yɛ²⁴xʊ³³yɛ²⁴iəu⁴⁴tɕiən⁴⁵, xɛ²¹³tei⁴⁵uɛ²¹tʰəu⁴⁴. kɛ²⁴tɕiəu²¹ʊ⁴⁴mən⁰kɛ²⁴
且 老 表 年 轻, 越 喝 越 有 劲, 还 对 外 吐。隔⁼就 我 们 隔⁼

piĩ³³ti⁰fən³³sɔo²⁴ɕi²⁴kuæ⁴⁵.
边 的 风 俗 习 惯。

kɛ²⁴ti²¹ɛ²¹tʰiĩ³³nɛ⁰, kɛ²⁴ɕiɔ⁴⁴niaŋ⁴⁴kʰəu⁴⁴tsʅ⁰, kɛ²⁴i²⁴tei⁴⁵ɕiən³³zən²¹³nɛ⁰, kɛ²⁴ti²¹ɛ²¹tʰiĩ³³nɛ⁰,
隔⁼第 二 天 呢, 隔⁼小 两 口 子, 隔⁼一 对 新 人 呢, 隔⁼第 二 天 呢,

xɛ²¹³tɕʰi⁴⁵tɕiɛ²⁴niaŋ²¹³u²⁴ni⁰zən²¹³nɛ⁰, kɛ²⁴pa⁴⁴niaŋ²¹³u²⁴ni⁰zən²¹³. tɔ⁴⁵tɕiɛ²⁴niaŋ²¹³u²⁴ni⁰zən²¹³
还 去 接 娘 屋 里 人 来, 隔⁼把 娘 屋 里 人。 到 接 娘 屋 里 人

sʅ²¹³xəu²¹nɛ⁰, səu⁴⁴ɕiĩ³³tʰa³³niaŋ²¹³u²⁴ni⁰zən²¹³kʰæ⁴⁵nɛ⁰, kei⁴⁴ɕiən³³ku³³niaŋ²¹³, ɕiən³³ku³³i²¹³,
时 候 呢, 首 先 她 娘 屋 里 人 看 来, 给 新 姑 娘、 新 姑 爷,

kɛ²⁴tɕʰi⁴⁵tɛ⁰. kɛ²⁴sʅ²¹təu²¹³i²⁴tʰiĩ³³, kɛ²⁴niaŋ²¹³u²⁴ni⁰zən²¹³nɔ⁴⁴tsɔ⁴⁴tɕiəu²¹tɕyən⁴⁴pei⁴⁵xɔ²⁴ku³³
隔⁼去 得。隔⁼是 头 一 天, 隔⁼娘 屋 里 人 老 早 就 准 备 好 姑

niaŋ²¹³ka³³nɛ²¹³tɛ⁰. kɛ²⁴tɕyən⁴⁴pei⁴⁵nɛ⁰i²⁴kua⁴⁵tsaŋ²¹³xʊ⁴⁴pʰɔ⁴⁵, nɛ⁴⁵tsaŋ²¹³xʊ⁴⁴pʰɔ⁴⁵nɛ⁰tɕiəu²¹
娘 家 来 得。隔⁼准 备 呢 一 挂 长 火 炮, 那 长 火 炮 呢 就

tɕiɛ²⁴ɕiən³³zən²¹³. kɛ²⁴kən³³tsɔ³³nɛ⁰, tɕiəu²¹sʅ²¹i²⁴tei⁴⁵ɕiən³³zən²¹³, tɔ⁴⁵tʰa³³niaŋ²¹³u²⁴ni⁰tɕiɛ²⁴
接 新 人。 隔⁼今 朝 呢, 就 是 一 对 新 人, 到 她 娘 屋 里 接

tʰa³³nɛ²¹³, tɕiɛ²⁴tʰa³³niaŋ²¹³u²⁴ni⁰zən²¹³nɛ²¹³. tɕiɛ²⁴tʰa³³niaŋ²¹³u²⁴ni⁰zən²¹³nɛ²¹³nɛ⁰, tɔ⁴⁵tʰa³³nɛ²¹³
她 来, 接 她 娘 屋 里 人 来。 接 她 娘 屋 里 人 来 呢, 到 他 来

tɕʰia²⁴i²⁴tsʰæ³³. nɛ²¹³kaŋ⁴⁴tɕʰia²⁴i²⁴tsʰæ³³nɛ⁰, ia⁴⁴sʅ²¹tɕia⁴⁴ti⁰. tsɛ⁴⁵i²⁴kʊ⁴⁵nɛ⁰, tɕiəu²¹kaŋ⁴⁴kaŋ⁴⁴
吃 一 餐。 来 讲 吃 一 餐 呢, 也 是 假 的。再 一 个 呢, 就 讲 讲

tʰa³³ka³³ti⁰tɕiən³³tɕʰi²⁴pən²¹³iəu⁴⁴a⁰, kɛ²⁴kaŋ⁴⁴ku³³niaŋ²¹³tʰa³³ka³³, ku³³niaŋ²¹³kɛ²⁴kʊ⁴⁵tsʅ²⁴ny⁴⁴a⁰,
她 家 的 亲 戚 朋 友 啊,隔⁼讲 姑 娘 她 家, 姑 娘 隔⁼个 侄 女 啊,

tɔ⁴⁵tɛ⁰kɛ²⁴ka³³u²⁴nɛ²¹³tɛ⁰, tɕiəu²¹ɕiaŋ⁴⁴tɔ⁴⁵kɛ²⁴ka³³nɛ²¹³kʰæ⁴⁵kʰæ⁴⁵. kɛ²⁴pa⁴⁴tʰa³³mən⁰nɛ⁰tɕiɛ²⁴tɔ⁴⁵kɛ²⁴
到 得 隔⁼家 屋 来 得, 就 想 到 隔⁼家 来 看 看。 隔⁼把 他 们 呢 接 到 隔⁼

piĩ³³nɛ²¹³, tɔ⁴⁵tʰa³³ka³³tɕʰia²⁴i²⁴tsʰæ³³, kɛ²⁴tɕiəu²¹tɕʰia²⁴i²⁴tsʰæ³³tɕiəu⁴⁴. zæ²¹³xəu²¹nɛ⁰, kɛ²⁴næ²¹³
边 来, 到 他 家 吃 一 餐, 隔⁼就 吃 一 餐 酒。 然 后 呢, 隔⁼男

faŋ³³nɛ⁰, tɕiəu²¹iəu²¹kʰɛ²⁴kʰɛ²⁴tɕʰi⁴⁵tɕʰi⁴⁵ti⁰, tɕiəu²¹pa⁴⁴tʰa³³faŋ⁴⁵xʊ⁴⁴pʰɔ⁴⁵, iəu²¹sən⁴⁵tsəu⁴⁴.
方 呢，就 又 客 客 气 气 的，就 把 它 放 火 炮， 又 送 走。

tsɛ²¹sən⁴⁵tsəu⁴⁴tsʅ³³tɕiĩ²¹³nɛ⁰, kɛ²⁴kʊ⁴⁵ny⁴⁴faŋ³³ti⁰ saŋ²¹zən²¹³nɛ⁰, tɕiəu²¹kən³³kɛ²⁴kʊ⁴⁵tɕiaŋ⁴⁴
在 送 走 之 前 呢，隔=个 女 方 的 上 人 呢，讲 跟 隔=个 讲

a⁰, kaŋ⁴⁴pu²⁴kʰɛ³³tɕʰiən³³sʅ²¹niaŋ⁴⁴ka³³, kʰɛ³³tɕʰiən³³sʅ²¹i²⁴ka³³. kɛ²⁴ny⁴⁴faŋ³³, nɛ̃²¹³faŋ³³ti⁰fu⁴⁵
啊，讲 不 开 亲 是 两 家，开 亲 是 一 家。隔=女 方， 男 方 的父

mʊ⁴⁴nɛ⁰, tsɛ²¹saŋ⁴⁵, ny⁴⁴faŋ³³fu⁴⁵mʊ⁴⁴nɛ⁰iɛ⁴⁴tsɛ²¹saŋ⁴⁵təu²¹³. ny⁴⁴faŋ³³fu⁴⁵mʊ⁴⁴tɕiəu²¹kaŋ⁴⁴ɕiɛ³³
母 呢，在 上， 女 方 父 母 呢 也 在 上 头。 女 方 父 母 就 讲 些

kʰɛ²⁴tɕʰi⁴⁵xua²¹ia⁰, tɕiəu²¹kaŋ⁴⁴a⁰, tɕʰiən⁴⁵ka³³mʊ⁴⁴ɛ⁰, kei⁴⁴ʊ⁴⁴kʊ³³niaŋ²¹³pa⁴⁴tɔ⁴⁵n⁴⁴ka³³nɛ²¹³,
客 气 话 呀，就 讲 啊，亲 家 母 唉，给 我 姑 娘 把 到 你 家 来，

pu²⁴tən⁴⁴sʅ²¹, n⁴⁴nɛ⁰, iəu⁴⁴ɕiɛ³³sʅ²¹tɕiən²¹³nɛ⁰, tɛ⁴⁵mæ̃⁴⁵niɔ⁰n⁴⁴, tsʰən⁴⁵tɔ⁴⁵n⁴⁴tsən⁴⁴mʊ⁰, n⁴⁴tɛ²¹zən²¹³
不 懂 事，你 呢，有 些 事 情 呢，怠 慢 了 你，称= 到 你 怎 么，你 大 人

pu²⁴tɕi⁴⁵ɕiɔ⁴⁴zən²¹³kʊ⁴⁵. tɕiəu²¹kaŋ⁴⁴ɕiɛ³³kʰɛ²⁴tɕʰi⁴⁵xua²¹. kɛ²⁴zæ̃²¹³xəu²¹nɛ⁰, ny⁴⁴faŋ³³ti⁰niaŋ²¹³
不 记 小 人 过。就 讲 些 客 气 话。 隔=然 后 呢，女 方 的 娘

nɛ⁰, ia⁴⁴ kaŋ⁴⁴ kʰɛ²⁴ tɕʰi⁴⁵ xua²¹. ʊ⁴⁴ tɕiəu²¹pa⁴⁴ ny⁴⁴ ɛ²¹³ tɕiɔ³³kei⁴⁴ n⁴⁴ ka⁰ tɛ⁰. kɛ²⁴ zæ̃²¹³xəu²¹næ̃²¹³ faŋ³³nɛ⁰,
呢，也 讲 客 气 话。我 就 把 女 儿 交 给 你 咖 得。隔=然 后 男 方 呢，

fu⁴⁵mʊ⁴⁴nɛ⁰, iɛ⁴⁴tʰa³³iɛ⁴⁴kaŋ⁴⁴kʰɛ²⁴tɕʰi⁴⁵xua²¹. tɕiəu²¹kaŋ⁴⁴, ɛ³³ia⁰, tɕʰiən⁴⁵ka³³mʊ⁴⁴ɛ⁰, n⁴⁴faŋ⁴⁵ɕiən³³,
父 母 呢，也 他 也 讲 客 气 话。 就 讲， 哎呀，亲 家 母 唉，你 放 心，

n⁴⁴kʊ³³niaŋ²¹³tɔ⁴⁵tɛ⁰ʊ⁴⁴ka³³, ʊ⁴⁴xui²¹pa⁴⁴tʰa³³taŋ³³tɕʰiən³³sən³³ny⁴⁴ɛ²¹³i²⁴iaŋ²¹kʰæ̃⁴⁵tɛ⁴⁵, ka⁴⁵tɔ⁴⁵
你 姑 娘 到 得 我 家，我 会 把 她 当 亲 生 女 儿 一 样 看 待，嫁 到

ʊ⁴⁴ka³³, tɕiəu²¹sʅ²¹ʊ⁴⁴ka³³zən²¹³, nɛ⁴⁵tɕiəu²¹xʊ²¹³xʊ²¹³tɕʰi⁴⁵tɕʰi⁴⁵ti⁰. kɛ²⁴tɕiəu²¹niaŋ⁴⁴ka³³ti⁰
我 家， 就 是 我 家 人， 那 就 和 和 气 气 的。隔= 就 两 家 的

tɕʰiən³³tɕʰi⁴⁵nɛ⁰, tɕiəu²¹kʰɛ³³tɕʰiən³³sʅ²¹i²⁴ka³³, pu²⁴, ʊ⁰kʰɛ³³tɕʰiən³³sʅ²¹i²⁴ka³³, pu²⁴kʰɛ³³tɕʰiən³³
亲 戚 呢，就 开 亲 是 一 家，不， 哦开 亲 是 一 家，不 开 亲

tɕiəu²¹sʅ²¹niaŋ⁴⁴ka³³. fu²¹mʊ⁴⁴nɛ⁰tɕiəu²¹tɕiaŋ²¹i²⁴ka³³zən²¹³i²⁴iaŋ²¹tsʅ⁰. kɛ²⁴tɕiəu²¹sʅ²¹ʊ⁴⁴mən⁰taŋ³³
就 是 两 家。父 母 呢就 讲 一 家 人 一 样 子。隔= 就 是 我 们 当

ti²¹ti⁰fən³³səo²⁴ɕi²⁴kuæ̃⁴⁵tɕʰy⁴⁴tɕʰiən³³. kɛ²⁴tɕʰy⁴⁴tɕʰiən³³ti⁰sʅ²¹tɕiən²¹³tɕiəu²¹kaŋ⁴⁴ðã²¹³tɛ⁰.
地 的 风 俗 习 惯 娶 亲。 隔=娶 亲 的 事 情 就 讲 完 得。

（秦慈美讲述，2016年）

参考文献

鲍厚星、崔振华等 1999《长沙方言研究》，长沙：湖南教育出版社。

鲍　红 2016《安庆方言研究》，合肥：安徽教育出版社。

丁声树 1989 方言调查词汇手册，《方言》第2期。

汉语大字典编辑委员会 2010《汉语大字典》，成都：四川辞书出版社。

教育部语言文字信息管理司、中国语言资源保护研究中心 2016《中国语言资源调查手册·汉语方言》，北京：商务印书馆。

李永明 1992《长沙方言》，长沙：湖南出版社。

李小平、曹瑞芳 2012 汉语亲属称谓词"姐"的历时演变，《汉语学报》第2期。

刘祥柏、陈　丽 2017《安徽泾县查济方言》，北京：中国社会科学出版社。

鲁　曼 2010 长沙方言中的"咖"和"哒"，《中国语文》第6期。

罗竹风 2000《汉语大词典》，上海：汉语大词典出版社。

南陵县地方志编纂委员会 1994《南陵县志》，合肥：黄山书社。

彭建国 2006 湘语音韵历史层次研究，上海师范大学博士学位论文。

钱曾怡 2010《汉语官话方言研究》，济南：齐鲁书社。

田范芬 2009 两本长沙方言韵书：《训诂谐音》和《湘音检字》，《辞书研究》第1期。

［民国］余谊密主修，徐乃昌总纂 2004《南陵县志》，合肥：黄山书社。

王　健 2004 "给"字句表处置的来源，《语文研究》第4期。

伍云姬 2009 湖南方言中表被动之介词所引起的思索，载《湖南方言的介词》，长沙：湖南师范大学出版社。

曾毓美 1995 湖南益阳方言同音字汇，《方言》第4期。

张小克 2002 长沙方言的介词,《方言》第4期。

张大旗 1985 长沙话"得"字研究,《方言》第1期。

赵日新 2015《绩溪荆州方言研究》,合肥:安徽教育出版社。

赵日新、邓　楠 2019《安徽祁门军话》,北京:商务印书馆。

中国社会科学院、澳大利亚人文科学院合编 1987《中国语言地图集》,香港:香港朗文(远东)出版有限公司。

中国社会科学院语言研究所方言研究室资料室 2003 汉语方言词语调查条目表,《方言》第1期。

调查手记

　　南陵的"湖南人"也就四千人左右，但实际说湘语的人数更少，这种使用人口数量很少的方言岛是很难被注意到的。据我们所掌握的材料，目前也就《南陵县志》中简单提到了南陵县有湘语的分布。我做南陵湘语的调查研究源于导师赵日新老师，老师是安徽人，对安徽的方言情况非常熟悉，了解到南陵县有湘语分布，而我是湖南人，湘方言使用者，正好适合做这项工作，就把这项工作交给了我。

　　我们的调查从2016年开始，到2019年完成了所有材料的收集和核对工作。这四年期间，我利用寒暑假、元旦、国庆等节日假期多次赴南陵调查。第一次调查南陵湘语是2016年6月份，正好端午节有个小长假，前后凑了一周多时间，赵老师带领我们以南陵湘语为调查对象开始我们组的语保式调查工作。这次调查完成了南陵湘语《中国语言资源调查手册·汉语方言》中有关老男部分材料和《方言调查字表》（修订本）的调查。

　　第二次赴南陵调查和摄录是2016年7月底，此次调查摄录工作到8月中旬结束，这次调查持续了半个月。期间我完成了青男材料的调查，在王柳柳、赵晓阳、张建、朱霞等师弟师妹的帮助下，完成了《中国语言资源调查手册·汉语方言》要求的摄录工作。这一部分工作很麻烦，但我们还是非常顺利地完成了，这得感谢师弟师妹们付出的努力和汗水。语保对音频视频的参数要求比较高，为了防止噪音超标，我们需要找专门的录音室，但在一个小县城很难找到这样的场所。在南陵县教委李纯老师的帮助下，找到了籍山中心小学的录播室，但这所位于县城中心的学校，周围太嘈杂，且2016年南陵县遭遇洪水灾害，一些圩区的村子被洪水淹没，县政府把群众安置在县城的几所学校，籍山中心小学当时接收了大部分群众，在这个暑假，原本安静的校园异常热闹。为了避免噪声干扰，白天我们轮流在录播室外面巡逻，让大家尽量压低说话声音，盯着小孩不要吵闹。现在想来，真对不起那些已经被洪水淹没了房屋、只能暂时在学校教室打地铺的群众。他们的生活已经很惨淡了，我们还要限制他们说话、活动的自由。这些淳朴的老百姓虽然不明白我们这些"大学生"在干什么，但是非常支持我们的工作，尽量压低自己的音量，想来这对平时习惯了说话大嗓门的村民们，也是一种折磨。虽然村民们已经很配合了，但是白天不能摄录长段的对话和讲述，中间很容易被一些突如其来的意外干扰。我们只好等到晚上都安静下来才开始。每天从早到晚十几个小时的工作，又热又累，持续了十来天，大家都非常疲惫，但师弟师妹们没有一句怨言。

师弟师妹们不仅认真地完成了摄录工作，收集来的所有音频、视频材料也都是由他们处理的，从来不需要我提醒和催促，反而是师妹王柳柳和赵晓阳提示我什么时候该交材料了，并认真检查将要上交的材料还存在什么问题。认真负责、仔细周到的师弟师妹们给我减少了很多工作。

2016年8月底，休整了几天之后的我又前往南陵调查。这次主要调查词汇方面的材料。词汇材料的调查是以《汉语方言词语调查条目表》（《方言》2003年第1期）为基础来进行的。由于湘语在当地是一种弱势方言，湘语中的一些说法已经被当地方言的说法取代了。为了能调查出更多湘语的成分，在调查南陵湘语词汇的过程汇中，《长沙方言研究》（鲍厚星等著）对我的调查起了很大的作用。我利用《长沙方言研究》中记录的词汇提示发音人，帮助发音人回忆最近二三十年从日常用语中消失的湘语词汇。

2017年8月，我前往南陵主要调查收集语法部分的材料。南陵湘语的语法最有特色的要数表完成的"得""咖"和"咖得"。这三个词语在很多情况下能替换，但表义上又不完全相同，什么时候能替换，什么时候不能替换，尚不清楚其中的条件，关系非常复杂。为了确保材料的准确性和弄清楚这三个词语之间的关系，我于2018年7月和2019年1月前往南陵对相关材料进行补充调查和核对。

在写这部分内容时，书稿已经基本完成。能顺利完成这本书稿的写作和《中国语言资源调查手册·汉语方言》的调查和摄录工作，离不开老师、同门兄弟姐妹、发音人以及南陵县政府的相关工作人员的支持和帮助。南陵对我来说人生地不熟，去这样一个地方调查是很不方便的，幸好有赵老师的指导帮助和同门徐建的帮忙。在我第一次去南陵调查前，徐建已经帮我们联系好了发音人和住处，而且找的发音人非常理想，大大加快了调查工作。做过方言调查的人都知道，找发音人是一件不太容易的事情，能找到理想的发音人就像中了彩票一样。非常感谢徐建给我提供的帮助。

调查团队与老男、老女发音人合影　籍山中心小学 /2016.8.4/ 程科文 摄

　　赵老师是一位非常严谨的学者。为了确保材料的准确性，赵老师帮我定音系，帮我听录音定音。由于南陵湘语受到周围方言的影响，吸收了周围方言的一些成分，而我对江淮官话和徽语不是很了解，一有问题就向赵老师请教，老师总是耐心地解答我的问题。

　　在南陵调查期间，南陵县教委李纯主任提供了很多帮助。可以说"有问题，找李主任"。要在只有四千来人口的"湖南人"中找不同年龄阶段、懂当地习俗或能说能唱的发音人太难了，幸亏有李纯主任这位当地人的帮忙，他不但下到村里去给我们找发音人，联系摄录场地，还给我们提供了南陵县方言的分布情况和使用情况。没有李纯主任的帮助，我们的调查摄录工作就不会这么顺利。

　　我们在籍山中心小学摄录时，已经是暑假，学校已经放假。为了我们的摄录工作，籍山中心小学管理录播室的程科文老师特意赶到学校给我们安排场地，调试摄录装备。

　　南陵这座县城给我留下了非常好的印象，如非常整洁的环境，有序的交通秩序，不宰客的出租车司机。在这个很物质的社会中，让我很欣慰的是这里的人们仍很淳朴。由于工作上的疏忽，多人对话不符合要求，需要重新去摄录。但我们找的青男发音人（张飞）已去上海务工（要找一个青男是非常麻烦的，年轻人大都离开本地外出务工了），我联系上张飞希望他可以回南陵一趟帮我们补录一段视频,张先生没有推迟和犹豫,利用一个月才有一次的休假回南陵帮我补录材料。本书稿材料的主要发音人秦春华先生,非常敬业。调查工作非常枯燥,但秦先生很有耐心,我们问什么就回答什么,有些材料需要重复好几遍,也不会不耐烦,而且能很快领会到我们的关注点,很耐心地重复我们需要详细或重点调查的材料。能遇到这样有耐心、反应又快的发音人,真是很幸运。

需要感谢的人很多,感谢每一位发音人不厌其烦地配合我们的工作。调查时间主要在暑假,南陵夏天的炎热和洪水给我们的调查增加了难度,但更让我们体会到了这个县城的热情和温度。希望南陵的湖南话能留存得更久一点,也希望南陵发展得越来越好。